Joseph Chilton Pearce

Die magische Welt des Kindes
und der Aufbruch der Jugend

Joseph Chilton Pearce

# Die magische Welt des Kindes und der Aufbruch der Jugend

Übersetzung aus dem Amerikanischen
von Dr. Ute Weber

Arbor Verlag
Freiamt im Schwarzwald

Copyright © 1985, 1992 by Joseph Chilton Pearce
Copyright © 2005 der deutschen Ausgabe: Arbor Verlag, Freiamt
Published by arrangement with Inner Traditions International LTD, vermittelt
durch die Literarische Agentur Thomas Schlück GmbH, 30827 Garbsen

Titel der amerikanischen Originalausgabe:
*From Magical Child to Magical Teen, A Guide to Adolescent Development*

      1  2  3  4  5   Auflage
    05  06  07  08  09   Erscheinungsjahr

Titelbild: © plainpicture/Wituschek, M., 2005
Lektorat: Eva Bachmann
Druck und Bindung: Kösel, Krugzell
Dieses Buch wurde auf 100 % Altpapier gedruckt und ist alterungsbeständig.
Weitere Infomationen über unser Umweltengagement finden Sie unter
www.arbor-verlag.de/umwelt.

Alle Rechte vorbehalten
**www.arbor-verlag.de**

ISBN 3-936855-19-6

# Inhalt

| | | |
|---|---|---:|
| Vorwort | | 7 |
| Einleitung | | 11 |
| 1 | Ein Plan zum Handeln | 27 |
| 2 | Ein triadisches System | 41 |
| 3 | *Bonding* und Anhaftung | 61 |
| 4 | Froschperspektive | 87 |
| 5 | Konkrete Sprache | 95 |
| 6 | Analoge Sprache | 105 |
| 7 | Intuition | 123 |
| 8 | Konkrete Operationen | 135 |
| 9 | Formale Operationen | 147 |
| 10 | Macht und Möglichkeit | 161 |
| 11 | Ein subtiles System | 183 |
| 12 | Vom Konkreten zum Abstrakten | 197 |
| 13 | Kulturelle Fälschungen | 211 |
| 14 | Autonomie und Integrität | 223 |
| 15 | Kundalini und Sexualität | 237 |
| 16 | Immerzu werden | 263 |
| 17 | Nicht tun | 277 |
| Dank | | 285 |
| Anmerkungen | | 286 |
| Literatur | | 305 |

Für Chidvilasananda und Nityananda –
Lehrern, Modellen, Führern und Freunden

*Wenn ich nur auf der Höhe leben könnte, die dem Wahnsinn nahe ist*
*Wenn alles ist, wie es in meiner Kindheit war*
*Gewaltsam, lebendig, von unendlichen Möglichkeiten geprägt:*
*Dass Sonne und Mond über meinem Kopf zerbrachen.*

*Dann warf ich die Zinke aus der Locke und den Feldern,*
*Dann stand ich unversehrt in meinem Ich;*
*Dann schaute ich die Welt voll des Entzückens,*
*Die Realität in meinen Augen nahm sich vollkommen aus.*

*Und die Zeit hat große Griffe an den Händen,*
*Felder und Bäume haben eine Art, sie selbst zu sein.*
*Ich sah Schlachten der Menschheitsrasse,*
*die stur dastand und eine moralische Antwort forderte.*

*Ich gab die moralische Antwort und ich starb*
*Und in einen Raum von Komplexität kam es,*
*Wo nichts möglich ist außer der Notwendigkeit,*
*Und die Wahrheit heulte da wie ein rotes Kindlein.*

Richard Eberhart
*Collected Poems 1930–1960*

# Vorwort

Es gibt Bücher, die vor ihrer Zeit veröffentlicht werden. Joseph Chilton Pearce's hier vorliegende *From Magical Child to Magical Teen*, das den Plan der Natur für die ideale Entwicklung des Menschen in seiner Teenagerzeit erforscht, ist eines dieser Bücher. Im Jahre 1985, als das Buch unter dem Titel *Magical Child Matures* veröffentlicht wurde, war das eher esoterische Wesen der Entwicklung des Heranwachsenden – die Pearce als postbiologische Entwicklung definiert – etwas, dass die Gesellschaft nicht im selben Maße zu akzeptieren bereit war wie heute. Begriffe aus der östlichen Religion wie zum Beispiel Kundalini oder Shakti, die mittlerweile einen bestimmten Vertrautheitsgrad erreicht haben, waren damals ebenso wie die Konzepte, die hinter ihnen standen, für viele Menschen unverständlich. Noch wichtiger ist jedoch, dass jetzt weitaus mehr Menschen bereit sind, die Tatsache zu akzeptieren, dass die Seele den Kern menschlicher Erfahrung bildet. Dieser Kern führt im zweiten Lebensjahrzehnt ein großartiges Wachstum herbei.

Leider unterdrücken die behavioristischen Modelle, die in vielen Erziehungs- und Bildungseinrichtungen sowie in Jugendfürsorge-Institutionen immer noch vorherrschen, diese Entwicklungsphase und sind dafür verantwortlich, dass viele Teenager das ideale Fenster, das von der Natur geschaffen wurde, um ihren Geist in ein neues Bewusstsein hineinzukatapultieren, verpassen. Da wir in einer Zeit leben, in der von Teenagern inszenierte Schulmassaker keine Einzelfälle mehr sind, erscheint es so, als ob die Folgen unserer Entfremdung von der natürlichen Ordnung des Heranwachsens tödlichere Konsequenzen hervorbringen als bloß postpubertäre Existenzangst. Das Bedürfnis nach einem Buch, in dem der spirituelle Teil der Entwicklung des Heranwachsenden erforscht wird, ist so um ein Vielfaches gewachsen.

Die Natur braucht die ersten fünfzehn Jahre des menschlichen Lebens, um den Organismus darauf vorzubereiten, eine Verschiebung von der konkreten kognitiven Logik, die durch die biologische Entwicklung etabliert wird, zu einem offeneren, nicht physischen Bewusstsein hin vorzunehmen. Diese postbiologische Entwicklung der Adoleszenz entfaltet sich unmittelbar aus dem davor stattfindenden biologischen Prozess der frühen Kindheit und folgt sogar demselben Entwicklungsverlauf, wenn auch auf einer neuen Ebene. Daher hat Pearce notwendigerweise in diesem Buch eine gründliche und stichhaltige Darstellung der Entwicklung des Gehirns von der Geburt bis zum Alter von sieben Jahren gegeben. In der zweiten Hälfte des Buches beschäftigt er sich dann eingehend mit den einzigartigen Aspekten der zweiten Entwicklungsstufe – den Jahren der Adoleszenz. In dieser entscheidenden Phase richtet sich das Bewusstsein nach außen, und das Individuum wird sich bewusst, dass es Teil von etwas Größerem ist.

Wie uns Weise zu jeder Zeit vermittelt haben, wird sich das kreative Potential des Menschen von allein entfalten, sofern in der Kindheit ausreichende Fürsorge und in der Pubertät genügend Anregung gegeben worden ist. Leider wird der großen Sehnsucht, die Teenager danach haben, sich mit dem Kern ihres Wesens zu verbinden, durch unser gegenwärtiges Bildungssystem nicht angemessen Rechnung getragen. Die konventionellen Schulen sind schlecht dafür ausgestattet, mit dem Aufblühen der kreativen Intelligenz, die sich in der Teenagerzeit auf ganz natürliche Weise entfaltet, umzugehen. Wenn ein junger Mensch sich vom konkreten zum abstrakten logischen Denken bewegt, dann fördert dies das spirituelle Wachstum, das dem Plan der Natur zufolge in dieser Lebensphase stattfinden sollte – genauso wie Weisheitszähne etwa mit achtzehn Jahren vorgesehen sind. Ironischerweise ähneln viele Schulen in unserer Gesellschaft eher Gefängnissen als Bildungszentren, in denen echtes Lernen stattfinden kann. Dennoch wird es der junge Mensch irgendwie schaffen, die Vorbilder zu finden, die er braucht, um die Entwicklung seines natürlichen Potentials anzuregen.

# Vorwort

*From Magical Child to Magical Teen* ist ein faszinierender Leitfaden, der unseren Teenagern Hilfestellungen bietet, um die intellektuelle und kreative Macht zu erreichen, die den natürlichen Höhepunkt ihrer früheren physischen Entwicklung bildet. Diejenigen, die nicht die Chance bekommen haben, diese Macht zu erfahren, berichten häufig, dass sie ihr ganzes Leben lang das Gefühl gehabt hätten, eine ausgezeichnete Gelegenheit verpasst zu haben. Wie Pearce in seiner Einführung bemerkt, kann sich selbst die biologische Entwicklung nur dann auf angemessene Weise entfalten, wenn sie eine Vorbereitung auf den in der Pubertät stattfindenden intellektuellen Reifungs- und Entfaltungsprozess darstellt und auf diesen hinführt. Der alarmierende Anstieg von Selbstmorden unter Jugendlichen (mittlerweile die dritthäufigste Ursache von Todesfällen im Jugendalter) sowie antisoziales Verhalten lassen sich darauf zurückführen, wie weit unsere Erziehungs- und Bildungsmethoden bereits von dem natürlichen Prozess abgewichen sind. *From Magical Child to Magical Teen* zeigt auf äußerst passende Weise, dass dies nicht so sein muss.

JON GRAHAM, HERAUSGEBER

# Einleitung

In dem Sommer, als ich sechs Jahre alt wurde, brach sich eine große Erwartung in mir Bahn; eine überwältigende Erfahrung kündigte sich ein. Jeden Morgen stand ich bei Tagesanbruch auf und beeilte mich, zum Gipfel des Dorchester Hill zu kommen, einer baumlosen, grasüberwachsenen Anhöhe, die aus dicken Felsblöcken bestand. Dort wartete ich mit klopfendem Herzen auf den Sonnenaufgang. Eine Art numinose Erwartungshaltung hing in der Luft und ergriff auch von mir Besitz. Eine genau geplante Verschiebung meiner Gehirnfunktionen war im Gange. Mein biologisches System bereitete sich darauf vor, mein Bewusstsein von den prälogischen Operationen des Kindes auf die operationale Logik der späteren Kindheit zu verlagern, und eine aufregend neue Dimension meines Lebens stand kurz vor ihrer Entfaltung. Doch statt das etwas passierte, kam ich in jenem Herbst in die Schule. (Zu meiner Zeit gab es keinen Kindergarten und wir gingen sofort in die erste Klasse, wenn wir noch im ersten Schulhalbjahr sieben wurden). Das ganze Jahr über saß ich hinter meinem Pult und war fassungslos angesichts dessen, was mir da widerfuhr. Und immer wieder kam mir unvermittelt der Gedanke: „Irgendetwas hätte passieren sollen und das hier ist es definitiv nicht."

Eine ähnliche Erfahrung machte ich in meinem vierzehnten Lebensjahr. Auch zu jener Zeit kündigte sich eine enorme Verheißung an – und sie war dringlicher und mächtiger als die frühere Kraft. Die Empfindung konzentrierte sich auf meinen Brustbereich und ähnelte dem, was Thomas Wolfe „die Traube, die in der Kehle platzt", genannt hatte. Wieder einmal wurde ich von dem überwältigenden Gefühl ergriffen, dass ein universelles Ereignis von ungeheuren Ausmaßen bevorstand. Gleichzeitig war ich natürlich in die Pubertät gekommen und stellte folglich allenthalben fest, dass die explosive Sehnsucht meines Herzens der aufbrechenden Sexualität zugeschrieben wurde. Doch auch wenn sich meine Sexualität zu jener Zeit ebenfalls mit Macht ihren Weg bahnte, so trug sie doch ein völlig anderes Gesicht als jene Herzensangelegenheit. Diese Traube, die in der Kehle platzt, war weitaus hartnäckiger als die frühere Erwartung mit sieben Jahren, aber, wie sich herausstellte, nicht so hartnäckig wie die Sexualität. Mit Anfang zwanzig wurde dann deutlich, dass, was immer vor langer Zeit hätte passieren sollen, nicht passiert war. An die Stelle der allmählich verblassenden Erwartungshaltung traten Gefühle von Verlust und Verzagtheit, deren Intensität auch durch die Erforschung meiner Sexualität nicht geringer wurde. Denn was mich im Innern beschäftigt hatte, war keine fehlgeleitete Libido gewesen.

Heute spreche ich vor etwa fünfzehntausend Menschen pro Jahr. Ich halte Vorträge und gebe Workshops und vernehme bei dieser Gelegenheit einen universelle, viel zu wenig beachtete Klage, die das Lebensgefühl der meisten Menschen umschreibt: „Etwas hätte passieren sollen, aber es ist nicht passiert." Wir kennen die psychologischen Studien, in denen von der postkoitalen oder der postnatalen Depression – der Depression, die nach dem Geschlechtsverkehr oder nach der Geburt auftritt – die Rede ist, wo wie üblich etwas, das hätte passieren sollen, nicht passiert ist. Über die postadoleszente (die nach der Pubertät auftretende) Depression gibt es keine Studien, denn dieses Leiden ist im Allgemeinen von Dauer und wird daher quasi als natürlicher Zustand des Menschseins akzeptiert.

Vor zehn Jahren habe ich durch die Arbeit an meinem Buch *Magical Child (Die magische Welt des Kindes)* zumindest ansatzweise herausgefunden, was in unserer Kindheit hätte passieren sollen, aber nicht passiert ist. Einerseits war ich darüber erleichtert, denn nach langen Jahren der Suche schien ich mich nun endlich auf einen Höhepunkt zuzubewegen, andererseits empfand ich Wut angesichts der Feststellung, dass wir so unendlich viel mehr waren, als uns die Behavioristen in ihrer ideologischen Verblendung hatten glauben machen wollen. Und zum Dritten spürte ich noch, wie in mir erneut Hoffnung und Erwartung aufflackerten, so als ob nun in meinem eigenen Leben ein ganz neues Kapitel beginnen würde. Zu der Zeit, als ich das Werk beendete, hatte ich eine einschneidende Begegnung mit einem spirituellen Lehrer, die ich dann später in meinem Buch *The Bond of Power (Die heilende Kraft)* beschrieb. Meine Erfahrungen mit ihm waren so dramatisch und erschütternd, dass ich mich gezwungen sah, mich einstweilen aus der Welt des Bücherschreibens und Vorträgehaltens zu verabschieden. Ja, ich verschwand sogar, ohne eine Adresse zu hinterlassen. Denn es *war* etwas Ungeheuerliches passiert und es schien noch mehr bevorzustehen. Mein gesamtes Leben drehte sich jetzt darum, zum Kern dieses Ereignisses vorzudringen. Nach drei Jahren des Rückzugs und der Suche ergriff ein Zustand vollständig von mir Besitz, den ich heute als „die postbiologische Entwicklungsphase" bezeichne – eine Phase, die eigentlich in der Pubertät hätte durchlaufen oder zumindest initiiert werden sollen. Ich erhielt Antworten auf verwirrende Fragen, die mich mein ganzes Leben lang beschäftigt hatten (auch wenn gleichzeitig etliche neue Fragen auftauchten), und begann, die selbstmitleidige Niedergeschlagenheit zu verstehen, die uns um das zwanzigste Lebensjahr herum befällt, wenn wir spüren, wie sehr uns das Leben betrogen hat, und nicht umhin können, unaufhörlich mit Schuldzuweisungen gegen alles und jeden um uns zu werfen. Ich begriff, warum mit Anfang zwanzig ein so tiefsitzender Zorn in mir schwelte, obgleich ich versuchte, mich über meine Verlustgefühle dadurch hinwegzutrösten, dass ich die Ärmel hochkrempelte und das Gesellschaftsspiel mitspielte – Abschlüsse machen, Kreditkarten erwerben und meinen Platz innerhalb des Systems einnehmen. Irgendetwas hätte passieren sollen, und mein Gefühl der Empörung war verständlich, denn, wie ich dann mit dreiundfünfzig feststellte, handelte es sich bei dem, was so viel früher hätte passieren sollen, um einen ganz erstaunlichen, wunderbaren Prozess.

In *Die magische Welt des Kindes* wies ich auf die großartige Macht hin, die unserem Wesen innewohnt. Erst nach der Vollendung dieses Buches habe ich erfahren, dass diese Macht mit der postbiologischen Entwicklung zu tun hat. – Solche Kräfte entwickeln sich, nachdem wir unseren physischen Reifungsprozess abgeschlossen haben. Als ich *Die magische Welt des Kindes* schrieb, wusste ich noch nichts von einer postbiologischen Entwicklung. Ich versuchte in diesem Buch, alles in die biologische Entwicklungsphase der ersten fünfzehn Jahren hineinzuquetschen, und jetzt wird mir bewusst, dass die Aussagekraft meines ersten Werkes darunter gelitten hat. Weil eine gravierende Diskontinuität zwischen der Logik unseres biologischen Lebens und derjenigen unserer postbiologischen Entwicklung besteht, suche ich nach Vergleichen und Metaphern, um die Kluft zu schließen. Viele unserer Aktivitäten und Ideen weisen Analogien zu unseren inneren Zuständen auf, da alles, was wir auf welche Weise auch immer produzieren, *uns* widerspiegelt.

Das physikalische Dilemma von Welle und Teilchen ist zum Beispiel als dem Unterschied zwischen biologischen und postbiologischen Geisteszuständen analog anzusehen. Physiker sagen, dass man, um ein Phänomen erklären zu können, sowohl Wellen- als auch Teilchen-Energiezustände heranziehen muss, aber dennoch schließen beide – Welle und Teilchen – einander aus. Man kann den einen oder den anderen Zustand beobachten, aber nie beide zur gleichen Zeit. Physiker bezeichnen die Wellenenergie als „nicht-örtlich"; sie hat keine räumlichen oder zeitlichen Eigenschaften und ist daher nicht im gleichen Sinne existent wie die Materie mit ihren stofflichen Charakteristika. Das Teilchen bzw. die Materie ist verortete Energie, sie hat einen Ort in Raum und Zeit. Dennoch lässt sich mit Hilfe dieser verorteten, fixen Energie die nichtverortete, durch nichts eingeschränkte Energie nur unzureichend erfassen. Nichtörtliche Energie ist ein uneingeschränktes Feld von Möglichkeiten, aus dem das Teilchen bzw. die Materie hervorgeht. Damit sich das Teilchen manifestieren kann, „kollabiert" das offene Potential des Feldes zu jener singulären Teilchenausdrucksform und ist dann nicht mehr erkennbar. Damit das Feld sichtbar werden kann, muss das Teilchen in seiner Wellenform reagieren, was zur Folge hat, dass es nicht auf seine verortete Weise weiterbestehen kann.

Auf die gleiche Weise ist die biologische Entwicklung, derer wir uns recht deutlich bewusst sind, die verortete, eingeschränkte Form der kreativen Lebensenergie. Verortete Energie ist begrenzt bzw. auf eine Reihe spezifischer Beziehungsnotwendigkeiten beschränkt. Die postbiologische Entwicklung entspricht dagegen der Wellenform in dem Sinne, dass sie zu einem nichtörtlichen Bewusstsein führt; einem Bewusstseinszustand, der unbeschränkt, fließend und den Regeln der Beziehungsnotwendigkeit nicht unterworfen ist. Durch das physikalische Prinzip der Komplementarität wird ausgeschlossen, dass beide Zustände gleichzeitig sichtbar sind, und wir müssen davon ausgehen, dass sie sich gegenseitig ausschließen, auch wenn sie voneinander abhängen. Das ist ein Paradox, doch das Paradoxon bildet die Schwelle zur Wahrheit, indem es uns zwingt, die auf den einen Zustand anwendbare Logik fallen zu lassen und uns hinsichtlich des neuen Zustands an einen neuen Regelkatalog zu gewöhnen. Dass wir heutzutage nicht in der Lage sind, unseren Problemen zu begegnen, hat viel mit unserer mangelnden Fähigkeit oder Bereitschaft zu tun, von unseren logischen Prämissen abzurücken. Die Logik einer Teilchenwelt passt einfach nicht zu der Logik der Wellenform, und wir können immer nur in *einem* logischen Bezugsrahmen zu Hause sein, zumindest in unserer vorläufigen, biologischen Phase. Das trifft jedoch nicht für den reifen Geist zu, denn die volle Reife verleiht uns die Fähigkeit, die logische Kluft des Paradoxons zu überspringen. Eine solche Reife verschafft uns Zugang zu dem bis dato ausgeklammerten logischen Zwischenzustand und ermöglicht es uns, in das Spiel der Dynamiken zwischen Realität und Möglichkeit einzutreten. (Willkürliche und recht planlos auftretende Formen dieses Phänomens finden wir bei paranormalen Erscheinungen, wie zum Beispiel dann, wenn wir auf einem Bett glühend heißer Holzkohle herumlaufen, ohne Schmerz zu empfinden oder uns zu verletzen; eine Praxis, die sich in den Vereinigten Staaten mit Hilfe des so genannten Neurolinguistischen Programmierens (NLP) momentan schnell verbreitet.)

Unser Bewusstsein kann sich nur von einer verorteten, eingeschränkten Reihe notwendiger Beziehungen aus entfalten, doch sobald es sich in dieser verorteten Wirklichkeit solide eingerichtet hat, können wir eine ortlose, uneingeschränkte Funktionsweise entwickeln. Damit ist genau das Phänomen beschrieben, das ich als „postbiologische Entwicklung" bezeichne. Unsere erste Entwicklungsphase gibt uns ein Bewusstsein davon, dass wir physische Wesen in einem physischen Körper sind, und schafft die Voraussetzungen für die Erforschung einer wunderbaren materiellen Welt. Doch physische bzw. materielle Dinge sind beschränkt und notwendigen Beziehungen unterworfen. Alle Materie verfällt und solch fragile und komplexe materielle Gebilde wie unser Körper und unser Gehirn sind einem leichten, rapiden Verfall preisgegeben. Sobald sich unser physisches System also einmal stabilisiert hat, steht ein zweites System zur Entwicklung bereit, durch das wir dann über das vorläufige physische hinausgehen können. (Ob eine solche Entwicklung stattfindet oder nicht, ist eine andere Sache.) Die nichtörtliche Realität ist lediglich ein Möglichkeitskontinuum – um in es eintreten zu können, müssen wir ein „Wahrnehmungs-Vehikel" (Piaget würde sagen: eine *Wissenskonstruktion*) für diese Art von Bewusstsein aufbauen.

Ich kann das spirituelle Wesen der postbiologischen Entwicklung nicht abstreiten oder aus meiner Diskussion ausschließen, selbst wenn alles „Esoterische" unserer Kultur fremd zu sein scheint. Auch das Komplementaritätsprinzip der Quantenmechanik ist recht esoterisch, sogar für viele Physiker (die ihm den Rücken zukehren und sich lieber an die dem „gesunden Menschenverstand" zugänglichere Teilchenlogik halten). Und da unsere westliche Kultur sämtliche Spuren einer postbiologischen Entwicklung schon vor Jahrhunderten in den Untergrund befördert hat, muss ich meine Glaubwürdigkeit aufs Spiel setzen, um darüber sprechen zu können. Im Osten hat die postbiologische Entwicklung überlebt – auch eher im Untergrund, jedoch auf eine starke, substantielle Weise wie zum Beispiel im Yoga. Yoga bedeutet wörtlich „Joch" oder „Vereinigung", und es geht um die Vereinigung von örtlichen und nichtörtlichen Zuständen (das ist zumindest unsere vorläufige Definition). Von der Örtlichkeit zur Nichtörtlichkeit zu wechseln bedeutet, seine logischen und wahrnehmungsrelevanten Voraussetzungen zu ändern. Unsere physischen Körper sind die Wahrnehmungsorgane und die Logik der örtlichen Realität. Der Aufgabe, dieses System zu etablieren, widmet die Natur nicht weniger als fünfzehn Jahre eines Menschenlebens, und dennoch sehen wir diesen außerordentlich kreativen Prozess als etwas ganz und gar Selbstverständliches an. Ist er abgeschlossen, so stellt die Natur Entwicklungsmöglichkeiten bereit, um ein entsprechendes logisches oder wahrnehmungsbezogenes „Vehikel" zur Erforschung nichtörtlicher Möglichkeiten zu schaffen. So einfach und so logisch ist das.

Zwei kurze Zitate mögen anzeigen, in welche Richtung sich dieses esoterische Denken bewegt: Das erste stammt aus dem Osten und ist in Mircea Eliades Buch *Le Yoga. (Yoga. Unsterblichkeit und Freiheit)* zu finden. Das zweite stammt aus der vor kurzem entdeckten Nag-Hammadi-Bibliothek, einer Reihe alter Handschriften, in denen die

# Einleitung

Worte und Handlungen Jesu gemäß seiner ganz frühen „Gefolgten auf dem Weg", den Gnostikern, wiedergegeben werden. (Im Zuge eines heftigen, mehr als zweihundert Jahre andauernden Kampfes wurden die Gnostiker in den Untergrund getrieben und ihre Bewegung wurde von den Bischöfen der frühchristlichen Kirche weitgehend zerstört. Die in Nag Hammadi gefundenen gnostischen Originalschriften, von denen einige möglicherweise älter sind als die ältesten Evangelien des Neuen Testaments, sind neben vielem, was lächerlich ist, stellenweise von sublimer Schönheit. Einige kostbare Perlen liegen in einem Feld von teils unverständlichem Kauderwelsch begraben).

Eliade zitiert aus *Further Dialogues of the Buddha*: „Ich habe meinen Schülern den Weg gezeigt, durch den sie aus diesem Körper der vier Elemente mit Hilfe der Schöpferkraft des Geistes einen anderen Körper schaffen können, vollständig in all seinen Gliedmaßen und mit transzendenten Fähigkeiten." Und im gnostischen *Thomas-Evangelium* ist zu lesen: (Logion 22) „... wenn ihr Augen macht statt eines Auges und eine Hand statt einer Hand und einen Fuß statt eines Fußes, ein Bild statt eines Bildes, dann werdet ihr [in das Königreich] eingehen."

In unserer populärwissenschaftlichen Auffassung des Yoga (bei der es in erster Linie um einen gesunden, ausgeglichenen Körper mit erotischer Ausstrahlung geht) oder auch im Christentum finden sich keinerlei Hinweise auf einen Mentalkörper, den wir erschaffen müssten, um das Königreich im Inneren zu betreten. Wir mussten jedoch, wie uns Piaget verdeutlicht, auch unseren physischen Körper und seine Wahrnehmungssysteme erschaffen, also warum sollte es sich bei einem nicht physischen System anders verhalten? Die nichtörtliche Möglichkeit hat keine Realität, es sei denn, wir lassen sie entstehen; sie hat keine Existenz, bis wir ihr nicht durch unsere Aufmerksamkeit und Energie eine verleihen. Um etwas über das Wesen des offenen Ausgangs zu lernen, müssen wir ein Wahrnehmungssystem erschaffen, das alles offen lässt. Alle Entwicklungsforscher sind sich einig, dass das Wachstum der Intelligenz eine Bewegung vom frühen konkreten Denken zum abstrakten Denken ist. Sie erkennen an, dass das echte abstrakte Denken sich um die Zeit der Pubertät herum entfaltet, haben aber anscheinend keine Ahnung von den tatsächlichen Dimensionen dieses nichtörtlichen, abstrakten Bereiches.

Da die postbiologische Entwicklung direkt von der biologischen abhängt, hat die Natur es so eingerichtet, dass sich diese zweite Phase in der Pubertät entfaltet, nämlich dann, wenn wir in die letzte Phase des körperlichen Wachstums und der allgemeinen biologischen Orientierung eintreten. So wird eine saubere Überschneidung erreicht, da der einzig mögliche Weg in den ortlosen Zustand über die begrifflichen Muster verläuft, die wir im Rahmen unserer biologischen Entwicklung aufgebaut haben. Diese zweite Lebensphase ist das eigentliche Thema des vorliegenden Buches, doch da sie sich auf die erste gründet, muss ich bis zu einem gewissen Grad notwendigerweise auch die frühere biologische Entwicklung skizzieren. Ich habe festgestellt, dass die erste – die biologische – Phase sich nur dann korrekt entfaltet, wenn sie im Dienste der zweiten Phase steht, in dem Sinne, dass sie auf die Reife vorbereitet und letzten Endes dort hinführt. Eine Entwicklungsregel lautet, dass jede Phase, obwohl in sich vollkommen, nur dann zu ihrer höchsten Blüte gelangt, wenn eine Integration in die nächsthöhere Wissensstruktur stattfindet.

Desgleichen erreicht das Leben seine Vollkommenheit, indem es uns vollständig auf den Tod vorbereitet. Nahtoderfahrungen sind seit einiger Zeit eine beliebte Bestseller-Thematik, doch die Implikationen dessen, was einige Vertreter der Hospizbewegung verfechten, sind irreführend. Es besteht da die Tendenz, einen Seufzer der Erleichterung auszustoßen und zu meinen, alles sei gut – man müsse einfach nur auf das Ende warten, das gleichzeitig ein Anfang ist. Die Vorstellung von einer postbiologischen Entwicklung wird somit überflüssig, denn alles ist gut, ohne dass wir uns irgendwie anstrengen müssten. Die Wahrheit, die wir brauchen, ist aber eben in der postbiologischen Entwicklung zu finden, und das ist schon immer so gewesen, doch in diesem Zeitalter der Gegensätze steht die Kosmologie der Hospizbewegung in klarem Gegensatz zu den gleichermaßen beliebten, aber unerreichbaren Härten und Schrecken von Carlos Castanedas Lehre, das Königreich sei im Sturm zu nehmen.

Unterdessen sehen wir uns mit der sehr realen Möglichkeit der Auslöschung unseres Planeten durch unsere eigene Hand konfrontiert. Diese Bedrohung, glaube ich, wirft die globale Psyche in einen Zustand hinein, den man als gesunde Krise ansehen könnte. Sie konfrontiert uns mit einem bevorstehenden Tod, den wir andernfalls leugnen würden.

## Einleitung

Und vielleicht ist ja genau das der Schock, den wir brauchen, um aufzuwachen. Wissenschaftler, insbesondere die „Medizinmänner", machen uns jetzt schon seit einigen Jahrzehnten unter der Hand auf den ultimativen Zaubertrick aufmerksam. In subtiler Form versuchen sie uns klar zu machen, dass sie, unter der Voraussetzung, dass sie genügend Geld, Prestige, Ruhm, Nobelpreise und Bewunderung dafür bekämen, nicht nur unser Leben verlängern, sondern darüber hinaus den Tod auf unbestimmte Zeit oder gar vollständig überlisten könnten. Allein einer derartigen Vorstellung zu frönen (und wir haben uns definitiv von ihr verführen lassen), bedeutet, den Sinn des Lebens aus den Augen zu verlieren, und das ruft dann die Notwendigkeit der Bedrohung durch ein Massensterben auf den Plan. Denn Leben und Tod ergänzen einander in vollkommener Weise: Sie schließen sich gegenseitig aus und sind dennoch voneinander abhängig. Ohne den Tod verliert das Leben seinen Sinn, denn diese Erde ist keine Heimat von Dauer – dafür ist sie nicht gemacht. Sie ist vielmehr unser Kindergarten.

Tatsächlich hat die Atombombe in einem gewissen Sinne nichts Neues zu bieten: Niemand von uns kann sich – oder konnte sich jemals – auch nur einen zusätzlichen Herzschlag garantieren. Die Atombombe zeigt uns einfach auf kultureller Ebene auf, was wir auf der individuellen zu verleugnen versucht haben. Jede Phase unserer Entwicklung ist nur dahingehend bedeutsam und vollkommen, dass sie ganz natürlich in die nächste überleitet. Die vollkommene Schwangerschaft bereitet uns auf die Geburt vor, deren Stattfinden das Ende der Schwangerschaft bedeutet. Das Verlassen des Mutterleibes gibt uns Zutritt zu einer weitaus weniger eingeschränkten Welt und eröffnet uns neue Entwicklungsmöglichkeiten. Das vollkommene Leben bereitet uns auf das Ende des Lebens vor. Wir verlassen den biologischen Mutterleib, um uns in nichtbiologische Bereiche hineinzubewegen. Alles, was im Uterus passiert, bereitet den Säugling auf das neue Leben außerhalb des Uterus vor; und alle Gegebenheiten unseres Lebens – obwohl für sich genommen vollständig und wunderbar – bereiten uns auf das Leben jenseits davon vor oder sollten es zumindest tun. So wie die Vorbereitung auf die Geburt nur während der Schwangerschaft stattfinden kann, so müssen die Vorbereitung für den nichtbiologischen Zustand getroffen werden, während man sich im biologischen befindet.

Ich reise etwa acht Monate im Jahr um die Welt und gebe Workshops zum Thema menschliche Entwicklung. (Die vier übrigen verbringe ich in Ganeshpuri in Indien, wo ich mich auf meine eigene postbiologische Entwicklung konzentriere.) Dabei fällt mir immer wieder eine Art apathischer Sorge auf, die sich in anderen Ländern ausgebreitet hat, und die von einem aufgeregten Optimismus unter denjenigen konterkariert wird, die den explosiven Entwicklungen in der Gehirnforschung folgen oder an ihnen beteiligt sind. Marilyn Ferguson berichtet in ihrem *Brain/Mind Bulletin*, dass mittlerweile 500 000 wissenschaftliche Studien zum Thema Gehirn/Geist pro Jahr veröffentlicht werden. Ein Bemühen solcher Größenordnung bringt natürlich die verschiedenartigsten Resultate hervor; und auch wenn der Prozentsatz bedeutsamer Entdeckungen gering sein mag, so wächst er doch im Einklang mit der Intensität des Bemühens. Forschung erscheint mir dann als sinnvoll, wenn sie zu einem funktionalen, sinnstiftenden Selbstbildnis beiträgt. Der Mensch ist nicht nur das Maß aller Dinge, sondern jede einzelne unserer Sichtweisen vom Universum ist antropomorph (menschenähnlich) und autobiografisch geprägt. Das durch die Gehirnforschung sich herauskristallisierende Bild vom Menschen ist äußerst erstaunlich, doch wir müssen weiter die losen Enden einsammeln und, wie uns Gregory Bateson ermahnt hat, „nach dem verbindenden Muster Ausschau halten". Aufgrund des Bildes, das sich für mich aus diesen Forschungen ergeben hat, bin ich ebenso optimistisch hinsichtlich des Überlebens und des Triumphes der Menschheit, wie ich pessimistisch in Bezug auf den Fortbestand einer technologischen Kultur bin. Denn alles weist auf etwas hin, was die Yogis und Weisen zu allen Zeiten erkannt haben: Wir sind Vehikel der Schöpfung selbst, fleischliche Verkörperungen des Schöpfers. Auch wenn sich diese ausdrucksvollen Körper durch selbst zugefügte Wunden beinahe den Todesstoß versetzt haben, so wohnt in uns dennoch die Fähigkeit zur Genesung, und diese steht unserer Fähigkeit, Dummheiten zu machen, in nichts nach.

Der folgende Überblick über die menschliche Entwicklung wird im Geiste dieses Optimismus und Pessimismus gegeben – wobei beide gleichmäßig verteilt sind. Wir alle müssen einen Drahtseilakt zwischen Ekstase und Todesangst vollziehen – die Dinge können sich in die eine oder die andere Richtung entwickeln. Für mich findet dieser Balanceakt ganz unmittelbar im Rahmen des Yoga statt, der zugegebenermaßen die Waagschale zur Ekstase hinneigen lässt, ohne allerdings die Todesangst zu verleugnen. Yoga ist der Weg der Vereinigung unserer menschlichen mit unserer göttlichen Natur. Er ist der einzige Weg zur Wahrheit unseres Wesens und der Weg, der uns aus unserer gegenwärtigen Sackgasse herausführen kann. Er ist das, warum es bei dem postbiologischen Plan geht. Innerhalb dieses yogischen Bezugsrahmens erscheint mir die „dreifache Natur des Gehirns", von der Paul McLean ausgeht, als bei weitem wichtigstes Thema in der aktuellen Gehirnforschung. Außerdem mache ich Gebrauch von den gleichermaßen wichtigen Theorien der Entstehung der Formen in der Natur, wie sie von dem Biologen Rupert Sheldrake vertreten wird; von der holonomen Bewegung David Bohms; von dem allgemeinen Prinzip der Komplementarität, das wir den Physikern Menas Kafatos und Robert Nadeau zu verdanken haben, und natürlich von den Entwicklungsphasen, wie sie von Jean Piaget skizziert worden sind. All diese Theorien verleihen unserem yogischen „Skelett" neue Vitalität, und wie es gute Knochen tun sollten, unterstützen sie die Arbeit, die folgen wird, ohne allzu sehr aufzufallen. Das heißt, wir sollten von ihrem Vorhandensein nicht ständig Notiz nehmen, auch wenn wir zwischendrin vielleicht einmal auf sie zurückgreifen müssen, um einem Argument Glaubwürdigkeit zu geben.

Dieses Buch stellt eine Kosmologie vor, einen Überblick über die Kreativität, die Teil unseres Erfahrungsschatzes ist. Wir sind unser eigener Maßstab, und indem wir Maß an uns nehmen, stellen wir fest, dass wir unser Universum und seine Schöpfung gemessen haben. Ich glaube, das gibt uns einen funktionstüchtigen Überblick darüber, wer wir wirklich sind – und mit „funktionstüchtig" meine ich einen, der für unser Wohlergehen arbeitet. Unsere zeitgenössischen behavioristischen Modelle haben uns zum Tod und zur Verzweiflung geführt, da sie nichts übrig gelassen haben, was uns irgendwie inspirieren könnte. Sie haben den Lebenssaft sowie den Sinn und Zweck wegrationalisiert und uns nur den Kniesehnenreflex übrig gelassen. Das Beispiel des Feuerlaufs straft diesen monströsen Irrtum des Behaviorismus Lügen. Das Menschenbild, das uns in die Freiheit führt, ist ein Bild, das alles und jedes in seinen Erfahrungsspielraum einbezieht; ein Modell mit offenem Ausgang, jedoch nicht ohne Struktur. Unser Selbstbildnis muss Raum für die vorläufigen Modi des intuitiven, nonverbalen Bewusstseins lassen. Es muss geeignet sein, solche unterschiedlichen Phänomene zu erklären wie das unter dem Namen Traumzeit bekannte, vierzigtausend Jahre alte Erbe der australischen Ureinwohner, wie die symbolische Phantasiewelt meines Dreijährigen, wie die ekstatische Welt der ¡Kung in der Kalahari, die um ihr Feuer herumtanzen und ihre Kundalini aufsteigen lassen, oder Kekulés Heureka!-Erfahrung von der Schlange, die sich selbst in den Schwanz beißt – was sich in der Sprache der Chemie als Benzolring, der Grundlage der gesamten modernen Chemie, übersetzen lässt. Und schließlich muss es auch Raum schaffen für eine gangbare Vorstellung des Verhältnisses von Realität und Bewusstsein.

Jeder Überblick über die Intelligenz ist bedeutungslos und ohne Wirkung, sofern er nicht unmittelbar den *Geist* berührt, denn der beseelte Geist ist der Knotenpunkt der menschlichen Erfahrung. Er kann auch nicht im Nachhinein hinzugefügt werden, so wie man nachträglich Salz in den Eintopf streut, um ihm Geschmack zu verleihen, oder wie ein nettes Postskriptum für die spirituell Gesinnten; wie ein Politiker, der sich mit zitternder, gottesfürchtiger Stimme auf den Namen des Herrn beruft. Der Geist muss von Anfang an bei unseren Überlegungen an erster Stelle stehen, wenn wir die Entwicklung in ihrem vollen Umfang sehen und die alltägliche Falle intellektueller Selbstverkapselung vermeiden wollen. Der Geist ist das Rückgrat und der Schädel unseres Entwicklungsskeletts ebenso wie der Intelligenzfunke, der ihm Leben einhaucht. Die unterschiedlichen Rippen der Wissenschaft hängen alle wunderschön an jenem Geist, der ihnen durch seine Koordinationsfunktion Sinn verleiht – ohne ihn blieben nur Fragmente ohne jeden Sinn übrig.

Vielleicht erscheint der Umfang dieser Arbeit für einen einzigen Band ein wenig zu breit angelegt, und ich kann schon den Vorwurf hören (ähnlich wie bei meinem weniger ehrgeizigen Werk *Die magische Welt des Kindes*), dass dieses Buch zu viel wolle. Darauf kann ich nur entgegnen, dass wir viel zu häufig viel zu wenig wollen. Eine unmögliche Aufgabe von glanzvollen Ausmaßen ist besser als eine, die wir zwar sicher erledigen können, die aber lächerlich und bedeutungslos ist. Wir lernen aus unseren Misserfolgen genauso wie aus unseren Erfolgen.

Ein weiteres Problem besteht darin, dass Worte nicht immer das beste Mittel sind, um die Ideen, um die es geht, in angemessener Form darzustellen. Ich suche ständig nach Metaphern, Modellen, Beispielen und Analogien, um dem Leser zu helfen, im Grunde genommen nicht greifbare Funktionen zu begreifen, und ich habe zur Veranschaulichung der vorgestellten Modelle eine Reihe von Skizzen angefertigt. Auch wenn Modelle und Skizzen den Funktionen, die sie darstellen sollen, nie wirklich gerecht werden können, so dienen sie doch als eine Art visueller Halt auf ansonsten rutschigem Gelände.

Hier ist zum Beispiel eine Skizze unseres dreifachen Gehirnsystems:

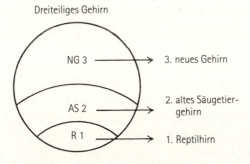

Können Sie sich etwas Lächerlicheres vorstellen, als die komplexeste Struktur, die im Universum bekannt ist, mittels eines solchen Modells abzubilden? Nichtsdestotrotz können wir die so bedeutsamen Gehirnfunktionen nicht begreifen, wenn wir im Sumpf ihrer unglaublichen Komplexität versinken. Und deshalb sehen Sie hier eine Skizze unserer Entwicklung in den ersten fünfzehn Lebensjahren, jenen entscheidenden biologischen Jahren, die das Fundament für die darauffolgenden postbiologische Zeit bilden.

Kann dieses kümmerliche kleine Diagramm in irgendeiner Weise den Reichtum und die Vielfalt unserer Erfahrungen als Kinder und Heranwachsende widerspiegeln? Und doch haben solche Hilfsmittel ihre

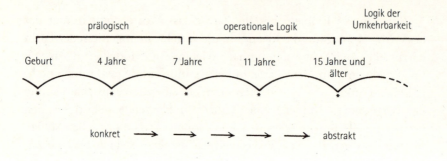

\* = Wachstumsschub im Gehirn

Berechtigung und ihren Wert. Sie ähneln Ariadnefäden, die uns durch einen Irrgarten abstrakter Beschreibungen hindurchleiten können.

Skizzen und Modelle können jedoch auch Stolpersteine sein. Ich erinnere mich an einen Workshop in Sydney, bei dem ein Psychologe im Publikum saß, der von dem Moment an, wo ich MacLeans triadisches Gehirn als Grundmodell für die kindliche Entwicklung einführte, unruhig auf seinem Stuhl hin und her zu zappeln begann. Schließlich konnte der gute Mann nicht länger an sich halten und platzte heraus: „Aber was ist mit den Fontanellen?" Ah, die Fontanellen ... Unser Psychologe hatte irgendwann einen Anatomiekurs belegt und erinnerte sich an die Fontanellen. (Fontanellen sind jene Punkte am Schädel, an denen die Knochen beim Neugeborenen noch nicht zusammengewachsen sind. Ein wichtiger Punkt am Scheitel bleibt bis zu achtzehn Monate nach der Geburt offen; dies ist die bekannte weiche Stelle am Schädel, wo man sehen kann, wie das Blut unter der Haut pulsiert. Aus ihr leitet sich der Ausdruck Fontanelle ab, der „kleine Quelle" bedeutet. Die Fontanellen sind keine eigentlichen Bestandteile des Gehirns, sondern nur eine vorübergehende Erscheinung. Der Mangel an Relevanz, den sie für die menschliche Entwicklung haben, ließ das Unbehagen des Psychologen noch grotesker erscheinen.) Ich sauste mit voller Kraft die Entwicklungsspur hinunter, manövrierte die Lokomotive des dreifachen Gehirns mit ihren physischen, emotionalen und intellektuellen Personenwagen im Geleit, doch wo blieben seine Fontanellen? Unser guter Mann hatte den Zug verpasst, seine Fahrkarte nutzlos vergeudet und sich dann, im Gepäck seiner eigenen Informationen gefangen, abgestrampelt, um wieder zurück zum Bahnhof zu kommen.

Ich bin mir bewusst, dass meine Modelle den dargestellten Funktionen nicht gerecht werden und dass die Fontanellen darin nicht vorkommen. Doch diese Modelle tragen dazu bei, jene Entwicklungsfunktionen auf eine konkrete, greifbare Weise zu verdeutlichen, die sie unserer Beobachtung zugänglich macht. Wie willkürlich sie auch sein mögen, folgen Sie meinen stark vereinfachten Ausführungen und halten Sie die offensichtlichen, nach Beachtung schreienden Vorbehalte zurück, bis Sie gesehen haben, wo meine ebenso stark vereinfachten Modelle hinführen. Dann ist Zeit für die Fontanellen und für all unsere Lieblingsvorbehalte (denn wir alle haben unser eigenes Repertoire an Vorbehalten). Folgen Sie mir, wenn ich behaupte, dass das Alter von sieben Jahren statistisch gesehen die Grenzlinie zwischen der prälogischen und der operationalen Entwicklungsphase bildet, auch wenn Ihr eigenes kleines Genie das alles schon mit fünf konnte. Es werden mannigfache Einwände auftauchen, doch innerhalb des Rahmens, der sich ebenfalls herauskristallisiert, kann jede beliebige Zahl von Einschränkungen gemacht werden, ohne dass damit der Verlust eines funktionstüchtigen Überblicks einhergeht, der dem Gesamtgebilde Ordnung, Sinn und Zweck verleiht.

Leser meiner früheren Werke *Die magische Welt des Kindes* und *Crack in the Cosmic Egg* werden feststellen, dass ich in diesem Buch nicht viele Forschungshinweise gebe oder Namen nenne. Ich stütze mich auf ein weites Spektrum aktueller Forschungsergebnisse und die Leser können meine Quellen in zahlreichen Fußnoten nachlesen. Doch das ständige Zitieren von Namen, wie es unter Akademikern üblich ist und wie es unser Sicherheitskonsens erforderlich zu machen scheint, erschwert das Lesen und beeinträchtigt die Klarheit der Gedankenführung. Deswegen möchte ich Sie noch einmal dringend bitten, meinen Gedankengängen durch das gesamte Labyrinth zu folgen, bevor Sie sich auf einen der unzähligen Seitenwege begeben. Denken Sie daran: Sobald wir einmal aus einem Traum erwacht sind, müssen wir nicht mehr zu ihm zurückkehren, um das dort entstandene Chaos zu beseitigen. Sobald die postbiologische Entwicklung einmal in uns erwacht ist, lädt sie uns ihrerseits zum Aufwachen ein. Es ist gut möglich, dass meine Literaturhinweise und meine Fußnoten – ja, sogar alle Worte ohne Ausnahme – schließlich zur Bedeutungslosigkeit verblassen und sich überlebt haben werden, sobald wir erst einen wenn auch noch so flüchtigen Blick auf den Zustand jenseits unseres gegenwärtigen Traums erhascht haben.

# 1
## Ein Plan zum Handeln

Die Natur hat einen Plan für eine intelligente Entfaltung unseres biologischen und postbiologischen Lebens in uns einprogrammiert. Dieser Plan folgt einer einfachen, gleich bleibenden Formel: Dem inneren Plan muss ein entsprechendes Modell von außen hinzugegeben werden, damit sich unsere individuelle Struktur entwickeln kann. Der innere Plan hält alle Möglichkeiten für unsere Erfahrung eines Selbst, der Welt und der Realität bereit, doch die spezifischen Erfahrungen, die wir machen, hängen von den uns zur Verfügung stehenden Modellen ab. Alle Dinge und Ereignisse unserer äußeren Welt sind spezifische Beispiele, Modelle oder irgendeine allgemeine Möglichkeit in uns. Jeder Mensch, dem wir begegnen, ist ein Modell für unsere eigenen Möglichkeiten. Von Geburt an veranlasst uns unser biologischer Plan, in der Welt da draußen nach passenden Modellen Ausschau zu halten und mit ihnen in Kontakt zu treten. Unserer Interaktion mit der Außenwelt ist die Brücke, die die Kluft zwischen unserem inneren Feld allgemeiner Möglichkeiten und der spezifischen Verwirklichung jener Möglichkeiten, die uns durch unsere Modelle gegeben wird, schließt.

Biologische Modelle gibt es mehr als genug – gute, schlechte und mittelmäßige. Meine eigene Depression nach der Pubertät resultierte jedoch daraus, dass es mir nicht gelang, irgendwelche postbiologischen Modelle zu finden. Ich fand nichts, was der großen Sehnsucht des Herzens gerecht wurde oder den Bedürfnissen der „Traube, die in meiner Kehle platzte", entsprochen hätte. Ich projizierte diese große Erwartung auf unterschiedliche Objekte, nur um dann jedes Mal von neuem enttäuscht zu werden. Wenn uns in der zeitlichen Phase, in der ein Bedürfnis auftaucht, kein Modell zur Verfügung steht, um es zu erfüllen, dann verkümmert dieser Aspekt unserer biologischen Plans und versinkt wieder in seinen latenten Zustand.

Der biologische Plan in uns ist wie die Blaupause, die ein Architekt von einem Haus gezeichnet hat. Wir können nicht in den auf Papier festgehaltenen Linien leben, doch wenn wir uns nach dem in der Blaupause vorgesehenen Plan richten und ihn mit den richtigen Inhalten füllen, entsteht ein Haus. Auf dieselbe Weise lassen wir das Haus unserer Intelligenz Wirklichkeit werden, indem wir den biologischen Plan mit Inhalt füllen, was dadurch geschieht, dass wir auf unsere Modelle reagieren. Die Qualität unserer Struktur und die Art von Erfahrungen, die wir in unserem Haus machen werden, hängen von der Qualität der Materialien ab, die wir beim Bau verwendet haben – konkret von der Qualität der Modelle, denen wir folgen, und der Art unserer Interaktion mit diesen Modellen.

Der Bauplan der Natur gibt uns unbegrenzte Möglichkeiten an die Hand. Die Natur legt nicht genau fest, welche Materialien wir für unsere individuelle Verwirklichung ihres Plans verwenden sollten. (Für ihre Zwecke möchte sie nicht, dass zwei verwirklichte Ich-Strukturen gleich sind.) Sie verlangt jedoch, dass die von uns verwendeten Materialien für den Abschnitt des Bauplans, den wir realisieren, geeignet sein sollen. Mit Glas lassen sich zum Beispiel schöne Fenster gestalten, doch für das Fundament taugt es nicht. Und sie bittet uns, wie beim Bau die von ihr vorgegebene allgemeine Reihenfolge einzuhalten, was nur vernünftig ist. Wir sollten mit anderen Worten zuerst das Fundament legen, bevor wir versuchen, Wände hochzuziehen oder ein Dach einzuhängen.

Als ich sieben war, empfand ich es zum Beispiel als Verrat, dass man mich zwang, das ganze Jahr über hinter einem Pult zu sitzen, weil mein innerer Plan eine ungeheuer machtvolle Erwartung von etwas anderem schuf. Die schulische Ausbildung konnte keine Reaktion auf meinen biologischen Plan auslösen, weil keine Entsprechung zwischen dem Modell und dem Plan bestand. Fehlende Übereinstimmung zwischen Reiz und Reaktion erzeugt Wut und das Gefühl einer Verletzung des Selbst, denn das Wachstum des Selbst wird dadurch beschnitten oder verzögert. Alles, was meine frühe Schulzeit bewirkte, war, dass sie mich lehrte, die Schule zu hassen, denn wir hassen alles, was unsere Entwicklung – die Grundlage für unser Überleben – behindert. Dieser unter Kindern weltweit verbreitete Lernprozess, die Schule zu hassen, ist doppelt tragisch, da wir Schule und Lernen gleichsetzen und das Gehirn dafür konstruiert ist, genau das zu tun – nämlich zu lernen. So sind die Folgen dieses Dilemmas Verzweiflung und ein Gefühl der Ausweglosigkeit. Wenn das Modell für das Lernen den Bedürfnissen der Lernphase entspricht, dann geschieht Lernen spontan, natürlich und auf unfehlbar gründliche Weise.

Die Fähigkeit zu sprechen, zum Beispiel, wird als größte Errungenschaft des Menschen angesehen, und doch hat niemand von uns Sprache *erlernt* – zumindest nicht im Sinne eines schulischen Lernens. Vielmehr haben wir uns Sprache automatisch bzw. unterhalb der Bewusstseinsschwelle eingeprägt, und zwar, indem wir den uns zur Verfügung stehenden sprachlichen Modellen gefolgt sind. Die Sprache ist mein Lieblingsbeispiel für die Modell-Blaupause-Formel, jenes Reiz-Reaktions-Musters, mittels dessen sich die gesamte Intelligenz entfaltet, denn das Sprechvermögen entwickelt sich im Allgemeinen, bevor der Erwachsenenintellekt Zeit hatte, sich in diese natürliche Funktion einzumischen. Im Mutterleib reagiert der Fötus etwa vom siebten Monat an mit körperlicher Bewegung auf die Sprache seiner Mutter.[1] Jedes Phonem (Phoneme sind jene elementaren, bedeutungsunterscheidenden Lauteinheiten, aus denen sich Sprache zusammensetzt) ruft beim Säugling eine präzise Muskelreaktion hervor. Bis zur Geburt hat der Säugling ein vollständiges Repertoire an Muskelbewegungen für sämtliche sprachlichen Phoneme ausgebildet.[2] Der Klang *ma* könnte zum Beispiel eine Bewegung des linken Zehs, des rechten Arms oder was weiß ich auslösen, und jedes Mal, wenn die Mutter diese Silbe gebrauchte, wird synchron dazu dieselbe Bewegung vollzogen werden.

Wir bezeichnen dieses Phänomen als sensomotorisches Lernen. Die von der Mutter erzeugten Sprachlaute werden durch das sensorische System des Säuglings aufgenommen und dieser zeigt eine automatische motorische Reaktion auf jenen Stimulus. Die Kombination aus beiden Faktoren, Reiz und Reaktion, ist in die neuronalen Schaltkreise

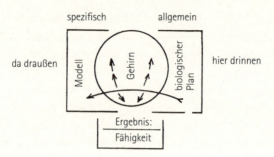

seines Gehirns als wiederholbares Muster eingeschliffen.) Das sensomotorische Muster fungiert als konkretes Fundament für den Aufbau von Sprache. Nur Phoneme werden eine solche Reaktion hervorrufen, beliebige Klangfragmente tun es nicht. Der Klang-Input muss dem allgemeinen Feld sprachlicher Möglichkeiten entsprechen, um als Inhalt für die spezifische Blaupause dienen zu können.

Dieses der Sprache zugrunde liegende Phänomen ist universell und entfaltet sich nach einem mehr oder weniger festgelegten Muster.³ Dennoch entwickeln Säuglinge nie genau dasselbe Repertoire an Muskelbewegungen, selbst wenn die am Geschehen beteiligten Mütter dieselbe Sprache sprechen: Ebenso wie zwei Schneeflocken nie vollkommen gleich, gleichwohl aber einander ähnlich sind, so wiederholt sich die Blaupausenfunktion in ihren konkreten Umsetzungen nie, greift aber dennoch auf dieselben Formeln zurück.

Wenn wir zum Beispiel das Kind einer deutschen Mutter mit einer französischen Mutter zusammenbringen, dann wird sein äußeres Modell für die Sprachentwicklung Französisch sein. Die daraus folgende Sprachstruktur wird die französische sein, was für die Natur in Ordnung ist. Alles, worum sie bittet, ist, dass dem Säugling zur richtigen Zeit überhaupt Sprache zur Verfügung gestellt wird. Jede Sprache ist willkürlich; jede Sprache wird ausreichen, doch *irgendeine* Sprache *muss* durch die Außenwelt vorgegeben sein, damit die innere Reaktion des Kindes auf Sprache ausgelöst werden kann. Die Sprachentwicklung des Kindes in unserem Beispiel wird derselben logischen Ordnung folgen, wie sie für jede Sprache gilt: Zuerst wird das Fundament gelegt, dann kommen die Wände an die Reihe, anschließend das Dach, und zu guter Letzt folgt der Feinschliff – die logisch-semantischen Verzierungen, das Mobiliar und die Dekorationen; egal, ob es sich nun um Französisch, Deutsch oder Suaheli dreht.

Dieses Muster hat Gültigkeit für all unsere Entwicklungen und Erfahrungen. Zwischen unserer inneren Matrix und ihrer äußeren Verwirklichung gibt es einen Fluss in beide Richtungen, eine Dynamik des Säens, Erntens und erneuten Aussäens. Wir folgen unseren Modellen, spiegeln ihr essentielles Wesen in unserer individuellen, einzigartigen Abwandlung wider, und werden dann unsererseits zum Modell. Jede Phase unserer Matrix erschließt uns qualitativ und quantitativ andere Arten von Erfahrungen. Und jede Phase erfordert ihren eigenen Modelltypus, um als Stimulus für jene Art von Potential dienen zu können. Die Modelle, die wir während der Säuglingsphase benötigen, in der wir unser Fundament legen, unterscheiden sich von denjenigen, die wir später brauchen. Da die vorgegebenen Modelle die Gestalt und Qualität unserer Realität bestimmen, hängt die Beschaffenheit unseres Lebens ausnahmslos von den Lehrern und Leitbildern ab, die den Inhalt für unseren Modellimperativ liefern.

Die Natur hat kein Programm für den Misserfolg vorgesehen, wie zum Beispiel den, dass wir zur passenden Zeit kein geeignetes Modell finden. Ihre Phasen entfalten sich gemäß ihres eigenen Zeitplans; für die optimale Entwicklung brauchen wir die richtigen Stimuli zur richtigen Zeit. Man kann zwar später kompensieren, doch es ist sehr viel schwieriger, kaltes Eisen zu formen als glühend heißes – man muss das Objekt halbtot schlagen, um irgendeinen Eindruck zu hinterlassen. Auf der anderen Seite gilt, dass wir dem Plan der Natur gleichermaßen Gewalt antun, wenn wir unsere Kinder zwingen, ein Dach auf das Haus ihrer Intelligenz zu setzen, wenn noch kein Fundament gelegt worden ist. (Und wie bereits gesagt, die Natur kann nicht für unseren mangelnden Respekt gegenüber ihrem Plan Sorge tragen.)

Bis zur Mitte der Adoleszenz sollte das Haus unserer Intelligenz so weit fertig gestellt sein, dass es vollständig bewohnt und genutzt werden kann. Ist dieses Ziel einmal erreicht, dann sollte eine umfassende Verschiebung unseres biologischen Plans einsetzen. Eine aufregend andersartige Form von Intelligenz und spannende neue Entwicklungsmöglichkeiten tun sich uns auf, sobald die erste Bauphase abgeschlossen ist.

So wie das Neugeborene aus der inneren Sphäre seiner Mutter hervorgegangen ist, die ein Kind nach dem anderen produzieren kann, so geht unsere äußere Welt aus einer inneren Sphäre hervor, die ebenfalls einen Zustand nach dem anderen produzieren kann. Wie wir von unserer Mutter geboren werden, um heranzuwachsen, Reife zu erlangen und selbst Eltern zu werden, so führt uns die biologische Reife dazu, in den Möglichkeitsbereich der postbiologischen Phase einzutreten und zu schöpferisch tätigen Menschen zu werden. Sobald wir mit der Schöpfung identifiziert sind, sollten wir weitergehen und uns mit dem Schöpfer identifizieren. Der Plan der Natur verhilft uns in geregelten Phasen und in der passenden zeitlichen Folge automatisch zu beiden Reifeformen. Sehen Sie sich zum Beispiel die gut geplante körperliche Sequenz an: Milchzähne, die ersten Backenzähne mit sechs Jahren, die nächsten mit zwölf und schließlich die Weisheitszähne mit etwa achtzehn Jahren. Alles, was wir tun müssen, ist, von außen die richtige Nahrung hinzuzugeben, und der Plan der Natur kümmert sich dann von innen her um den Rest. Die Intelligenz unserer biologischen und postbiologischen Phase ist darauf ausgerichtet, sich auf dieselbe logische Weise zu entfalten; vorausgesetzt, wir werden ausreichend genährt oder mit anderen Worten, uns stehen die richtigen Modelle und angemessene Anleitung zur Verfügung. So findet in regelmäßigen Abständen Integration statt, bis hin zu unserer endgültigen Identität mit der kreativen Lebensquelle, aus der wir hervorgegangen sind.

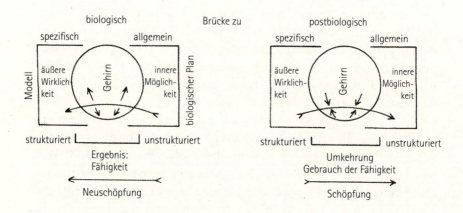

Die Formel der Natur für diese zweite, von Reife geprägte Phase bleibt dieselbe wie diejenige für die biologische Phase: Wie üblich muss dem inneren Plan sein äußeres Modell mitgegeben werden. Eine solche Forderung erscheint widersprüchlich, denn wir könnten davon ausgehen, dass ein inneres Modell für eine innere Reise notwendig sei. Doch tatsächlich findet jegliches Lernen vom konkreten, sensomotorischen zum abstrakten oder rein mentalen Lernen hin statt. Das Modell, das die Natur für die innere Entwicklung braucht, ist jemand unter uns, der diese zweite Entwicklungsstufe bereits erreicht hat. Für diese Phase muss das äußere Modell sehr viel präziser sein, da nur ein vollständig reifer Mensch uns zu unserer eigenen Reife führen kann. Die postbiologische Entwicklung führt zu einem Quantensprung im logischen Denken und zu einer äußerst wichtigen Verlagerung in der Orientierung. Also wird die Natur in ihren Modellanforderungen ein wenig detaillierter.

Um das Wesen des postbiologischen Plans zu erfassen, müssen wir definitiv den früheren biologischen verstehen. Die biologische Entwicklung bewegt sich von der inneren Möglichkeit zur äußeren Realität hin. Sobald dieser biologische Plan sich erfüllt hat, benutzen wir ihn, um uns von unserer äußeren Realität in die inneren Möglichkeitsfelder *zurück*zubewegen. Mit Vollendung der Neuschöpfung gehen wir zur Schöpfung weiter.

Spiel ist Neuschöpfung und Entspannung, doch die Schöpfung selbst ist ebenfalls ein Spiel. Das Kind spielt mit den Materialien, die es in dieser Welt vorfindet, während unser Bewusstsein im Rahmen unserer postbiologischen Phase in Bereiche jenseits aller vorgegebenen Materialien hineinkatapultiert wird. Der zweite Plan der Natur sieht in uns die Entwicklung der Fähigkeit vor, in dem übergeordneten inneren Bereich zu spielen, aus dem die äußere Welt hervorgeht, und dieser ist die Schöpfung selbst, das Ziel unseres Lebens.

Es gibt einen in uns einprogrammierten biologischen Plan, und normalerweise finden wir zahlreiche Modelle – gute, schlechte und mittelmäßige – in unserer Umgebung vor. Fähigkeiten können jedoch nicht einprogrammiert, sondern müssen entwickelt werden. Das geschieht durch die Interaktion zwischen unserem inneren Plan und dem äußeren Modell – einer Bedingung, die für jede Entwicklung gilt.

Wir müssen unser biologisches System als Brücke gebrauchen, um über sämtliche biologischen Systeme hinauszugehen. Punkt für Punkt wird jede einzelne Fähigkeit, die wir in den Frühphasen unseres Lebens erworben haben, zu dem Mittel, durch das wir die Fähigkeit entwickeln, über das gesamte physische Leben hinausgehen. Jede Fähigkeit, die wir erwerben, indem wir auf ein unserem biologischen Plan entsprechendes Modell reagieren, gibt uns die Mittel an die Hand, um zu jenem Aspekt des offenen Plans der Natur zurückzukehren.

Wir entwickeln unser Gefühl, ein Individuum zu sein, indem wir mit unserer Welt und den spezifischen Modellen, die uns einzelne Menschen bieten, in Kontakt treten. Wir bauen unsere gedanklichen Strukturen von Selbst und Welt aus einem inneren Ozean an Potential auf, der sämtliche Möglichkeiten für solche Konstruktionen enthält. Unsere Konzepte unseres Selbst und der Welt sind wir kleine Inseln, von denen ausgehend wir in der postbiologischen Entwicklung den früheren Prozess umkehren, um uns in jenen inneren Ozean reiner Möglichkeit zu stürzen. Sobald wir einmal unsere Realitätsstrukturen vollendet haben, bewegen wir uns in eine unstrukturierte Möglichkeit der Realität zurück, und jenen Möglichkeitsbereich zu betreten bedeutet, unsere Erfahrungen innerhalb dieses Bereichs zu machen. Das luzide Träumen ist ein gutes Beispiel für eine primitive Form dieses Umkehrprozesses. Zuerst passieren uns unsere Träume einfach (und unsere allerersten Träume beinhalten womöglich nur jeweils eine Form von sinnlichem Erleben, da das vollständige sinnliche Traumerleben erst vom dritten Lebensjahr an auftritt). Mit Hilfe unserer Aufmerksamkeit, mit Übung und der richtigen Anleitung können wir die Fähigkeit entwickeln, unser Ich-Bewusstsein auch im Traum beizubehalten, um so als aktive Teilnehmer in unsere Träume einzutreten und sie bis zu einem gewissen Grade kontrollieren zu können. Es werden uns jedoch noch immer Traumbilder gegeben und nur bei Erreichen einer endgültigen Reife werden wir zu der bilderzeugenden Fähigkeit selbst, zu ihrem Produzenten ebenso wie zu ihrem Empfänger. Auf dieselbe Weise erzeugen wir unsere Erfahrungen von den unstrukturierten Zuständen, je nachdem, mit welcher Art von Bewusstsein wir in solche Erfahrungen eintreten. Jede Wahrnehmung ist ein kreativer Akt, und wir finden im Innern nur das vor, was wir in der Lage sind vorzufinden. Wir sehen entsprechend unserer Fähigkeit, zu sehen. Eine solche Wahrnehmungsfähigkeit muss entwickelt werden und das geschieht nach der Art der Modelle, die uns für eine solche Entwicklung zur Verfügung stehen.

Bei der Geburt ist unser Ich nichts weiter als eine unausgestaltete Möglichkeit innerhalb jenes unstrukturierten Zustands, aus dem heraus wir unsere Existenz gestalten müssen. Der Begriff *Existenz* stammt aus dem Lateinischen: *Ex-istere* bedeutet beiseite stellen. Unsere Struktur von der Existenz ist das Ich. Sobald unsere Ich-Struktur einmal fest verankert und als integrales, autonomes Selbst klar abgetrennt worden ist, können wir uns in jene unstrukturierte Möglichkeit hineinbewegen, aus der wir gekommen sind, und ihr durch unsere bewusste Bewegung Struktur verleihen. Eine solche Bewegung erfordert die Integrität des Ichs, und Integrität meint in diesem Zusammenhang mehr als ein politisches Schlagwort.

Mit der Integrität des Ichs ist dessen strukturelle Einheit gemeint. Autistische und schizophrene Kinder haben ein fragmentiertes oder zersplittertes Ich, und viele Erwachsene haben multiple Persönlichkeiten, die um die Vorherrschaft kämpfen.[4]

Können wir erst einmal die Integrität unseres Bewusstseins aufrechterhalten und uns in diese inneren Felder offenen Potentials hineinbewegen, dann können wir den letzten Abschnitt des Plans der Natur verwirklichen: die Entwicklung eines autonomen Bewusstseins. Autonomie bedeutet Selbst-Genügsamkeit. Nur wenn wir, um uns genährt zu fühlen, nicht länger von unserem Körper und der Außenwelt abhängig sind, sind wir wirklich autonom. Eine solche Autonomie scheint ein Ding der Unmöglichkeit zu sein, denn unsere biologischen Konzepte sind das Einzige, was den meisten von uns zugänglich ist, und diese Konzepte können uns nur mit biologischen Prozessen in Verbindung bringen. Folglich besteht die Aufgabe der postbiologischen Entwicklung darin, in uns ein begriffliches System aufzubauen, das es uns erlaubt, die Möglichkeit einer solchen Autonomie zu begreifen und zu verwirklichen. Von Anfang an muss uns unsere biologische Entwicklung von dem inneren Bereich an Möglichkeiten trennen, um unsere äußere Welt greifbarer Erfahrungen erschaffen zu können. Dann muss unsere Entwicklung unser Bewusstsein von der Identifikation mit der Welt abtrennen, die wir in der Kindheit aufgebaut haben. Bis zu der

Zeit, in der wir in die Pubertät kommen, sind unsere Identitäten nicht nur von unserer Weltkonstruktion abgetrennt, sondern auch von unserem Körper, den wir in der Folge als unseren Besitz ansehen. Damit ist in uns die Bereitschaft gegeben, uns in der postbiologischen Entwicklung mit der inneren Welt der Schöpfung zu identifizieren. An diesem Punkt wird unser Ich-Bewusstsein in jenen Bereich integriert, von dem wir ursprünglich bei der Geburt getrennt wurden, doch findet diese Integration in einem vollständig entwickelten, autonomen Selbstsystem statt. Dann können wir unser herangereiftes Ich intakt halten und uns von der äußeren in die innere Welt begeben. Wir können die Existenz (unsere abgetrennte Welt) zugunsten eines Bereichs des Nicht-Abgetrenntseins, eines Raumes möglicher Existenz, aufgeben. Das ist das autonome Ich im eigentlichen Sinne, denn wenn die Zeit dafür gekommen ist, können wir den Körper und die Welt hinter uns lassen.

Um zu verstehen, was es bedeutet, ganz zu sein und sich selbst zu genügen, muss man die Bedeutung der postbiologischen Entwicklung begreifen, denn nur jene Phase führt zur Reife. Da die postbiologische Entwicklung auf unserem anfänglichen biologischen Wachstum beruht, werde ich darlegen müssen, wie sich unsere frühe Entwicklung entfalten sollte (in der Erkenntnis, dass dies nicht immer auf die vorgesehene Weise geschieht), um aufzuzeigen, welche Grundlagen wir für unsere spätere Entwicklung brauchen – zumindest für eine optimale Entwicklung nach Zeitplan.[5]

Wir haben der Agenda der Natur im letzten Jahrhundert und insbesondere seit dem Zweiten Weltkrieg immer mehr Gewalt angetan. Als technologische Kultur haben wir jede Spur einer postbiologischen Entwicklung aus den Augen verloren und uns stehen weder eine geistige Apparatur, um eine solche Vorstellung zu begreifen, noch Worte zur Verfügung, um über sie zu sprechen. Des Weiteren ist unsere biologische Entwicklung durch unser fehlendes Wissen darüber, welches Ziel oder welche Richtung eine solche Entwicklung haben könnte, gehemmt worden. Wir haben eine alles durchdringende, kulturelle Dysfunktion geschaffen, und schlimmer noch, wir haben sie als unseren Normalzustand akzeptiert. Wir besitzen keine Vorstellung von voller Funktionsfähigkeit, da unsere Konzepte von unserer Welt und unserem Selbst durch dysfunktionale Modelle geprägt worden sind.

Dadurch, dass wir keine Vorstellung von einem normalen Funktionieren haben, geben wir als Modelle unseren Kindern unseren eigenen dysfunktionalen Zustand weiter. So wird der Mangel an Funktionalität aus jeder Richtung gespiegelt. Indem wir unsere Anomalie als Norm etablieren, sehen wir das menschliche Leben als eine Reihe immer größerer Krisen, Katastrophen und Probleme an. Zum Beispiel erleben wir derzeit die bizarre Kette einer vorzeitigen Menarche (der ersten Menstruation) in der frühen Kindheit, die einen gravierenden Anstieg der Schwangerschaften bei neunjährigen Mädchen zur Folge hat sowie den Ausbruch von sexueller Aggression und Gewalt bei Jungen unter zehn Jahren. Diese Entwicklungen sind zumindest teilweise auf chemische Eingriffe in unsere natürliche Körperchemie zurückzuführen, bedingt durch die synthetischen Wachstumshormone, die wir verwenden, um das Wachstum der Hühner, Schweine und anderer Tiere anzukurbeln, die uns als Nahrung dienen. Statt jedoch die gravierende Veränderung des Erbmaterials anzuerkennen, die wir durch unsere Einmischung verursacht haben, suchen unsere Wissenschaftler noch einer weiteren chemischen Substanz, um die Menstruation bei jungen Mädchen zu stoppen.[6]

Um die erstaunlichen Dimensionen unserer inneren Matrix für die postbiologische Entwicklung plausibel machen zu können, muss ich zunächst den biologischen Plan der Natur skizzieren. Dabei werde ich auf einige Dinge eingehen, die ich bereits in *Die magische Welt des Kindes* behandelt habe. Jeder, der mit diesem Werk vertraut ist, wird feststellen, dass sich das vorliegende Buch in seiner Präsentation, seinen Inhalten und definitiv seiner Intention von jenem früheren unterscheidet, denn damals war ich mir einer postbiologischen Phase noch nicht bewusst und konnte folglich einige Daten nicht richtig interpretieren. Das ließe sich etwa mit der Situation eines Archäologen vergleichen, der eines Tages über eine gut erhaltene Zündkerze stolpert, die als Relikt aus unserem „Tankstellen-Zeitalter" erhalten geblieben ist. Er und seine Kollegen würden möglicherweise jahrelang über die Implikationen des seltsamen Objektes diskutieren. (Vielleicht würden sie dann zu dem Schluss gelangen, dass es ein religiöser Fetisch irgendeiner Art war, der etwas mit primitivem, magischem Denken zu tun hatte). Sollten sie irgendwo einen betriebsbereiten Benzinmotor entdecken, bei dem man in der Folge feststellte, dass sein Funktionieren vollkommen von jener kleinen Zündkerze abhinge, dann würden sich ihre Vorstellungen in Bezug auf die Zündkerze verändern. Der Kontext, in dem ein Teil steht, hat einen überaus hohen Stellenwert für das Verständnis seiner Funktion. Analog dazu gab es Aspekte der kindlichen Entwicklung, die ich in *Die magische Welt des Kindes* überbetont oder falsch interpretiert habe und die ich jetzt infolge meiner eigenen Erfahrungen mit der postbiologischen Entwicklung in einem anderen Licht sehe. Dinge, die ich damals übersehen habe oder als unbedeutend abtat, erscheinen mir jetzt wichtig. Die Forschung, die im Bereich von Gehirn, Geist und Bewusstsein betrieben wird, wächst jedes Jahr um ein Vielfaches. Und wenn ich mein Wissen um die postbiologische Phase zu den jetzt verfügbaren Daten über die kindliche Entwicklung hinzufüge, dann wird das Muster, das ich ursprünglich in *Die magische Welt des Kindes* aufspürte, nicht so sehr vervollständigt – so, als würden nur einige fehlende Teilstücke eingepasst –, sondern vielmehr in entscheidenden Punkten verändert.

Beide Abschnitte des Modellimperativs der Natur, der biologische und der postbiologische, sind einprogrammiert. Es ist vorgesehen, dass sie sich ihrem zeitlichen Plans gemäß entfalten und unser Bewusstsein nach vorn in immer größere Bereiche von Möglichkeiten und Macht hineinbringen sollen, unabhängig von unserem potentiellen Geschick, Gebrauch von ihnen zu machen. Niemand von uns musste eine Aufnahmeprüfung ablegen, um in diese Welt hineingeboren zu werden, noch wird sie von uns verlangt, um in unsere zweite Wachstumsphase einzutreten. Darüber hinaus ist es so, dass sobald wir uns einmal unter der Anleitung des Modells bzw. Lehrers in die postbiologische Entwicklung hineinbewegt haben, die Natur uns so wiederherstellt, wie es für unser weiteres Wachstum erforderlich ist. Diese Reparaturarbeiten finden statt, während wir in die neue Entwicklung hineinwachsen. Zum Beispiel könnte es sein, dass unsere intuitive Phase, die sich zwischen vier und sieben entfaltet, auf bedauerliche Weise vernachlässigt wurde, und weil wir keine Modelle und keine Führung für sie hatten, im Großen und Ganzen unentwickelt geblieben ist. Doch ein wenig Intuition entwickelt sich immer, und was immer an dünnen Fäden vorhanden ist, wird die benötigte Brücke bilden, auf der sich die postbiologische

Entwicklung still und unterhalb unserer Bewusstseinsschwelle entfalten kann. Stück für Stück wird uns eine reife intuitive Fähigkeit zur Verfügung gestellt, die weit über die begrenzte Form hinausgeht, die für Kinder auf dem Plan steht. Oder vielleicht ist in der Kindheit unser *Bonding* mit unseren Eltern und der Familie unzulänglich gewesen, so dass wir uns schließlich entfremdet und unfähig gefühlt haben, uns auf andere zu beziehen; doch im Laufe der postbiologischen Entwicklung entfaltet sich ein weitaus umfassenderes *Bonding*, das einen unendlich viel weiteren Bereich umfasst und die alten Mängel belanglos erscheinen lässt. Alles, was dafür erforderlich ist, ist, dass wir uns an den Pflug der postbiologischen Phase anschirren und nicht mehr zurückschauen. Egal, wie verkümmert unsere frühere Entwicklung gewesen sein mag; egal, wie schwerwiegend der daraus folgende Alptraum jetzt für uns sein mag – es gibt keine anderen Kriterien, um auf den postbiologischen Plan der Natur zu antworten, als unsere Bereitschaft, es zu tun. Wir müssen uns keiner Therapie unterziehen und es hat auch keinen Zweck, dass wir uns rückwärts wenden in dem Versuch, uns wieder zusammenzuflicken.

Wenn unser bisheriges Leben für uns ein böser Traum war, dann müssen wir nichts weiter tun, als den Traum hinter uns zu lassen. Der postbiologische Weg zur Reife ist ein Prozess des Erwachens. Es wird mitnichten von uns gefordert, dass wir zu jenem Traum zurückgehen und das dortige Chaos zurechtrücken müssen. Sobald wir einmal die Verschiebung zu der neuen Agenda hin vorgenommen haben, können wir uns unbeschadet aus jenem Traum zurückziehen.

## 2
# Ein triadisches System

Unsere menschliche Entwicklung entfaltet sich auf dieselbe Weise, wie sich organisches Leben von Anfang an auf dieser Erde an entfaltet hat. Die Ontogenese ahmt die Phylogenese nach. Diese Erkenntnis, deren Tragweite der rationale Verstand kaum erfassen kann, besagt, dass wir in unserer eigenen Entwicklung alle vor uns erreichten Entwicklungsstufen noch einmal durchlaufen.[7] Wir beginnen im Mutterleib als Einzeller und gehen dann durch sämtliche Lebensformen hindurch: An einem bestimmten Punkt unserer Entwicklung besitzen wir Kiemen, an einem anderen die Überreste eines Schwanzes und so weiter. Wir rekapitulieren sämtliche Stufen organischen Lebens und gehen dann darüber hinaus.

Lassen Sie uns bei diesem kurzen Überblick über die Evolution ganz am Anfang beginnen: Tief in unserem Gehirn besitzen wir einen winzigen Zellkomplex, der mit der Wahrnehmung von Licht zu tun hat. Diese Urform des Gehirns nennt sich *Zirbeldrüse*. Eine Hauptfunktion der Zirbeldrüse, die sogar noch in den primitivsten Lebensformen zu finden ist, ist die Produktion von *Melanin*. Dieses Schlüsselmolekül könnte – neben seinen zahlreichen anderen Funktionen – das Verbindungsglied zwischen Geist und Materie, das Medium zwischen Gehirn und Geist, Gedanke und Realität usw. sein.[8] Melanin kann erstaunliche Dinge bewirken: Es kann Klangwellen in Lichtwellen übersetzen und umgekehrt; es kann elektrische Energie wahlweise in Klang- oder Lichtwellen übersetzen und möglicherweise all unsere sensorischen Signale miteinander verbinden und vermischen. Und das ist nur eine kleine Auswahl der Fähigkeiten, die dieses winzige Molekül besitzt. Melanin kommt in allen Lebensformen vor; im Menschen findet es sich im gesamten Körper und Gehirn verteilt, jedoch in besonders konzentrierter Form an bestimmten Schlüsselpunkten. Solche Schlüsselpunkte sind insbesondere die drei Schleusen im Gehirn, an denen Informationen verarbeitet werden. Ein hoher Melaninspiegel ist auch in unserem Herzen und den Genitalien zu finden. Dass dieses wichtige Schlüsselmolekül an den genannten Punkten in so hoher Konzentration vorkommt, gibt uns wichtige Hinweise auf unsere Gesamtentwicklung.

Forschungen zum Sehvermögen haben gezeigt, dass das Licht, aus dem sich die Bilder zusammensetzen, die wir sehen, wenn wir unsere Augen öffnen und auf die Außenwelt blicken, nicht von *da draußen* kommt.[9] Das Licht, das wir als Licht „da draußen" sehen, ist eine innere Reaktion auf etwas, von dem wir nur annehmen können, dass es ein äußerer Reiz sein muss. Die Bilder, die als von außen kommend gesehen werden, werden jedoch irgendwo im Innern zusammengesetzt, sie werden vom Gehirn mit all seinen Melaninmolekülen übersetzt und auf jene Leinwand des Geistes projiziert, die wir als unser „Wahrnehmungsbewusstsein" bezeichnen.

All diese Aktivität erzeugt den Effekt, es sei eine äußere Lichtquelle vorhanden, und auf diese Quelle reagieren wir dann. Denken Sie zum Beispiel an all die farbenfrohen Bilder, die wir nachts in unseren Träumen sehen. Denken Sie auch an die noch brillanteren Bilder bei hypnagogen und meditativen Erfahrungen, die dreidimensional und atemberaubend real sind. Oder denken Sie an die chaotischen Blitzlichter und Bilder, die aus der psychedelischen Forschung berichtet werden.

Woher kommt das Licht in solchen Bildern? Zu sagen, dass es rein illusorisch sei, würde bedeuten, die eigentliche Problematik zu umgehen. Tatsache ist, dass die Produktion innerer und äußerer Bilder in allen Fällen identisch ist. Die Quelle jener Bilderwelt wird als verschieden wahrgenommen, je nach dem Ort, der ihr von unserem Gehirn zugewiesen worden ist, ist aber de facto dieselbe. Wir teilen sie in Kategorien von „innen" und „außen" ein, je nach Art der Bilder, der an ihrer Übersetzung beteiligten Gehirnareale sowie des aus der Aufnahme und der Reaktion auf die Bilder resultierenden Bewusstseinszustands.

# Ein triadisches System

In unserem Leben werden wir mit drei Arten von Bildern konfrontiert: Mit materiellen Bildern, die mit der Welt der Materie verbunden sind, mit Phantasie- und Traumbildern, die sich auf eine innere Welt beziehen, und schließlich mit rein abstrakten Bildvorstellungen, die mit der Gedankenwelt und mit Kreativität verbunden sind. Und in unserem Schädel haben wir auch verschiedene Gehirnsysteme, um diese verschiedenen Arten von Bildern verarbeiten und übersetzen zu können. Was wir uns als ein einziges Gehirn vorstellen, sind in Wirklichkeit drei vollkommen verschiedene Gehirne, nämlich die drei Hauptgehirntypen, die sich im Laufe der Evolution entwickelt haben.[10] Das älteste dieser Gehirne und die Grundlage unseres Gehirnsystems ist das *Reptilhirn* oder *Reptiliengehirn*, das über Hunderte von Millionen Jahren die Szene beherrscht hat. Dieses wird von dem *alten Säugetiergehirn* überlagert, das mit der Übernahme der Führung einen Quantensprung neuer Möglichkeiten eröffnete; und schließlich folgte ein *neues Säugetiergehirn*, das den Diskontinuitätssprung bei Delphinen, Walen und Menschen ermöglichte. Das von dem alten Säugetiergehirn überlagerte Reptilhirn wird von dem neueren System genutzt, um diesem neue Möglichkeiten und mehr Macht zu verleihen. Unser neues menschliches Gehirn wiederum ist um das alte Säugetiergehirn herum konstruiert und benutzt so beide älteren Gehirne für einen weiteren Quantensprung von Macht und Möglichkeit.

Wir können unser triadisches System kurz folgendermaßen charakterisieren: Das Reptilhirn ist für physische Bilder zuständig. Durch dieses Gehirn nehmen wir unsere physische Welt wahr und reagieren auf sie. Das alte Säugetiergehirn geht mit inneren Bildern und sämtlichen Emotionen um und das neue Säugetiergehirn (der Neokortex), unser intellektuelles Gehirn, ist für Bilder zuständig, die so abstrakt sind, dass wir sie nicht zweifelsfrei als innere oder äußere Bilder einstufen können.

Die Grundlage unseres „Intelligenzgebäudes" ist das Reptilhirn bzw. das alte Gehirn. All unsere Sinne mit Ausnahme des Riechsinns werden über diesen Kanal geregelt. Ein großer Teil der Arbeit unseres Autopiloten – die Dinge, die wir so gründlich lernen, dass wir sie tun können, ohne darüber nachzudenken – wird hier geregelt.

Das alte Säugetiergehirn, oder einfacher gesagt, das Mittelhirn, bewertet Qualität, Ästhetik oder den „Gefühlston".[11] Das Fühlen kann konkret und objektiv sein, zum Beispiel, wenn wir etwas mit den Fingern berühren, oder es kann emotional abstrakt und subjektiv sein, etwa wenn unsere Gefühle verletzt werden. Mit „Gefühlston" meine ich einen dritten Zustand, eine Beziehungsqualität, eine bestimmte Verbindung zwischen Subjekt und Objekt, wie diejenige zwischen Dingen oder Ereignissen oder auch zwischen uns selbst und unserer Erfahrung. Zu jeder Beziehung gehören Emotionen und Emotion existiert nur durch Beziehung.

Unser Mittelhirn ist für Gefühle von Liebe, Hass, Angst, Anziehung oder Abneigung zuständig. Es hat darüber hinaus mit unseren Bindungen zu tun (ein wichtiges Thema, das ein eigenes Kapitel verdient): die Bindung zwischen Eltern und Kindern, Mann und Frau, Individuum und Gesellschaft und so weiter. Das Mittelhirn ist das Gehirn, das Zusammenhänge stiftet. Den Sinnesinformationen, die durch unsere alten Gehirne aufgenommen werden, wird durch die emotionale Energie des Mittelhirns eine sinnvolle Form verliehen. Auf der anderen Seite bekommen die abstrakten Bilder des neuen Gehirns ihre anfängliche Konkretisierung oder Aktualisierung durch das Mittelhirn. Das Mittelhirn stellt die Verbindung zwischen dem physischen und dem denkenden Gehirn her.

Unser Mittelhirn ist das „Herz" unseres Gehirnsystems und hat interessanterweise direkte Nervenverbindungen zu unserem Herzen. Diese physische Verbindung stellt einen lebenswichtigen Schlüssel für

# Ein triadisches System

die Funktion des *Bonding* dar. Emotionen sind schon immer mit dem Herzen in Verbindung gebracht worden, und vor kurzem haben wir herausgefunden, dass es tatsächlich das Mittelhirn ist, das Moment für Moment Anweisungen von unserem Herzen entgegennimmt.[12] Im Gegenzug schickt das Mittelhirn seinerseits ständig Informationen zum Herzen. Beide zusammen bilden das Zentrum unseres Lebenssystems.

Unser neues Gehirn ist das Instrument, mit dessen Hilfe wir Berechnungen anstellen, spielen, analysieren, auseinander nehmen, Synthesen schaffen, schöpferisch tätig sind und ganz allgemein über den Stoff nachdenken, der uns von den beiden Tiergehirnen geliefert wird. Weitaus wichtiger ist jedoch, dass unser neues Gehirn eine zentrale Rolle bei der postbiologischen Entwicklung spielt. Und wie wir sehen werden: Wenn die wissenschaftliche Forschung herausgefunden hat, dass die Kapazität des neuen Gehirns nur zu einem Bruchteil genutzt wird und man praktisch auf sie verzichten kann (wir haben einmal gedacht, dass es das ganze Geschehen bestimmen würde), so ist der Grund dafür in der Vernachlässigung der postbiologischen Entwicklung zu suchen.

Das neue Gehirn ist in eine rechte Hemisphäre oder Gehirnhälfte (RH) und eine linke (LH) eingeteilt und beiden scheinen unterschiedliche Aufgaben zugewiesen zu sein.

Weniger Aufmerksamkeit ist der Tatsache geschenkt worden, dass die beiden Hemisphären bei der Geburt voneinander getrennt werden. Sie behalten lediglich ihre gemeinsamen Verbindungen zum Mittelhirn bei und durchlaufen in der frühen Kindheit einige parallele Entwicklungen. Nach dem ersten Lebensjahr beginnt jedoch eine Brücke von

Nervenverbindungen, das so genannte *Corpus callosum*, zu wachsen. Diese Brücke bildet sich jedoch nur sehr langsam heran und ihr Wachstum ist erst mit der Vollendung des vierten Lebensjahres abgeschlossen. Das späte Auftauchen und das langsame Wachstum dieses Organs sind von großer Bedeutung. Sobald sein Wachstum vollendet ist, können rechte und linke Hemisphäre ohne Abstriche miteinander in Beziehung treten, kommunizieren oder ihre Aktivitäten direkt aufeinander abstimmen, ohne sich auf die beiden Primärgehirne zu beziehen, die sie umschließen. Die Unabhängigkeit der beiden Hemisphären wird schließlich zu einem reinen Intellekt führen – unserer Fähigkeit zu denken, ohne uns auf die Aktivitäten eines der beiden Tiergehirne zu beziehen. Letzten Endes erwerben wir die Fähigkeit, nichtsensorische Informationen jenseits aller biologischen Prozesse zu übersetzen.

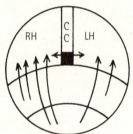

Wachstum des *Corpus callosum* (CC) setzt ein

Der Zeitplan für das Erscheinen und das Wachstum des *Corpus callosum* ist ein wichtiger Schlüssel für die kindliche Entwicklung. Denken Sie einmal daran, dass dieses Organ erst nach Vollendung des ersten Lebensjahres auftaucht und dass sein Wachstum erst mit dem vierten Lebensjahr abgeschlossen ist.[13] Die Bedeutung dieses Zeitplans und der langsamen Entfaltung eines so wichtigen Gehirnbestandteils wird im Laufe des Buches noch deutlich werden.

Das alte Gehirn und das Mittelhirn sind über komplexe Kommunikationskanäle miteinander verbunden, die ihr recht symmetrisches Funktionieren bewirken. Die Verbindungsglieder zwischen dem Mittelhirn und dem neuen Gehirn sind dagegen weitaus weniger zahlreich.

# Ein triadisches System

Die linke Hemisphäre des neuen Gehirns scheint nur oberflächlich mit dem Mittelhirn verbunden zu sein, während die rechte über einen vergleichsweise größeren Reichtum an Neuralverbindungen zum Mittelhirn verfügt (auch wenn es weitaus weniger sind als diejenigen, die das Mittelhirn zum alten Gehirn hat). Auch das liefert uns wertvolle Hinweise auf unsere Entwicklung und zeigt die minutiöse Planung an, die die Natur in die zeitliche Abfolge der Entfaltung unseres biologischen Plans gesteckt hat.

Da das Mittelhirn auf die Aktivitäten und/oder Bedürfnisse des physischen Gehirns auf der einen und des intellektuellen Gehirns auf der anderen Seite reagiert, können wir es als „unterstützendes Gehirn" bezeichnen. Es ist die überaus wichtige Verbindung, der Vermittler, der Botschafter und Übersetzer zwischen den äußerst unterschiedlichen Sprachen und Bildern des alten und des neuen Gehirns. Wenn wir unsere Augen öffnen und die Bilder einer materiellen, physischen Welt sehen, dann handelt es sich dabei um eine Aktivität des alten Gehirns. Wenn wir unsere Augen schließen und Bilder von Dingen produzieren, die in der äußeren Welt nicht vorhanden sind, dann nehmen wir unsere *Vorstellungskraft* bzw. *Phantasie* zu Hilfe. (Der Duden definiert Vorstellungskraft als „Bilder erzeugen, die für die Sinne nicht präsent sind".) Wir erkennen, wie wichtig es ist, Bilder aus der Außenwelt zu übersetzen, doch die Übersetzung innerer Bilder ist von ebenso großer Bedeutung. Unsere Kreativität, unser logisches Denken, unser Intellekt, unsere postbiologische, spirituelle Entwicklung und nicht zuletzt unser Überleben hängen von dieser im Allgemeinen missverstandenen Funktion ab.

Die Bilderwelt der Gedanken und die Bilderwelt im Außen sind qualitativ verschieden und machen Vermittlung erforderlich: Die eine Bilderwelt muss in die andere übersetzt werden. Die auf Papier festgehaltenen Zeichen „K-a-t-z-e" werden sofort in Katze übersetzt, was wiederum eine große Vielfalt an semantischen Möglichkeiten eröffnet. Doch die Zeichen haben für sich genommen keine Bedeutung; es muss erst eine hinzugefügt werden. Das alte Gehirn bringt die simplen Zeichen ein; das Mittelhirn und das neue Gehirn verleihen ihnen Bedeutung.

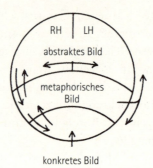

Damit jedoch das neue Gehirn seinen Teil beitragen kann, muss das Mittelhirn jene konkreten, vom alten Gehirn eingebrachten Zeichen in die abstrakten Bilder des neuen Gehirns übersetzen bzw. in eine Form, die den abstrakten bildlichen Vorstellungen jenes neuen Gehirns zugänglich ist. Auf dieselbe Weise übersetzt das Mittelhirn die abstrakten Bilder des neuen Gehirns in die sensomotorischen Reaktionen des alten Gehirns, etwa während wir unsere Zeichen zu Papier bringen. Das Mittelhirn arbeitet in dieser binären Ausrichtung mittels einer metaphorischen Bildersprache – die von so großer Bedeutung ist, dass wir ihr später ein eigenes Kapitel widmen werden.

Unser dreiteiliges System ist dafür angelegt, je nach Notwendigkeit als integrale Einheit zu arbeiten. Die Aktivität in einem Gehirn hat die notwendige Unterstützung der übrigen zufolge. Denken Sie an eine gasgefüllte Glühbirne mit einem Glühfaden im Innern, der zur Aktivierung des Gases dient. Wenn der Faden aufleuchtet, beginnt das gesamte Gas zu fluoreszieren, verstärkt das Licht des Glühfadens und strahlt ein insgesamt helleres Licht aus, als es der glühende Faden allein tun würde. Das menschliche Gehirnsystem ist wie jene Glühbirne in dem Sinne, dass die verschiedenen Teile unseres Gehirns je nach Notwendigkeit aktiviert werden, um einen anderen Teil zu unterstützen. Doch in unseren „Glühbirnen-Gehirnen" haben wir, um es einmal so auszudrücken, drei Fäden. Energetisiere den Faden des alten Gehirns und alle drei Bereiche reagieren ihrer Eigenart entsprechend mit einem unterstützenden Glühen. Dasselbe gilt für jede andere Kombination.

Die Wattzahl eines jeden Gehirns verändert sich, wenn wir die evolutionäre Stufenleiter hinaufklettern. Das alte Gehirn ist die stabilste, aber auch schwächste Konstruktion. Das Mittelhirn ist weniger stabil, aber kraftvoller. Das neue Gehirn ist das am wenigsten stabile und gleichzeitig das kraftvollste von allen. Durch diesen integrierten Schaltkreis wird die Wirkungsweise des Gehirns nicht nur weit über sein ursprüngliches Reptildesign hinaus verstärkt, sondern es kann auch durch seine komplexeren Nachbarn modifiziert oder verzerrt werden. Und logischerweise können die Aktionen jedes einzelnen der anderen Gehirne modifiziert oder verzerrt werden – ebenso wie sie durch die anderen verstärkt und/oder geklärt werden können.

Die Schlaf- und Traumforschung hat festgestellt, dass diese Fäden (um im Bild zu bleiben) in ihrer natürlichen Reihenfolge nacheinander, alle zusammen oder in verschiedenen Kombinationen aufleuchten können. Unsere Energie, unsere Aufmerksamkeit und der Ort unseres Ich-Bewusstseins verlagert sich zwischen diesen Gehirnen hin und her. Wenn wir ins Bett gehen, ziehen wir den größten Teil unserer Aufmerksamkeit aus dem alten Gehirn zurück. Das schließt uns von der Welt und von zahlreichen Körpersignalen ab. Der Sitz unserer Aufmerksamkeit verschiebt sich in das Mittelhirn und das neue Gehirn. Es könnte sein, dass wir nachts wachliegen und eine Zeit lang über die Ereignisse des Tages nachdenken; dass wir über unbegründete Sorgen und Ängste nachdenken. Unser unterstützendes Mittelhirn, dem keine sensorischen Informationen zur Verfügung stehen, auf die es reagieren kann, reagiert auf dieses geistige Umherschweifen mit entsprechenden emotionalen Bildern.

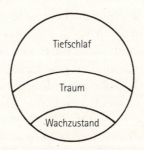

Auf diese Weise löst sich unser Gedanke in dem emotionalen Geschehen auf und wir beginnen zu träumen. Unsere Augen bewegen sich hin und her und folgen den Bildern, die beim Träumen unaufhörlich entstehen. Diesen Prozess bezeichnen wir als REM-Schlaf; eine Abkürzung, die für *rapid eye movement* (schnelle Augenbewegung) steht. Möglicherweise beschleunigt sich unsere Atmung und einige Muskeln fangen an zu zucken, wenn wir von unserer Schwiegermutter mit einem Beil gejagt werden. Das alte Gehirn gibt die periphere Unterstützung, die nötig ist, damit sein Nachbar seine Aktivitäten fortsetzen kann, und sorgt gleichzeitig pflichtbewusst dafür, dass die Welt draußen bleibt. (Wenn die schattenhaften Reaktionen des alten Gehirns zu dramatisch werden, könnte das zur Folge haben, dass wir schlafwandeln.)

Als Nächstes scheint sich die Aufmerksamkeit vollständig aus dem Mittelhirn zurückzuziehen, so dass der Ort des Ich-Bewusstseins ausschließlich im neuen Gehirn ruht. Muskeln kollabieren und der Körper verlangsamt sich auf sein geringstmögliches Niveau. Wir haben diesen Zustand früher *Tiefschlaf* genannt und gemeint, dass er traumlos sei. Vor kurzem haben wir jedoch etwas herausgefunden, dass den Yogis im Osten schon lange bekannt war: Das Träumen findet auch während dieser Bewusstseinsphase statt.[14] Die Träume, die während dieser Tiefschlafphase in unser Bewusstsein übersetzt werden, sind im Wesentlichen geometrischer Natur und von ihrer Gestaltung her abstrakt. Sie sind normalerweise dreidimensional und verändern sich innerhalb ihres Bezugsrahmens ständig. Da mit ihnen nicht notwendigerweise Augenbewegungen einhergehen, sind sie schwerer auszumachen. (Für Traumforscher sind die Augenbewegungen beim emotionalen Träumen leicht feststellbar.) Mit diesen geometrischen Träumen sind keine Emotionen verbunden (im Gegensatz zu den Bildern des Mittelhirns), sie stehen in keinerlei Beziehung zu unserer gewöhnlichen Welt und sie sind numinos. Das heißt, sie haben eine eindrucksvolle mystische Qualität. In einigen frühen Forschungsarbeiten wurde darüber hinaus von einer vierten Phase gesprochen, die auf diese Tiefschlafphase folgt oder sogar ein Teil von ihr ist. Dieser vierte Zustand passt in keine der bekannten Kategorien und ist auch nicht weiter erforscht worden, da man nichts Greifbares finden konnte.[15]

Ist die Phase des Tiefschlafs und des möglicherweise stattfindenden, flüchtigen, vierten Zustands vorbei, so verlagern sich unsere Energie und Aufmerksamkeit wieder in den REM-Schlaf und das emotionale Träumen zurück. Das alte Gehirn vollzieht wie verlangt seine unterstützenden Zuckungen, bis wir dann kurz aufwachen; was uns genügend Zeit gibt, uns umzudrehen und vielleicht einen Blick auf die Uhr zu werfen. Dann durchlaufen wir den gesamten Zyklus von neuem. Dieser Schlaf-Wach-Zyklus dauert insgesamt etwa neunzig Minuten – fünfundvierzig Minuten in der aufsteigenden und weitere fünfundvierzig Minuten in der absteigenden Phase. Er geht außerdem vierundzwanzig Stunden am Tag weiter. Glücklicherweise durchleben wir während unserer wachen Stunden nur partielle oder minimale Schlaf- und Traumphasen, ohne dass wir unsere Aufmerksamkeit vollkommen von der Außenwelt wegbewegen.

Dazu sollten Sie wissen, dass der Sitz unserer Aufmerksamkeit in unserem Gehirn nichts Statisches ist. Auch unser Bewusstsein und unsere Aufmerksamkeitsenergie sind nicht gleichmäßig verteilt. Unabhängig von dem fünfundvierzig- bzw. neunzigminütigen Schlaf-Wach-Zyklus kommt es bei einem weiteren Zyklus zu einer leichten Aufmerksamkeitsverlagerung zwischen rechter und linker Hemisphärendominanz.[16] Auf diese Weise sorgt die Natur für Ausgeglichenheit zwischen all ihren verschiedenen Bewusstseinsorganen und deren spezialisierten Funktionen.

Diese Fähigkeit, unsere Aufmerksamkeit und den Sitz des Ichs zu verlagern, nimmt im Rahmen unserer Entwicklung eine zentrale Bedeutung ein. Der Plan der Natur ist nämlich um unsere drei Gehirne und ihre miteinander verzahnten Handlungen herum organisiert. Dabei kommt zum Tragen, dass die individuelle Entwicklung der menschlichen Intelligenz derselben logischen Abfolge unterliegt, wie wir sie bei der stammesgeschichtlichen Entwicklung beobachten konnten. Jede Phase der kindlichen Entwicklung konzentriert sich auf die Entwicklung und Perfektionierung eines der drei Gehirne, und zwar in der logischen, evolutionären Reihenfolge ihres Auftretens.

Zuerst müssen wir die Fähigkeit entwickeln, Informationen im Rohzustand aufzunehmen, was eine Aufgabe des alten Gehirns ist. Als Zweites müssen wir lernen, jene unbearbeiteten Informationen in sinnvolle Kategorien einzuteilen, was eine Aufgabe des Mittelhirns ist. Und drittens müssen wir lernen, mit den durch die anderen beiden Systeme aufgebauten Strukturen zu spielen – was eine Aufgabe des neuen Gehirns ist. Diese dreiteilige Aufgabe nimmt bis zu ihrem Abschluss etwa fünfzehn Jahre in Anspruch und schafft die Voraussetzungen dafür, dass das postbiologische System übernehmen kann.

Natürlich sind alle Gehirne vom Beginn der Funktionstüchtigkeit des Gehirns an beteiligt, die etwa im fünften intrauterinen Monat gegeben ist. Das Gehirn funktioniert immer als integrierte Einheit. Doch Integration bedeutet in diesem Zusammenhang nicht Homogenität oder gleiche Verteilung von Aufmerksamkeit und Energie. Und zu Beginn unserer Entwicklung konzentriert sich die Natur immer jeweils auf einen Hauptbereich, so wie er von der Notwendigkeit diktiert wird. Denn jedes Gehirn muss so lange geübt, benutzt und entwickelt werden, bis der Autopilot in jedem Fall übernehmen kann und unser Bewusstsein dafür befreit ist, sich auf die nächste Phase zu konzentrieren. Der Sitz unseres Ichs, die Art von Aufgaben, mit denen wir befasst sind, und die Modelle, die wir uns als Vorbilder aussuchen, verschieben sich entsprechend.

Alle Entwicklungsphasen sind also Phasen der Konzentration auf bestimmte Gehirne, Gehirnbestandteile oder Interaktionen zwischen ihnen. Unser biologischer Plan bereitet uns auf die nächste Phase seiner Entfaltung vor, selbst wenn wir noch in die gegenwärtige vertieft sind. Gleichzeitig beeinflussen die typischen Merkmale und Bedürfnisse der kommenden Phasen die früheren ganz entscheidend. Durch das neue Gehirn in meinem Schädel hat die Entwicklungsgeschichte des Reptilhirns bei mir einen dramatisch anderen Verlauf genommen als etwa bei einem Hund, dem ein so riesiges neues Gehirn fehlt. Und sie unterscheidet sich auch sehr von derjenigen der schwarzen Schlange in meinem Hinterhof, der sogar noch der Säugetierzusatz fehlt.

Das erste Jahr des menschlichen Lebens ist eindeutig dem physisch-sensorischen System gewidmet, das mit dem alten Gehirn verbunden ist. Gleichzeitig wird definitiv eine vollkommene Synchronie mit dem Mittelhirn benötigt, doch der Sitz des Säuglingsbewusstseins ist solide im sensomotorischen oder Reptiliengehirn verankert. Sobald dieses sensomotorische Gehirn funktionstüchtig ist, verlagert der Sitz des Bewusstseins die Hälfte seiner Aufmerksamkeit zum Mittelhirn. Jetzt finden zwei Strukturkopplungen gleichzeitig statt: eine physisch-sensorische und eine emotionale. Das Kind spürt dann bewusst sowohl seinen Körper als auch ein ästhetisches Zentrum.

Als Nächstes kommt der *Wille*, der ein emotionaler Antrieb ist und als instinkthafte Kraft zur Überwindung von Entwicklungshindernissen dient. Vorlieben und Abneigungen sowie die ästhetischen Qualitäten, die als Urteil über die Erfahrung gelegt werden, werden gleichzeitig geprägt. Diese ästhetische Polarisierung stellt die Informationen, die durch das alte Gehirn erspürt werden, in eine sinnvolle Beziehung zueinander, und aus diesem Gefühl heraus beginnt sich ein von der physisch-sensorischen Welt des Reptilhirns verschiedenes Ich zu formieren. Nachdem diese Verlagerung des Bewusstseins zum Mittelhirn stattgefunden hat, beginnt der *Corpus callosum*, die große Brücke verbindender Nerven zwischen den beiden Hemisphären des neuen Gehirns, mit seinem ersten vorsichtigen Wachstum. Jetzt haben wir zwei unabhängig voneinander stattfindende Prozesse – das Selbst als Emotion und das Selbst als physischer Körper. Diese beiden Funktionen erfordern eine Spezialisierung der Hemisphären, deren Komplexität jedoch wissenschaftlich noch nicht genau erfasst worden ist.[17]

Im Alter von vier Jahren sind achtzig Prozent der kindlichen Verständnisstrukturen im Hinblick auf die physische Welt, die Sprache und das sich von der Welt unterscheidende Ich-Bewusstsein abgeschlossen. Dann findet für die Entwicklung des Intellekts als unabhängiger Möglichkeit eine weitere Verlagerung des Bewusstseinssitzes in das neue

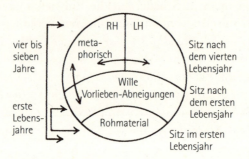

Gehirn statt. Während dieser Phase wird der *Corpus callosum* als Struktur vollendet, und zwischen vier und sieben Jahren ist das kindliche Ich gleichmäßig über die drei Gehirne verteilt. Sein Bewusstseinssitz ist derjenige eines Selbst als Körper, als emotionalem Zentrum und intuitivem Denkzentrum. Die Hauptaufgabe der Entwicklung besteht darin, das dreischichtige System dieses Vierjährigen in vollkommene Synchronie zu bringen. Dazu gehört die Entfaltung der Intuition, die dem Kind Bewusstseinsebenen und Informationen erschließt, die der Außenorientiertheit des Reptilhirns nicht zugänglich sind. Gleichzeitig entwickelt das Kind ein analoges Sprachsystem – ein metaphorisch-symbolisches System der Bildübertragung, das sich auf das Mittelhirn und die rechte Hemisphäre konzentriert. Der großartigste Teil der Kindheit ist diese Phase von vier bis sieben, wenn ein vollkommenes Gleichgewicht zwischen Körper, Geist und Gefühlen erreicht wird. Das ist jener paradiesische Garten-Eden-Zustand, aus dem das Kind notwendigerweise im Alter von sieben Jahren vertrieben wird. Denn mit sieben verlagert sich der Sitz des Ich-Bewusstseins von unseren Primärgehirnen weg.

Von dieser Zeit an bewegt sich unsere Matrix zum *Geist* als einem Punkt der Objektivität hin – einem Bewusstseinszustand, in dem das Ich handeln kann, als sei es vom Gehirn getrennt. Der Geist als Empfänger aller wahrnehmungsbezogenen Aktivitäten ist anfangs mit den Aktionen des Gehirns identifiziert, das ihm seine Wahrnehmungen gibt. Entwicklung kann als Herausbildung eines Ich-Geistes begriffen werden, der nacheinander mit jedem Gehirn identifiziert ist, um sich dann aus diesen Identifikationen allmählich wieder zu lösen. Schließ-

# Ein triadisches System

lich wird der Ich-Geist in seiner eigenen Identifikation stehen, außerhalb des Gehirns und in einer Position der Objektivität.

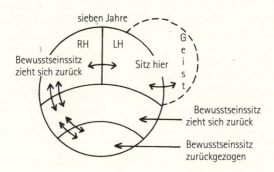

Wir können uns vorstellen, dass unser Ich-Geist im alten Gehirn entstanden ist, dem de facto schwächsten System, und tatsächlich sind wir zu jener Zeit ja am auch hilflosesten. Selbst wenn sich das Kind ein wenig regen und auf dem Boden herumkriechen kann, um seine Froschperspektive von der Welt zu bekommen, so ist es doch eingeschränkt und schwach. Doch wenn die gleiche Menge an Aufmerksamkeitsenergie in sein Mittelhirn hineinkommt und sich diese neue Macht manifestiert, dann macht es den Mund auf: Es wird emotional und eigensinnig; es lernt, sich zu behaupten, und beginnt zu sprechen.

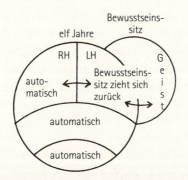

Sobald das Emotionalzentrum des Kindes stabil ist und seine Beziehungen zu seiner Welt geklärt sind, findet die Verschiebung zum neuen Gehirn hin statt. Durch die Kraft des neuen Gehirns bringen wir alle drei Systeme in Übereinstimmung, was mit Hilfe des Erzählens von Geschichten, unserer Vorstellungskraft, des Phantasiespiels und des Spiegelns unserer Eltern- und Geschwistermodelle durch nachahmendes Spiel geschieht. Unsere erwachsenen „Verhaltensingenieure" beschweren sich, dass wir ihren Verhaltensmodifikationen Widerstand entgegensetzen: „Alles, was sie wollen, ist *spielen*!", schäumen sie – und wie Recht sie doch haben: Kinder werden durch ein Millionen Jahre altes Programm dazu getrieben, intuitiv dem einzig möglichen Weg zum Überleben und zur Entfaltung ihrer Intelligenz zu folgen – dem Spiel!

Im Alter von etwa sieben Jahren sind die drei aus den Primärgehirnen stammenden Bildgebungssysteme synchronisiert und unsere Identität hat sich aus der direkten Verbindung zu ihnen zurückgezogen. Das sprunghafte Verhalten und der den Regeln der Logik so häufig trotzende Eigensinn der frühen Kindheit verblassen. An ihrer Statt entfaltet sich ein neues logisches Verhalten. (Die Fähigkeit, an dieser Welt Maß zu nehmen, und die Konzepte von Raum und Zeit haben sich automatisch entfaltet.) In unseren prälogischen Jahren war *Qualität* das Kriterium für unsere Erfahrungen, während unsere ästhetische Reaktion der Maßstab für unsere Beziehungen war. Jetzt, im Alter von sieben Jahren, kommt die *Quantität* als Hauptfokus hinzu und ermöglicht die Entfaltung der konkreten Logik; einen Weg, um das Wesen der sich ergebenden materiellen Beziehungen zu begreifen. Zwischen sieben und elf Jahren zieht die Natur den Sitz unseres Bewusstseins aus der rechten Hemisphäre zurück und konzentriert sich auf die Entwicklung unserer stärker isolierten linken Hemisphäre. Der Geist als Punkt der Objektivität über die Gehirnfunktion hinaus beginnt sich zu zeigen. Um das elfte Lebensjahr herum beginnen die Vorgänge in unserer rechten Hemisphäre automatisch abzulaufen, und wir gehen zu kreativem Denken, abstrakter Logik und semantischer Sprache über – mit anderen Worten, wir betreten die Welt des Geistes. Bis wir fünfzehn sind, hat sich unsere Identifikation mit dem Gehirn so weit gelöst, dass uns nur unser objektiver Standpunkt übrig bleibt. Unser Geist hat nun keinen spezifischen Sitz mehr als den, der sich vage irgendwo in unserem Kopf befindet. Unser Gehirn ist also der physische Aspekt unserer Erfahrung und der Geist das subtile Gegenstück, und wenn wir beide kennen gelernt haben, sind wir bereit für die postbiologische Entwicklung.

Die postbiologische Entwicklung erschließt uns unsere kreative Kraft. Diese Bewusstseinskraft hat mit Möglichkeiten zu tun, und nicht mit dem, was bereits erschaffen worden ist. Je mehr wir unsere Orientierung von der unbeweglichen physikalischen Welt auf die fließende geistige Welt verlagern, umso mehr Macht steht uns zur Verfügung. Durch die subtile Macht der postbiologischen Entwicklung zeigt und stabilisiert sich unsere Identität als etwas, das sich von Gehirn und Körper unterscheidet; genauso, wie unser Ich sich allmählich durch seine früheren Identifikationen mit dem sensomotorischen und dem emotionalen System definiert und dann wieder daraus gelöst hat. Wie immer wir diese postbiologische Identifikation des Ichs auch nennen wollen – Psyche, Seele oder Geist –, ist eine Frage der Semantik; ihre Funktion bleibt in jedem Fall die Gleiche. Ich werde den Ausdruck *Geist* verwenden, weil er mir gefällt. Damit meine ich jedoch nicht irgendeinen vagen, nichts sagenden, substanzlosen Ätherkörper, wie er in spiritistischen Sitzungen heraufbeschworen wird, sondern die mitreißende, explosive kreative Kraft, die in der Pubertät aus unserem Herzen hervorquillt, zu der Zeit, zu der wir beginnen, uns mit der kreativen Kraft zu identifizieren, die unser Universum hervorbringt. Diese Identität ist natürlich schon vom Beginn unseres Lebens an vorhanden, allerdings in latenter Form. Wie alle Aspekte unserer Blaupause wartet sie auf ihre phasenspezifische Gelegenheit, um konzentrierte Aufmerksamkeit und Entwicklung zu erfahren. Wenn alle notwendigen Stützsysteme des Geistes funktionsfähig sind, verlegen wir uns schließlich auf die Entwicklung seiner selbst.

Die postbiologische Entwicklung beruht Punkt für Punkt auf der bis zu jenem Zeitpunkt entwickelten biologischen Grundlage. Das schwächere physische System bildet die Grundlage für das mächtigere spirituelle Wesen. Durch einen Prozess, den ich „Umkehrbarkeit" nenne, verlagern wir unsere Identität und unser Bewusstsein von den spezifischen Erfahrungen, die wir gemacht haben, auf das übergeordnete Feld, aus dem diese hervorgegangen sind. Wir bewegen uns vom Spezifischen zum Allgemeinen, von der konkreten Wirklichkeit zur abstrakten Möglichkeit und vom Physischen zum Subtilen.

Keine Entwicklung irgendeiner Art kann ohne ein physisches Modell im Außen stattfinden, mit dem wir ausreichend interagieren können, um unsere eigene ungefähre Konstruktion dessen zu erstellen, wofür das Modell steht. Der Grund dafür, warum wir vollständig von Modellen abhängig sind, ist in dem Wesen unserer generischen Blaupause zu suchen. Diese umfasst alle vorstellbaren Möglichkeiten, was jedoch eine zu breit angelegte Grundlage ist, als dass wir eine Struktur auf ihr aufbauen könnten. Eine Struktur kann nur auf einer bestimmten, ausgewählten Möglichkeit aufgebaut werden. Genau wie absoluter Reichtum eine Art absoluter Armut ist, so ist die Existenz das Absondern von etwas Spezifischem. Würde man einem Kind denselben Vorfall bei jeder neuen Begegnung mit anderen Worten beschreiben, so käme es zu sprachlicher Verwirrung. Jeder Name für ein Ereignis funktioniert, doch er muss mehr oder weniger konstant für das betreffende Ereignis verwendet werden, damit die Prägung stattfinden kann. Auf dieselbe Weise selektieren wir aus den vorhandenen Möglichkeiten, indem wir mittels unserer Sinne ein greifbares, spezifisches Beispiel für jene Möglichkeit suchen. Wir können nicht „jede Möglichkeit" begreifen, bis wir nicht die vielen unterschiedlichen Formen einer begrenzten, jedoch verwirklichten Möglichkeit vollkommen begriffen haben. Im Laufe unseres Lebens wählen wir dann unsere sich ständig erweiternde Realität gemäß dem Wesen des Modells aus, dem wir ursprünglich gefolgt sind.

Im Laufe der biologischen und der spirituellen Entwicklung folgt die Formel dem folgenden Muster: Innerer Plan plus äußerem Modell entspricht Wissens- bzw. Verständnisstruktur. Unsere Strukturen werden in Übereinstimmung mit den Modellen aufgebaut, die wir finden oder die uns gegeben werden, und sie werden die Offenheit des potentiellen Feldes unserer Blaupause immer nur andeuten können. Wir lassen immer eine unendliche Anzahl an Möglichkeiten unverwirklicht, wenn wir aus diesem Potential eine greifbare Weltsicht „herausmeißeln".

Die postbiologische Entwicklung verleiht uns die Fähigkeit, aus dem unendlich offenen Bereich der Blaupause ganz unmittelbar

Begriffe zu bilden. Die Begriffsbildung wird dann zu einem Kriterium für die Realität. Über unsere greifbare äußere Realität hinaus öffnen wir uns für eine innere Realität, die ständig im Werden begriffen ist. Damit sich diese Fähigkeit entwickeln kann, muss sich unser Bewusstsein aus einer Reihe von Identifikationen lösen. Wir müssen unsere Identität aus den Verständnisstrukturen, die wir in der biologischen Phase geschaffen haben, herauslösen, wenn wir uns mit der Blaupause selbst identifizieren wollen. Doch sich aus der Identifikation zu lösen bedeutet nicht, das dermaßen identifizierte Selbst auszulöschen oder zu vernichten, sondern vielmehr, die eigenen Kriterien und den eigenen Bezugspunkt zu verschieben. Wie das Kind seine Kriterien und seinen Bezugspunkt von seiner Familie auf die Gesellschaft und auf Gleichaltrige verschiebt, so können wir die innere Vision nur dadurch begreifen, dass wir uns nicht wie gewohnt auf das äußere Sehen als einziger Quelle des Sehens verlassen. Natürlich müssen wir dort, wo es notwendig ist, immer noch unsere äußeren Sinne einsetzen, doch wir lernen, unsere Systeme auseinander zu halten. Kreative Einsicht ist zum Beispiel wörtlich ein „nach innen Sehen." Die innere visuelle Welt ist die kreative Möglichkeit des Sehens an sich, die sich für uns ständig von neuem entfaltet; vorausgesetzt, wir lassen zu, dass sie das Kriterium für unsere Entwicklung wird und benutzen unsere biologische Orientierung als notwendige Hilfe. (Normalerweise drehen wir diese Reihenfolge um und führen so unseren Ruin herbei. Das heißt, wir versuchen, das innere Sehen als Anhängsel unserer äußeren Weltsicht zu gebrauchen, oder wir verwenden unsere Einsicht, um unser gewöhnliches, banales Sehen zu unterstützen.) Wir müssen uns aus der Identifikation mit unserem mürrischen, ängstlichen und begrenzten Ich-Selbst lösen, um uns mit dem kreativen Selbst zu identifizieren, das allen Prozessen zugrunde liegt. Dann, und nur dann, wird unser Ich aufhören herumzumurren.

Wir können das nur tun, wenn wir in den konkreten Verständnisstrukturen fußen, die wir uns im Laufe unserer biologischen Entwicklung erworben haben. Jedes Wachstum verläuft vom Konkreten zum Abstrakten. Nachahmung geht der Originalität voraus. Neuschöpfung geht der Schöpfung voraus und das Spiel des Kindes muss dem göttlichen Spiel vorausgehen.

Um in die spirituelle Phase einzutreten, müssen wir unsere spezifischen Errungenschaften im Namen der nicht spezifizierten aufgeben. Wir müssen unser früheres physisches Leben zugunsten eines größeren spirituellen Lebens aufgeben. Wir müssen unsere Kindheitsemotionen von Vorlieben und Abneigungen aufgeben zugunsten der Emotion der Liebe, dem machtvollen Band in unserem Herzen. Wir müssen unseren isolierten Intellekt zugunsten der Intelligenz des Gesamtsystems aufgeben. Die Integration unseres ichhaften Geistes in immer höhere Strukturen kann nur dann stattfinden, wenn wir das Bekannte um des Unbekannten willen hinter uns lassen. So wie das Kind der Mutterbrust entwöhnt wird, um die weitere Welt gastronomischer Genüsse kennen zu lernen, geben wir unser begriffliches Bankkonto hin, um im Austausch dafür die Kasse selbst ausgehändigt zu bekommen.

Diese natürliche Bewegung, die von der Natur sorgfältig ausgearbeitet worden ist, ist angeboren und wartet darauf, sich zu der ihr angemessenen Zeit entfalten zu können. Wie es auch für allen anderen Entwicklungssequenzen gilt, so bleibt dieser spirituelle Zustand *als Potential* gespeichert, bis die üblichen beiden Voraussetzungen erfüllt sind: Erstens, dass er sich in der ihm angemessenen zeitlichen Phase entfalten kann, und zweitens, dass es ein adäquates äußeres Modell gibt, um das herum eine kohärente, spezifische Erfahrung aufgebaut werden kann.

# 3

## *Bonding* und Anhaftung

In meinem Buch *Die magische Welt des Kindes* habe ich eine amerikanische Mutter namens Jean McKellar erwähnt, die beobacht hat, wie Neugeborene in Uganda in einer Tuchschlinge nahe der Mutterbrust getragen werden. Die Mütter benutzten keine Windeln, und da die Säuglinge immer sauber waren, fragte Jean sie, wie sie es mit der Toilette hielten. „Wir gehen einfach in die Büsche", antworteten die Mütter. Jean fragte sie: „Aber woher wisst ihr, wann ein so winziger Säugling in die Büsche muss?" Die erstaunten Mütter entgegneten: „Und woher weißt du, wann du in die Büsche gehen musst?"[18] In Guatemala tragen Mütter ihre Kinder auf dieselbe Weise, und wenn ein Neugeborenes seine Mutter nach zwei oder drei Tagen immer noch schmutzig macht, wird die Frau als dumme, schlechte Mutter angesehen.[19] Colin Turnbull erzählt in seinem Buch *The Forest People* (*Molimo. Drei Jahre bei den Pygmäen*), wie die Mutter die Bedürfnisse des Säuglings im Voraus ahnt und darauf reagiert, bevor der Säugling irgendwelche sichtbaren Zeichen gibt, was er braucht.[20] Und in jener Aussage liegt der Kern der *Bonding*-Thematik verborgen.

Diese Mütter sind eine Bindung mit ihren Kindern eingegangen. Zwischen verschiedenen Kulturen gibt es große Unterschiede in den Entbindungspraktiken, und es ist schwierig, einen Maßstab zu finden, den wir als natürlich bezeichnen könnten, von einem Minimum an Einmischung einmal abgesehen. Eine natürliche Geburt lässt jedoch immer zu, dass *Bonding* stattfindet. Das *Bonding* ist eine instinktgesteuerte Funktion, die vom oder über das Mittelhirn gesteuert wird. Es hat in allen Gesellschaften im Wesentlichen dieselbe Form und wird sich, ebenso wie die Atmung, von selbst einstellen, wenn die Bedingungen stimmen.

Durch das *Bonding* entwickeln Mutter und Kind eine intuitive, sich außerhalb der normalen Sinne abspielende Beziehung. Das *Bonding* ist ein gefühlter Prozess, der dem diskursiven Denken, der Sprache und dem Intellekt nicht zugänglich ist. Es schafft eine enge Verbundenheit, die unseren normalen, rationalen Verstand umgeht. Die Mutter spürt das Bedürfnis des Kindes, sich zu entleeren, genauso wie sie ihre eigenen körperlichen Bedürfnisse spürt, wenn auch die durch das *Bonding* entstandene Verbindung über solche rein körperlichen Funktionen hinausgeht.

Das *Bonding* ist allerdings biologischer Natur. Es beinhaltet eine direkte physische Verbindung zwischen unserem Mittelhirn und unserem pochenden Herzen.[21] Individuen, die *Bonding* erleben, verbinden sich auf einer intuitiven Ebene, unterhalb der normalen Bewusstseinsschwelle. Und das Bewusstsein, das aus einer solchen *Bonding*-Situation resultiert, unterscheidet sich qualitativ von dem Bewusstsein des Anhaftungs- bzw. Fixierungsverhaltens. Das Zentrum, aus dem eine Person operiert, die *Bonding* erlebt hat, ist das Herz, das emotionale Zentrum des Mittelhirns.

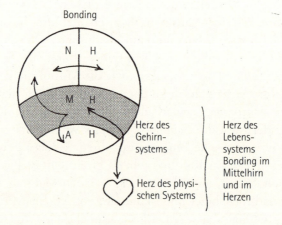

---

NH = neues Gehirn; MH = Mittelhirn; AH = altes Gehirn

Physikalisch ausgedrückt heißt dass, dass das Bewusstsein eines Individuums, das *Bonding* erlebt hat, in einer wellenförmigen Energie verwurzelt ist; einer Energie, die den physischen Zuständen zugrunde liegt und sie hervorbringt. Aus einer solch vorausahnenden und intuitiven Position heraus reagiert die betreffende Person auf physische Stimuli qualitativ anders als ein Individuum mit Anhaftungsverhalten.

Zu Anhaftung kommt es, wenn bei der Geburt kein *Bonding* stattgefunden hat. Sie kann auch an jedem beliebigen Punkt auftauchen, an dem es zu einem Zusammenbruch in der fortlaufenden *Bonding*-Sequenz kommt, auf denen unsere Entwicklung beruht. Anhaftung entsteht durch Prozesse im alten Gehirn und auf den untersten Ebenen des Mittelhirns, was der Grund dafür ist, dass die dermaßen fixierte Person sich nur durch spezifische, explizit physische Signale auf eine andere beziehen kann.

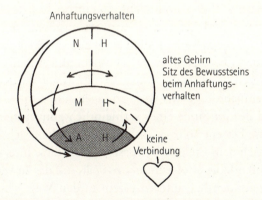

Sie kann die subtilen oder intuitiven Signale nicht wahrnehmen, die der physischen Erfahrung vorausgehen, und ist sich dieser immer erst im Nachhinein bewusst. Man könnte sagen, die Person hängt in ihren zu späten Einsichten fest. Sie reagiert auf äußere Reize, denn bis sie ein Ereignis registriert und verarbeitet hat, ist die Zeit, auf jenen Moment zu reagieren, bereits verstrichen. Sie kompensiert das, indem sie versucht, Ereignisse in der Außenwelt vorauszuahnen, vorherzusagen und zu kontrollieren.

Die physischen Energien des alten Gehirns sind schwächer als die Kraft und Macht des emotionalen Mittelhirns mit seinen Verbindungen zum Herzen. Das bedeutet, dass die verhaftete Person kein Bewusstsein davon hat, innere Kräfte zu besitzen. Sie hat kein Vertrauen, dass ihre Bedürfnisse erfüllt werden und versucht deshalb, Dinge und Menschen mit Aggression an sich zu reißen und zu besitzen. Die verhaftete Person, die sich einer unvorhersagbaren materiellen Welt ausgeliefert fühlt, versucht, Ereignisse, Personen und Objekte in ihrer Umgebung ihrer Ich-Abwehr zu unterwerfen. Sie behandelt andere Menschen als Objekte, die es zu dominieren gilt, oder als Gehilfen für ihre hinterlistigen Schutzstrategien. Die verhaftete Person lebt wie ein bewaffnetes Krustentier, das sich ständig in Habtachtstellung befindet.

Lernen ist eine Bewegung vom Bekannten hin zum Unbekannten. Ein Mensch, der *Bonding* erfahren hat, kann eine solche Bewegung vollziehen, weil seine Orientierung sich auf den nicht physischen Bereich von Beziehung gründet, der allen physischen Ereignissen zugrunde liegt und ihnen vorausgeht. So entspricht jedes Ereignis dem *Bonding*-Zustand und kann eine Antwort auslösen, statt bloß einer Reaktion. Das *Bonding* verleiht die Fähigkeit, mit Ereignissen auf einer vorausahnenden Ebene zu fließen. Die Person mit Anhaftungsverhalten versucht dagegen, ein Ereignis vor seinem Eintreten zu analysieren und das wahrscheinliche Ergebnis vorherzusagen, um so in den Fluss einzutreten und ihn im Sinne eines vermeintlich günstigeren Ergebnisses zu verändern. Da ein solches Anhaftungsverhalten sich seiner selbst immer erst nach dem Ereignis bewusst wird, ist diese intellektuelle Einmischung störend. Sie erfolgt immer zu spät, um das zu verändern, was bereits stattgefunden hat, und tritt dem in den Weg, was *als Nächstes* stattfinden sollte. Die verhaftete Person bemüht sich, das Unbekannte wieder in das Bekannte zu integrieren, die Erfahrung in einen engen und stabilen Bezugsrahmen zurückzuführen, der in jedem Fall sensomotorisch und für die Sinne greifbar ist. Das darunter liegende Muster bzw. die dem Ereignis innewohnende Essenz beruht dagegen auf Beziehung. Es ist sozusagen eine Wellen- statt einer Teilchenform, es ist abstrakt statt konkret. Die verhaftete Person verabsäumt es, die Fähigkeit zur Integration beziehungsbezogener Muster in ihre Interpretation der Welt zu integrieren, und das erschwert den Lernprozess.

Die Person, die *Bonding* erfahren hat, kann die Integration in immer weitere Kreise von Möglichkeiten zulassen, da sie ein intuitives Gespür für die Situationen innewohnenden Möglichkeiten hat. Die Mutter mit *Bonding* ist in Kontakt mit dem vorausahnenden, intuitiven Zustand und erfüllt Bedürfnisse, bevor sie überhaupt zum Ausdruck gebracht werden. Die Person, die *Bonding* erlebt hat, geht davon aus, dass der sich entfaltende Moment alle Bedürfnisse erfüllen wird, und ist daher offen und empfänglich. Diese *Bonding*-Funktion ist das kreative Prinzip, das eine äußerst vielgestaltige Schöpfung zusammenhält. Das *Bonding* zeigt sich vom ersten Erscheinen von Materie an, dem kleinsten subatomaren Partikel, bis hinauf zu Galaxien und Universen und unserem eigenen Gehirn-Geist-System.

Das *Bonding* zwischen Mutter und Baby beginnt im Mutterleib. Bis zur Geburt sind die Bande bereits fest geknüpft, doch dann müssen sie bekräftigt und nach der Entbindung neu geschaffen werden, um die neue Psyche in ihre neue Umgebung zu integrieren – was die eigentliche Funktion des Bandes ist. Jedes *Bonding* muss geschaffen werden, bevor es benötigt wird, um dann zur Zeit des Bedürfnisses bekräftigt zu werden. Stellen Sie es sich wie eine Brücke zwischen dem Bekanntem und dem Unbekanntem vor. Die Brücke muss frühzeitig im Bekannten verankert werden. Und bevor sie Verkehr aufnehmen kann, muss sie auch auf der anderen Seite verankert sein. Dann kann die Integration des Alten in das Neue stattfinden. Wenn diese Bekräftigung des Bandes in dem neuen Terrain zum Zeitpunkt des Bedürfnisses ausbleibt, dann wird die neue Psyche keine andere Wahl haben als zu versuchen, die neue Erfahrung wieder in das, was sie kennt, einzugliedern. Für den gerade geborenen Säugling bedeutet das, dass er alle neuen Erfahrungen wieder auf die intrauterine Erfahrung zurückbeziehen muss, statt diese Erfahrung nach vorn ins helle Tageslicht zu führen. Eine solche Regression führt zu Anhaftungsverhalten. Die Fäuste des so verhafteten Säuglings werden zum Beispiel noch viele Wochen nach der Entbindung geballt bleiben (was eigentlich ein typisches Entbindungsverhalten ist). Ebenso wird sich das verhaftete Kind später aus Angst vor Kontaktverlust an die Eltern klammern, anstatt ungehindert die Welt zu erforschen. Die Beziehungen des Kindes, das *Bonding* erfährt, sind auf der tiefen intuitiven Ebene Raum und Zeit nicht unterworfen und es wird seine Kreise weit ziehen.

Kurz vor dem Ausstoß aus dem Mutterleib setzt der Körper des Fötus ein Hypophysenhormon namens ACTH frei. Wenn ACTH das Gehirn des Fötus erreicht, dann bilden sich Millionen neuer Verbindungen zwischen den Hauptneuronen und bereiten das Gehirn auf schnelle Veränderung und schnelles Lernen vor.[22] ACTH führt ferner zu einer massiven Ausschüttung von Nebennierenhormonen, die mit Stress oder Erregung in Verbindung gebracht werden.[23] Diese Hormone lösen eine Reihe von Reaktionen aus. Sie signalisieren, dass die Ausstoßung aus dem Mutterleib bevorsteht, und versetzen den Körper des Babys infolgedessen in erhöhte Alarmbereitschaft: Der Rücken krümmt sich, die Füße und Zehen weisen nach hinten und die Fäuste ballen sich, um die Finger aus der Gefahrenzone zu bringen. Das Hormonsignal wird durch die Nabelschnur zurück in den Körper der Mutter gesendet und gibt auch ihr Signale, denn schnelle Muskelreaktionen unterstützen die Austreibung des Kindes. (Die zu überwindende Distanz beträgt gut zehn Zentimeter). Die richtige Menge an Nebennierenhormonen erzeugt die nötige Wachheit und Energie für eine erfolgreiche Geburt. Eine zu große Menge Hormone über einen längeren Zeitraum würden einen Schock auslösen, so als ob jemand im Zuge einer länger andauernden Krise in Ohnmacht fällt. Ein kleinerer Schock verzögert das Lernen und die Anpassungsfähigkeit für die Dauer seines Bestehens. Ein anhaltender schwerer Schock kann tödlich sein.

Der beträchtliche Hormonschub bereitet den Säugling auf die Entbindung vor; ein zweiter Schub setzt beim Auf-die-Welt-Kommen ein. Die Hormonproduktion geht dann so lange weiter, bis der Geburtsprozess abgeschlossen ist. Die Erfüllung von fünf einfachen Bedürfnissen schließt die Geburt nach der Entbindung ab, nämlich die gründliche Stimulation und Aktivierung aller fünf Sinne. Diese fünf sensorischen Bedürfnisse werden automatisch durch die eine einzige universelle und spontane Reaktion befriedigt – die Positionierung des Neugeborenen in die Stillposition. Aus dieser Position bezieht die Natur ihre fünf Signale, dass die Geburt stattfindet und ein neues Leben begonnen hat.[24] Bis die Signale der Natur, dass die Geburt im Gange ist, *empfangen* werden, wird die Adrenalinproduktion auf dem anfänglichen Niveau weitergehen und auf Signale warten, diese zu stoppen. Die Natur hat, wie wir gesehen haben, kein Programm für den Misserfolg vorgesehen, und bis die Erfordernisse der Geburt erfüllt sind, wird die Adrenalinproduktion so lange weitergehen, bis eine kritische Masse an Hormonen den Säugling in eine Art Schock versetzt, der minimal bis gravierend ausfallen kann. Statistisch gesehen wird diese kritische Masse erreicht, wenn die Geburtsbedürfnisse nicht innerhalb der ersten fünfundvierzig Minuten nach der Entbindung erfüllt werden.[25] In diesem Falle verschließt sich das sensomotorische System des Säuglings weitestgehend; es findet ein Rückzug in einen intrauterinen Bewusstseinszustand statt und Anpassung und Reaktionen auf die Welt kommen praktisch zum Stillstand.

Die Nabelschnur ist etwa 45 bis 50 Zentimeter lang, was genau der richtige Abstand ist, um dem Kind das Saugen zu erlauben und die Schnur – eine offensichtliche Brücke zwischen Altem und Neuem – noch intakt zu halten. So bleibt die Blut- und Sauerstoffversorgung des Säuglings mit derjenigen der Mutter verbunden, wie es neun Monate lang der Fall gewesen ist, und es bleibt genügend Zeit, damit der Schleim in Mund, Nase, Luft- und Speiseröhre abfließen kann und der Weg frei wird für die neue Aufgabe des Atmens. Von jener universellen Stillposition aus werden die fünf Signale des Säuglings dafür, dass die Geburt im Gange ist, automatisch erfüllt. Die inneren Matrices von Sehen, Hören, Berühren, Schmecken und Riechen bekommen alle ihren notwendigen Stimulus, ihren Modell-Inhalt aus der physischen Welt, wodurch die *Bonding*-Brücke in der neuen Domäne verankert wird. Die nötigen funktionsfähigen Strukturen des Gehirn-Geist-Systems und des Körpers werden sich schnell entfalten und die Geburt wird abgeschlossen sein.

In unseren alten Gehirnen haben wir zwei wichtige neuronale Tore, die als *Retikulärformation*[26] bezeichnet werden. Vier unserer fünf Körpersinne werden durch diese Tore kanalisiert, ebenso wie unsere motorischen Reaktionen auf Sinnesinformationen. Unsere sensomotorischen Systeme sind im Grunde genommen Erweiterungen der Retikulärformationen. Dabei handelt es sich um neutrale Bereiche, in denen sensorische Informationen gesammelt und koordiniert werden. Die Koordinaten werden anschließend zur Weiterverarbeitung an andere Gehirnbereiche geschickt. Die Informationen, die aus den verschiedenen Sensoren im alten Gehirn eintreffen, sind eine Art grober Anhäufung von Rohmaterialien, die für sich genommen nur

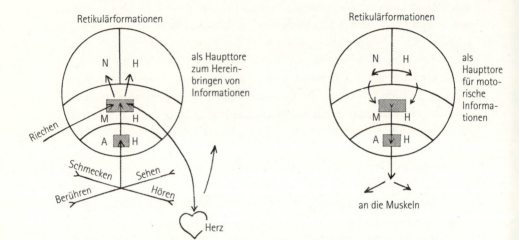

die allerprimitivsten und gröbsten Informationen ergeben. So sendet das alte Gehirn dieses Konglomerat direkt an eine Retikulärformation im Mittelhirn, welches das Haupttor und wahrscheinlich sogar den zentralen Knotenpunkt aller Gehirnfunktionen bildet.[27] Im Tor des Mittelhirns werden die gestaltenden Aktionen der Emotion, der Intuition, des Geruchs und anderer Kräfte hinzugefügt, die allesamt das Rohmaterial aus dem alten Gehirn zu sinnvollen Beziehungskategorien ordnen. Diese reichhaltige Synthese aus primärer Aktion wird dann auf alle Teile des Gehirns verteilt, um weiteren Verfeinerungen und Reaktionen zu unterliegen.

Die Aufgabe im Geburtsprozess besteht darin, dieses Sinnessystem in seiner Ganzheit zu aktivieren und die Verarbeitung von Material in möglichst kurzer Zeit zu garantieren. Das bedeutet, dass sowohl die Retikulärformationen des alten Gehirns als auch diejenigen des neuen Gehirns funktionsfähig sein müssen. Im Uterus kann das Sinnessystem nicht aktiviert und vervollständigt werden, denn er ist eine dunkle, isolierte und recht stille Wasserwelt. Unsere Haut, mit ihren Millionen Nervenenden, ist von einer fettigen Substanz überzogen, die uns bei unserem ständigen Aufenthalt im Wasser schützt. Das Hören, das Bewegen und eine Reaktion auf Bewegung entwickeln sich im Mutterleib recht gut. Der Herzschlag der Mutter, seine Kraft und sein Klang sind der Hauptstimulus, und die Aktivität ihrer Eingeweide, ihre Körperbewegungen, ihre Atmung und Stimme liefern einen ständigen Stimulus und einen zentralen Anker für das *Bonding*. Die anderen Sinne müssen jedoch auf die Entbindung warten, um aktiviert zu werden.

Der Säugling kann keinen seiner Sinne nach der Entbindung selbst aktivieren. All das muss für das Neugeborene getan werden, und sein System ist in der Erwartung geplant worden, dass es getan werden *wird*. Die Aktivierung der Sinne findet automatisch und spontan statt, einfach dadurch, dass man den Säugling unmittelbar nach der Entbindung in Hautkontakt mit der Mutter bringt. Millionen Jahre biologischer Programmierung sorgen von jenem Punkt an für die instinktive Reaktion jedes einzelnen Sinnes auf alle anderen.

Die fünf Bestandteile der Geburt können in beliebiger Reihenfolge aufgezählt werden, da die Aktivierung eines einzigen normalerweise von der Aktivierung aller begleitet ist, aber ich werde sie mir in beliebiger Reihenfolge vornehmen. – Als Erstes das Sehen. Unser Plan für das Sehen hat einen offenen Ausgang; er ist jedoch dazu vorstrukturiert, ein menschliches Gesicht zu erkennen. Unter allen möglichen Mustern visueller Erfahrung ist ein Gesicht dafür vorgesehen, ganz unmittelbar vom Säugling erkannt zu werden.[28] Bei der Entbindung kann der Säugling ein Gesicht erkennen und er wird achtzig Prozent seiner visuellen Zeit damit zubringen, auf ein Gesicht zu schauen. Und wenn sich das Gesicht während der ersten fünfundvierzig Minuten nach der Entbindung in einem Abstand von zwölf bis dreißig Zentimetern befindet, dann wird sein gesamtes Sehsystem bis zum Ende der Geburtsphase vollständig funktionsfähig sein. Die Parallaxe der Augen (die Muskelkoordination, die notwendig ist, um zu fokussieren und Bewegungen zu folgen) und das Sehen auf kurze und lange Distanz werden voll funktionsfähig sein. Dieser Säugling wird dann jedes Mal lächeln, wenn ihm ein Gesicht präsentiert wird, und dieses Lächeln, das normalerweise innerhalb jener ersten fünfundvierzig Minuten beginnt, geht weiter. Die Natur hat es geschafft, dass man einem ihrer Signale begegnet.

Die zweite Phase der Geburt, das Hören, ist im Uterus angelegt worden dadurch, dass der Säugling auf die Stimme und den Herzschlag der Mutter geprägt wurde. Wenn der Säugling in den idealen Abstand von zwölf bis dreißig Zentimetern zum Gesicht der Mutter gelegt wurde – was den Sehsinn anregt –, dann werden diese intrauterinen Bindungen in der neuen Umgebung von neuem geschaffen und bestätigt. Die meisten Mütter legen ihr Neugeborenes an der linken Brust an und dort wird der Säugling auch meistens gehalten. Ausflüge an die rechte Brust sind nicht mehr als das – Ausflüge. Die „Heimbasis" scheint auf der linken Seite zu sein; dort, wo sich das Herz befindet. Die Rückverbindung mit diesem vertrauten Stimulus und der Stimme der Mutter helfen, das Band zu festigen, und die Natur kann Bedürfnis Nummer zwei abhaken.

Die universelle Stillposition, der Platz, an dem alle fünf Bedürfnisse erfüllt werden, löst die dritte Phase, das Stillen, aus. Durch die erste Milch (das Kolostrum) werden die Immunitäten, die sich die Mutter im Laufe ihres Lebens erworben hat, auf das Kind übertragen.[29] Diese erste Milch kann ein Hormon enthalten, das überschüssigen Nebennierenhormonen entgegenwirkt und so das Hormonsystem des Kindes wieder ins Gleichgewicht bringt. Das Stillen aktiviert des Weiteren das Kiefergelenk, das mit dem vestibulären Rotationsfaktor des Innenohrs verbunden ist, der für das körperliche Gleichgewicht und die Lokalisierung von Geräuschen verantwortlich ist.

Der Verdauungstrakt des Säuglings ist so angelegt, dass er nur ganz leichte Nahrung aufnehmen kann, und die menschliche Milch ist die dünnste aller Säugetiere. Das liegt daran, dass der menschliche Säugling von seiner Natur her fünfundvierzig bis sechzig Mal am Tag gestillt werden sollte.[30] Die Natur hätte es leicht anders einrichten können. Babykaninchen werden zum Beispiel nur einmal am Tag gestillt und ihre Milch ist so konzentriert, dass man sie kaum noch als flüssig bezeichnen kann. Das liegt daran, dass Mama Kaninchen die meiste Zeit über umherziehen muss, um Nahrung zu suchen, und vielleicht nur gelegentlich beim Nest vorbeischaut. Von der Menschenmama dagegen erwartet man (dem Plan der Natur zufolge), dass sie mit ihrem Baby zusammen bleibt oder es bei sich trägt und ihm eine stetigen Nachschub von sehr dünner Milch zukommen lässt. Die Gründe für diese schwache Milch und die Notwendigkeit einer steten Zufuhr sind einfach. Der Säugling braucht eine ständige Aktivierung seines gesamten Sinnessystems, um sein Gehirn-Geist-System zu nähren und

## Bonding und Anhaftung

die Entwicklung seiner Intelligenz zu gewährleisten.[31] Häufiges Stillen stellt automatisch einen wichtigen sensorischen Stimulus auf allen Ebenen sicher: eine ständige Erneuerung des Gesichts im Abstand von zwölf bis dreißig Zentimetern, eine Erneuerung der Verbindung über den Herzschlag, die vertraute Stimme und die Stimulierung der Nervenenden der Haut.

Wir wenden uns jetzt der vierten Phase, der Berührung, zu. Über die verschiedenen Kulturen hinweg beginnen Mütter, die Hautkontakt zu ihrem Neugeborenen haben, damit, sanft mit der Hand den Körper des Säuglings zu streicheln. Alle Säugetiere stimulieren die Haut ihrer Neugeborenen, zumeist dadurch, dass sie ständig an ihnen lecken. Wenn man sie an dieser Aktivität hindert, dann wird das vor kurzem geborene Jungtier nicht überleben.[32] Die Nervenenden unserer Haut können im Uterus nicht entwickelt werden, da wir in unserer Wasserwelt von einem fettigen Überzug (dem so genannten *Vernix caseus*) bedeckt sind. Die sanften Massagen unserer Mutter und der dauernde Stimulus durch den Körperkontakt lassen diese Nervenenden lebendig werden. Wenn dann der größte Teil des Nervensystems aktiviert ist, tritt die Retikulärformation des alten Gehirns voll in Aktion. Sensorische Informationen aus der Außenwelt werden richtig kanalisiert und dem Mittelhirn zur Verarbeitung übersandt. Und – und das ist ein Punkt, der nicht ignoriert werden sollte – all diese sensorischen Information sind gutartig, förderlich. Sie sind genau das, was erwartet wurde und über Millionen von Jahren funktioniert hat.

Der Geruchssinn, das letzte Signal, ist eine Aktion des Mittelhirns. Das Neugeborene kann sofort den Geruch seiner Mutter aus dem vieler anderer Mütter herausfiltern und wird auf ihn reagieren. Das ist für das letzte Geburtsbedürfnis der Natur jedoch nur teilweise wichtig, denn der Schlüssel für die Aktivierung des Mittelhirns liegt wieder einmal in der universellen Stillposition. Die Retikulärformation des Mittelhirns, in der alle Informationen in eine Synthese gebracht werden und ihre abschließende Organisation erhalten, ist der eigentliche Schlüssel für das *Bonding*, und die *Bonding*-Funktion spielt eine direkte Rolle bei der Qualität der zukünftigen Arbeit des Mittelhirns. Sie ist für die Vollendung der Retikulärformation des Mittelhirns ebenso notwendig wie für das alte Gehirn. Die Retikulärformation braucht Informationen aus dem alten Gehirn als Stimulus, um den Mittelhirnbereich abzuschließen. Und für den Rest unseres Lebens werden all unsere Informationen aus der Außenwelt ihr qualitatives, beziehungsrelevantes Muster durch diese Mittelhirnaktion bekommen. Diese Beziehungs-Aktion ist die Essenz des *Bonding*, da es dazu dient, Dinge miteinander zu verbinden. Die subtile Energie des Mittelhirns hat wesentlich mehr Kraft als das materielle Spüren des alten Gehirns, und diese kraftvolle Energie moduliert und gestaltet die sensorischen Informationen aus und gibt ihnen eine beziehungsrelevante Bedeutung.[33] Ansonsten sind die groben Informationen des alten Gehirns weitgehend ohne Bedeutung und sie verfügen über kein Koordinationsmuster, das an den Rest des Gehirns angepasst werden könnte.

Das Kind kann seinem alten Gehirn kein Material liefern, um bei der Geburt die vorgesehene Entwicklung abzuschließen; dieses muss von der Mutter bereitgestellt werden. In den ersten sieben bis elf Monaten des Säuglingslebens befindet sich der Sitz des Bewusstseins im alten Gehirn.[34] Sobald das sensomotorische System mit Hilfe der mütterlichen Fürsorge bis zu einem gewissen Grad stabilisiert ist, kann der Säugling mit seiner eigenen Suche nach sensorischen Stimuli beginnen, und innerhalb von Wochen fängt er mit einer aktiven Erforschung seiner sensorischen Welt an. Das Mittelhirn ist, auch wenn es eng an der Verarbeitung von Sinneseindrücken beteiligt ist, in diesem frühen, im Wesentlichen der Reptilphase zuzurechnenden Stadium nicht der Sitz des Säuglingsbewusstseins. Und so müssen emotionale und beziehungsbezogene Stimuli für das Mittelhirn bereitgestellt und ständig durch die Mutter verstärkt werden, bis die frühe sensomotorische Phase abgeschlossen ist. Wenn die Natur den Sitz des Säuglingsbewusstseins – zusammen mit dem Bewusstseinssitz im alten Gehirn[35] – in das Mittelhirn verlagert, dann kann dieses als beziehungsrelevante Funktion seine Eigenständigkeit ebenso entwickeln, wie es zuvor das alte Gehirn getan hat. Dieser Prozess nimmt etwa zwei bis drei Jahre in Anspruch. Doch während des ersten Lebensjahres muss das Mittelhirn – das „Herz" unseres Systems – seinen Stimulus geliefert bekommen, genau wie der Körper seine Nahrung braucht.

Das Herz des Gehirnsystems ist über Nervenverbindungen direkt mit dem Herzen unseres physischen Lebens verbunden, das in unserer Brust schlägt. Das Mittelhirn sendet nicht nur Signale an jenes großartige Organ, sondern es empfängt auch in einem bisher noch unbekannten Synchrongeschehen, das offensichtlich der Kern jeglichen *Bonding* ist, Signale von ihm (siehe die Illustrationen auf Seite 68). Beide Organe – Gehirn und Herz – sind Orte, an denen Melanin, das wahrscheinlich die Schnittstelle zwischen Bewusstsein und Materie bildet[36], in hoher Konzentration vorhanden ist. Herzensangelegenheiten sind Angelegenheiten, bei denen subtile, intuitive Energien eine Rolle spielen; sie sind Beziehungsangelegenheiten, an denen mit ziemlicher Sicherheit Melanin beteiligt ist. Nehmen Sie zwei lebende Herzzellen, legen Sie sie in beträchtlicher Entfernung zueinander unter den Objektträger eines Mikroskops, und Sie werden feststellen, dass sie pulsieren, so wie es gute Herzzellen tun sollten. Doch sie pulsieren in willkürlichen, unterschiedlichen Rhythmen. Wenn Sie jedoch die beiden Zellen näher zueinander bringen, dann werden sie in einem bestimmten kritischen Abstand, bevor sie sich berühren, synchron zu pulsieren beginnen und so funktionieren, wie es ein Miniaturherz tun sollte. Sie haben die Kluft der Trennung überwunden; sie haben *Bonding* geschaffen.

Das Bewusstsein des Neugeborenen entsteht durch sensorische Stimuli, die er sich selbst nicht geben kann. Emotionale Stimuli, die sich das Neugeborene ebenfalls nicht selbst geben kann, sind gleichermaßen wichtig. Die emotionalen Stimuli aktivieren die Areale des Mittelhirns als emotionaler Funktion, das heißt als Beziehungsorgan. Wie vorher erwähnt, konnte die Retikulärformation des Mittelhirns nicht im Uterus vollendet werden, da nicht genügend Stimuli vorhanden waren. Aber ein wichtiger *Bonding*-Stimulus *ist* im Uterus gegeben worden: Der Herzschlag, auf den der Säugling geprägt wird. Die Verstärkung dieses Lautes nach der Entbindung ist ein Hauptschlüssel für das *Bonding*. Medizinforscher haben vor nicht allzu langer Zeit festgestellt, dass die Übertragung eines aufgezeichneten Herzschlags auf der Säuglingsstation die Schrei-Frequenz bei Neugeborenen erheblich reduzierte.[37] Man machte den isolierten kleinen Systemen einfach vor, dass ihre Hauptbedürfnisse erfüllt würden. (In ähnlicher Weise wird Zuckerwasser das Schreien aufgrund von Hunger verringern, aber für die Ernährung bewirkt es nur wenig.)

Denken Sie jetzt an die beiden Herzzellen unter dem Mikroskop und daran, wie sie die Kluft der Trennung überwunden haben und miteinander kommunizieren. Jede ist eine Konzentration des Melaninmoleküls, der Schnittstelle zwischen Bewusstsein und physischem Prozess. Unser Herz enthält Milliarden solcher Zellen, die jeweils massive Melaninansammlungen aufweisen. Wenn zwei einzelne Zellen die zwischen ihnen liegende Distanz überwinden und kommunizieren können, um wie viel wahrscheinlicher ist das dann bei zwei Herzen, die einander angenähert werden. Sehen Sie sich also noch einmal jene universelle Position des Neugeborenen an der linken Brust an, die für eine ständige physische Nähe zwischen dem Herzen der Mutter und demjenigen des Säuglings sorgt. Durch die physische Nähe der beiden Herzen findet eine emotionale Prägung des Mittelhirns und seiner Haupt-Retikulärformation im Uterus statt, genauso wie beim Hören und intuitiven Spüren. Das Band muss jedoch nach der Entbindung bestätigt werden. Das Hören ist ein Bestandteil dieses Prozesses, doch die emotionale Prägung muss durch die *tatsächliche* Nähe der physischen Herzen zueinander ebenfalls bekräftigt werden. Nachdem im Uterus über Monate hinweg eine „Plauderei" von Herz zu Herz stattgefunden hat, muss jene Unterhaltung in der neuen Domäne wieder aufgegriffen werden, um die Bindung zu zementieren.[38]

Wenn das Herz des *Bonding*-Prozesses stabil ist, erhält das Mittelhirn des Säuglings seinen Input sowohl aus der Retikulärformation des alten Gehirns, die für die Übermittlung der physisch-sensorischen Informationen zuständig ist (die im Wesentlichen von der Mutter stammen), als auch aus Inputs aus dem eigenen emotional-intuitiven Output der Mutter. Der Säugling, mit emotionalen und physischen Stimuli ausgestattet, um die Retikulärformationen zu aktivieren und den Geburtsprozess abzuschließen, ist nun bereit, sich an seine neue Umgebung anzupassen. Er muss jedoch so lange *weiterhin* diese Inputs erhalten, bis die Autonomie der beiden Primärgehirne weit genug fortgeschritten ist.

Jetzt können wir sehen, warum Mütter instinktiv ihre Säuglinge zumeist an die linke Brust legen. Dort wird allen Geburtssignalen Rechnung getragen und innerhalb kurzer Zeit kommt die Produktion von Nebennierenhormonen zum Stillstand. Die Geburt ist abgeschlossen; Millionen Jahre der Programmierung waren erfolgreich.

## *Bonding* und Anhaftung

Der Säugling ist jetzt sehr wach (auch wenn er nach Belieben schläft), seine Instinktreaktionen befinden sich in einer entspannten Lernhaltung, seine Augen sind fokussiert und er nimmt alles in sich auf. Seine Hände sind geöffnet und erforschen alles, was in Reichweite liegt; und er lächelt unaufhörlich jedes Gesicht in dieser neuen, lohnenswerten Umgebung an. Er hat ein begrenztes Leben um eines größeren willen aufgegeben, einen sicheren, warmen Zufluchtsort um eines weitaus aufregenderen Ortes willen verlassen. Sein Lernen hat auf einer brillanten Note begonnen.

Lernen ist, wie wir gesehen haben, Bewegung, und wenn diese erste große Bewegung erfolgreich ist, dann ist das Bewegungsmuster von bekannt zu unbekannt gut etabliert und wird in all den zahlreichen späteren Wissensverschiebungen, die vollzogen werden müssen, weitergeführt werden. Jede Entwicklungsphase ist eine Erweiterung des Geburtsvorgangs, und wenn die Bindungen mit jeder nachfolgenden Phase vorzeitig etabliert und nach jeder Verschiebung neu geschaffen werden, dann wird jene Verschiebung zur Gänze vollzogen werden. Es wird keine Spaltung des Ichs zwischen gegnerischen Parteien geben: Wenn die Natur das Ich zur Integration in eine höhere Funktion weiterbewegt, dann besitzt das Ich die Fähigkeit, diese Verlagerung zu vollziehen. Ist kein Band geknüpft worden, dann ist keine Brücke zum Mittelhirn als dem intuitiven Zentrum vorhanden, das Unbekanntem wie Bekanntem zugrunde liegt. Jenes Ich wird notwendigerweise an seiner Identität mit dem sensomotorischen System festhalten, selbst wenn die Natur, die kein Programm für den Misserfolg vorgesehen hat, voranschreitet und sich bemüht, jenes Ich in seine nächsthöhere Stufe zu heben. Das Ich wird dann zwischen seiner Identität im alten Gehirn und dem neuen, mächtigeren Sog des Mittelhirn-Sitzes gespalten sein. Es wird dann praktisch im sensomotorischen Modus bleiben und versuchen, die neuen Möglichkeiten in jenen Modus einzugliedern.

*Bonding* entsteht, wenn die Bezugsperson dem Säugling sowohl auf der physischen als auch der feinstofflichen Ebene begegnet. Ist der Säugling in der Kraft seines subtilen Herzsystems verankert, so ist er immer im Kern seines Lebens verankert. Er ist in den großartigen subtilen und intuitiven Energien verwurzelt, die das physische Leben antreiben, unabhängig davon, welche Veränderungen und Verschiebungen in seiner physischen Situation eintreten. Über das Stillen signalisiert ihm seine ständige Herzverbindung zur Mutter Wohlbefinden; die Herz-zu-Herz-Beziehung ist gesichert und das Säuglingsherz schickt diese Signale des Wohlbefindens ständig an das Mittelhirn, welches innerhalb jener emotionalen Gruppierung von Sinnesinformationen agiert, die ihm seine stabile Welt geben.

Daraus resultieren gute Gefühle von Euphorie und Begeisterung, Erregung und Interesse. In den machtvollen subtilen Energien im Kern seines Lebens verankert, kann er seine physischen Verankerungen und Beziehungen mit Leichtigkeit und Geschick lösen und immer größere Erfahrungshorizonte umfassen. Er wird dann zur ersten großen Verschiebung innerhalb seines biologischen Plans gelangen, der Trennung seines Bewusstseins zwischen altem Gehirn und Mittelhirn; ein Prozess, der durchschnittlich zehn bis vierzehn Monate früher stattfindet als bei Säuglingen, die kein *Bonding* erfahren haben. Wenn zukünftige Matrix-Verschiebungen mit ebenso gelungenem *Bonding* erfolgen, dann sind seine überlegene Intelligenz, soziale Kompetenz, das Nähren des eigenen Nachwuchses usw. gesichert.

Das brustgestillte Kind ist immer intelligenter als das mit der Flasche gefütterte, und je länger es gestillt wird, umso intelligenter ist es.[39] Gründe dafür sind der ständige sensorische Stimulus und das automatisch bereitgestellte *Bonding*. Die Mutter, die selbst *Bonding* erlebt hat, wird (sofern nicht irgendeine größere Katastrophe dazwischenkommt) ihr Kind für einen Zeitraum von bis zu drei Jahren stillen. Und sie wird es entgegen aller Widrigkeiten und Widerstände tun. Eine Mutter ohne *Bonding* ist dagegen nahezu außerstande zu stillen, und wenn, dann höchstens für zwei bis drei Wochen. Immer taucht irgendein vollkommen logischer Grund dafür auf, warum das Stillen nicht möglich ist. Es geht dabei nicht um moralisch-ethische Fragen, sondern um einfache biologische Reaktionen. Und das Nicht-Stillen bedeutet automatisch, dass keiner der oben genannten Prozesse stattfinden kann. Das Gegenteil geschieht genauso automatisch – und das ist das Anhaftungsverhalten.[40]

Da ich das, was bei der Mehrheit der technologischen Geburten passiert, bereits in *Die magische Welt des Kindes* beschrieben habe, werde ich hier lediglich eine kurze Zusammenfassung geben. Ich möchte, damit das Wesen des Anhaftungsverhaltens aufzeigen, denn nur durch den Kontrast zwischen *Bonding* und Anhaftung kann ich verdeutlichen, wie Entwicklung stattfindet. Über neunzig Prozent der amerikanischen Entbindungen finden in Krankenhäusern statt. (Vor dem Zweiten Weltkrieg waren es nur vierunddreißig Prozent).[41] Die meisten dieser Entbindungen sind chemisch eingeleitet worden und finden zwischen neun Uhr morgens und drei Uhr nachmittags statt – eine angenehme Zeitspanne für Geburtshelfer und Assistenten. Die Medikamente, die zur Einleitung gegeben werden, gelangen ebenso wie die Medikamente zur Betäubung der Mutter durchschnittlich alle fünfundvierzig Sekunden in den Fötus und bringen dort die normalen Geburtssignale durcheinander.[42]

Die meisten Frauen entbinden in grell erleuchteten Operationssälen; häufig sind sie an den Operationstisch festgeschnallt und ihre Knie befinden sich in Halterungen. Fast überall auf der Welt wird die Entbindung vollzogen, während die Frau auf dem Rücken liegt – eine äußerst schwierige Gebärposition. Ärzte und Schwestern in Schutzmasken benutzen Skalpelle, Zangen und andere Geräte, um den Säugling herauszuziehen. Die Nabelschnur wird bei den meisten Entbindungen sofort durchtrennt, was beim Neugeborenen einen Sauerstoffmangel verursacht. Sauerstoffmangel ist eine der größten Ängste bei Säugetieren. Der Säugling schnappt instinktiv und vorzeitig nach Luft. Dabei atmet er unter Umständen den Schleim ein, der sich immer noch in seinen Atemwegen befindet. Dann wird für den Notfall ein Sauggerät eingesetzt. In den meisten Fällen wird der Säugling an den Fersen gehalten und man schlägt ihn heftig auf den Rücken, um ihn vor dem Ersticken zu bewahren und/oder seine ersten Atemzüge zu initiieren. Eine Autopsie bei Säuglingen, die Opfer des plötzlichen Kindstodes geworden sind, hat gezeigt, dass achtzig Prozent von ihnen an inneren Blutungen im Bereich der oberen Wirbelsäule starben.[43] Die Folgen solcher durch die Entbindung verursachter Schäden sind mittels einer normalen Autopsie nicht zu ermitteln. Zu einer allmählichen Verklumpung des Blutes kommt es erst vier bis sechs Wochen später um die Hauptnervengeflechte herum, die von der Wirbelsäule zum Herzen und zu den Lungen führen. Zu diesem Zeitpunkt hört der Säugling in seinem abseits stehenden Kinderbettchen dann plötzlich auf zu atmen.

(Die Mehrzahl der Opfer eines plötzlichen Kindstods sind Säuglinge mit schwarzer Hautfarbe. Die meisten Sozialfälle in unseren Krankenhäusern sind Schwarze oder andere Ghettobewohner, und eine Untersuchung aus dem Jahre 1976 hat gezeigt, dass man ihnen nur minimale Versorgung zukommen lässt. Da in solchen Fällen häufig der Staat eingreift und nur einen Bruchteil der sonst erhobenen Gebühren bezahlt, setzen viele Krankenhäuser eine zeitliche Grenze für den Aufenthalt auf der Entbindungsstation fest, ebenso wie für die Zeit, die jeder Arzt für einen Patienten aufwenden darf, wobei mit immer mehr Nachdruck Tempo und Effizienz gefordert werden.[44] Ein junger Arzt erzählte mir, dass er sein Praktikum in einem großen Krankenhaus an der Ostküste absolviert habe, wo ein hoher Prozentsatz der Ghettobevölkerung entbindet. Er habe einige Dutzend dieser auf Sozialhilfe angewiesenen Frauen entbunden. In jedem Fall, so berichtete er, wurde die Frau bei der Ankunft narkotisiert und festgebunden. Das Baby wurde herausgezogen, die Nabelschnur durchtrennt, woraufhin das Baby nach Luft schnappte und der Krankenschwester zur weiteren Behandlung überlassen wurde. Und der Arzt hatte unter direkter Anleitung seines Vorgesetzten jedes Mal die Nabelschnur gepackt und die Plazenta losgerissen, um den Operationssaal für die nächste Patientin zu räumen. (Erst später stellte er fest, dass viele der Patientinnen infolge dieser Behandlung Blutungen erlitten.)

Selbst bei normaleren Entbindungen im Krankenhaus sind die Augen des Neugeborenen, die nicht an Licht gewöhnt sind, dem grellen Licht im Operationssaal ausgesetzt. Genetisch darauf programmiert, nach einem menschlichen Gesicht zu suchen, findet der Säugling nur maskierte Menschen vor. Er schließt die Augen angesichts dieser sensorischen Überlastung; seine Augenlider werden von den Ärzten zurückgeschoben, und eine starke Chemikalie wird in die Augen geträufelt. (Das Sehvermögen und das damit verbundene Anlächeln von Gesichtern entwickeln sich bei solchen Säuglingen erst nach etwa zehn bis zwölf Wochen.) Dann wird der Säugling gewaschen, gewogen, gewickelt und auf die Säuglingsstation gebracht. Dort durchlebt er zwei Zustände, die in der Natur vollkommen unbekannt sind und für welche diese keine tauglichen Kompensationsmechanismen geschaffen hat: Schweigen und Stille. Der Säugling erlebt sensorische Deprivation, das vollkommene Gegenteil dessen, was Jahrtausende genetischer Programmierung erfordern.

Das Trauma, die physische Erniedrigung und der Schmerz lassen den Ausstoß von Nebennierenhormonen auf ein lebenserhaltendes, explosionsartiges Niveau ansteigen. Im Schnitt erreicht die ständige Ausschüttung von Adrenalin in den Blutkreislauf innerhalb von fünfundvierzig Minuten eine kritische Masse, und der Säugling wie sein Gehirn erleiden einen Schockzustand, der zum Bewusstseinsverlust führt. In der Folge zeigt der Säugling zwei gut bekannte Reaktionen: heftiges Weinen bei Erregung und einen bleiernen, apathischen Schlaf, der nicht dem gewöhnlichen rhythmischen Schlaf-Traum-Wachzyklus entspricht, wie er im Uterus etabliert wurde, sondern Ausdruck eines leichten bis gravierenden Schockzustands ist.[45]

Ich werde an dieser Stelle nicht auf eine weitere Hauptursache für Schädigungen bei männlichen Säuglingen eingehen, der automatisch vorgenommenen Beschneidung. Dieses Thema ist in neueren Studien mit bemerkenswerter Gründlichkeit behandelt worden.[46] Es möge hier genügen, darauf hinzuweisen, dass die Produktion von Nebennierenhormonen unvermindert weitergeht, während der Körper des Säuglings auf die notwendigen Stimuli wartet, um den Geburtsprozess abzuschließen, und aufgrund seines Traumas eine ständige Neustimulierung erfährt. Diese Überproduktion von Nebennierenhormonen bleibt über eine Zeit von durchschnittlich zehn bis zwölf Wochen auf einem kritischen Stand – während bei einer natürlichen Entbindung und Geburt der größte Teil der Nebennierenhormone innerhalb von maximal vierundzwanzig Stunden abgebaut sein wird.[47] Bei diesen Säuglingen findet man in den ersten zehn bis zwölf Wochen normalerweise kein Lächeln. Säuglingsforscher sprechen vom „Lächelsyndrom", das nach dieser Zeit auftaucht und das sie als Hinweis auf die ersten Anzeichen von Bewusstsein deuten. So lange dauert es, bis die sporadischen physischen Stimuli, die dem Säugling – der isoliert und in Decken gewickelt ist, mit der Flasche gefüttert wird etc. – gegeben werden, schließlich die Retikulärformationen aktivieren und eine gewisse Kompensation des erfolgten Schadens bewirken.

Zu einem Gehirnschaden aufgrund von Sauerstoffmangel wird es in zwanzig bis vierzig Prozent der Entbindungen kommen, wobei die höheren Prozentsätze für Ghettokinder gelten.[48] Noch weitaus gravierender als der offensichtliche physische Schaden ist jedoch der Mangel an *Bonding* zwischen Säugling und Mutter. Anstelle des *Bonding* wird der Säugling physisch auf das geprägt sein, was immer an konkreten Stimuli bereitgestellt wird, also normalerweise die Babydecke. Der Säugling erlebt einen Mangel in Bezug auf die emotional-intuitiven Funktionen der Retikulärformation des Mittelhirns. Ohne die emotional-intuitiven Inputs der Mutter, ohne konstante sensorische Stimuli und die Erneuerung der *Bonding*-Funktionen fehlt die grundlegende koordinierende und organisierende Kraft des Mittelhirns, die auf die sensorischen Informationen des alten Gehirns einwirkt. Was an sensorischen Eindrücken in jenen ersten Wochen aufgenommen wird, ist chaotisch, unorganisiert und störend. Sinn und emotionale Beziehung stehen auf dem Spiel.

Die Verlagerung der Ich-Identität vom alten Gehirn zum Mittelhirn wird bei dem isolierten Kind, das kein *Bonding* bekommen hat, zehn bis vierzehn Monate später erfolgen als bei einem, das es bekommen hat. Die gesamte zukünftige Lernfähigkeit sowie die Fähigkeit, von einem Kontext zum nächsten zu wechseln, werden beeinträchtigt sein. Denn das Muster, auf Stimuli zu reagieren, wird an sensomotorische Reaktionen auf der primitivsten Ebene gebunden sein. Das Kind wird dann nicht im tiefen Kern der subtilen Prozesse des Mittelhirns und des Herzens verankert sein, auf denen jegliche Fähigkeit, sich zu verändern oder zu lernen, beruht.

Aus welchem Blickwinkel wir diese Thematik auch betrachten, der Schaden trifft hauptsächlich die Retikulärformation des Mittelhirns, den Kern des Mutter-Kind-*Bonding* sowie der Bindung zwischen Kind und Welt, Kind und Gesellschaft, schließlich auch zwischen Mann und Frau usw. Die Folge der Anhaftung ist die zwanghafte Überlebensreaktion, die in dem Versuch besteht, physisch alle Phänomene, die einem oder um einen herum passieren, besitzen zu wollen. Man versucht, sich an Phänomene zu klammern als dem einzigen Mittel, eine eigene Identität zu erlangen, da biologisch keine andere Form von Beziehung verfügbar ist. Das *Bonding* benutzt das Anhaftungsverhalten (alle Kinder greifen bisweilen nach ihnen zugedachten Objekten und klammern sich an sie), genauso wie die Intelligenz den Intellekt benutzen kann. Anhaftung und Inbesitznahme sind funktional, wenn sie sich innerhalb der kraftvollen Verankerungen des *Bonding* im emotionalen Zentrum abspielen – und tödlich, wenn sie nur vom Reptilzentrum aus operieren. Das Anhaftungsverhalten kann das *Bonding* nicht einschließen (noch ein Ersatz dafür sein) und auch nicht dazu führen. Die schwächere physische Energie kann die mächtigere und subtilere nicht einschließen. Das Kind, das im Anhaftungsverhalten gefangen ist, ist auf das schwache physisch-sensorische System beschränkt und besitzt ein geschädigtes Emotionalzentrum, das sich negativ auf Beziehungen und sogar auf den Ausgleich physischer Phänomene auswirkt.

Das Kind ohne *Bonding* hat keine andere Wahl, als zu versuchen, Besitz von seiner Erfahrung zu ergreifen, indem es nach seiner Babydecke greift, seiner einzig stabilen Quelle für äußere Reize. Doch das menschliche Bewusstsein kann nur durch Beziehung existieren. Wenn man ihm die Beziehung versagt, die durch das Mittelhirn und die Herzverbindung geschaffen wird, dann hat der Säugling keine andere Möglichkeit, als das an Beziehungen zu erschaffen, was ihm auf der oberflächlichen sensorischen Ebene, die ihm zur Verfügung steht, möglich ist. Er wird dann alle Begegnungen als zu besitzende Objekte behandeln, und später als zu beherrschende Objekte, denn die emotionale Bindung, die gemeinsame Erfahrungseinheit auf den subtilen Ebenen, wird ihm als Fähigkeit nicht zur Verfügung stehen. Wieder einmal geht es hier in keiner Weise um ein moralisch-ethisches Versagen, sondern wir sprechen von biologischen Funktionen. Diese Unfähigkeit, sich auf der emotionalen Ebene zu verbinden, ist weit verbreitet. Der Mann ohne *Bonding* behandelt die Frau als Objekt der Befriedigung, als physischen Besitz, den es zu beherrschen gilt. Und auch das Syndrom der geschlagenen Ehefrau ist uns mittlerweile hinlänglich bekannt.

Wenn nun die erste und einzig stabile Ich-Identität sensomotorischer Natur ist, dann versucht das verhaftete Ich bei jeder Verlagerung des Ich-Bewusstseins hin zu einer höheren Gehirnfunktion in einem Akt der Selbsterhaltung automatisch, den neuen Bewusstseinszustand wieder in seine sensomotorische Identität *einzugliedern*.

Bei jeder Systemverschiebung entfalten sich in einer Art Quantensprung ungeahnte Möglichkeiten und Kräfte. Zwanghaft zu versuchen, die höhere Energiestruktur in die niedere zu integrieren, ist biologisch

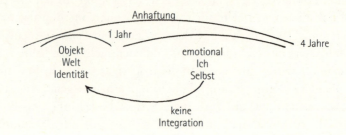

unmöglich. Bei jeder Verschiebung müssen wir unsere Anhaftungen an die frühere Identität aufgeben, um in die höhere integrale Struktur integriert zu werden. Die Natur sorgt automatisch, das heißt unterhalb unserer Bewusstseinsschwelle, für diese Integration, wenn wir *Bonding* erfahren haben. Unser Ich wird von einem Zustand zum nächsten getragen; wir haben nichts mit dem Prozess zu tun.

Den Versuch zu unternehmen, die neuen Fähigkeiten, die auf jeder Entwicklungsstufe angeboten werden, in einer Rückwärtsbewegung wieder in die sensomotorische Identität einzugliedern, führt zu einer Spaltung des Ichs zwischen den beiden Zuständen, während die Identität der primitiveren Form verhaftet bleibt. Das Endergebnis ist ein innerer Kampf zwischen konkurrierenden Systemen: ein *Es* des alten Gehirns, das im Kampf mit einem Mittelhirn-*Ich* liegt, das seinerseits mit einem *Über-Ich* des neuen Gehirns kämpft usw. Noch weitaus hinterhältiger ist unser „Berühr-Hunger-System", das sensorische Deprivation erlebt hat und einer sensorischen Sättigung verhaftet ist, die versucht, einen inneren Hunger zu stillen, der nie artikuliert worden ist. Der zwanghafte Konsument verschlingt die Erde; er schreit „Mehr! Mehr!" und ist dennoch nie satt.

Die Folge des Anhaftungsverhaltens sind nicht nur ein emotionaler Entwicklungsrückstand und Angst, sondern auch Wut bzw. ohnmächtiger Zorn. Wenn wir nur mit dem schwächsten unserer Systeme, dem sensomotorischen, identifiziert sind, dann sind wir außerstande, mit den immensen, subtilen Kräften in unserem Leben umzugehen, und fühlen uns als Opfer der Außenwelt. Wut kommt in der gegenwärtigen Welle von Kindesmisshandlungen zum Ausdruck. Im Jahr 1983 hatten wir über eine Million Fälle von brutal geschlagenen Kindern, fünftau-

*Bonding* und Anhaftung

send bekannte Mordfälle, bei denen das Durchschnittsalter der Opfer zwischen zwei Wochen und zwei Jahren lag. Um 1980 waren sechzig bis siebzig Prozent aller Kinder unter vier Jahren in den USA sieben Tage pro Woche bis zu zwölf Stunden pro Tag in Kindertagesstätten untergebracht. Eine Studie hat gezeigt, dass der Organismus dieser Kinder eine Konzentration von Nebennieren-Steroiden aufwies, die praktisch derjenigen eines Schocks gleichkam. Der Schock war nicht auf den Aufenthalt in der Tagesstätte zurückzuführen, sondern auf Trennungsangst, dem psychischen Verlassenheitsgefühl, das Kinder bei der Trennung von ihren Eltern erfahren.[49] Denn das Baby oder Kind muss sich ständig von neuem vergewissern, dass seine Grundorientierung, sein Prüfstein für die Realität und sein Modell – die Eltern – für es da sind. Es ist wahr, dass ohne die Pufferwirkung der Tagesstätten, die für einen Großteil des Tages zwischen Eltern und Kindern stehen, noch wesentlich mehr Morde und Missbrauch an Kindern verübt würden, als es jetzt der Fall ist. Trotzdem schaffen Kindertagesstätten als Lösung größere Probleme für die nächste Generation: Studien zeigen, dass viele Kinder, die in Tagesstätten groß werden, ausgesprochen feindselig, aggressiv und gewalttätig gegenüber Bezugspersonen und Gleichaltrigen sind.[50]

Mittlerweile ist Kindererziehung zu einem nationalen Problem geworden. Institutionen, Stiftungen, Foren, Workshops, College-Kurse, und eine unüberschaubare Zahl an Elternratgebern überschwemmen den Markt. Es handelt sich hierbei jedoch ausnahmslos um Bemühungen intellektueller Art, und noch so viele intellektuelle Trainings oder Anstrengungen können die automatischen Bindungen des subtilen Herzsystems, auf dem unser Leben an der Oberfläche beruht, nicht ersetzen. Die *Bonding*-Funktion des Mittelhirns und des Herzens ist einfach kein intellektueller Prozess. Im Jahr 1982 wurden 87 000 Fälle von gewaltsamen Schülerangriffen auf Lehrer an amerikanischen Schulen gezählt, obwohl viele Schulverwaltungen in dem Versuch, die Öffentlichkeit vor der bedauerlichen Situation zu schützen, nur über die extremsten Fälle Bericht erstattet hat. Fünfzig Prozent aller amerikanischen Ehen werden inzwischen geschieden (in dieser Zahl sind die Zweitehen eingeschlossen), und achtunddreißig Prozent aller amerikanischen Kinder wachsen in Haushalten mit nur einem biologischen

Elternteil auf. Diese Liste ließe sich endlos fortsetzen. Ich habe hier nur die Spitze des Eisbergs angesprochen, um zu verdeutlichen, dass all diese Auswirkungen, die unsere technologische Gesellschaft auseinander brechen lassen, direkt mit dem Mittelhirn und seinen Funktionen verbunden sind, und dass dieser Zusammenbruch bei der Geburt vorprogrammiert wird.

Im Jahr 1979, als der Bundesstaat Kalifornien ein jährliches Budget von vier Milliarden Dollar für Verbrechen und Gewalt hatte (die Zahlen haben sich seitdem fast verdoppelt), zweigte er 750 000 Dollar davon für die erste wissenschaftliche Studie ab, die je zu den Ursachen von Gewalt und Verbrechen gemacht wurde.[51] Zwei Jahre später wurde eine erste Arbeit vorgelegt, die die zehn Hauptursachen für Gewalt und Verbrechen in unserer Nation auflistete. Ganz oben auf der Liste stand die grausame Art und Weise, wie wir unsere Kinder zur Welt bringen. Die nächsten fünf Ursachen sind eine direkte Folge dieser unbestrittenen „Nummer eins".

Eine Kultur kann sich selbst durch einige unbedeutende, gedankenlose kleine Praktiken zerstören. Die medizinische Kindergeburt ist nicht unbedeutend, sondern eine Industrie mit einem Umsatz von nahezu fünfzig Milliarden Dollar pro Jahr. Ich habe dieses unglückselige Thema nicht mit der Absicht angesprochen, das System zu vernichten oder es auch nur zu verändern, denn ich zweifele, ob das überhaupt möglich ist. Stattdessen möchte ich das *Bonding* im Gegensatz zur Anhaftung betrachten, in der Hoffnung, dem schier unglaublichen Material, das noch folgen wird, etwas mehr Glaubwürdigkeit zu verleihen.

Die Sache ist die, dass die postbiologische Entwicklung auf der biologischen beruht. Wenn unsere biologische Entwicklung so stark gestört ist, dass in weiten Teilen unbekannt ist, wie deren normales Funktionieren aussehen würde, um wie vieles schwieriger wird es dann sein, die Thematik der postbiologischen Entwicklung zu erfassen. Die gute Nachricht ist jedoch, dass die postbiologische Entwicklung auf einer Energie, einer Funktion und einer Macht beruht, die heilen, reparieren und praktisch jeden Schaden „flicken" kann, der in früheren Jahren entstanden ist. Die Natur lässt sich nicht leicht überlisten. Da diese Heilung nur dadurch stattfindet, dass die niederen Strukturen in die höheren integriert werden, liegt die Therapie für uns nicht in noch mehr sozialer Therapie und im Alleingang unternommenen intellektuellen Operationen, sondern in dem Entwicklungsplan, der in unser System eingebaut ist. Werfen wir also nur gelegentlich einen Blick auf unsere wachsenden Katastrophen, dann begeben wir uns direkt in die Entwicklung hinein, wo das eigentliche Geschehen stattfindet.

# 4
# Froschperspektive

---

Vor kurzem wurde in Kalifornien eine 22-jährige Frau auf dem Dachboden eines Hauses gefunden. Sie war als Säugling normal entwickelt und aufgeweckt gewesen, doch dann hatte man sie im Alter von sechs Monaten auf jenem Dachboden an einem Nachttopf festgebunden. Von dieser Zeit an hatte sie keinen Kontakt mehr zu anderen Menschen gehabt. Man brachte ihr täglich ihre Portion Nahrung und Wasser, und gelegentlich wurde der Topf geleert. Das Unglaubliche ist, dass sie überlebte – zumindest mehr oder weniger. Als man sie schließlich fand, war sie kleinwüchsig und praktisch ohne Verstand.[52] In Ermangelung von Modellen aus ihrer unmittelbaren Umgebung, die ihre innere Blaupause hätten stimulieren können, zog sich ihr Bewusstsein wieder in das Kontinuum zurück, aus dem es gekommen war. Bemühungen, ihr etwas beizubringen, hatten keinen Erfolg, da sämtliche Phasen, in denen die jeweiligen Lernprozesse hätten stattfinden sollen, verpasst worden waren.

Man kann sich unser Bewusstsein bei der Geburt wie die Elektrizität vorstellen, die durch einen Gleichstromgenerator erzeugt wird. Kupferdrahtspulen drehen sich um einen Magneten. Die Bewegung der Spulen in dem sie umgebenden Magnetfeld erzeugt einen Reiz und damit eine Reibung zwischen jenem Magnetfeld und dem, das durch die sich drehenden Spulen erzeugt wird. Wenn die Bewegung stoppt, ist auch keine Elektrizität mehr da. Auf dieselbe Weise kann man sagen, dass die Reizung des sensorischen Systems durch äußere Objekte das kindliche Bewusstsein hervorbringt. Entfernt man die Reize, so zieht sich das Bewusstsein zurück. Vielleicht wird Elektrizität ja nicht durch die Magneten, Anker, Schleifbürsten, Drähte und all das erzeugt, was sich innerhalb des Generators befindet, sondern die Aktivität jener Apparatur schafft die Voraussetzungen, unter denen elektrische Energie geleitet werden kann. Wenn wir einem Säugling oder Kind unsere Fürsorge zukommen lassen, dann erzeugt das kein Bewusstsein in unserem Kind, sondern es schafft die Voraussetzungen, unter denen sich Bewusstsein manifestieren kann.

Damit das allgemeine zu einem spezifischen Bewusstsein werden kann, muss sich das übergeordnete Bewusstsein mit etwas verbinden, das leicht verfügbar ist. Das allgemeine Bewusstsein des Säuglings braucht Modelle sichtbaren Bewusstseins, die Ersteres dann in Letzteres verwandeln. Da ohne Stimulus kein sichtbares Bewusstsein entsteht, sind das latente Bewusstsein des Säuglings und die äußeren Stimuli, die es ans Licht bringen, in einer einzigen Schleifenstruktur im Gehirn aneinander gekoppelt. Als „Strukturkopplung" bezeichne ich eine ineinander greifende Abfolge von Reaktionen, die um eine spezifische Aktivität herum organisiert sind, wie etwa die Verlagerung des Gleichgewichts, wenn wir eine Treppenstufe hochgehen. Wird die Schleife einmal in Gang gesetzt, dann muss sie vollständig, das heißt als Einheit, durchlaufen werden. Folglich sind das Bewusstsein, das ein Säugling von seinem Selbst hat, und dasjenige, das er von einem Objekt hat, welches jenes Bewusstsein zum Vorschein bringt, im Erleben des Säuglings ein und dasselbe. Das ist konkretes Bewusstsein, die früheste und physischste Form des Bewusstseins. Das Ich identifiziert sich zuerst mit den Objekten und Ereignissen, die das Bewusstsein des Selbst anregen und aufrechterhalten. Das ist die egozentrische Phase: Das Kind ist der Mittelpunkt einer Welt, die von ihm ausstrahlt.

Forscher, die sich mit der kindlichen Entwicklung beschäftigt haben, haben sich gewundert, warum Säuglinge so viel länger hilflos sind als andere Säugetierjunge. Der Grund dafür ist in dem Fundament zu suchen, das wir Menschen aufbauen müssen. Ein Froschgehirn registriert Bewegungen bei spezifischen Objekten, die mit seinem einprogrammierten Nahrungsbedarf übereinstimmen, und der Frosch reagiert entsprechend. Bewegungen, die nicht zur Nahrungskategorie des Frosches passen, werden als suspekt registriert, und er ergreift

Schutzmaßnahmen. Wenn wir uns jedoch auf der Stufenleiter der Gehirnentwicklung aufwärts bewegen, sehen wir uns mit zunehmender Komplexität und beträchtlich weiter gefächerten Möglichkeiten konfrontiert. *Unser* Froschgehirn muss ebenfalls Bewegung und Größe registrieren, jedoch auf einer unendlich viel breiteren Basis von Komplexität und Möglichkeit.

Ich lasse eine Garnrolle auf den Boden fallen. Der Frosch würde sich dann mit einem schnellen Sprung in Sicherheit bringen. Unser Säugling sieht die Rolle schon von weitem und ist gezwungen, mit Hilfe seiner anderen Sinne in Kontakt zu jenem Objekt zu treten. Das kleine Mädchen fühlt sich getrieben, ein vollständiges sensorisches Wissen von jener Rolle aufzubauen. Es kriecht an sie heran, um sie mit den Händen zu greifen, sie zu schmecken und zu riechen, sie zu berühren und auf jede erdenkliche Weise zu fühlen. Es schaut sie sich eingehend aus nächster Nähe an und horcht, um zu erfahren, ob sie ihm irgendetwas zu sagen hat. Wenn ihm diese zwanghafte Interaktion erlaubt wird, dann hat es am Schluss eine vollständige sensorische Wissensstruktur von jener Rolle aufgebaut. Durch seine Interaktion ist ein jederzeit reaktivierbares Muster dieses Objekts in seinen neuronalen Schaltkreis eingeschliffen worden. Seine nächste Begegnung mit einem ähnlichen Objekt wird weniger Energie und Aufmerksamkeit erfordern, denn es wird bereits ein Konzept davon zur Verfügung haben.

Nehme ich unserem Krabbelkind die Rolle weg, dann schaut es sich sofort nach einem anderen Objekt passender Größe um, bewegt sich darauf zu, um sich mit ihm zu beschäftigen, und baut seine vollständige sensorische Wissensstruktur um es herum auf. Die Blaupause ist allgemein gültig; ihre Inhalte machen sie zu etwas Spezifischem. Die Natur ist nicht spezifisch in Bezug auf den tatsächlichen Inhalt, so lange er mit den allgemeinen Kriterien der Blaupause übereinstimmt. Die Welt liegt dem Menschenkind zu Füßen, während das gerade der Schale entschlüpfte Küken nach jedem Objekt passender Größe picken wird, das einem Samen oder einem winzigen Insekt ähnlich sieht. Durch alles, was das Kind erlebt, lernt es etwas; die Welt lehrt das Kind etwas über die Welt. Jedes Objekt ist für ein Krabbelkind interessant, und es wird bereitwillig einen Gegenstand um eines anderen willen im Stich lassen. Aus den Augen bedeutet tatsächlich aus dem Sinn, weil jedes Objekt sein gesamtes Wahrnehmungsfeld ausfüllt. Jenes einzelne Objekt nimmt seine gesamte Energie und bewusste Aufmerksamkeit in Anspruch. Beim Reptilhirn ist eine einzige Strukturkopplung die Regel, so dass sich die Aufmerksamkeit, wenn das Objekt entfernt wird, automatisch auf ein anderes Objekt verlagert.

An irgendeinem Punkt, der statistisch gegen Ende des ersten Lebensjahres liegt, hat unser Säugling eine kritische Masse solcher Konstruktionen angesammelt. Ganz plötzlich bedeutet aus den Augen *nicht* mehr aus dem Sinn. Es kommt zur *Objektkonstanz*.[53] Das Objekt der Interaktion, das bis dahin im oberflächlichen Sinne verzichtbar war, wird zu einem dauerhaften Teil des Bewusstseins. Unser Kind wird jetzt nach einem Objekt suchen, das entfernt wurde und/oder protestieren, wenn es entfernt wird. Ein einziges Objekt füllt nicht länger sein gesamtes Wahrnehmungsfeld aus. Das Objekt ist jetzt nur noch ein Teil eines größeren Wahrnehmungsfeldes, in dem Objekte zum dauerhaften Inventar werden. Der Säugling kann sich jetzt etwas vorstellen, das zwar existiert, aber im Moment nicht sichtbar ist.

Objektkonstanz findet in einer einzigen Verschiebung statt und zieht eine ganze Kette verschiedener Verhaltensweisen nach sich. Der Sitz des Säuglingsbewusstseins, das Zentrum seiner bewussten Aufmerksamkeit, verschiebt sich von der singulären Strukturkopplung im Reptilhirn zu einem parallelen, gleichermaßen bewussten Engagement für die Belange des Mittelhirns. Nun sitzt das Selbst als Wahrnehmungsinstanz im Mittelhirn und das Selbst als „Welt-Wahrgenommenes" im alten Gehirn. Das Selbst als Wahrnehmungsinstanz übersetzt mit Hilfe des Mittelhirns und gibt den von dem alten Gehirn registrierten Erfahrungen eine emotionale Überformung. Die emotionale Kraft des Mittelhirns hat schon immer die Rohmaterialien des alten Gehirns organisiert, doch jetzt wird diese Organisation sich ihrer selbst bewusst und bezieht auch die ästhetische Antwort sowie Vorlieben und Abneigungen ein, die durch die Verbindung zwischen den beiden Funktionen des Selbst möglich geworden sind. Durch diese Arbeitsteilung zwischen dem alten Gehirn und dem Mittelhirn kann das Kind eine beliebige Zahl von Objekten gleichzeitig wahrnehmen und eine qualitative Bewertung jener Erfahrung vornehmen. Es kommt zu einer ästhetischen Überformung seiner Welt; es erfährt Realität.

Die Stimuli, die notwendig sind, um Objektkonstanz herzustellen, können sich je nach dem kulturellen Umfeld stark voneinander unterscheiden – ein Apartment in New York mitten im Winter oder die Welt des afrikanischen Buschlandes. Doch wenn sie sich einstellt, wird das universelle Wahrnehmungsfeld ihrer Welt für Kinder aller Kulturen im Wesentlichen gleich aussehen. Wir alle spielen unsere Spiele in derselben, dafür vorgesehenen Phase. Wir sehen dieselbe Welt, wenn auch auf unterschiedliche Weise. Unsere Weltsicht ist eine Überformung, die sich dann einstellt, wenn wir den Sitz unseres Bewusstseins auf das ästhetische Zentrum des Mittelhirns verlagern. Wir haben dann Anteil an der Schaffung unserer eigenen Realität, nicht jedoch an derjenigen der Welt.

Nachdem Objektkonstanz erreicht ist, beschäftigt sich das Kind immer noch mit allen fünf Sinnen mit Objekten, um ein vollständiges sensorisches Weltwissen aufzubauen. Aber jetzt werden diese Interaktionen von einem neuen Bewertungsimpuls aus vorgenommen. Das Kind ist sich seiner als eines Selbst bewusst, das mit dem Objekt Kontakt aufnimmt, statt vollkommen mit dem Objekt der Interaktion identifiziert zu sein. Ebenso wie das Objekt konstant wird, so wird es auch das individuelle Bewusstsein. Das Ich steht vor der Tür.

An diesem Punkt taucht auch das *Corpus callosum* zum ersten Mal auf. Bis zu dieser Zeit haben beide Hemisphären unserer neuen Gehirne dieselben – aus dem alten Gehirn und dem Mittelhirn stammenden – Informationen eingeprägt. Nach Erreichen der Objektkonstanz finden zwei Arten bewusster Aktivität statt – die Begegnung mit dem Objekt und die emotionale Reaktion auf jene Begegnung. Es beginnt sich eine Unterscheidung zwischen dem Objekt und dem Selbst herauszukristallisieren, und die Hemisphären des neuen Gehirns fangen an, diese Unterscheidung zu übersetzen.

Dass sich mit der Objektkonstanz eine ganze Reihe vollkommen neuer Fähigkeiten entwickelt, lässt sich leicht durch das unterschiedliche Wesen der beiden Primärgehirne erklären. Logik basiert zum Beispiel darauf, dass Dinge oder Ereignisse miteinander verknüpft werden, und das erfordert eine gewisse Form von Trennung. Unsere elementarste Beziehungslogik beginnt bei dieser ersten Trennung unseres Bewusstseins zwischen dem Selbst als sensorischer Welt und dem

Selbst als ästhetischer Reaktion auf jene Welt. Durch diese Art von Logik organisieren wir unsere Welt zu sinnvollen Mustern; zu Mustern emotionaler Beziehungen, die auf Vorlieben und Abneigungen basieren. Und fast wie zufällig wird unser Ich durch dieses ästhetische Urteil geformt und als integrale, von der Welt getrennte Struktur definiert.

Vom Zeitpunkt der Objektkonstanz an bestimmt das Modell, das die Ich-Struktur hervorholt, das Wesen dieses Ichs. Die Welt bringt dem Kind etwas über die Welt bei, und das „Welt-Feld" erscheint automatisch als gemeinsamer Hintergrund oder universeller Spielplatz. Das gilt jedoch nicht für alle zukünftigen Verständnisstrukturen. Jede zukünftige Zunahme an Intelligenz wird durch die ästhetischen Modelle bestimmt werden, mit deren Hilfe das Kind sein eigenes Gefühl für Ästhetik entwickelt. Es wird sich auf seine Welt entsprechend der Modelle beziehen, die ihm für eine solche Beziehung zur Verfügung stehen – und auf solchen Beziehungen wird es seine Realitätsstruktur aufbauen, den emotionalen und intellektuellen Überbau seiner Weltstruktur. Mit Erreichen der Objektkonstanz werden wir zu dem, dem wir uns in emotionaler Hinsicht verpflichten – unseren Eltern und der Gesellschaft.

Zur Zeit der Objektkonstanz beginnt das Kind zu laufen, die emotionale Sprache ist fertig und die Weltsprache beginnt. (Die Reihenfolge kann unterschiedlich sein. Wenn der *Wille* auf den Plan tritt, wird das Kind vor allem dazu getrieben, eine nicht endende Erforschung der Welt um es herum vorzunehmen. Der Wille ist die gröbere oder physischere Form von Emotion; im Kleinkind ist er der instinktgesteuerte Trieb, Entwicklungshemmnisse zu überwinden. Entwicklung kann nur dann stattfinden, wenn das Kind ein Wissen von seiner physischen Welt erwirbt, indem es mit ihr interagiert, dann jenem Wissen entsprechend ästhetisch handelt und ein Selbst-Bewusstsein im Gegensatz zu den Objekten des Bewusstseins aufbaut. Eine Ich-Struktur, ein Gefühl von Selbstbewusstsein, muss aufgebaut werden. Das Ich wird durch die Beziehungen zwischen Selbst und Welt geschaffen. So kann nur durch das Wissen um die Außenwelt das Wissen eines inneren Selbst herausbilden. Das Überleben des Selbst steht auf dem Spiel.

Daher duldet unser Kind keine Einmischung in seinen unersättlichen Drang, mit seiner Welt zu interagieren. Seinem nicht zu unterdrückenden Willen ist keinerlei Logik zu Eigen. Das Kleinkind ist in keiner Weise von seinem Willen getrennt, und dieser ist für die Erwachsenenlogik nicht angenehm. Jener Eigenwille wird grob missverstanden. Eltern interpretieren den Trieb als eigensinnigen Ungehorsam. Aus diesem Grunde sind zahlreiche Kinder geschlagen, wenn nicht gar umgebracht worden. Das Kind hat jedoch in dieser Angelegenheit keine Wahl. Sein Eigenwille ist nicht seinem Willen unterworfen und treibt es auf dieselbe Weise an, wie wir dazu getrieben werden, unsere Hand von einer heißen Herdplatte wegzuziehen.

Vater oder Mutter sagen: „Berühr das nicht, Liebes", und dieses Verbot initiiert einen mächtigen Drang, das Hindernis zur Erforschung seiner Welt zu überwinden. Das liebe Kleine muss trotz dieser Warnungen seinem Forschungsdrang nachgehen, und es *wird* das Objekt berühren. In unserem Hightech-Zeitalter lautet die am häufigsten zu findende öffentliche Warnung „Von Kindern fernhalten", und das betroffene Kind wird wahrscheinlich verbrannt, durch elektrischen Strom getötet, zerfleischt oder bestenfalls wegen Ungehorsams geschlagen.

Es kommt zu einem Widerspruch zwischen zwei mächtigen Antrieben. Auf der einen Seite fühlen sich Kinder dazu getrieben, ihr Wissen entsprechend der Führung und des Modells ihrer Eltern aufzubauen. Die Eltern werden zum Prüfstein für die Realität, zum Eckstein im Haus der Intelligenz. Das Kind hat den Drang, diesem Modell zu folgen und seine Bindung zu ihm aufrechtzuerhalten. Ohne ein solches Modell erlebt das Ich Zersplitterung und Verwirrung. Auf der anderen Seite treibt der Wille es dazu an, Entwicklungshemmnisse zu beseitigen. Das Kind kann dieses Problem nicht lösen: Der Körper scheint gegen seinen eigenen Willen bewegt zu werden, auch wenn eine solche Bewegung das Band bedroht. Folglich müssen die Eltern dieses Problem für das Kind lösen. Wenn zum Beispiel echte Gefahr droht, dann ist es vernünftig, das Kind aus der Gefahrenzone zu entfernen und es für eine andere Beschäftigung zu interessieren. Umsichtige Eltern werden sich davor hüten, *Double Binds* (Doppelbindungen) zu schaffen und sich weniger darum kümmern, dem Kind Gehorsam zu vermitteln, als vielmehr seine Neugier und Intelligenz zu entwickeln. Millionen Jahre Arbeit am Überlebensprogramm dienen dem Nutzen der Eltern, denn das Kind ist auf das Lernen programmiert, und es lernt, indem es seinen Eltern folgt. Sein Wille, dem Modell zu folgen, ist derselbe

Wille, der es dazu antreibt, die Welt zu erforschen. Es ist, so könnten wir sagen, von seiner Genetik her diszipliniert. So wie der Begriff „Disziplin" von dem englischen Begriff „disciple" (Schüler) abstammt, folgt der Schüler dem Lehrer, wenn echtes Lernen stattfindet. Der Wille ist der mentale Muskelapparat des Kindes, seine Macht, zu folgen, und er muss genauso genährt werden wie jede andere Fähigkeit auch.

Wenn der Schüler nicht folgt, dann gibt es keine Disziplin und es findet kein Lernen statt. Disziplin ist in unserer heutigen Zeit zu einer Manie geworden, weil das Lernen ins Stocken geraten ist. Doch wenn Modelle den Bedürfnissen der Schüler nicht entsprechen, oder wenn das Modell in eine *Double-Bind*-Situation führt, die jede Reaktion negiert und bei der das Kind nicht gewinnen kann, wie kann das Kind dann folgen oder Disziplin zeigen? Wenn wir in einer solchen Situation sagen, wir müssten das Kind disziplinieren, dann zwingen wir es im Grunde genommen, uns zu folgen, oder wir brechen seinen Willen. Und ein gebrochener Wille ist ein gebrochener mentaler Muskelapparat für das Lernen, eine verlorene Fähigkeit der Anpassung, Sozialisierung und Kreativität.

# 5
# Konkrete Sprache

Unsere sprachlichen Muster entfalten sich, wie es für andere Intelligenzformen auch gilt, vom Konkreten zum Abstrakten hin. Das Wort erwächst aus einem sensomotorischen Reflex, der im Uterus unter Verwendung des alten Gehirns entwickelt wurde; als Nächstes wird es emotional überformt, was durch das Mittelhirn geschieht, bis schließlich eine voll ausgereifte Wortstruktur entsteht, die mit dem neuen Gehirn verbunden ist. Worte sind Klang, und Klang beeinflusst unser körperliches System auf vielfache Weise. Durch das Melaninmolekül kann Klang zum Beispiel in Licht, in räumliche Eigenschaften und andere sensorische Phänomene verwandelt werden. Die einzigartigen Klänge, aus denen Sprache besteht, nennen wir *Phoneme*. Wir sind genetisch auf sie ausgerichtet und sie haben einen erheblichen Anteil an der Erschaffung der kindlichen Welterfahrung.

Wie wir gesehen haben, setzen Phoneme beim Säugling Muskelreaktionen in Gang, und die Muskelbewegung prägt dem Gehirn den mit ihr verbundenen Inhalt ein. Auf diese Weise werden der Name für ein Ding und das so benannte Ding zu einem einzigen Muster im Gehirn-Geist-System, und diese Verbindung bezeichnen wir als *konkrete Sprache*. Cassirer und Langer haben einmal die Vermutung geäußert, dass Sprache aus starken Gefühlsäußerungen, wie etwa beim Singen, hervorgegangen sei.[54] Betrachten wir, wie sich Sprache in uns heranbildet, so ist das die zweite Phase, bei der das Mittelhirn eine Rolle spielt. Hören Sie dem *Lallen* des Säuglings zu, jenen unverständlichen Lauten, die er in den ersten Monaten nach der Geburt von sich gibt. Selbst diese bekommen bald eine emotionale Färbung, und das Lallen umfasst dann ein breites Spektrum von Ausdrucksformen. Klang als Ausdrucksmittel geht der Sprache in Form von Worten voraus, genauso wie Sprache als Muskelbewegung dem verbalen Ausdruck vorausgeht. Lange bevor Worte auftauchen, hören wir Kinder quietschen, weil sie Entzücken, Wut oder Wohlbehagen empfinden. Der erste sprachliche Ausdruck ist von emotionalem Überschwang gekennzeichnet und drückt gelegentlich auch eine Beschwerde aus. Unser Krabbelkind plappert beim Spielen im Haus ständig vor sich hin. Selten ist ein verständliches Wort dabei, aber Worte sind auch gar nicht notwendig. Ein weites Spektrum von Beugungen, Tonhöhen, Betonungen, Schelten, Summgeräuschen, finstern Blicken und aufgeregten Gesten kommt zum Vorschein. Verwickelte Aussagen werden in erklärendem oder dramatischem Stil vorgetragen, Fragen in wehklagendem Tonfall gestellt, Kommentare in den Raum geworfen – doch dabei kommen nur wenige, falls überhaupt irgendwelche verständlichen Worte heraus.

Ein früher Aspekt des Sprachenlernens ist das Zeigen. Der früheste Zeigevorgang ist allgemeiner Art. Es handelt sich um eine automatische Geste, die nicht dem Willen unterworfen ist. Der Arm des Kindes schleudert einfach nach vorn und der Zeigefinger wird ausgestreckt. Nach dem Erreichen der Objektkonstanz wird das Zeigen spezifischer und ist stärker willensgesteuert. Das kleine Mädchen beginnt, auf Dinge zu deuten. Schließlich geht die unermüdliche Fragerei los: „Mama, was ist das?" – und das Mädchen fragt auf diese Weise nach einem Namen für das Ding, auf das es zeigt.

Ein Wort einem Objekt zuzuordnen ist die dritte Phase der Sprachkonstruktion. Der Name, den der Erwachsene dem Kind als Antwort auf seine Frage nennt, wird zu einem integralen Bestandteil seiner Verständniskonstruktion jenes Objekts. Der Name hilft ihm auf vielen Ebenen: der Klang des Namens, der Welleneffekt des Wortklangs, wirkt auf das sensomotorische System ein (dessen Anfänge wir im Uterus gesehen haben) und koordiniert die unzähligen Bits an sensorischen Informationen, die aus unterschiedlichen sensorischen Quellen hinsichtlich des mit Namen versehenen Vorfalls einströmen. Die Klangwellen scheinen die sensorischen Bits aus Erfahrungen des Riechens,

Schmeckens, Sehen usw. zu einer sinnvollen, wiederholbaren Einheit zusammenzuschweißen.[55]

Infolgedessen ist es in der konkreten Sprache so, dass man, wenn man für ein Ereignis „den Knopf im Gehirn drückt", seinen Namen bekommt; umkehrt bekommt man, wenn man den Knopf für einen Namen drückt, annäherungsweise das dazugehörige Ereignis. Eine einzige Strukturkopplung besteht zwischen Name und Ding. Bitten Sie eine Zweijährige, das Wort *Hand* zu sagen, und sie wird ihre Hand bewegen, während sie das Wort ausspricht. Die Einheit zwischen Wort und Ding bleibt während der gesamten prälogischen Jahre bestehen. Fragen Sie den sechsjährigen Fred, ob er auch Jim hätte heißen können, und er wird nicht nur beleidigt sein, sondern die Tatsache auch energisch bestreiten. Er ist doch Fred! Wie könnte er denn Jim sein? Noch können Sie, unter Zuhilfenahme der Logik, den prälogischen Fred davon überzeugen, dass sein Name willkürlich ist. (Er wird ihnen vielleicht nach außen hin zustimmen, aber im Innern weiß er, dass Sie dumm sind.) Name und Identität als Fred sind zu einer einzigen Verständnisstruktur verschmolzen.

Das Namensetikett, das die sinnlichen Erfahrungen zu einer Bedeutungseinheit zusammenbringt, wird auch verwendet, um jene Struktur zu größeren Gruppierungen benannter Strukturen zu ordnen. Namen bilden Strukturen untereinander und sie bauen Beziehungen auf. Alle Katzen ziehen die Aufmerksamkeit unseres Kleinkindes auf sich und *Kätzchen* benennt sie alle. Doch die Nachbarkatze, die zu Besuch kommt, ist etwas Spezifisches und sie ist sowohl *Kätzchen* als auch *Benny*. Namen identifizieren Phänomene außerhalb des Kontextes und sie geben dem Kind eine Möglichkeit, sich wieder darauf zu beziehen und darüber nachzudenken. Wie Vygotsky sagt: Für das Kleinkind bedeutet zu denken, sich zu erinnern. Für das ältere Kind bedeutet sich zu erinnern zu denken. Name und Erinnerung verschmelzen miteinander.[56]

Mindestens genauso wichtig ist die Tatsache, dass die Eltern durch die Benennung eines Phänomens unter Beweis stellen, dass jenes Ereignis Teil ihrer eigenen Weltsicht ist. Vater und Mutter sind Modelle für das Kind, und das Kind spürt den Drang, seine Welt, sein Selbst und sein Sprachsystem in Anlehnung an das elterliche Modell aufzubauen.

Wenn ein Phänomen benannt wird, dann bedeutet das für das Kind, dass dieses Phänomen in den elterlichen Bezugsrahmen fällt. Das gibt dem Phänomen die Billigung der Eltern. Die Billigung verleiht dem sich formierenden Muster Gewicht und Bedeutung: Der Wort-Name zeigt, dass das Ereignis ein akzeptabler Teil der elterlichen Weltsicht ist und damit ein geteiltes Ereignis. Das veranlasst das sensorische System des Kindes, in der Außenwelt nach Hinweisen zu suchen, wo ein solches Teilen wiederholt werden kann. Jeder Gebrauch des geteilten Namens ruft eine Reaktion vonseiten der Eltern hervor und verstärkt das gemeinsam aufrechterhaltene Phänomen. Unser Kleinkind greift schnell den Namen auf, den wir dem neuen Plüschtier gegeben haben. „Pu, der Bär" sagt es immer wieder und überprüft unsere Reaktion, um die gegenseitige Verbindung herzustellen.

Die Billigung stellt eine emotionale Überformung der konkreten Dinglichkeit eines Ereignisses dar. Die Billigung lässt ein Ereignis im Vergleich zu anderen hervortreten. Als Kinder lassen wir die Macht der Eltern in das Ereignis hineinströmen, dem sie durch die Benennung ihre Billigung gegeben haben, und diese Bestätigung stärkt unsere Elternbindung und verleiht unserer Struktur des benannten Ereignisses ihre Macht. Die selektive Macht der Billigung trägt dazu bei, unserem offenen Erfahrungsspielraum seine begrenzte Gestalt tatsächlicher, aber begrenzter Erfahrungen zu geben. William James war der Ansicht, dass unser Bewusstsein aus einer großen Bandbreite an Möglichkeiten selektiert wird. Doch nur wenn zur Schaffung einer stabilen Konstruktion spezifische Bestandteile aus dieser Offenheit ausgewählt werden, kann eine Weltstruktur aufgebaut werden. Der Inhalt unserer Weltsicht wird um den Preis all dessen erkauft, was aus dem Kontinuum ausgelassen wurde, doch um eine spezifische Möglichkeit real werden zu lassen, ist diese Art von Entscheidung notwendig. Das lateinische Wort für sich entscheiden *(de-cidere)*, bedeutet abschneiden von. Sich zu entscheiden heißt also, Alternativen abzuschneiden.

Forscher sprechen von den „quasi-halluzinatorischen Phantasien" des auf etwas deutenden Kleinkindes.[57] Unser Kind zeigt auf etwas und insistiert, dass wir ihm einen Namen geben sollen. Wir schauen hin, um ihm eine Antwort zu geben, aber es ist nichts da. Konkret gesagt, es ist nichts da, was unserem gedanklichen System verfügbar wäre und deshalb

# Konkrete Sprache

können wir nicht mit dem gewünschten Namen reagieren, mit Bestätigung, Teilen und so fort. So bekommt also die kindliche Konstruktion dieses Vorgangs keine Bestätigung durch sein Modell. In dem dauernden Ansturm von Interaktionen mit einer unendlich offenen Möglichkeit für Phänomene wird sein sensorisches System dazu neigen, sich von einem solchen Phänomen zugunsten einer vollständigen sensorischen, benannten und bestätigten Erfahrung abzuschneiden. Die Natur setzt keine Prioritäten – ein Phänomen ist so gut wie ein anderes.

Das sich mit der Objektkonstanz öffnende universelle Feld ist nichts weiter als ein Hintergrund dafür, jenen Schauplatz ständig mit spezifischen, benannten Ereignissen zu füllen, die dem vorgegebenen Modell unterliegen. Die Sprachkonstruktion folgt einem Kompetenzzyklus, der bei jeder Art von Entwicklung zu finden ist.

Der Zyklus entfaltet sich in drei Phasen. Zuerst wird die Masse an ungefilterten sensorischen Daten, an Information und Erfahrung *grob eingeprägt*. Als Zweites findet eine *Einteilung* dieser Rohmasse in sinnvolle Bedeutungskategorien statt. In dieser Phase kann es erforderlich sein, Lücken mit zusätzlichen Rohinformationen zu füllen, die mit den ursprünglichen in Zusammenhang stehen. Die dritte Phase ist eine Zeit der *Übung* und der *Abwandlung* dessen, was in den ersten beiden Phasen gelernt worden ist. Dieser Zyklus ist bei jedem Lernprozess zu finden, egal, ob er nur eine Minute dauert oder es ob es sich um einen großen, sich über mehrere Jahre erstreckenden Zyklus handelt.

Mein Lieblingsbeispiel betrifft das nonverbale Kurzzeit-Lernen. Unser Kind wackelt hinüber zu den Küchenschränken und sieht die ebenerdigen Türen mit Magnetverschlüssen. Das kleine Mädchen hat gesehen, wie seine Mutter die Türen geöffnet hat, und will es ihr nun gleichtun. Es packt den Griff und zieht daran; die Tür öffnet sich und das Mädchen fällt auf den Boden. Es rappelt sich wieder hoch, drückt die Tür zu, zieht erneut am Griff und öffnet sie wieder. Es drückt die Tür zu, öffnet sie – Pause; das Räderwerk beginnt sich zu drehen, es geht ihr ein Licht auf. Es hat seine Rohinformation grob eingeprägt und sie dann in eine Bedeutungskategorie eingeteilt. Was tut es als Nächstes? Es übt: Es steht da und öffnet und schließt die Tür so oft hintereinander, bis Mamas Geduld erschöpft ist.

Beobachten Sie den nächsten Schritt, denn von ihm hängt die Entwicklung ab. Es verlässt die Tür seines Triumphes und geht zur nächsten Tür, um zu schauen, ob sie sich auf dieselbe Art und Weise bewegen lässt. Klapper, klapper! Dann die übernächste. Es übt das neue Verhalten so lange, bis es vollkommen automatisiert ist (und all die Millionen Neuralverbindungen gründlich myelinisiert sind). Jetzt wird die bewusste Aufmerksamkeit aus jener singulären Strukturkopplung befreit, die für den Erwerb einer neuen Fertigkeit erforderlich ist. Das Mädchen kann jetzt von dem Gelernten „zurücktreten" und daraus die Essenz, die Idee hinter jenem Verhalten, ableiten. (Erinnern Sie sich daran, wie Sie Autofahren gelernt haben, insbesondere bei einem Auto mit Gangschaltung? Um all die verschiedenen Bewegungen koordinieren zu können, war eine zielstrebige Aufmerksamkeit notwendig, die keinen Raum für eine höfliche Unterhaltung ließ. Sobald einmal alle Bewegungen synchronisiert und automatisiert waren, konnte man sich auch wieder dabei unterhalten.)

Um zur nächsten Tür hinzugehen und die ganze Aktion noch einmal zu wiederholen, musste das Mädchen zuerst eine logische Abstraktion vornehmen, auch wenn diese aus seinem eigenen motorischen Lernen erwuchs und eine konkrete, sensomotorische Komponente hatte. Und dann verband es das abstrahierte Muster mit einem anderen Kontext, der dem ersten auf irgendeine Weise ähnlich war. Es leitete ein Schema aus dem konkreten Kontext ab und füllte dieses mit einem anderen Kontext. Jetzt probiert es eine Tür nach der anderen aus, macht dann mit anderen Arten von Türen weiter und beschäftigt sich schließlich mit aufklappbaren Objekten jeder Art – vom Klodeckel (kein Plüschtier ist jetzt mehr sicher!) bis hin zu den Deckeln von Schachteln und anderen Behältnissen.

Das ist die *Abwandlungsphase*, die nur beim Menschen vorkommt und bei der er vollkommen über seine tierischen Gehirne hinausgeht. Das Mädchen trennt seine Erfahrung vom Erlernen der Erfahrung, das heißt, es wendet seine logischen Fähigkeiten an. Das erfordert echtes Denken, so rudimentär es in dieser Phase auch noch sein mag.

Die Sprachkonstruktion folgt demselben Zyklus: Die Phase der Grobeinprägung beginnt im Uterus, wenn der Fötus mit groben Muskelbewegungen auf das gesprochene Wort der Mutter reagiert. Das lange Experiment mit dem Lallen dient als Entsprechung zu Tönen, Rhythmen und Beugungen; in der emotionalen Phase wird, zunächst in grober Form, die Ästhetik des Gefühlstons in das sensorische Feld eingeprägt. Dann taucht die Wortbildung auf und der Rausch, allem ein Namensetikett geben zu wollen: „Was ist das, Mama?" Die zweite Phase, die Einteilung in sinnvolle Kategorien, beginnt etwa im Alter von drei Jahren. Mittlerweile ist der Erwerb von Namensetiketten schon in derselben Weise automatisiert, wie es für die Weltkonstruktion zur Zeit der Objektkonstanz galt. Jetzt weicht das unablässige „Was ist das?" dem „Warum?" Die Frage „Warum?" erfordert eine ganz spezifische Art von Antwort. Was für eine Antwort wir geben sollten, hängt von der Art von Logik ab, die in dieser Altersstufe wirksam ist, und davon, welche Unterstützung für die Übungs- und Abwandlungsphase benötigt wird.

Das *Warum?* fragt nach Bedeutung, Zweck, Absicht, Muster und Grund. Die Frage nach dem *Warum* stellt das benannte Ereignis in einen größeren Bezugsrahmen. Diese Fragestellung wird durch die Entwicklungsphase des Drei- bis Vierjährigen geprägt, welche ihrerseits bestimmt, wie wir darauf antworten sollten. Das *Warum* ist eng mit der dritten Phase des Kompetenzzyklus verbunden, mit dem sich die Frage überschneidet.

Die dritte Phase, die Phase der Übung und der Abwandlung, fängt mit etwa vier Jahren an und dauert ungefähr bis sieben. (Diese Altersangaben beruhen natürlich nur auf statistischen Werten.) Etwa achtzig Prozent der Sprachstruktur ist bis zum Alter von vier Jahren abgeschlossen, und das Kind muss jetzt üben und die großartigen Konstruktionen, die es bis zu diesem Zeitpunkt gebildet hat, abwandeln. Wie sich diese Übungs-und-Abwandlungsphase sprachlicher Strukturen vollzieht, kann man nur begreifen, wenn einem bewusst wird, dass das, was ich als die

Strukturen des Selbst, der Welt und der Sprache bezeichnet habe, vollkommen miteinander verwoben sind: Es handelt sich bei ihnen um eine einzige Verständnisstruktur, um die aktive Intelligenz jenes Kindes.

Ich habe hier einen wichtigen Faden des gesamten Geflechts in der Luft hängen lassen und muss ihn jetzt aufnehmen, bevor wir weitermachen. Mit Erreichen der Objektkonstanz ist der *Wille* als Antrieb zur Überwindung von Entwicklungshemmnissen aufgetaucht. Der emotionale Zwilling des Willens ist die Ästhetik, die sich in Form der Vorlieben und Abneigungen zeigt, die das Kleinkind so bereitwillig kundtut. Sobald die doppelte Strukturkopplung des Selbst als emotionalem Zentrum und des Selbst als Zentrum der Körperwelt hergestellt ist, beginnt unser Kleinkind, willkürliche Vorlieben und Abneigungen in Bezug auf seinen gesamten Erfahrungsschatz zu zeigen. Der Sitz seines Bewusstseins im Mittelhirn fängt an, sich als Richter über die sensorischen Berichte des alten Gehirns zu erheben. Die qualitative Bewertung wird immer ausgeprägter, je älter es wird, und gleichzeitig willkürlicher und eigensinniger. Denn das hilft ihm, seine wichtigsten Wissenskonstruktionen, seine Welt, sein Selbst und ihre Beziehung zueinander in sinnvolle Kategorien einzuteilen.

Immer häufiger wird es – oft ohne erkennbare Logik – ankündigen: „Ich mag das. Ich mag das nicht." Auch wenn hier Willkür am Werk ist, so übt es doch seine ästhetische Unterscheidungsfähigkeit und Selbstbestimmung. Außerdem beginnt es, sein Ich mit jenen Vorlieben zu unterstützen und sich um es zu sammeln, und sich auf der anderen Seite nicht mit dem zu identifizieren, was es nicht mag, und es wegzuschieben. So bildet sich sein Gefühl von der Getrenntheit bzw. Unabhängigkeit des Ichs heraus.

Mit etwa vier Jahren verlagert das Ich-Bewusstsein unseres Kindes seinen Sitz in das neue Gehirn sowie in die beiden Primärgehirne. Das Ich ist jetzt mit allen drei Gehirnen identifiziert. Das Mädchen ist sich nun seiner selbst als Körper, als Seele (bzw. Fühlzentrum) und als Geist bewusst. Das heißt, es ist zu gleichen Teilen ein handelndes, fühlendes und denkendes Zentrum. Die Metaphorik des neuen Gehirns, das jetzt eine konzentrierte Entwicklung durchläuft, um in seine eigene Kraft zu kommen, unterscheidet sich sehr grundlegend von derjenigen, die dem alten Gehirn zu Eigen ist.

# Konkrete Sprache

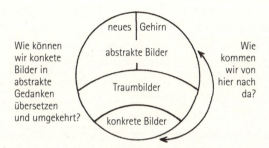

(Erinnern Sie sich an die konkrete Bildersprache des alten Gehirns und die rein abstrakten und geometrischen Bilder des neuen Gehirns aus Kapitel 2.) Im Alter zwischen vier und sieben Jahren lautet die Grundfrage: Wie können die konkreten Informationen oder Bilder des alten Gehirns in die abstrakten, gedanklichen Vorstellungen des neuen Gehirns übersetzt werden? Und wie können die drei so überaus verschiedenen Systeme in Übereinstimmung gebracht werden?

In der Phase der Übung und Abwandlung, der dritten Phase des großen Kompetenzzyklus, der die ersten sieben Jahre beherrscht, muss sowohl eine solche Harmonie erreicht als auch die Fähigkeit zur Bildübertragung entwickelt werden, wenn ein weiteres Wachstum der Intelligenz stattfinden soll. Wie wir sehen werden, erledigt die Natur in ihrer üblichen Ökonomie jede Aufgabe mit Hilfe der anderen. Der Erfolg dieser dritten Phase gründet sich im Wesentlichen auf den Verlauf der ihr vorausgegangenen Einteilungsphase und muss diese unterstützen. Die Frage „Warum?" ist der Schlüssel für die Einteilung in sinnvolle Kategorien, und wie unsere Antwort auf diese Frage ausfällt, sollte durch die Bedürfnisse der Phase bestimmt sein, auf die die Frage vorbereitet. Die Phase von vier bis sieben Jahren ist die Zeit der Metapher und des Symbols, die Sprache der Analogie und die Sprache des Traums. Und unsere Antworten auf die *Warum?*-Frage müssen symbolisch, metaphorisch oder analog sein.

„Wo geht die Sonne am Abend hin?", fragt unser Kind, und wir müssen ihm analog antworten. Es wäre in dieser Situation vollkommen unangebracht, eine Karte des Sonnensystems auszubreiten und über die Newtonschen Gesetze der Himmelsmechanik zu sprechen.

„Unsere fröhliche, rote Frau Sonne ist müde, nachdem sie uns den lieben, langen Tag lang gewärmt hat, und deshalb hat sie sich in ihrem Bett dort hinten im Westen verkrochen." Eine solche Erklärung setzt die kindliche Welt in eine bedeutsame Beziehung zu der qualitativen, ästhetischen Werteskala, nach der es lebt. Maß, Zeit und Bewegung gehören zu der Phase, die im achten Lebensjahr beginnt, und der Zeitplan der Natur sollte respektiert werden. Die Analogie ist die Sprache des Kindes, das träumt; die Sprache des Herzens. Sie ist das Zentrum, das alle Dinge zusammenhält.

# 6
# Analoge Sprache

---

Der chilenische Schriftsteller Miguel Serrano berichtet, dass er im Alter von etwa fünf Jahren einen Alptraum hatte, in dem er von Worten eingehüllt war, die ihm den Atem raubten und seinen Lebensnerv durchtrennten.[58] Ich hatte mit fünf Jahren einen ganz ähnlichen Traum, und er kehrte in regelmäßigen Abständen wieder, bis ich elf war. Mein Traum war ein Alpdruck, der weiterbestand, selbst wenn ich anscheinend geweckt worden war. Er nahm seinen Verlauf wie ein voreingestellter Film und begann mit einem rhythmischen Klopfen, von dem ich später entdeckte, dass es mein eigener Herzschlag war. Dann tauchte eine rote Masse von riesigen Ausmaßen auf, die alles umfasste, was jemals gewesen war und je sein würde. Ich war von dieser Totalität durch Milliarden gleichzeitig ertönender Worte abgeschnitten. Dieses Geräuschchaos wurde von einer machtvollen Stimme übertönt, die mir, synchron mit dem Pulsieren, das der gesamten Szene zugrunde lag, immer wieder die fordernde Frage stellte: „Was ist es? Was ist es?" Mit der Trennung von jener Totalität war ich im Nichts isoliert, und, was noch erschreckender war, ich war gezwungen, mich umzudrehen, um jene erbarmungslose Unermesslichkeit zu betrachten und irgendwie auf sie zu reagieren. Erst mit elf Jahren konnte ich mich im Nachhinein an den Traum erinnern, denn das mit ihm einhergehende Entsetzen verursachte eine Art Gedächtnisverlust in mir und noch Tage danach fühlte ich mich vergesslich und leer.

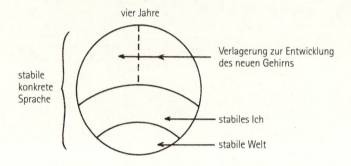

Man hat bei vier- bis fünfjährigen Kindern aus verschiedenen Kulturkreisen festgestellt, dass sie Trennungsträume hatten; angefangen bei Träumen, bei denen sie von der Erde hinunter ins Leere fielen, bis dahin, dass sie von der Mutter getrennt wurden.[59] In dieser Altersstufe verlagert sich der Sitz unserer Identität in das neue Gehirn, während wir gleichzeitig unseren Sitz in den beiden Tiergehirnen beibehalten. Unser Bewusstsein wird sich jetzt mit der Fähigkeit des neuen Gehirns identifizieren, objektiv zu denken. Dieses Denken wird sich jedoch für einige Zeit recht ausschließlich auf die beiden Primärgehirne beziehen, da sich erst noch verschiedene zentrale Entwicklungsschritte vollziehen müssen.

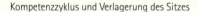

Kompetenzzyklus und Verlagerung des Sitzes

# Analoge Sprache

Erstens, mit etwa vier Jahren sind die Verständnisstrukturen des Kindes von der Welt, seinem Selbst und der Sprache grob eingeprägt und eingeteilt worden. Das Einüben und Abwandeln dieser Strukturen wird die Natur bis zum Alter von sieben Jahren beschäftigen. Zweitens, es muss ein Weg geschaffen werden, um die abstrakten Bilder des neuen Gehirns mit den konkreten Bildern des alten Gehirns zu verbinden; – weil sich, drittens, der Sitz des kindlichen Bewusstseins etwa mit sieben vom Primärgehirn wegbewegen wird. Sein Selbstgefühl wird von seinem Gefühl von der Welt da draußen getrennt werden. Die im alten Gehirn angesiedelten Bindungen des Kindes an jene Weltstruktur müssen gründlich gefestigt sein, bevor die Verschiebung Erfolg haben kann. Viertens, die Verlagerung des Ichs mit sieben Jahren wird von den Eltern und der Familie als wichtigsten Modellen weg und zur Gesellschaft im Allgemeinen hinführen und für diese Modellverschiebung müssen frühzeitig Vorbereitungen getroffen werden.

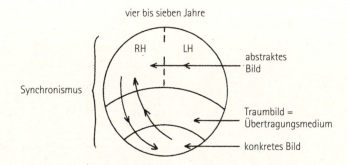

Wie gewöhnlich werden aufgrund der Ökonomie der Natur all diese unterschiedlichen Bedürfnisse durch die einfachstmögliche Vorgehensweise erfüllt werden.

Mit etwa vier oder fünf scheinen einige Kinder intuitiv zu spüren, dass die Trennung von ihrer ersten Matrix, der Mutter und der Erde, bevorsteht. Auch wenn die tatsächliche Trennung erst mit sieben Jahren stattfindet, so geht die Absicht der Fähigkeit voraus, und das Kind spürt diese neue Absicht mit einigem Unbehagen. Daraus resultieren seine Trennungsträume.

Die Welt des Kindes und sein Selbst befinden sich mit vier Jahren tatsächlich vollkommen im Gleichgewicht; zu dieser Zeit besteht eine symbiotische Subjekt-Objekt-Beziehung wie diejenige zwischen Mutter und Säugling unmittelbar vor der Geburt. Das Kind lebt in einer Welt, die sowohl „das Andere" für ihn ist, als auch ein Aspekt seines eigenen Bewusstseins, ein Ergebnis seiner eigenen Deutung. Mit etwa sieben, wenn das soziale Ich auftaucht, endet dieser glückliche Synchronismus. Der Sitz des Ichs wird aus dem alten Gehirn zurückgezogen, was bedeutet, dass jenes Gehirn künftig auf Automatik geschaltet ist und das Kind spüren wird, dass es von seiner Welt getrennt und anders ist als sie.

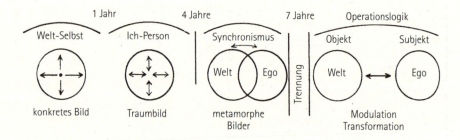

Sobald es einmal von seinen Verständnisstrukturen der materiellen Welt getrennt ist, wird jene Welt zu einem Objekt seines neuen, getrennten Selbst. Diese neue Subjekt-Objekt-Beziehung bildet den Ausgangspunkt für die konkrete Logik, und das Kind wird keine andere Wahl haben, als seine äußere Welt schließlich als etwas anderes als sein eigenes Wesen anzusehen. Auf vielen Ebenen wird es sich zu der Frage gedrängt fühlen: „Was ist das?"

Wie also bewältigt die Natur die vielfältigen Aufgaben in der Phase zwischen vier und sieben Jahren – zu ermöglichen, dass die in den ersten vier Lebensjahren erworbenen Verständnisstrukturen ausreichend geübt und abgewandelt werden; dass das Kind lernt, konkrete Bilder in abstrakte zu übertragen; sich mit der Weltstruktur in Vorbereitung auf eine Trennung von ihr zu verbinden; dass es lernt, sich mit der kommenden Gesellschaft zu verbinden als Vorbereitung für eine Einheit mit ihr, und dass es schließlich als Vorbereitung für die Entfaltung der operationalen Logik im Alter von sieben Jahren noch ein Synchronismus aller drei Gehirne entwickelt?

Gegen Ende des dritten und zu Anfang des vierten Lebensjahres sind bis zu siebenundneunzig Prozent der Charaktere in der kindlichen Traumwelt Tiere. Selbst die Eltern kommen überraschenderweise in den Träumen dieser Phase nur selten vor, bis mit etwa sieben dann die Tierbilder zunehmend menschlichen Figuren weichen. Die Tiere in diesen Träumen sind normalerweise Personifizierungen: Sie stehen für irgendwelche Menschen, gelegentlich auch für die Eltern. Durch diese Tierfiguren und mit Hilfe überaus menschlicher Alltagssituationen löst die kindliche Psyche möglicherweise Beziehungsprobleme auf. Mit Hilfe der Traumcharaktere werden die funktionalen Beziehungen zwischen der Außenwelt, dem Emotionalzentrum des Kindes und dem neuen Gehirn mit seiner Fähigkeit zum objektiven und abstrakten Denken durchgespielt. Das Kind tut dies mit Hilfe von Tierbildern, die *analog* funktionieren können.

Die *Logik* ist eine Form des Schlussfolgerns. Mittels Logik können wir schließen, dass Dinge, die sich in einigen Aspekten ähneln, möglicherweise auch in anderen Ähnlichkeiten aufweisen. Die *Analogie* konstatiert eine teilweise Übereinstimmung oder Ähnlichkeit zwischen Dingen, die sich ansonsten voneinander unterscheiden. Zu sagen, dass „Nahrung für den Körper sei wie Brennstoff für eine Maschine" heißt, eine Analogie bzw. einen Vergleich herzustellen. Der Begriff *Metapher* stammt aus dem Griechischen und ist von einem Verb abgeleitet, das „übertragen" bedeutet. Eine Metapher ist eine Redensart, bei der der Name oder die Eigenschaft eines Objektes auf ein anderes Objekt angewandt oder auf es übertragen wird, um eine Ähnlichkeit zwischen beiden anzudeuten. Die Tiere in der intuitiven Traumphase sind metaphorischer Art in dem Sinne, dass sie handeln, als ob sie Menschen wären.

Die Fähigkeit, logisch zu denken, kann sich nur entfalten, wenn eine Trennung zwischen Subjekt und Objekt stattfindet. Das prälogische Kind hat noch kein klares Gespür für den Unterschied zwischen Selbst und Welt, doch im Alter von sieben Jahren findet eine Trennung zwischen dem Selbst als Subjekt und der Welt als Objekt statt und ermöglicht so das logische Denken. Es existiert jedoch ein auffallender Unterschied zwischen den beiden, an dieser Trennung beteiligten

Polen von Erfahrung: den konkreten Bildern des alten Gehirns auf der einen und den abstrakten Mustern des neuen Gehirns auf der anderen Seite. So wird die Grundlage des neuen logischen Denkens durch die vermittelnde Phase des analogen Denkens gebildet – einem System von Metaphern und Symbolen, das konkrete Bilder in abstrakte übertragen kann und umgekehrt.

Vom Alter von etwa zwei Jahren an (sobald es einmal ein Muster dafür bekommen hat) wird unser Kind unaufhörlich die Bitte vortragen: „Erzähl mir eine Geschichte, Mama; erzähl mir eine Geschichte, Papa." Und mit drei ist diese Bitte dann zu einem Zwang geworden, von dem ich bezweifle, dass Eltern ihm je angemessen begegnet sind. Das Geschichtenerzählen ist wahrscheinlich so alt wie die Gattung Mensch. Die Geschichte hat die Kraft, eine innere Welt zu schaffen, in die wir als Zuhörer (genau wie der Erzähler) eintreten können. Sie ist eine innere Raumfahrt ins Abenteuer. Der Wunsch und die Forderung des Kindes nach diesem Abenteuer sind zwingend, und sein Bedürfnis, die Eltern mögen darauf antworten, kann gar nicht genug hervorgehoben werden.

Untersuchen Sie einmal, worum es bei den Geschichten geht, die jahrhundertelang überliefert worden sind, oder auch bei erfolgreichen Kinderbüchern. Ein hoher Prozentsatz der Figuren in Erzählungen für Kinder, angefangen bei den ersten Bilderbüchern, sind Tiere. Und sämtliche Tiere sind anthropomorph: Sie weisen menschliche Eigenschaften in Tiergestalt auf. Außerdem erscheint alles in der Geschichte als belebt. Die Sonne ist die fröhliche, alte, rote Frau Sonne; es ist der alte Vater Westwind, der bläst; der murmelnde Bach lacht und plaudert den neuesten Klatsch im Walde aus; die Bäume sind nüchterne Gesellen, während die Felsen Gesichter haben und stille Zeugen von Ereignissen sind.[60] Die Handlung dreht sich vielleicht um das Kaninchen Peter Rabbit und seine Schwester Molly Karnickelchen oder um Sammy, das Eichhörnchen, Freddy, den Fuchs, sowie Woody, das Waldmurmeltier, und seine Tante Polly. Jedes Tierchen hat seine überaus menschliche Eigenheit, Besonderheit und Schwäche. Da gibt es die stürmische Dummheit von Tigger, den sich selbst bemitleidenden Eeyore und die Tapsigkeit und Genusssucht des liebenswerten Pu-Bärs.[61] Alle sind in Intrigen, Krisen und Abenteuer verwickelt und leben Beziehungsprobleme mit sich selbst, mit anderen und der Umwelt aus.

Zwischen Tieren und dem sich in der intuitiven Phase befindlichen Kind besteht eine auffällig enge Beziehung. Ich bin mir sicher, dass Plüschtiere von Jungen wie Mädchen ebenso sehr geschätzt werden wie Puppen. Tiere üben von klein auf eine Faszination auf Kinder aus. Beobachten Sie einmal einen Fünfjährigen und seinen Hund und Sie werden eine fast beunruhigende Affinität zwischen beiden bemerken. Sie scheinen sich auf derselben Wellenlänge zu befinden – einer, die uns Erwachsenen irgendwie verloren gegangen ist. Die Tiere, die in den Träumen der intuitiven Phase und in den Geschichten auftauchen, die wir Kindern erzählen, dienen dazu, dass Kinder ihre Beziehungen zur Welt, zu Eltern, Gleichaltrigen, Geschwistern usw. klären können. Das bedeutet, dass diese Bilder die von den drei Gehirnen benutzten Werkzeuge sind, um sich aufeinander zu beziehen. Die Jungsche Psychologin Frances Wickes stellte fest, dass viele in der späteren Kindheit auftretende Dysfunktionen darauf zurückzuführen sind, dass in den prälogischen Jahren nicht genügend Geschichten erzählt wurden, nicht genügend phantasievolle Spiele gespielt und die Phantasie anregende Aktivitäten Unternehmungen durchgeführt wurden.[62]

Zu Beginn unseres Lebens trägt die Sprache dazu bei, unserer sensorischen Welt Form zu verleihen. Wenn wir einem Kind eine Geschichte erzählen, dann spielt Sprache dieselbe Rolle, aber jetzt gibt sie der *inneren* sinnlichen Welt eine Form. Genauso, wie das Wort dazu beigetragen hat, die äußere Erfahrung zu formen, erzeugt das Wort beim Geschichtenerzählen eine innere Erfahrung. Das kleine Mädchen, das sagte, ihm gefiele das Radio besser als das Fernsehen, weil die Bilder dort so viel schöner seien, gibt uns viele Schlüssel an die Hand. Sprich das Wort und die passende innere Realität bildet sich. Das kleine Mädchen erzeugt natürlich nicht mit Absicht ein inneres Bild, das den Worten entsprechen soll. Der kreative Prozess in ihr, der biologische Plan, ist bereit, durch die passenden Modelle zu jener Zeit aktiviert zu werden. Der Plan reagiert auf das Wort und sie ist die entzückte Beobachterin dieses Spiels.

Dieser innere Prozess ist das Schöpferische an sich, das freigebig geschenkt wird. Diese kreative Gabe zu übersetzen, ist jedoch eine Fähigkeit, die genau wie jede andere auch entwickelt werden muss, um real zu sein. Wir Erwachsene sehen das Bild unserer Außenwelt als

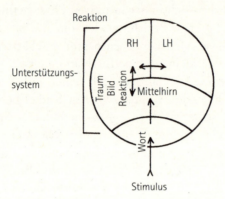

etwas Selbstverständliches an und vergessen dabei, dass wir es aufbauen und unsere Weltstrukturen üben mussten. Wir vergessen, dass ein Mensch, der von Geburt an blind war und später durch eine Operation sein Augenlicht zurückerhält, in einem langen und häufig schwierigen Prozess das Sehen erlernen muss.

Genau wie die äußeren Bilder sich nur entwickeln konnten, wenn sie die geeigneten Stimuli zur Verfügung hatten, so gilt die Formel des biologischen Plans auch für die inneren Bilder. Werden keine Stimuli gegeben, dann bildet sich keine schöpferische Struktur heraus und das Kind wird keine Vorstellungskraft bzw. Phantasie haben. Ohne die Fähigkeit, innere Bilder zu erzeugen und sie somit auch zu *übertragen*, wird das Kind in den sensomotorischen Modi eingesperrt sein und sich notwendigerweise damit identifizieren. Die Intelligenz wird sich nicht weiterentwickeln.

Wenn wir einem Kind eine Gutenachtgeschichte erzählen, dann verinnerlicht das Kind die Handlung der Geschichte durch die spontane Erzeugung von Bildern. Die Gutenachtgeschichte, die bei schummrigem Licht erzählt wird, hat enorme Macht. Ich habe meiner jüngsten Tochter (aus erster Ehe) jahrelang jeden Abend Gutenachtgeschichten erzählt. Wir hatten eine „Schalte morgen Abend ein"-Reihe, bei der dieselben Charaktere viele verschiedene Abenteuer durchliefen. Je mehr ich mich in dieses am Anfang schwierige Geschichtenerzählen vertiefte, umso lebhafter wurden meine eigenen inneren Eindrücke von der Handlung. Noch Jahre später kamen mir Rückblicke jener Szenen ins Gedächtnis und ich verwechselte sie mit echten Erinnerungen. Die Ereignisse tauchten auch in meinen Träumen auf, denn ich hatte sie, ohne es zu wissen, als Bestandteile meiner eigenen Erfahrung integriert (was sie ja auch tatsächlich waren). Diese jetzt erwachsene Tochter und ich sprachen vor einiger Zeit über die bemerkenswerte Klarheit der Bilder, die durch jene Geschichten wachgerufen wurden. Wir waren faszinierend von unserer Vermutung, dass wir bei diesen Geschichten womöglich die gleichen inneren Bilder miteinander geteilt hatten; und dieses gemeinsame Erleben hatte ihnen ihre Kraft verliehen. (Das gemeinsame Erleben innerer Bilder ist eines der Themen von Kapitel 9.) Das Mittelhirn und die rechte Hemisphäre des neuen Gehirns scheinen an dieser Aktivität beteiligt zu sein; sie sind die primären *Bonding*-Organe. Das Geschichtenerzählen stärkt mit ziemlicher Sicherheit die Bindung zwischen Eltern und Kind.[63] Die Worte der Geschichte dienen als Vorlage, die aus dem verfügbaren inneren Material schöpft, um die benötigten Inhalte einzufüllen. Die Ähnlichkeit zwischen der Aktivität, die beim Geschichtenerzählen stattfindet, und unserer ursprünglichen Verständniskonstruktion ist offensichtlich. Die äußere Welt ruft aus den inneren Strukturen das wach, was dem Wesen des Wortstimulus entspricht. Ob nun der Bildprozess aktiviert wird, um Bilder einer Welt da draußen oder einer Welt hier drinnen zu erzeugen, spielt keine Rolle – die Funktion bleibt ein und dieselbe.

Die Fähigkeit, innere Bilder zu erzeugen und darüber Sinn zu übertragen, sind einige der Funktionen des Geschichtenerzählens. Diese Fähigkeiten bilden die Grundlage für das abstrakte Denken, welches das Kennzeichen eines reifen Intellekts ist. Informationen, soziale Gepflogenheiten, Konventionen, Moral, Ethik und dergleichen sind *keine* Bestandteile des Plans der Natur in diesen letzten prälogischen Jahren. Ziel der Natur ist die Fähigkeit, zu abstrahieren und zu erschaffen. Die Inhalte, die verwendet werden, um eine solche Fähigkeit hervorzubringen, sind nur dahingehend relevant, dass sie dem allgemeinen Plan für diese Zeit entsprechen sollten.

Interaktionen zwischen Mensch und Tier beherrschen Mythen und Folklore. Wir schöpfen aus einem tiefen archetypischen Bewusstsein, das unterhalb der Schwelle unseres Ich-Bewusstseins liegt. Tierbilder sind der Schlüssel für diese Phase der Verbindung mit der Erde und der Entwicklung von Intuition, da unsere Tiergehirne in Ausrichtung und Harmonie zu dem sich nun entfaltenden neuen bzw. menschlichen Gehirn gebracht werden müssen. Durch Übung und Abwandlung muss das Kind die unterschiedlichen neuronalen Muster der drei Gehirne miteinander verbinden, bis die Verbindungen automatisiert sind. Wenn der Autopilot eigenständig für den Synchronismus des Systems sorgen kann, dann hat das Bewusstsein des Kindes die Freiheit gewonnen, zu höheren Operationsformen überzugehen.

Das Mittelhirn und die rechte Hemisphäre werden das Haupt-Unterstützungssystem für diese Bewegung sein und von jetzt an das Herzstück unserer Operationen bilden. Dieses unterstützende Gehirn wird die physischen Bilder des alten ebenso wie die abstrakten Bilder des neuen Gehirns organisieren und übertragen. Das Unterstützungssystem wird dies durch seine analoge Sprache tun – eine Bildersprache, die die Bedeutungen von konkreten zu abstrakten Bildern hin- und herschieben kann. Wenn die abstrakten Bilder des neuen Gehirns der Welt mitgeteilt werden müssen, dann muss das unterstützende Gehirn jene Abstraktionen in eine konkrete, dem alten Gehirn verfügbare Form übersetzen, und in eine, die in der Außenwelt auch den alten Gehirnen anderer Menschen zur Verfügung steht.

So haben also die Tierbilder in Träumen und Geschichten einen metaphorischen Sinn. Die Tiere stehen für höhere Lebensprozesse. *Vater Bär trägt einen Anzug und hält einen Spazierstock in der Hand!* Die Bilder können sowohl für unsere Tiernatur als auch für unsere menschliche Natur stehen. Dadurch, dass Bilder übertragen werden können, können sie für komplexe intellektuelle, soziale und psychologische Beziehungen stehen. Durch die phantasievolle Aktivität des Geschichtenerzählens (und des Spiels, dem wir uns als Nächstes zuwenden werden) wird ein metaphorisches und symbolisches Sprachsystem aufgebaut, mit Hilfe dessen konkrete Bilder im Dienste abstrakter Bilder verwendet werden können und umgekehrt. Diese analoge Sprachstruktur ist wiederum das Mittel, durch das die drei unterschiedlichen Gehirne in jene perfekte Beziehung der prälogischen Jahre gebracht werden können. Dieser intuitive Austausch gibt uns einen paradiesischen Zustand von Einheit, der Integration von Körper, Geist und Seele.

Dem Geschichtenerzählen und Phantasieren gleichwertig und direkt an der analogen Sprache beteiligt, ist das Spiel. Das Spiel lässt das Feld der Bildübertragung entstehen; das Kind beginnt, ein Ding in einem anderen zu sehen. Wie sich Kinder nach ständigen Phantasiespielen von der Art des „Lass uns so tun, als ob" sehnen, insbesondere mit den Eltern! Beim Frühstück lassen wir mit unseren Zweijährigen die Drei Bären wieder aufleben: „Oh! Dieser Brei ist zu heiß!" Jedes triviale Ding wird in einer Tiergeschichte gespiegelt oder bildet den Auslöser für eine spontan erzählte. Der große böse Wolf beherrscht die Szene monatelang und wird mit jedem täglichen Ereignis verknüpft. Wolken werden zu Drachen, Tieren, Figuren, Schlössern; Tiger lauern hinter jedem Busch; alles ist von Bedeutung, belebt, mit Leben erfüllt.

Das Kind braucht vermittelte Erfahrungen, um diese Welt des Spiels zu etablieren, und Vater und/oder Mutter sind die Vermittler. Die Eltern sind der unveränderliche Felsen der Realität; diejenigen, die die Ausflüge in die Traumwelt bedeutungsvoll, sicher und zum Teil einer gemeinsamen Erfahrung werden lassen. Unser Nachbar, der dreijährige Patrick, lässt sich in einen Haufen Blätter fallen und taucht wieder aus ihnen auf, während überall an seinem Körper noch Blätter kleben. Entzückt dreht er sich mit ausgestreckten Armen um und ruft aus: „Schau, Papa, ich bin ein Baum." Das Kind stellt das Phantasiespiel gegen die elterliche Stabilität. „Schau, Mama" ist nicht nur das Bemühen, das kreative Abenteuer zu teilen, sondern sich mit der allgemeinen Domäne kurzzuschließen, für die Mama steht.

Die Phase von vier bis sieben Jahren bereitet das Kind auf den Sprung in die soziale Welt vor. Ein großer Teil des kindlichen Spiels besteht darin, so zu tun, als ob man ein Erwachsener sei. Vieles in unserer Erwachsenenwelt ist dem Kind unzugänglich; also schafft es sich eine Repräsentation unserer Welt, die zugänglich *ist*. Es schafft sich eine Welt, in der es sicher üben kann, erwachsen zu sein; eine Welt, in der Irrtümer keine Konsequenzen nach sich ziehen. Sein Spiel ist metaphorisch.

Wie beeindruckend sind Straßenwalzen für einen Fünfjährigen! (Früher waren es „Dampfwalzen".) Wie wir uns nach jenem großen Tag sehnten, an dem wir endlich erwachsen sein würden, eine so beeindruckende Maschine lenken und Straßen für Autos bauen könnten! Straßenwalzen standen nicht zur Verfügung, bis ... schau, hier ist eine leere Garnrolle aus dem Nähkästchen! Sofort steht die Rolle für die Straßenwalze mit seinem riesigen Zylinder an der Vorderseite, der alles platt macht. Die Rolle liefert die Walze, und die Phantasie – die Fähigkeit, Bilder zu erzeugen, die den Sinnen nicht gegenwärtig sind – füllt die fehlenden Teile aus und wir verlieren uns in unserem transformierten Objekt. Das Kind betritt diese Welt des Spiels, über die es Macht hat, und baut glücklich stundenlang neue Straßen.

Das ist kein abstraktes, sondern metaphorisch-symbolisches Denken. Metapher und Symbol sind die Eckpfeiler, auf denen später echte Abstraktionen und kreatives Denken ruhen werden. Die Rolle steht für die Straßenwalze und das Kind handelt, als ob erstere letztere wäre. Das Bild, die Essenz oder die Idee der Straßenwalze wird aus jenem schlafenden, nicht verfügbaren Riesen extrahiert, und seine wesentlichen Merkmale werden auf irgendeinen verfügbaren Gegenstand projiziert, der genügend Ähnlichkeit mit ersterem hat, um eine Übertragung möglich zu machen. Beim Spiel legt das Kind ein inneres Objekt über ein äußeres und spielt mit der so erzeugten Modulation. Das ist eine Form der „Realitätserschaffung". Das Kind erschafft eine Realität des Spiels, die seine modulierte Version der ihm vorgegebenen Kreation ist.

Es ist sich natürlich vollkommen bewusst, dass eine Spule eine Spule ist. Es ist da kein geistiger Aussetzer am Werk, sondern einfach die Freude an der kreativen Modulation; daran, einen Prozess mit einem anderen zu überlagern. Diese Aktivität ist für das Kind bestens geeignet, denn durch ihn entwickelt es seine kreativen Fähigkeiten. Diese Fähigkeiten müssen entwickelt, geübt und entsprechend der jeweiligen Entwicklungsphase perfektioniert werden, damit der Grundstein für zukünftige Phasen gelegt werden kann. Vom Alter von sieben Jahren an ist *jede* Entwicklung kreativ, und sofern keine Kreativität da ist, kann auch keine Entwicklung stattfinden.

Ebenso wie Michelangelo die Statue im Stein gesehen haben soll, bevor er mit seiner Arbeit begann, so sieht das Kind die Straßenwalze in der Spule. Die Übertragung von Bildern geht unserer Fähigkeit voraus, unser eigenes, übertragbares Bild zu erzeugen. Bilder aus konkreten Ereignissen bzw. Objekten herzuleiten bereitet das Kind darauf vor, Bilder allein aus seinem Vorstellungsvermögen herzuleiten. Alles Lernen findet vom Konkreten zum Abstrakten, vom Physischen zum Mentalen statt.[64]

Die Nachahmung geht der Originalität voraus. In jedem Aspekt unseres Lebens ahmen wir unsere Modelle bis zu der Zeit nach, wo unsere Fähigkeit für sich dastehen kann. Die Fähigkeit, ein Objekt in einem anderen zu sehen, auch wenn beide nur eine sehr schwache Ähnlichkeit zueinander aufweisen (oder gar keine)[65], setzt die Fähigkeit voraus, die wir im Kompetenzzyklus als *Abwandlung* bezeichnet haben. Jedes Objekt, das dem Kind begegnet, kann im großen Spiel der Bildübertragung und beim Spielen allgemein dienlich sein, und diese Fähigkeit ist in den Jahren zwischen sieben und elf sogar noch stärker wirksam. Es lag nahe, ein schwingendes Gartentor als Flugzeug zu betrachten, und Jim und ich, beide neun Jahre alt, schwangen stundenlang wild hin und her und flogen in die Wolken, wo wir ein Abenteuer nach dem anderen erlebten. Die Helden, an denen wir uns orientierten, waren die umherreisenden Piloten abgetakelter Flugzeuge aus dem Ersten Weltkrieg, die in den dreißiger Jahren in Baseballstadien landeten und dort eine Riesenshow veranstalteten, oder die Stars des Kinofilms am Samstagnachmittag. (Infolge dieses Bedürfnisses tun wir gut daran, es nach Möglichkeit zu vermeiden, Kindern industriell gefertigte Spielzeuge zu geben. Das Industriespielzeug stellt im Allgemeinen die Welt der Zukunft in einer perfekten Miniatur dar. Michelangelo wäre nicht in der Lage gewesen, die Statue im Stein zu sein, wenn der Stein bereits eine Statue gewesen wäre.) „Alles, was sie tun wollen, ist spielen", klagen die „Erziehungstechniker", die Verhaltensänderungen herbeiführen wollen und eine endlose Flut von Motivationshilfen erfinden, um das kindliche System mit Tricks dazu zu veranlassen, in dieser Phase von Intuition und Traum vorpubertäre Geist-Gehirn-Reaktionen an den Tag zu legen. „Wie können wir sie dazu bringen, ihre Phantasien und ihr magisches Denken aufzugeben", sagen die Veränderungsbesessenen, „wie sie dazu bringen, sich der realen, faktischen, nüchternen Welt zuzuwenden?"

Der Plan der Natur für die Altersspanne zwischen vier und sieben besteht darin, die bereits erworbenen Verständnisstrukturen zu üben und sie abzuwandeln, indem das innere Traumbild willkürlich über die äußere Struktur gelegt wird. Gleichzeitig werden dadurch Verbindungen zwischen der Weltstruktur und der Ich-Struktur geschaffen, und das dient als Vorbereitung für die sozialen Anpassungen, die für das Alter von sieben Jahren vorgesehen sind. Die Natur erreicht diese komplexe Aufgabe durch etwas so Einfaches wie das Spiel. Die Bilderwelt, die Gedanken übertragen und die Realität gestalten kann, ist im Traummodus des Mittelhirns und in der rechten Hemisphäre zu Hause, wo Vater Bär einen Anzug trägt und einen Spazierstock in der Hand hält. Abstrakte Bilder sind für die Sinne nicht präsent; sie müssen von innen heraus geschaffen werden. Wir müssen diese Bilderwelt dann verarbeiten, so dass sie auf Bilder, die den Sinnen da draußen verfügbar sind, übertragen werden kann. Wenn wir dazu nicht in der Lage sind, dann besitzen wir keine Phantasie, und ohne Phantasie sind wir automatisch sensomotorischen Bildern verhaftet. Unabhängig davon, dass wir raffinierte Methoden entwickeln können, um die materiellen Dinge, die solchen primitiven Bildern zugänglich sind, zu manipulieren, werden wir uns dennoch immer in einem sensomotorischen Bezugsrahmen bewegen. Dann wird keine Verschmelzung des Tierischen mit dem Menschlichen stattfinden. Stattdessen werden wir *Aspekte* unseres menschlichen Potentials Stück für Stück in jene niederen Tiergehirn-Operationen eingliedern, die im Dienste der sensomotorischen Identität stehen, und das wird zu gravierenden Problemen führen. (Ein treffendes Beispiel ist die Tatsache, dass schätzungsweise fünfhunderttausend Naturwissenschaftler auf der Erde an der Produktion von Waffen mitarbeiten. Die Spitzenprodukte unseres Systems sind also an der offensichtlichen Zerstörung all unserer Systeme beteiligt.)

Ich erwähnte bereits, dass zu viele industriell gefertigte Spielzeuge die Entwicklung des metaphorisch-symbolischen Spiels beim Kind verhindern können, doch darüber hinaus gibt es noch einen weitaus gravierenderen Stolperstein in dieser Phase. Ich werde dieses Kapitel mit einem flüchtigen Blick auf den destruktivsten aller Prozesse mit Ausnahme der technologischen Krankenhausgeburt beenden.

Ziehen Sie zunächst in Betracht, dass das Kind bei jedem prälogischem Spiel seine „Spielwelt" sprechend ausagiert, indem es ein ständiges, ununterbrochenes Geplapper über sie aufrechterhält. Damit versorgt es sich im Grunde genommen ständig selbst mit dem äußeren Wortstimulus, durch den sein gesamter metaphorischer Prozess ermöglicht wird. Jeder Aspekt im Leben des Kindes dreht sich um dieses sprachliche Spiel von Reiz und Reaktion. Das Wort ist der kreative Schlüssel.

Überlegen Sie also, dass, statt dass jener magische Wort-Stimulus in das alte Gehirn des Kindes eingespeist wird und dort weit gefächerte Reaktionen in Form von kreativen Bildern erzeugt und so jene weite innere Welt von Weltraumreisen ermöglicht, nach denen sich das Kind sehnt, und die gesamte strukturelle Fähigkeit für metaphorische Bilder aufbaut, durch die die Mittelhirn später seine großartige Unterstützungsarbeit leisten kann – nehmen Sie also an, dass wir stattdessen dem Kind *sowohl* das Wort als auch die entsprechende Bilderwelt vollständig und intakt als eine einzige sensorische Einheit anbieten. Das heißt, nehmen Sie an, wir speisen beide sensorischen Aktionen in das alte Gehirn des Kindes ein, den Stimulus *und* eine Reaktion darauf – eine Reaktion, die es dann nicht zeigen muss. Nehmen Sie an, wir geben ihm gleichzeitig das magische Wort *und* alle es begleitenden Bilder.

Setzen Sie ein Kind vor einen Fernsehapparat – den großen amerikanischen Babysitter – und vergessen Sie es, wie so viele von uns es tun. Dann können Sie seine Entwicklung ebenfalls vergessen. Die im Fernsehen angebotenen Programme haben nichts mit dem zu tun, was hier auf dem Spiel steht. Es sind die Bilder selbst, die Schaden anrichten, denn man überflutet das kindliche System mit dem, was es selbst erreichen sollte.[66] Und das Fernsehen baut auch nicht nur eine flachdimensionierte Weltsicht auf bloß zweien der weitreichenden Sinne des Sehens und Hörens auf. (Ein Kleinkind, das man vor den Fernseher setzt, versucht, auch Zugang zu den Phänomenen des Schmeckens, Riechens und Berührens zu bekommen, um eine vollständige sensorische Verständnisstruktur auszubilden.) Funktionelles, intelligentes abstraktes Denken sowie abstrakte Logik können nur in einer dreidimensionalen, alle fünf Sinne einbeziehenden Weltstruktur entwickelt werden. Alle Gedanken sind Bilder. Selbst blinde Menschen denken in Bildern. Die gesamte Realitätsstruktur baut auf Bildern auf. Die Realität ist eine Bilderwelt. Die Welt ist bildhaft.

Als täuschende Nachahmung der Bildersprache wirkt sich der Mechanismus des Fernsehens schädlich auf die Intelligenz aus und er

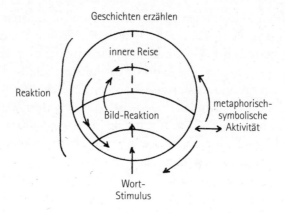

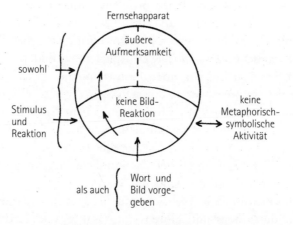

führt dazu, dass die breite Masse in sensomotorischen Gedankenweisen feststeckt. (Der *Intellekt* kann sich trotzdem noch entwickeln; es wird jedoch ein Intellekt sein, dem es an Intelligenz mangelt. Unser Arsenal an überaus raffinierten und effizienten Waffen für die globale Zerstörung ist das Produkt eines scharfen Intellekts – jedoch eines Intellekts ohne Intelligenz, denn die Intelligenz würde nicht gegen das Wohlergehen der Menschheit handeln.)

Das Radio hat sich für die kreative Phantasie als enorme Wohltat erwiesen. Dem kleinen Mädchen gefallen die Bilder im Radio so viel besser als die Fernsehbilder, weil ihre kreative Kraft wie vorgesehen geübt wird. In den dreißiger Jahren waren unsere Kinofilme am Samstagnachmittag ein großer Segen für die kreative Vorstellungskraft. Sie bildeten den Höhepunkt der Woche. Wir saßen drei Stunden lang da, völlig vereinnahmt von diesem Ereignis von monumentalen Ausmaßen, einer Reise in die Phantasie, einem Ausflug in eine andere Welt, einer abrupten, vollständigen Verlagerung der Orientierung, einer mit Absicht unternommenen Reise in das Spiel hinein. (Wir gingen immer in Gruppen.) Die reichhaltigen Stimuli, die jene Kinofilme boten, flossen dann die ganze nächste Woche lang in unser Spiel und unsere Phantasie ein. Wären solche Filme jedoch ständig auf die Wände unseres Zuhauses projiziert worden, wie Möbelstücke, die nicht nur unseren Phantasiebedürfnissen Nahrung geben, sondern uns auch berichten würden, was wir als die realen Fakten über eine reale Welt ansehen sollten – die akzeptierten Kriterien und das akzeptierte Modell –, dann wäre der Schaden des Kinos genauso groß gewesen wie der, der heute durch das Fernsehen verursacht wird.

Das amerikanische Durchschnittskind hat sechstausend Stunden vor dem Fernseher gesessen, bevor es mit fünf Jahren in den Kindergarten kommt. Und auch danach erreicht es noch mehr oder weniger diesen Durchschnitt. Das Kind wird auf einen Kasten geprägt, während es sich in einer vollkommen passiven Phase befindet. Bild und Ton kommen als eine einzige kondensierte Einwegsimpression daher, ohne dass die Möglichkeit zur Interaktion besteht. Die Mittelhirnfunktion des Kindes, die kreativ auf Stimuli antwortet, wird umgangen und entwickelt sich nicht. Seiner Fähigkeit beraubt, innere Bilder zu erzeugen, die sogar für das Überleben wichtig sind, entwickelt es eine obsessive *Fixierung* auf das Fernsehen, da dieses dann zur einzig verfügbaren Quelle von Bildern wird und wir die nackte, konkret-materielle Realität allein nicht ertragen. Das Fernsehen ist von Natur aus suchterzeugend – nicht aus psychologischen, sondern aus biologischen Gründen.

Als Nächstes kommt das Videospiel: Der junge Mensch kann die beiden Hebel packen und – zum ersten Mal in seiner von Prägung bestimmten Existenz – das Blatt wenden und zumindest eine Interaktion mit dem Ding simulieren, auf das er geprägt worden ist. Er kann teilweise das bewirken, was er eigentlich in der Kindheit hätte lernen sollen, nämlich Macht über seine Welt zu gewinnen. Denken Sie daran, dass sich die meisten Videospiele um einen Akt der Gewalt oder Zerstörung drehen. Wenn Sie die Hebel geschickt manipulieren, dann können Sie damit auslöschen, zerstören, vernichten und Herrschaft ausüben. Die aufgestaute Wut bricht sich in dem seltsamsten Zwang Bahn, der bis dato über unsere sensomotorische, zwanghafte Kultur geschwappt ist.

Wenn sich die Fähigkeit zur inneren Bilderzeugung nicht entwickelt und wir dem Kind die langen Phasen traumähnlichen „Herumalberns" verweigern, die es in seiner Kindheit durchlaufen sollte, dann wird keine Verschmelzung des Tiergehirns mit dem menschlichen Gehirn stattfinden. Und die notwendige Verschmelzung dieser Gehirne ist erst der erste Schritt in der weitaus umfangreicheren und bedeutenderen Integration des Menschlichen mit dem Göttlichen – jenes Bewusstseinsbereichs, der ohne Objekt auskommt.

# 7

# Intuition

Als mein ältester Sohn fünf Jahre alt war, steckte ich gerade mitten in einer intellektuellen und spirituellen Suche. Ich las Paul Tillichs monumentales Werk *Systematische Theologie* und verschlang Bücher von Sören Kierkegaard, Dietrich Bonhoeffer, Alfred North Whitehead, C. G. Jung, dem Dichter William Blake und anderen. Damals hatte mich das Problem der Beziehung zwischen Gott und Mensch vollkommen in Beschlag genommen. Meine Träume und mein inneres Erleben spielten jene Besessenheit wider, und ich hatte mich bereits mehrere Jahre lang in einer schwindelerregenden Höhe intellektueller Aufregung und spiritueller Verwirrung befunden. Zu meinem Sohn hatte ich ein außergewöhnlich enges Verhältnis und als ich mich eines Morgens für meinen Unterricht fertig machte, kam er mit abwesendem Blick in mein Zimmer.

„Weißt du, Joe", sagte er, setzte sich auf die Bettkante und ließ dann einen zwanzigminütigen druckreifen Vortrag vom Stapel. Perfekt strukturierte, emotionslos vorgetragene Sätze folgten ohne Pause aufeinander, und er musste nicht nach Worten suchen. Er lieferte mir die formvollendetste Darstellung der Beziehung zwischen Gott und Mensch, die ich je vernommen hatte und auf die ich je hätte hoffen können. Dabei verwendete er komplexe theologische Fachausdrücke, und die Weite des Gesamtbildes, das sich mir auftat, verschlug mir die Sprache. Es war ungeheuerlich und ging weit über meine dilettantischen Erkenntnisse hinaus. Ja, es schien, dass er mir alles sagte, was es zu wissen gab.

Während ich ihm zuhörte und zu begreifen begann, wie unglaublich das war, was ich da gerade mitbekam, standen mir die Haare zu Berge. Ich bekam eine Gänsehaut und schließlich rannen mir Tränen übers Gesicht. Ich befand mich in der Gegenwart von etwas Unheimlichem. Direkt vor meinen Augen spielte sich etwas Numinoses, Unerklärliches ab. Mein Sohn kam zum Ende. Draußen ertönte die Hupe, die signalisierte, dass er jetzt mit dem Auto zum Kindergarten abgeholt würde, und er verschwand. Ich blieb noch eine Zeit lang verblüfft und verwirrt sitzen. Mein Versuch, mich an das Gesagte zu erinnern, misslang. Es war einfach zu ungeheuerlich und überstieg mein geistiges Fassungsvermögen. Ich stand also da und fühlte, wie die Offenbarung sich von mir entfernte und in den Zustand zurücksank, aus dem sie aufgestiegen war. An jenem Morgen kam ich zu spät zum Unterricht, ging früher nach Hause, und lief dann unruhig im Haus umher. Voller Ungeduld wartete ich auf die Rückkehr meines Sohnes um die Mittagszeit. Als er mit seinem üblichen Überschwang hereingerannt kam, um sich mit einem Plumps auf dem Klavierhocker niederzulassen und sich an Bartók und Bach auszutoben (er spielte vor dem Mittagessen immer Klavier), unterbrach ich ihn und tastete mich vorsichtig an das Thema seines Vortrags am Morgen heran. Mein Sohn hatte keine Ahnung, wovon ich überhaupt sprach und erinnerte sich nicht im Geringsten an das, was vorgefallen war. Alles, was mir als Beweis blieb, dass jenes Ereignis stattgefunden hatte, war die Beobachtung seiner Mutter, dass er an jenem Morgen über längere Zeit mit mir geredet hatte.

Der Kinderpsychiater Gerald Jampolsky hat berichtet, wie beunruhigte Eltern ihre vier- oder fünfjährigen Kinder zu ihm brachten, weil diese von Erlebnissen erzählt hatten, die wir als außersinnlich bezeichnen würden. Eloise Shields weist darauf hin, dass viele Vierjährige telepathische und hellsichtige Fähigkeiten besitzen, ein solches Potential jedoch im Allgemeinen im Alter von etwa sieben Jahren wieder verschwindet. Eine meiner Kolleginnen, eine promovierte Musikwissenschaftlerin, hat festgestellt, dass praktisch alle vierjährigen Kinder mit normalem Hörvermögen das absolute Gehör haben, es jedoch fast ausnahmslos um das achte Lebensjahr herum wieder verlieren. Der Grund für diesen Verlust scheint zu sein, dass diese intuitive Fähigkeit während ihrer spezifischen Entwicklungsphase nicht ausreichend entwickelt und stabilisiert wurde.

Wenn kein Modell vorhanden ist, um die Fähigkeit zu stimulieren und zu stabilisieren, dann verkümmert sie. Der Verlust scheint um das siebte Lebensjahr herum stattzufinden, weil sich zu dieser Zeit der Sitz des Bewusstseins vom primären Gehirnsystem wegbewegt, damit sich das neue Gehirn und der Geist entwickeln können. Wenn die Intuition mit Hilfe eines angemessenen Modells und richtiger Führung bis dahin nicht entwickelt worden ist, dann schwindet diese Möglichkeit normalerweise, weil die Hauptaufmerksamkeit jetzt auf die neue Matrix verlagert wird.

In seinem Buch *Never Cry Wolf (Ein Sommer mit Wölfen)*[67] schildert der Biologe Farley Mowat, wie ein hoher Inuit-Schamane seinen fünfjährigen Sohn vierundzwanzig Stunden lang in einer Wolfsfamilie aussetzte. Bei seiner Rückkehr spielte das Kind glücklich mit den Wolfsjungen, während die erwachsenen Wölfe gleichgültig die Possen der Kleinen beobachteten. Später war es sein Sohn, der die von Wölfen benutzten Rufe deuten konnte, um über große Entfernungen hinweg Signale von einem Rudel zum nächsten weiterzugeben und einander über die Aufenthaltsorte und Bewegungen der Karibu-Herden zu informieren. Diese Informationen waren für die Inuit ebenso lebenswichtig und standen ihnen über den Jungen zur Verfügung, der zur richtigen Zeit Zugang zum Kommunikationsnetzwerk der Wölfe gehabt hatte.

Dies ist ein kulturelles Phänomen, das es natürlich nur bei den Inuit gibt. Der Vater wusste genau, wozu sein Manöver gut war und wie er vorgehen musste. Das war ein Teil seiner Berufung als Schamane, sein Vermächtnis und sein Erbe. Er bedrängte das Kind nicht mit einer Flut von Erwartungen, Voraussetzungen oder Instruktionen. Vielmehr brachte er seinen Sohn einfach mit den Wölfen zusammen, und dieser fing spontan an, mit den Wolfsjungen zu spielen. Das war keine Frage des Intellekts, sondern eine Angelegenheit des Herzens – das Herz des Lebenssystems, das für das Wohlergehen aller schlägt. Natürlich haben Tiere und Menschen mit fünf Jahren vieles gemeinsam.

Mein fünfjähriger Sohn stellte für mich eine archetypische Verbindung her, die gleichermaßen ein kulturelles Phänomen war. Er hielt seinen besonderen Vortrag aufgrund der besonderen Leidenschaft, die mich schon seit so langer Zeit bewegt hatte. Er befand sich mitten in seiner intuitiven Phase und ich war sein wichtigster Hintergrund und sein Hauptkriterium. (Dazu muss ich klar machen, dass seine Mutter meine spirituelle Begeisterung nicht teilte und ich meine Beschäftigungen meiner Familie gegenüber nie erwähnte, denn das hätte meine Frau als Beleidigung empfunden. Deshalb ahmte mein Sohn keine häufig ausgedrückten Gefühle meinerseits nach und er gab mir auch kein glorifiziertes, zusammenfassendes Feedback meiner eigenen Rhetorik. Erst nach dem Tod seiner Mutter, als ich als einziger Elternteil für eine recht große Brut übrig blieb, begann ich, mit ihnen über meine Interessen zu sprechen.)

Dreißig- bis vierzigtausend Jahre lang lebten die australischen Ureinwohner, die *Aborigines*, in einem geistig-seelischen Zustand, der *Traumzeit* genannt wird. Indem sich der Ureinwohner zwischen dem gegenwärtigen Moment und der Traumzeit hin und her bewegte, standen ihm Informationen zur Verfügung, „verschlossen deinen fünf Sinnen", wie William Blake sagen würde. Diese Fähigkeit war eine Weiterentwicklung derselben Intuition, die im Alter von vier Jahren auftaucht und dann bei den meisten Kindern mit sieben wieder verschwindet, da ihnen keine Kosmologien wie diejenige der Traumzeit oder Modelle wie diejenigen der Aborigines zur Verfügung stehen. Durch die Traumzeit kannte der Ureinwohner den Aufenthaltsort und die Richtung, in die die Tiere zogen, die er in seinem jeweiligen Klan töten durfte, auch wenn diese kilometerweit entfernt waren. Er wusste, wo der nächstgelegene und einfachste Punkt war, um sie abzufangen und sich so seinen Teil an gesunder Nahrung zu sichern. Und während er den Wüstensand durchquerte, wusste er auch, wo Wasser zu finden war, nicht nur dadurch, dass er die äußeren Hinweise am Boden genauestens beachtete, sondern dadurch, dass er sich in die Traumzeit begab, was für ihn eine äußerst praktische Funktion hatte.

Meine Lieblingsgeschichte eines Aborigine bezieht sich auf eine englische Forschungsgruppe, die die Fähigkeit der Ureinwohner, Fährten zu lesen bzw. Spuren auf dem Boden zu deuten, untersuchten[68]. Wie die Indianer, so sehen auch die Aborigines die Erde als heiligen Ort an und schützen deshalb die Umwelt. Der Ureinwohner hinterlässt nur wenige Spuren seines Tuns, weil er glaubt, dass die Erde in der Traumzeit geplant wurde und dass man ihre Vorschriften beachten sollte. Als Jäger und Sammler ist er ständig in Bewegung: Wo immer er sich gerade befindet, ist sein Heim, und er beschmutzt sein Nest nicht. Und trotzdem konnte ein Fährtenleser durch die Wildnis gehen, auf einen bestimmten Bereich deuten und sagen, dass seine Verwandten, die So-und-So-Gruppe, vor so vielen Tagen dort waren; dass die Gruppe aus so vielen Personen bestand, dass sie dieses und jenes taten und in diese und jene Richtung abwanderten. Die Forschungsgruppe konnte überhaupt nichts entdecken und war beeindruckt von der Fähigkeit, so subtile Zeichen zu sehen und so viel aus ihnen herauszulesen.

Als Experiment ließen die Engländer ein Mitglied ihrer Gruppe eine vorher ausgewählte, einhundertfünfzig Kilometer lange Strecke durchwandern, die sie sorgfältig kartiert hatten. Sie sollte alle Arten von Landschaften enthalten: Wüste, felsige Gegenden, Sumpf, Meeresstrand usw. Man achtete darauf, möglichst wenige sichtbare Spuren zu hinterlassen. Ein Jahr später, als alle Spuren dieser Wanderung mit Sicherheit bis zur Unkenntlichkeit verblasst waren, baten sie einen berühmten Fährtenleser, ob er einem solchen Weg folgen könne, wenn sie ihm den Anfang zeigten. Er stimmte nur unter der Bedingung zu, dass sie ihm ein Kleidungsstück geben würden, das der Mann bei der Begehung des Weges getragen hatte. Der Fährtenleser hielt das Kleidungsstück in der Hand, während er in die Traumzeit ging. Dann fing er auf seine ökonomische Weise an zu laufen und folgte unbeirrt dem Weg. Die Forscher sahen nie, dass er innegehalten hätte, um nach einer Fährte zu suchen.

Sie entwickelten ihre Theorien über das Geschehen, und dann gab der Aborigine seine eigene Erklärung ab: „Ich halte das Kleidungsstück, das diesem Mann gehört, und gehe in die Traumzeit, wo jener Mann, der den Pfad verlassen hat, ein dauerhaftes Ereignis ist. Ich übersetze einfach jenen Aspekt der Traumzeit in das Jetzt. Aber ich folge keinem Weg. Jener Mann und ich verlassen den Weg zusammen." In unserer logischen Spaltung fordern wir ein Entweder-oder; wir können das Paradoxon, für das der Aborigine steht, nicht tolerieren. Paradoxien, so hat man mir gesagt, seien die Schwelle zur Wahrheit, der Krisenpunkt zwischen logischen Paaren. Sind wir mit einem Paradoxon konfrontiert, dann müssen wir unsere Logik ändern. Der Mensch, der versucht, eine bestimmte Logik in andere logische Kategorien hinüberzutragen, verliert das Beste aus beiden Welten.

Der Ureinwohner war mit der Erde verbunden. Er hielt einen Zustand der Einheit zwischen der Erde und seinem Selbst aufrecht, oder, anders gesagt, eine Einheit zwischen seinen drei Gehirnsystemen. Er gab für seine Kinder ein Modell ab, das diese intuitive Funktion zur richtigen Zeit anregte und nährte. Der Ureinwohner glaubte, dass jeder Mann, jede Frau, jedes Tier, jeder Grashalm, jedes Wasserloch und jeder Baum sein Gegenstück hatte, ein subtiles bzw. ein *Traum*bild. Der Weltenplan wird in dieser Traumform skizziert und jetzt in der physischen Welt ausgeführt. Eine perfekte Koordination und Zusammenarbeit mit der Traumzeit sorgt dafür, dass der Mensch eine vollendete Beziehung zu der Form hat, die unsere Welt gestaltet, ja sogar zur Schöpfung selbst.

Die Traumzeit bezieht sich auf den allgemeinen Bauplan, aus dem jegliches Leben hervorgeht. Die Intuition ist unsere angeborene Fähigkeit, uns dieser subtilen Energie in dem Maße bewusst zu werden, wie sie für unser biologisches Wohlergehen notwendig ist. Die optimale Phase, um diese Möglichkeit zu entwickeln, liegt zwischen vier und sieben Jahren, und jede Facette des Ureinwohner-Lebens fungiert als Modell, als Führung und dauerhafter Anreiz dafür, dass sich diese Funktion im Kind entwickeln kann. Dennoch führt der Aborigine das *Konzept* der Traumzeit mit seinem komplexen Regeln und Vorschriften erst durch einen Übergangsritus während der Pubertät ein. Die Traumzeit selbst wird allerdings nicht in der Pubertät entwickelt, sondern die Fähigkeit dazu ist bereits in den prälogischen Lebensjahren geweckt worden. Der Übergangsritus, der den jungen Menschen in die Konzepte der Traumzeit einführt, wird mit der Entfaltung des intellektuellen Prozesses um die Pubertät vollzogen. Durch den Ritus wird die frühere Entwicklung in eine systematisierte, formalisierte, intellektuelle (und willkürliche) Kosmologie eingebettet, die es nur bei den Aborigines gibt und die möglicherweise dort beheimatet ist. Die entsprechende Funktion, die sich ganz natürlich im Kind entwickelt, wird zur Zeit der Pubertät als intellektuelle Struktur bewusst gemacht, wenn sich die abstrakte, intellektuelle Fähigkeit planmäßig entfaltet. Durch die Riten wird die natürliche und weitgehend unbewusste Entwicklung, die in den prälogischen Jahren stattfindet, in ein abstraktes Sinn- und Zwecksystem sowie einen Plan eingegliedert, der vollkommen über das Fassungsvermögen eines Fünfjährigen hinausgeht. Die Aufgabe des Fünfjährigen besteht darin, die funktionale Grundlage zu schaffen, auf der die späteren abstrakten Prinzipien aufgebaut werden können. Indem die Phase der Traumzeit als solche vollständig durchlebt wird, wird dieser Zustand einer späteren, vollständig bewussten Analyse zugänglich gemacht.

Übergangsriten, die in verschiedenen Kulturen sehr unterschiedliche Ausdrucksformen haben können, dienen einem doppelten Zweck. Die natürlichen Entwicklungen, die im Alter von sieben und dann wieder im Alter von elf Jahren stattfinden, trennen das Ich vom Zustand der prälogischen Einheit. Das Bewusstsein des Kindes muss von seiner Weltstruktur abgespalten sein, damit es die Art von Intellekt entwickeln kann, die abstrakte Kosmologien entwerfen und begreifen kann – genau die Kosmologien, durch die das Ich dann zu einer neuen Integration gelangen kann. Übergangsriten sind also Vorwärtsbewegungen zur Reife hin; sie vereinen Prozesse, die vorher getrennt waren, indem sie sie in eine höhere Struktur integrieren.

Das Fundament für diese Reintegration wird im Alter von vier bis sieben Jahren gelegt, bevor die Trennungsphasen einsetzen. Es wird durch die Entwicklung der Intuition gebildet, die wiederum ein Weg ist, die drei Gehirne energetisch miteinander zu verbinden. So wie das alte Gehirn ein physisches Energiesystem ist, ist das Mittelhirn ein subtiles Energiesystem.[69] Entsprechend könnte man sagen, dass das Mittelhirn eine wellenförmige Energie ist, während das alte Gehirn ein Teilchenform-System ist. In der Physik sind Wellenformen weniger eingeschränkt und machtvoller als Teilchenformen, und so stellen wir von Anfang an fest, wie die fließenden Bilder des Mittelhirns auf die eingeschränkteren Bilder des alten Gehirns einwirken und ihnen Form verleihen. Nun tritt mit vier Jahren das neue Gehirn als drittes und gleichwertiges Zentrum des kindlichen Bewusstseins und als neuer Entwicklungsschwerpunkt auf den Plan. Die Bilderwelt des neuen Gehirns ist abstrakt; sie ist wesentlich machtvoller und fließender als diejenige der beiden Tiergehirne. Von dieser neuen Machtposition aus kann die Intelligenz das Mittelhirn als Unterstützung benutzen, um Informationen über die physische Welt zu geben, die über das physisch-sensorische System des alten Gehirns nicht verfügbar sind. Dieses subtile Erspüren physischer Beziehungen wird als Intuition bezeichnet. Alle Tiere höherer Ordnung entwickeln irgendeinen Aspekt dieser Art des Spürens, obwohl sie nur eine winzige Menge jener grauen Masse besitzen, die wir das neue Gehirn nennen. Uns Menschen steht durch unser riesiges neues Gehirn und eine hochkomplizierte Erweiterung der Tiergehirne eine große Bandbreite subtiler Fähigkeiten zur Verfügung, auch wenn sie, wie üblich, entwickelt werden müssen. Und das ist nur möglich, wenn in der passenden Phase Modelle vorhanden sind, bei denen diese Fähigkeiten bereits entwickelt sind.

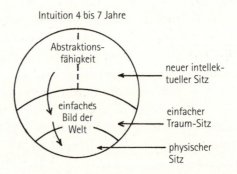

Wie sorgfältig der Plan der Natur ausgearbeitet ist, lässt sich anhand des späten Auftauchens und der langsamen Entwicklung des *Corpus callosum* ablesen. Vom Beginn des Lebens an registrieren beide Hemisphären den Input aus den beiden Primärgehirnen und prägen ihn ein, doch spielt die linke Hemisphäre mit ihren wenigen Verbindungen eine deutlich geringere Rolle bei diesen Interaktionen. Hat der *Corpus callosum* mit seinem Wachstum begonnen, dann bezieht die linke Hemisphäre wie üblich ihre prägenden Eindrücke aus dem Mittelhirn, jedoch in steigendem Maße auch aus ihren Verbindungen zur rechten Hemisphäre. Die linke Hemisphäre hat also laufenden und zunehmend besseren Zugriff auf die geeinten Interaktionen aller drei Gehirne, die sich in der Einheit stiftenden rechten Hemisphäre abspielen. Mit ihrer schwächeren Prägung und dem reduzierten Zusammenspiel zwischen den Primärgehirnen ist die linke Hemisphäre in geringerem Maße am konkreten Strukturaufbau der frühen Jahre beteiligt, es sei denn, die betreffende Aktion wird durch die einigende und unterstützende rechte Hemisphäre übersetzt.

Die rechte Hemisphäre mit all ihren Prägungen und Interaktionen mit den Primärgehirnen, die wir von Anfang an vollzogen haben, bleibt unser ganzes Leben lang intakt. Sie hält die in den ersten sieben Lebensjahren erreichte vollkommene Einheit und enge funktionale Verbindung zwischen allen drei Gehirnen aufrecht. Die rechte Hemisphäre behält unverändert ihre frühesten Prägungen jener konkreten Sprache von Körperbewegungen bei, die bereits im Mutterleib begann. Ebenso behält sie die emotionale Sprache des Krabbelkindes, die Sprache des „benannten Dings", die analoge Sprache der Bildübertragung und die Funktion der Intuition bei, die im Alter zwischen vier und sieben Jahren entwickelt wurde. Diese singuläre, synchrone Intelligenz sorgt für Einheit und Wohlergehen in dem Bewusstseinsspiel, das sich in dem Kind entfaltet. Und all diese Einheit stiftenden Aktionen sollten der linken Hemisphäre nach Bedarf zur Verfügung stehen, nachdem es im Alter von sieben Jahren zu einer Verschiebung des Ich-Sitzes gekommen ist. Dann kann sich der Plan der linken Hemisphäre und des Geistes für die Entwicklung der operationalen Logik – der Logik der Trennung – entfalten, und alle vorherigen Systeme werden dieser nächsten, höheren Integration als Unterstützung dienen.

Jede linkshemisphärische Besonderheit, wie etwa die abstrakte Sprache, erfordert ständiges Feedback und eine Überkreuzung mit der rechten Hemisphäre, und die rechte Hemisphäre braucht Feedback und Überkreuzung mit dem Rest des Gehirns. Die abstrakte Sprache, die sich vollständig im Alter von etwa elf Jahren entfaltet, hebt sich vom Rest dieses vereinheitlichten Systems ab. Ohne die durch die linke Hemisphäre und den Geist geschaffenen Trennungen würden sich die Materialien der holistischen rechten Hemisphäre im Kreis drehen und wiederholen, während das Operationspotential des Geistes ohne die Möglichkeit, selektiv aus diesem Material zu schöpfen, kein Arbeitsmaterial hätte und auch nichts, woraus er eine abstrakte Sprache oder Logik aufbauen könnte.

Wir täten also gut daran, unser Gerede über das Versagen der Schulen, das rechtshemisphärische Denken zu entwickeln, noch einmal zu überdenken: Es könnte nämlich sein, dass die Entwicklung der rechten Hemisphäre kein akademisch haltbarer Vorschlag ist. Ihr Klassenzimmer ist die lebendige Erde, ihr Lehrmaterial neben Modellen für die Intuition ist die Materie selbst. Der Lehrplan für diese Entwicklung ist in uns einprogrammiert und geht mit einer explosiven, universellen Sehnsucht nach Ausdruck einher. Dieser Ausdruck findet insbesondere über das Spiel, das Geschichtenerzählen und das „Lasst uns so tun, als ob" statt. Seine „Hauptsendezeit" sind die ersten sieben Lebensjahre, eine sekundäre Zeit liegt zwischen sieben und elf. Unser Problem ist nicht, dass wir die linke Hemisphäre überbetont und die rechte haben aushungern lassen, sondern vielmehr, dass wir die Fähigkeiten des neuen Gehirns bisher noch kaum ausgeschöpft haben. Die Dinge werden sich nicht ändern, bis wir es nicht jeder einzelnen Modalität erlauben, sich wie vorgesehen in den prälogischen Jahren zu entwickeln, und bis wir nicht den postbiologischen Plan entdecken und entwickeln, durch den allein das neue Gehirn vollständig genutzt werden kann.

Bei jeder Verschiebung, die im Rahmen des biologischen Plans stattfindet, durchläuft das Gehirn anscheinend einen „Wachstumssprung", der es auf neues Lernen vorbereitet (so, wie wir es unmittelbar vor der Geburt festgestellt haben).[70] Die Fähigkeit, Neues zu lernen, geht mit einem Wachstumsschub einher und wird von einer Plateauphase gefolgt, in der das neue Lernen nicht nur unangemessen, sondern schwierig ist, da das vorher Gelernte nun geübt und abgewandelt werden muss, um zur Vollendung zu kommen. Das Gehirn-Geist-System kann sich in dieser Phase nicht darum kümmern, Neues zu erlernen, da die Strukturkopplung der Gehirne mit den unvollständigen Verständnisstrukturen beschäftigt ist, die darauf waren, durch Wiederholung und Abwandlung vervollständigt zu werden.

Mit drei oder vier Jahren findet ein Gehirnwachstumsschub statt und ein weiterer dann mit etwa sieben. Das Lernen, das für den Vierjährigen angemessen ist, hat damit zu tun, Synchronismus zwischen dem neuen Bewusstseinssitz im neuen Gehirn und dem Rest des Systems herbeizuführen. Das ist die Übungs- und Abwandlungsphase, die oben besprochen wurde.

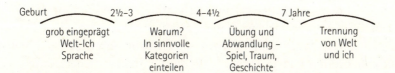

Während dieser Zeit, insbesondere um das fünfte und sechste Lebensjahr herum, ist neues Lernen, das nicht auf Übung und Abwandlung hinausläuft, in höchstem Maße unangemessen und schwierig. Von jedem Standpunkt aus stellen wir fest, dass die Altersphase zwischen vier und sieben auf den einzigen Zweck ausgerichtet ist, zu dem sich das Kind zwanghaft hingezogen fühlt – dem Spiel.[71]

In den letzten vierzig Jahren ist dies jedoch die Zeit gewesen, in der wir darauf bestanden haben, die Bewegungsfreiheit des Kindes einzuschränken, indem wir es auf eine Schulbank setzen (wohl wissend, dass in diesem Alter Lernen nur über Bewegung stattfindet), und den Träumer zur Verfolgung abstrakter Ziele zwingen, die bestenfalls für die Zeit unmittelbar vor der Pubertät angemessen wären. Fügt man dem noch die Auswirkungen der Krankenhausgeburt, der Kindertagesstätten, des Fernsehens, des Zusammenbruchs der Familie und so weiter hinzu, dann können wir sagen, dass sich auch der Zusammenbruch dessen, wofür die Kindheit steht, immer stärker beschleunigt. Da in jedem Fall der allgemeine Bereich, in dem das Kind zu Schäden gekommen ist, das Mittelhirn war, wo jegliches *Bonding*, auch das soziale, stattfindet, ist der Zusammenbruch der Gesellschaft eine logische Folge dieses Schadensmusters.

Wir müssen uns mit der Tatsache konfrontieren, dass Schäden bei der Entwicklung des Mittelhirns Schäden am Überleben der Gattung Mensch und am Überleben des Individuums sind. Wenn das *Bonding* des Mittelhirns zusammenbricht, dann brechen auch die einheitsstiftenden Funktionen der rechten Hemisphäre zusammen und können die Bewegung der linken Hemisphäre in die logische Abstraktion nicht unterstützen. Die linke Hemisphäre führt zu geistiger Unabhängigkeit, und Geist allein führt zum Selbst. Und das Selbst, das Ziel jeglicher Entwicklung, ist der einzige Bereich, in dem Integration und die endgültige Heranreifung des Ichs stattfinden können. Wir müssen also die Wahrheit wiederentdecken, dass Erde und Natur die Lehrer des Kindes sind. Und deren Sprache ist zunächst konkret, dann emotional, dann analog und intuitiv, und zwar lange, bevor das Wort von seiner Dinglichkeit abgespalten wurde, um zur semantischen Sprache zu führen. Und wir müssen wieder lernen, dass die Lehrmethode der Natur das Spiel ist, das kreative, der „Rekreation" dienende Spiel der Kindheit, das allein zum göttlichen, kreativen Spiel der Reifephase führt.

Wir werden das nicht dadurch herausfinden, dass wir in intellektueller Hinsicht zurückschauen und versuchen, unser Erwachsenensystem mit demselben zersplitterten Intellekt zu flicken. Wir werden den Weg des göttlichen Spiels der Reife nur durch jene Lehrer, jene Modelle entdecken, die diesen Weg selbst gegangen sind. Nur durch den Kontakt mit solchen Modellen wird der uns innewohnende Plan für jenes göttliche Spiel an die Oberfläche kommen, seiner Entfaltung harrend.

# 8
# Konkrete Operationen

An einem Herbstabend im Jahr 1982 lud mich mein Nachbar Robert Monroe zu einem Treffen mit fünfundzwanzig weiteren Nachbarn und drei Angehörigen der US-Armee, zwei Majoren und einem Oberst, ein. Die Militärs arbeiteten bei der Delta Company, einer kleinen Armeeabteilung, die eingerichtet worden war, um neue Theorien über das Bewusstsein zu erforschen. Die drei hatten selbst einige Bewusstseinsverschiebungen erfahren. Der Oberst, der die Leitung übernahm, ein Doktor der Philosophie, ist ein Mann mit leiser Stimme und sanfter Überredungskunst. Er stand in der Mitte des Kreises, in dem wir saßen, und schuf eine aufnahmebereite Atmosphäre für unser Experiment ungewöhnlicher Phänomene. Jeder von uns hatte Besteck aus rostfreiem Stahl mitgebracht, und innerhalb von etwa zwanzig Minuten gelang es dreiundzwanzig der Anwesenden, jene Besteckteile zu allen erdenklichen Formen zu verbiegen, einfach dadurch, dass sie mit der Hand darüber strichen.

Die Erste, die das schaffte, war ein achtjähriges Mädchen, das das Schöpfteil seines Löffels zu zwei sauber gefalteten Hälften zusammenbog und dann dessen Ende wieder über den Löffelstiel bog, so dass ein doppelt so dickes, gestutztes Schöpfteil entstand. Dann beobachteten wir, wie ihr jüngerer Bruder den Griff seiner Gabel von oben nach unten zu einem festen Korkenzieher aufrollte. Ihr Erfolg zeigte auch Wirkung bei uns anderen, obwohl die Älteren im Allgemeinen länger brauchten als die Jüngeren. Einige der Anwesenden machten Knoten in Messer, andere verflochten die Zinken von Gabeln miteinander oder sie rollten Löffelstiele fest in die Schöpfteile hinein und verunstalteten so insgesamt dreiundzwanzig Besteckteile.[72]

Es war für mich eine Überraschung, mitzuerleben, wie sich mein eigener Löffel ebenfalls verbog, obwohl ich mit der ausgiebigen Literatur über dieses Thema vertraut war. Die Empfindung von sich erwärmendem, biegsam werdendem Stahl war seltsam. Viele der so entstandenen Formen können mit Instrumenten nicht kopiert werden, denn das Metall verbiegt sich unregelmäßig und kann infolge von Materialermüdung schnell brechen, wenn man das Biegen forciert. Die metallurgische Analyse von Stahl, das auf diese ungewöhnliche Weise verbogen wurde, zeigt, dass sich dessen molekulare Oberfläche tatsächlich von derjenigen von mechanisch verbogenem Stahl unterscheidet.

Robert Jahn, Dekan der Fakultät für Ingenieurwesen an der Universität Princeton, hat vor kurzem die Forschungsergebnisse zur Untersuchung paranormaler Erscheinungen veröffentlicht, die in seinen Labors durchgeführt wurden.[73] Unter kontrollierten Bedingungen setzten Menschen die Anzeigen auf Magnetometern (das sind Instrumente, die die Magnetfelder in der Umgebung registrieren), außer Kraft, indem sie einfach auf die Skala schauten und sie mit Hilfe ihres Willens veränderten. Anscheinend verändern sich die Magnetlinien oder Magnetfelder um das Gerät herum entsprechend, was wenig Sinn ergibt. Ein Fabry-Pérot-Interferometer projiziert kreisförmige Bilder auf eine Leinwand. Dann verändern Individuen die Form der Bilder durch bloßes Anschauen, mit anderen Worten, ohne dass sie physischen Kontakt zu den elektronischen Geräten haben, die diese Bilder projizieren.

Jean Piaget[74] hat den Begriff *konkretes operationales Denken* für eine Fähigkeit geprägt, die sich im siebenjährigen Kind öffnet und auf ihre weitere Entwicklung wartet. Es handelt sich dabei um die Fähigkeit, auf konkrete Informationen einzuwirken und sie unter Zuhilfenahme einer abstrakten Idee zu verändern. Das heißt, wir können ein äußeres Bild mittels eines inneren Bildes verändern. Piagets klassisches Beispiel für diese Art des Denkens ist trivial und ziemlich bekannt, aber ich werde es hier trotzdem wiederholen. Machen Sie mit einem prälogischen Kind (statistisch gesehen sind das Kinder, die noch keine sieben Jahre alt sind, aber Sie sollten sich nicht darauf verlassen) folgendes Experiment: Nehmen Sie eine hohe, schmale Halbliterflasche und eine kurze, dicke, die die gleiche Menge fasst. Füllen Sie die hohe Flasche mit Wasser, dann gießen Sie das Wasser in die kurze, dicke Halbliterflasche um. Bitten Sie unser prälogisches Kind zu beobachten, dass beide Flaschen die gleiche Menge fassen. „Oh nein", wird es erklären, „in der hohen Flasche ist mehr Wasser drin." Es sieht die Welt qualitativ, und große, hohe Dinge enthalten mehr und kurze, dicke Dinge weniger. Gießen Sie also die Flüssigkeit aus der kleinen, dicken Flasche in die hohe, dünne, und bitten Sie ihr Kind, zu beobachten, dass nichts in der kleinen Flasche bleibt, während die hohe ganz gefüllt ist. Es müssen also beide die gleiche Menge fassen. „Nein", wird es insistieren, „in der hohen ist mehr drin." „Aber wie kann das sein", sagen Sie, „wenn doch kein Wasser von der kleinen Flasche übrig geblieben ist?" „Es verschwindet einfach etwas", erklärt es geduldig.

Die Situation unseres prälogischen Kindes entspricht in groben Zügen derjenigen des Fötus in der Spätphase der Schwangerschaft. Der Fötus ist weitgehend funktionsfähig, ist aber noch symbiotisch mit der Mutter verbunden. Im Alter von fünf oder sechs Jahren ist das Kind noch symbiotisch mit seiner Weltkonstruktion verbunden, da der Sitz seines Bewusstseins und seiner Identität gleichmäßig über alle drei Gehirne verteilt ist. Im Alter von etwa sieben Jahren, wenn die analogen und intuitiven Verbindungen geknüpft worden sind, wird diese symbiotische Einheit auseinander gerissen. Die Identität verlagert sich auf die linke Hemisphäre, wodurch dem Rest des Systems eine automatische Unterstützungsfunktion zukommt. Da die linke Hemisphäre nur wenige Verbindungen zum Mittelhirn hat, kann das Bewusstsein seine Aufmerksamkeit und Energie von den Inputs des Mittelhirns weg verlagern und so unabhängig von allen physischen Prozessen funktionieren. Jetzt bleibt keine Spur von Egozentrik mehr übrig; Weltstruktur und Selbststruktur sind unterschiedliche Dinge. Vom alten Gehirn getrennt, kann das Ich jetzt jene Weltkonstruktion als Objekt behandeln, und die Logik der Trennung entfaltet sich.

Im prälogischen Kind waren die Beziehungen von Objekten untereinander und diejenigen zwischen Selbst und Objekt qualitativer Art und konzentrierten sich auf die ästhetische Reaktion. Im Alter von sieben Jahren tritt aufgrund der Trennung, die das Ich allmählich vollzieht, die Quantität auf den Plan; die Qualität tritt dagegen in ihrer

Bedeutung zurück. Ein Sommertag konnte für das prälogische Kind nahezu ewig dauern, aber nach sieben wird die Zeit zu einem wichtigen Thema. Es kommt zudem ein Konzept des Raumes hinzu, denn die Distanz zwischen Objekten und Ereignissen kann jetzt objektiv betrachtet werden statt auf subjektive Weise, wie es bei der älteren Ästhetik der Fall war.

Die Verlagerung des Bewusstseinssitzes zu diesem neuen Punkt von Objektivität ist gleichzeitig die erste Verlagerung zum *Geist* als einem vom Gehirn getrennten Zustand. Mit sieben kann ein Kind anfangen, abstrakte Muster zu begreifen, vorausgesetzt, diese Muster werden durch konkrete, greifbare Modelle gegeben und auf konkrete Objekte angewandt. Dann kann das Kind auf die hereinkommenden Informationen aus seiner Welt einwirken und sie entsprechend der abstrakten Vorstellungen von Veränderung modifizieren, die ihm sein Modell vorgibt. Die alte Formel gilt weiterhin: biologischer Plan plus Modell gleich Struktur.

Das gegenwärtige Interesse am Verbiegen von Metall entstand vor fünfzehn Jahren, als ein Israeli namens Uri Geller seine Kunst international im Fernsehen demonstrierte und Löffel und Schlüssel verbog. Egal, ob nun seine Performance echt war oder nicht, die Wirkung, die er auf viele Hunderte von Kindern ausübte, war es jedenfalls. Da das Fernsehen für die meisten Kinder aus technologischen Gesellschaften zur Hauptbezugsquelle für Informationen, Bewertungsmaßstäbe und gesellschaftliche Modelle geworden ist, eiferten sie, als sie Geller auf der Mattscheibe Metall verbiegen sahen, seinem Beispiel spontan nach. Der Effekt ist jetzt in Labors über Jahrzehnte hinweg reproduziert worden, auch wenn die spontanen Effekte in Gruppen von etwa fünfundzwanzig Personen spektakulärer sind.

Das siebenjährige Kind kann noch nicht seine eigenen abstrakten Ideen für konkrete Operationen entwickeln. Noch kann es auf seine Weltinformationen dadurch einwirken, dass man ihm einfach eine abstrakte Vorstellung davon vermittelt, dass es das tun solle. Man muss die Operation physisch demonstrieren oder sie muss Teil eines natürlichen Prozesses sein, der seinen fünf Sinnen verfügbar ist, wie es beim Gesetz der Bewahrung der Fall ist – etwa, dass jene beiden Halbliterflaschen die gleiche Menge Flüssigkeit fassen. Sobald die Verschiebung zu konkreten Operationen stattgefunden hat, können wir dem Kind dieses Beispiel demonstrieren, und es wird sofort wissen, dass die Flüssigkeitsmenge in beiden Flaschen dieselbe ist. Das Gesetz der Bewahrung ist einfach eine bestimmte logische Fähigkeit, die im biologischen Plan für diese Phase enthalten ist. Man vermittelt solche Gesetze oder irgendeinen Aspekt der konkreten Operationen nicht, sondern stellt dem Kind – wie bei der Reaktion des Neugeborenen auf ein Gesicht – greifbare Beispiele vor. (Die beiden Kinder, die bei Robert Monroes Zusammenkunft zuerst ihre Löffel verbogen, waren die Kinder eines der beiden Armeeoffiziere, die das Löffelbiegen schon vorher beobachtet hatten).

Piaget hat konkrete Operationen auch als Fähigkeit des Messens bezeichnet. Ein Siebenjähriges ist in der Lage, die räumlichen Beziehungen zwischen Objekten zu begreifen und das Maß der Dinge zu nehmen. Das Kind im Mutterleib hat eine reiche Beziehung zu seiner Mutter, doch sie ist begrenzt. Es kann zum Beispiel nicht ein paar Schritte zurücktreten und ihre Körpergröße messen. Nach der Geburt könnte es jedoch theoretisch ein Maßband nehmen und ihre Maße nehmen. Durch die Trennung erreicht es eine gewisse Objektivität ihr gegenüber und kann sie als Objekt seines Subjekt-Selbst behandeln. Desgleichen kann das Kind, so lange seine Ich- und seine Weltstruktur eine Einheit bilden, wie es beim prälogischen Kind der Fall ist, seine Welt genauso wenig abmessen, wie das Kind im Mutterleib seine Mutter vermessen könnte. Mit sieben Jahren wird das Kind aus jener Einheitsbeziehung herausgehoben dadurch, dass sich sein Bewusstseinssitz von seinen Primärgehirnen weg zum Standpunkt der linken Hemisphäre, dem Geist, verschiebt. Die Welt und das Ich sind jetzt voneinander getrennte Einheiten, und das Kind sieht seine Weltstruktur als Objekt seines Selbst an.

Jegliche Logik hängt von Trennung ab und die höheren Integrationsstufen des Intellekts werden mittels logischer Prozesse erreicht. Um eine höhere Intelligenz zu entwickeln, muss das Kind aus seinem paradiesischen Zustand hinausgeworfen werden und in die Erfahrung der Trennung eintreten. Dieser Prozess verleiht ihm Objektivität.

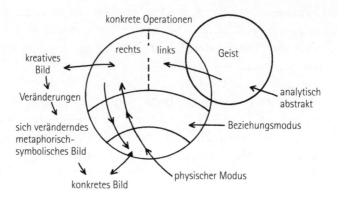

Der junge Matthew Manning konnte Metall verbiegen, ohne es zu berühren, und beförderte gelegentlich auch Metall von einem Raum zum nächsten, ohne in Kontakt mit ihm gekommen zu sein. Während er das immer wieder demonstrierte, und zwar sowohl in einem Labor in Großbritannien als auch an einer kanadischen Universität, war er an einen Elektroenzephalographen (EEG), der die Gehirnwellenaktivität aufzeichnet, angeschlossen.[75] Wenn Manning Gegenstände bewegte oder veränderte, zeigte das EEG beträchtliche Aktivitätsschübe in seinem alten Gehirn und seinem Kleinhirn an, was so ist, wie es sein sollte: Das Kleinhirn (Zerebellum) scheint unter anderem mit Bewegung zu tun zu haben, während das alte Gehirn mit Materie zu tun hat.

Mein Lieblingsbeispiel für konkrete Operationen bezieht sich auf eine Praxis, der die Nestikare-Tänzerinnen in Bulgarien folgen (eine Tradition, die seit Jahrtausenden von der Mutter auf die Tochter weitergegeben wird), ebenso wie sie auch bei Zeremonien in Afrika, Südamerika und Indonesien praktiziert wird. Außerdem wird sie auch von Polynesiern, verschiedenen Volksgruppen in Indien und auf Sri Lanka ausgeübt, und seit neuestem auch von einem NLP-Trainer bei Wochenend-Workshops zuerst in Kalifornien (wo sonst?) und jetzt in den gesamten Vereinigten Staaten. Ich spreche von Menschen, die über ein Bett aus glühenden Kohlen laufen, ohne sich dabei zu verletzen oder Schmerz zu empfinden. Meine Kritiker äußern sich verächtlich darüber, dass ich diesen uralten Hut immer wieder hervorziehe. „Jeder weiß", so schrieb ein Weiser, „dass Feuerlaufen nichts weiter als Autosuggestion ist." (Was also ist Autosuggestion?) Ich spreche gern über das Feuerlaufen, weil es wahrscheinlich eine der am weitesten verbreiteten und ältesten ungewöhnlichen Praktiken auf der Erde ist. Zehntausende von Menschen gehen jedes Jahr über das Feuer. Kinofilme, Fotografien, Videoclips, Anzeigen auf wissenschaftlichen Instrumenten und so weiter beweisen die Existenz dieses Phänomens.

Mit dreiundzwanzig Jahren erlebte ich, wie mein Fleisch ganz unmittelbar und über längere Zeit mit lebendigen Kohlen konfrontiert wurde, die eine Temperatur von 748,88 Grad Celsius hatten. Eine Reihe von ungewöhnlichen Ereignissen waren mir innerhalb von wenigen Monaten passiert, und als ich mich in einer Welt wiederfand, in der gewöhnliche Prozesse umgekehrt werden konnten, rauchte ich, nachdem ich festgestellt hatte, dass ich mich nicht verbrannte, eine ganze Schachtel Zigaretten auf. Ich drückte die Zigaretten auf meinen Wangen, Augenlidern und Handflächen aus, hielt die heißen Enden zwischen den Fingern und steckte mir zum Abschluss der Vorführung mehrere gleichzeitig an, rauchte sie fast bis zu Ende, hielt dann die glühenden Kippen zwischen den Lippen und blies Funkenschauer über meine Kommilitonen. Es war eine erhebende Erfahrung, bei der meine Sinne, statt betäubt zu werden, enorm gesteigert zu sein schienen, so dass es zu einer intensiven Empfindung ohne Schmerz kam. Und natürlich entstand danach kein Schaden. (Es war Jahre her gewesen, seit ich geraucht hatte, und noch länger, seit ich jene skrupellose, hochkarätige, elektrisch geladene Welt erlebt hatte, in der sich spontan innere und äußere Prozesse vermischen.)

Ich spreche auch gern über die Zeremonien im Haupttempel des Gottes Kataragama auf Sri Lanka, wo sich zwischen achtzig und hundert Menschen etwa drei Wochen lang auf dieses Ereignis vorbereiten, und dann über ein mehr als sechs Meter langes und eins achtzig breites Bett aus Kohlen laufen, das in den Boden eingelassen ist.[76] (Das Feuer lässt Aluminium, das mit ihm in Kontakt kommt, schmelzen.) Einige Läufer graben ihre Füße tief ein, andere tanzen schnell hinüber. Einige verweilen dort eine Zeit lang, andere schaufeln mehrere Hände voll heißer Kohlen zusammen und schütten sie über Gesicht und Körper. Weder ihre Haare noch die leichte Baumwollkleidung, die sie tragen, wird verbrannt oder angesengt. Es gibt jedoch auch Fälle von Versagen. Etwa drei Prozent der Läufer „verlieren das Vertrauen" da draußen auf jenem Bett und die meisten von ihnen werden durch die Hitze getötet. Ich spreche von ihnen als Kontrollgruppe, wie die Psychologen sagen würden. Im *National Geographic* gab es einen Foto-Essay über das Feuerlaufen und andere ungewöhnliche Zeremonien auf Sri Lanka.[77] Niemand litt bei dem weniger großen Ereignis, welches das *National Geographic*-Team fotografiert hatte (es wurde in einem privaten Hof abgehalten), doch die optischen Pyrometer registrierten 1300 Grad Celsius Innen- und 735 Grad Außentemperatur.

Als Brian Josephson, dem im Jahr 1973 der Nobelpreis für Physik verliehen worden war, Manning dabei beobachtete, wie er Objekte bewegte und verbog, ohne sie zu berühren, plädierte er dafür, die Gesetze der Physik neu zu schreiben.[78] Der Princeton-Dozent Robert Jahn gab vor kurzem, wie an früherer Stelle erwähnt, denselben Kommentar hinsichtlich paranormaler Phänomene ab. Im Juni 1982 hielt die Pädagogik-Fakultät der Universität von Kalifornien in Berkeley eine geschlossene Konferenz (Teilnahme nur auf Einladung) über Erziehung ab, um über verborgene Potentiale in Kindern zu diskutieren. (Sie wurde unter anderem vom Institut für Noetische Wissenschaften und von Willis Harman gesponsert.) Nachdem Jahn seinen Vortrag gehalten hatte, gab ich einen kurzen Überblick über meine Theorie zur kindlichen Entwicklung, in der ich das Gehirn-Geist-System, Physik, Entwicklung usw. miteinander verband. Meine Argumentation ging dahin, dass die Gesetze der Physik für Operationen angemessen seien, in denen es um physikalische Dinge ging. Die Materie und die Interaktion zwischen verschiedenen Materialien lässt sich durch physikalische Gesetze hinreichend erklären, doch wenn wir das *operationale Denken* hinzufügen, selbst in der Form, wie es sich planlos im Alter von sieben Jahren entwickelt, dann müssen wir von *Modulationen* physikalischer Prozesse spreche.

Solche Modulationen könnten ihren eigenen Gesetzen folgen. Ich weiß es nicht. Ich weiß jedoch, dass es Menschen gibt, die dieses Phänomen zu erforschen versuchen, denn hier ist eine Ehrfurcht gebietende, unbekannte Energie am Werk. In der ehemaligen Sowjetunion erforscht man solche Phänomen schon seit langem, und ironischerweise bewegen sie sich jenseits der ideologischen Einschränkungen, denen unsere akademische Wissenschaft unterworfen ist. Etwa acht Wochen nach der Konferenz in Berkeley und lange, bevor das schriftliche Protokoll erschien, bekam ich eine Anfrage von einem Biologen der Universität Leningrad, der mich bat, ihm sämtliche Informationen zu den auf der Konferenz unterbreiteten Vorschlägen zukommen zu lassen, die ich bereit war, mit ihm zu teilen.

Wenn jemand solche ungewöhnlichen Operationen ausführt (und ich habe hier nur einige wenige erwähnt), dann wirkt ein Prozess des neuen Gehirns auf eine alte Gehirnfunktion ein. Die Aktion selbst ist ein Transfer von Bildern. Wir haben ein Bild von Menschen, die über Feuer laufen und beziehen daraus die Essenz dahinter, das Handlungsschema für diese Tätigkeit. Dann füllen wir in dieses Schema den Inhalt unseres eigenen Handelns ein. Die Funktion ist im Wesentlichen dieselbe wie diejenige, bei der ein Kind das Bild der Straßenwalze mit dem einer Rolle überlagert, nur dass jetzt statt einer Überlagerung ein Transfer des Bildes als Bewegung stattfindet. Statt dass sich beide Bilder überlagern, findet eine *Einwirkung* auf das Bild statt, und hierdurch verändert es sich. Das veränderte Bild verändert die Realität.

Bei der Frequenzmodulation modulieren wir eine Radiowellen-Frequenz durch eine andere. Bei konkreten Operationen können wir einen physikalischen Prozess durch einen geistigen Prozess modulieren. Wir können die Interaktionen zwischen Selbst und Welt verändern oder Aspekte der Welt an sich verändern, wie beim Metallverbiegen. Wir können, wie beim Feuerlauf, unsere Vorstellungen von den physikalischen Gesetzen immer wieder verändern und nie bei der Modulation des physikalischen Prozesses anlangen, der durch diesen nicht physikalischen Prozess herbeigeführt wurde.

Das Sanskrit-Wort für Maß, *Maya*, bedeutet, dass sich unsere Erfahrungen in messbaren Einheiten entfalten. Maya trennt uns von unserer ursprünglichen Einheit, doch diese Trennung ist illusorisch. Das Wort Maya ist über den lateinischen Begriff für *Illusion* in unsere Sprache gelangt. Illusion ist von *in ludere* abgeleitet, was inneres Spiel bedeutet. Die Weisen früherer Zeiten haben verstanden, dass es sich bei dem, was geschieht, um ein inneres Spiel des Geist-Gehirn-Systems handelte, zwischen dem Selbst als denkendem Gehirn und dem Selbst als physischem Gehirn. Das denkende Gehirn kann mittels des unterstützenden Systems mit dem physischen Gehirn spielen, sobald sich der Sitz unserer Identität einmal von jenem physischen Gehirn wegbewegt hat – das heißt, sobald wir Maya hinter uns gelassen haben.

Die Außenwelt spiegelt dieses innere Spiel wider, weil jene Welt uns durch unsere alten Gehirne übersetzt wird. Das Argument des Primats der „realen" Welt da draußen gegenüber unseren „inneren Vorstellungen bzw. Phantasien" stellt sich als unwesentlich heraus.[79] Dieselbe Beziehung, die zwischen dem Inneren und dem Äußeren besteht, besteht auch zwischen dem biologischen Plan und seinen Inhalten oder zwischen Erbe und Umwelt. Dualismen brechen zusammen, wenn die Realität als Dynamik zwischen Möglichkeit und Verwirklichung wahrgenommen wird.

Das Gesetz der Bewahrung ist nur eine von vielen Ausdrucksformen für die grenzenlosen Möglichkeiten, unsere Welt zu messen. Und diese spezifische Ausdrucksform ist nicht davon abhängig, dass wir einem Kind mit Flüssigkeit gefüllte Flaschen zeigen. Kinder aus nichttechnologischen Gesellschaften entwickeln dieselbe Fähigkeit im Hinblick auf die Größenverhältnisse, die in ihrer Gesellschaft Anwendung finden. Feuerlaufen, Metallverbiegen und paranormale Phänomene sind im Allgemeinen einfach den natürlichen Strukturen unseres Gehirn-Geist-Systems zu Eigen. Man kann keine Struktur wie die unsrige haben, ohne diese Möglichkeit einzubeziehen. Das bedeutet jedoch nicht, dass ein bestimmter Ausdruck notwendig oder auch nur einem anderen vorzuziehen sei. Jede Sprache füllt die Sprachschablone aus. Die Entwicklung eines funktionsfähigen konkret-operationalen Denksystems hängt nicht von den gerade erwähnten sensationellen Phänomenen ab, noch wird irgendein Teil der Gesamtentwicklung durch sie notwendigerweise verstärkt. Ich habe früher gemeint, dass solche paranormalen Operationen etwas überaus Wichtiges seien und dass wir uns selbst betrögen, indem wir sie in uns nicht vollständig entwickelten.[80] Mittlerweile glaube ich, dass das nicht stimmt.

An früherer Stelle in diesem Buch habe ich das offene Wesen unserer sprachlichen Blaupause besprochen. Ich erwähnte, wie jede spezifische Sprache unsere Blaupause ins Spiel bringt. Ebenso geht es nicht darum, ob die kindliche Auffassung von konkreten Operationen durch das

## Konkrete Operationen 145

Formen von Ton, durch Glasflaschen und Flüssigkeiten, durch Baukästen, Kochkurse, Feuerlaufen, Metallverbiegen oder was auch immer aufgebaut wird. Ich habe mich auf diese außergewöhnlichen Aspekte konzentriert, weil solche Phänomene den mechanistischen, behavioristischen Unsinn Lügen strafen, der einen Großteil des heutigen Gedankenguts ausmacht. Solche Ereignisse zeigen, dass eine Ehrfurcht gebietende Fähigkeit in uns angelegt *ist*; das gesamte Geschehen wird in unserem Bewusstsein verborgen.

Das Feuerlaufen ist das stabilste ungewöhnliche Ereignis, aber dennoch können nur wenige Meister *willentlich* über das Feuer gehen, ohne sich zu verletzen, und die Möglichkeit des Versagens besteht immer. Weder Erwachsene noch Kinder sind bisher in der Lage gewesen, jene seltsamen Phänomene zu stabilisieren, vorherzusagen oder zu kontrollieren. Es ist darin ein starkes Element von Poltergeist-Mentalität, von willkürlicher Narretei enthalten, und eine stabile, vorhersagbare Entwicklung ist von der Natur vielleicht überhaupt nicht beabsichtigt. Die großen Lehrer und Heiligen unserer Geschichte scheinen paranormale Fähigkeiten besessen, sie jedoch selten genutzt zu haben. Sie warnten einvernehmlich vor einer beiläufigen Beschäftigung mit solchen Dingen.

Die Einheit des kreativen Prozesses in uns wird jedoch bei jedem Feuerlauf demonstriert; wir würden also gut beraten sein, die größeren Zeichen als solche in Betracht zu ziehen. Denn wie wir gesehen haben, nimmt jede Entwicklungsphase, die wir durchlaufen, trotz ihrer Abgeschlossenheit erst dann ihre volle Bedeutung und Kraft an, wenn sie in die nächsthöhere Struktur integriert wird und die weitere Entwicklung unterstützt. Sinn und Zweck solcher schelmischen Ausbrüche liegen wahrscheinlich in den höheren integralen Wissensstrukturen, die in die Agenda der Natur eingebaut sind. Die gesamte Entwicklungsphase der Adoleszenz ist nichts weiter als der Grundstein für eine spätere Integration von atemberaubenden Dimensionen. In dieser Phase, und nur in dieser, bekommen solche peripheren magischen Tricks ihre wahre Tiefe und Bedeutung.

# 9
# Formale Operationen

In Kapitel 6 habe ich einen Alptraum aus meiner Kindheit erwähnt, aus dem zu erwachen mir schwer fiel und an den ich mich nachträglich nicht mehr erinnern konnte. Da der Traum äußerst beunruhigend war, hatte ich, als ich älter wurde, das Gefühl, ich müsse irgendwie mit ihm klarkommen. Also beschloss ich, mich an meinen Sinneseindrücken festzuhalten, dem Ablauf zu folgen und mich daran zu erinnern, statt mich von ihm vereinnahmen zu lassen, wie ich es bis dahin getan hatte. Ich fing an, Papier und Stift neben meinem Bett aufzubewahren, fest entschlossen, mich beim nächsten Mal, wenn der Traum wieder auftauchte, an ihn zu erinnern und ihn aufzuschreiben. Nach einiger Zeit war meinem Projekt Erfolg beschieden. Während des Traumes blieb ich bewusst, beobachtete den Vorfall und schrieb sofort einen Bericht darüber. An jenem Punkt verschwand der Traum allmählich aus meinem Leben. In späteren Jahren rumpelte seine Anfangsphase noch einige Male durch mein Leben, aber das war dann auch alles.

Im Alter von elf Jahren verschiebt sich der Ort unseres Ich-Bewusstseins zu jenem objektiven Standpunkt, den wir „Geist" nennen. Aus dieser Position heraus können wir tatsächlich außerhalb unserer Gehirnfunktionen stehen und auf sie einwirken. Ich war elf, als mir die Idee kam, ich könnte Kontrolle über den Alptraum gewinnen, außerhalb davon stehen und ihn als von mir getrenntes Ereignis beobachten. Piaget nannte diese Fähigkeit, auf die Funktionen des Gehirns selbst einzuwirken, „formal-operationales Denken". Meine Fähigkeit, außerhalb meines eigenen Traumzustands zu stehen, war ein Kennzeichen der Fähigkeit, die Denkmaschinerie selbst zu manipulieren. Solche Vorstellungen erfordern die Heranreifung und Trennung des Ichs von den Gehirnmechanismen. Im Alter von etwa elf Jahren werden Körper und Gehirn zu unterstützenden Instrumenten für diese höhere Integration, von der aus wir alles, sogar unser eigenes Denken, als etwas „Anderes", von uns Verschiedenes ansehen. Das Ich ist jetzt mit dem Geist identifiziert, der auf dieselbe Weise ein Spiegel des Gehirns ist, wie ein Fernsehbildschirm die Übersetzungen aus dem Fernsehgerät spiegelt. Jetzt muss der Ich-Geist noch weitergehen, indem er sich sogar noch von jenem Bildschirm selbst befreit; zu einem Punkt, wo das Ich die Knöpfe seiner Gehirnbestandteile drücken und auf eine fundamental neue Weise den Kanal wechseln kann. Das Ich, geboren aus dem Gehirn, wenn ein Kind aus dem Mutterleib kommt, kann sich jetzt zu einem objektiven Punkt jenseits der Ausrichtung der Gehirnsysteme bewegen und in Resonanz mit den Bewusstseinswellen kommen, die durch das Gehirn übersetzt werden. Das ist der nächste logische Schritt in der Bewegung von der Konkretheit zur Abstraktheit, doch genauso, wie der Fernsehbildschirm ohne den Input seiner Bestandteile eine nutzlose, leere Fläche ist, hängt der Ich-Geist in der Pubertät immer noch von seinem Gehirn als Quelle des Bewusstseins ab. Die neue Freiheit des Bewusstseins ist eine Fähigkeit, die entwickelt werden muss.

Zwischen sieben und elf Jahren konstruiert die Natur eine Sprache aus abstrakten Bedeutungen und Konnotationen, die wir als semantisch bezeichnen. Solche Ideen wie Moral, Ethik, Qualität, Bedeutung, Tugend, Transzendenz und so fort sind semantischer Natur. Sie haben keinen anderen Bezugspunkt als geistige Zustände, Bedingungen oder Einstellungen. Es handelt sich bei ihnen um eine ziemlich reife Form der frühen ästhetischen Polarisierungen („Vorlieben und Abneigungen") des Zweijährigen. Im Alter von elf Jahren tritt dieses semantische System dann in vollständiger Form auf den Plan. Das Wort wird aus seiner physischen Matrix herausgelöst und kann jetzt auf formale Weise agieren, das heißt als Weg, durch den wir auf die Gehirnfunktionen selbst einwirken können. Das lässt den Intellekt entstehen, eine Art des Denkens, die unabhängig von Emotionen stattfindet, frei von der Notwendigkeit ist, sich qualitativ zu beziehen, und die über die Grenzen physischer Bezugspunkte hinausgeht. Das Denken kann frei umherschweifen, und der junge Mensch kann über das Denken nachdenken, indem er seinen eigenen Geistesapparat untersucht. Das Kind hat viele Varianten davon schon früher gebraucht, doch der Prozess bekommt nun universelle Implikationen und bewegt sich in breit angelegte Kausalfelder hinein. Der Intellekt kann das Denken jetzt unabhängig von allen vorausgehenden Systemen oder Sicherungsmechanismen verwenden. Es kann aus seinen Unterstützungssystemen schöpfen, ohne ihnen Rede und Antwort stehen zu müssen. Als Folge davon wird der Intellekt, sofern er nicht wie geplant in die nächste Struktur integriert wird, ohne Rücksicht auf Konsequenzen oder Ausgeglichenheit operieren, und kann so leicht dämonische Züge annehmen.[81]

Da jegliches Lernen vom Konkreten zum Abstrakten verläuft, sind unsere ersten formalen Operationen notwendigerweise konkret. Der Intellekt greift auf unsere früheren Verständnisstrukturen zurück. Danach kann er immer kreativer werden und sich in zunehmend abstraktere Bereiche vorwagen. Das sollte als Vorbereitung für die Integration des Intellekts in die Intelligenz dienen.

Wir können formale Operationen in die Kategorien Naturwissenschaft, Kunst sowie Philosophie und Religion unterteilen, den drei weit gefassten Bereichen, die die Kultur oder den Wissensschatz einer Gesellschaft ausmachen. Um das elfte Lebensjahr herum öffnen wir uns für ein vollständiges konzeptuelles Verständnis dieser Bereiche; nämlich dann, wenn die Trennung des Wortes von seinen physischen Ursprüngen stattfindet. Durch unseren biologischen Plan sind wir darauf ausgerichtet, uns in dieser Phase dem Wissensschatz der Gesellschaft zuzuwenden, genauso, wie wir im Säuglingsstadium und in der Kindheit darauf ausgerichtet waren, uns unseren Eltern zuzuwenden.

Wir können die genannten drei Kategorien als den Geist ansehen, der mit seinen drei Gehirninstrumenten spielt: die Naturwissenschaft mit dem materiellen alten Gehirn, die Kunst mit dem emotionalen Traumzeit-Mittelhirn und Religion und Philosophie mit den abstrakten Konzepten des neuen Gehirns. Da wir alle mit dem Wissensschatz unserer Kultur vertraut sind (jede Schulbildung beruht in der ein oder anderen Weise darauf), werde ich es als selbstverständlich ansehen, dass wir weniger konventionelle Formen, mit dem Gehirn zu spielen, untersuchen können, um so unseren Horizont zu erweitern.

W. Timothy Gallwey, Autor eines Buches über die „Kunst der entspannten Konzentration" mit dem Titel *The Inner Game of Tennis*, berichtet von einer 55-Jährigen, die keine Sportskanone war, noch nie in ihrem Leben einen Tennisschläger in der Hand gehalten hatte und sich zu alt fühlte, um neue Tricks zu erlernen. Nachdem sie ein Training durchlaufen hatte, nahm sie zum ersten Mal einen Schläger in die Hand und besiegte vor laufender Kamera alle Anwesenden.[82]

Die Sportpsychologie erlebt gerade einen Aufschwung. Es wird ein Spiel skizziert und jeder Spieler macht sich vor seinem geistigen Auge so lange immer wieder ein Bild der Aktion, bis er alle Bewegungen deutlich sehen kann. Dann geht er ins Feld, um seine Praxis unmittelbar umzusetzen; er projiziert seine innere Welt auf seine äußere, wobei die Effizienz um etwa vierzig Prozent gesteigert werden kann und es nicht zu den Knochenbrüchen kommt, wie sie bei den gewöhnlichen Übungsformen auftreten. Das Phänomen der Sportpsychologie ist nur einen Schritt von der Gutenachtgeschichte entfernt. Innere Bilder zu entwickeln ist eine Form des Denkens und erfordert Muskelbewegungen. Diese Bewegungen, die im Allgemeinen mikroskopisch klein sind, sind immer präsent. Die Gehirnaktivität beschwört als sympathische Reaktion die körperliche Aktivität herauf, denn der Körper ist eine Erweiterung und ein Instrument des Gehirns.

Für sich allein wird das Gehirn dieselben instinktiven, auf Muskel- und Drüsentätigkeit beruhenden Überlebensreaktionen auf ein im Innern produziertes Bild (beispielsweise das eines Tigers) zeigen wie auf ein äußeres Bild. Anscheinend ist der Geist oder ein versteckter Beobachter bei solchen Angelegenheiten als Vermittler tätig und informiert das Gehirn, dass Flucht nicht notwendig sei, weil das innere Bild nicht real ist. (In unseren Träumen bei Nacht ist diese Vermittlung weitgehend ausgeschaltet, doch auch eine vollständige Reaktion vonseiten der motorischen Systeme unseres alten Gehirns ist kaum möglich, da diese sehr stark heruntergefahren sind.)

Sprachliche Phoneme haben von unserer frühesten Zeit im Mutterleib an muskuläre und neuronale Reaktionen ausgelöst. Das Zweijährige bewegt seine Hand, während es das Wort „Hand" spricht. Das

Spiel von Geist-Gehirn-System und Körper ist eine Erweiterung dieser Aktivität sowie auch der Gutenachtgeschichte unseres Fünfjährigen, bei der wir das Wort sprechen und das Bild erscheint.

Konkrete Sprache wird, ebenso wie die analoge Sprache der Bildübertragung, im Synchronismus der rechten Hemisphäre mit den Primärgehirnen gespeichert. In seiner inneren Praxis agiert der Athlet seine innere Handlung zur Perfektion aus, was auf das Weltbild und die Muskelsysteme des alten Gehirns übertragen wird. Auf dieselbe Weise, wie das Kleinkind sein inneres Bild des Straßenrollers auf das äußere Bild einer Spule projiziert und mit dieser Modulation spielt, so projiziert der Athlet sein lang erprobtes inneres Spiel auf das äußere Spiel. Die Mikrobewegungen werden mit Leichtigkeit zu präzisen Makrobewegungen, denn sie sind ohne Widerstand und in der vorläufigen, subtilen Traumwelt, die der realen Welt zugrunde liegt, erprobt worden. In der Konfrontation mit Widerständen sind die inneren Bilder des Spielers in ihrer Subtilität weitaus machtvoller als die äußeren, und sie modulieren die äußeren in unterschiedlichem Maße.

Ich habe von einem Aikido-Meister gelesen, der durch seine Angreifer in Zeitlupe „hindurchtanzt", so dass niemand Hand an ihn legen kann. Der Mathematiker Ralph Strauch, ein Meister der Kampfkünste und Feldenkrais-Practitioner, behauptet, dass wir unbewusst die Vorstellung von Angriff akzeptieren müssen, damit ein Angriff gegen uns ausgeführt werden kann.[83] Ohne diese unbewusste Vereinbarung kommt es auch zu keiner bewussten Vereinbarung. So holt sich das innere Bild unseres Aikido-Meisters die Zustimmung von seinen Angreifern gegen deren Willen, da er ein kraftvolles Bild seiner eigenen Handlungen entwickelt hat.

Einer Gruppe bestimmte Bilder aufzuzwingen bietet noch weitaus kreativere Anwendungsmöglichkeiten. Ein englischer Psychologe reiste vor einigen Jahren nach Indien, um Filmaufnahmen von Fakiren, Magiern und ungewöhnlichen Praktiken zu machen. Sein größtes Ziel bestand darin, den berühmten indischen Seiltrick auf Zelluloid zu bannen, doch er konnte nirgends eine Demonstration davon finden.[84] Gerade als er das Ganze als Volksmärchen abtun wollte, erfuhr er, dass der Trick in einem nahe gelegenen Dorf vorgeführt werden sollte. Er eilte mit seiner riesigen Kamera und Stativ dorthin und sorgte dafür, dass er sich möglichst nahe am Geschehen befand. Der Fakir stand mit den klassischen Utensilien seines Berufsstandes – einem großen Korb und einem kleinen Jungen – auf einer Lichtung. Die versammelte Menschenmenge verstummte, die Spannung wuchs. Endlich begann der Fakir mit der Arbeit und der Engländer schaltete seine Kamera ein.

Der Fakir öffnete seinen Korb und nahm ein langes, aufgerolltes Seil heraus. Das eine Seilende hielt er in der einen, das andere in der anderen Hand und warf das Seil gekonnt und mit viel Schwung in die Luft. Beim Hochschnellen entrollte es sich und sein Ende verschwand einfach irgendwo „dort oben", so dass das Seil mitten in der Luft zu schweben schien. Dann trat der Junge nach vorn und kletterte das Seil hinauf, während alle Augenpaare auf ihn gerichtet waren. Und genau wie das Ende des Seils schien er irgendwo dort oben zu verschwinden. Der Fakir griff erneut in den Korb und nahm ein gemein aussehendes, kurzes Krummschwert heraus. Dann steckte er es in seine Schärpe und kletterte ebenfalls das Seil hinauf. Wieder folgten ihm sämtliche Augenpaare. Auch er verschwand einfach.

Nach einer langen Pause erreichte die Spannung einen Höhepunkt und alle Augen wanderten nach oben. Plötzlich ging ein Raunen durch die Menge. Herunter fiel ein blutiges Bein, anscheinend dasjenige des kleinen Jungen, und alle folgten ihm mit den Augen, während es auf dem Boden aufschlug und Blut verspritzte. Dann folgte ein weiteres Bein, dann ein Arm, ein weiterer Arm, danach der blutige, zerstückelte Rumpf und schließlich der jämmerliche kleine Kopf. Jeder im Publikum bewegte seinen Kopf im selben Rhythmus wie alle anderen, die dieses Drama verfolgten. Nach einer Pause erschien der Fakir und kletterte das Seil hinunter. Zwanglos griff er in seinen Korb, nahm ein Tuch heraus, wischte das todbringende Instrument ab und legte es in den Korb zurück. Dann zog er mit gleichgültiger Lässigkeit das Seil herunter und wickelte es sorgfältig zu einer ordentlichen, festen Spirale auf. Er legte es in den Korb und schaute sich dann, als sei ihm das gerade noch eingefallen, die herumliegenden Körperteile des kleinen Jungen an. Mit einem Achselzucken sammelte er eines nach dem anderen ein und legte sie ebenfalls in den Korb. Dann verschloss er den Korb mit seinem Deckel und stand ruhig da, während er mit unbewegter Miene das Publikum ansah. Plötzlich öffnete sich der Korb und mit einem Lächeln auf den Lippen sprang der kleine Junge heraus, heil und gesund. Das Publikum stieß einen lauten Schrei aus. Der Applaus tobte und es regnete Münzen, die von dem kleinen Jungen allesamt eingesammelt wurden. Dann löste sich die Menge auf, machte Platz, und die Akteure verließen die Szene.

Der Engländer war vollkommen hingerissen. Er befragte einige aus der Menge und notierte, was sie beobachtet hatten. Alle hatten haargenau dasselbe erlebt wie er. Schließlich eilte er in die Stadt zurück, um seinen seltenen Film entwickeln zu lassen, und spielte ihn dann auf einer großen Leinwand ab. Er sah, wie sich der Fakir bewegte, sich vornüber beugte, das verschlungene Seil hervorholte und es schwungvoll in die Luft warf. An diesem Punkt passierten zwei Dinge: Das Seil klatschte auf gute Newtonsche Art auf den Boden, und der Fakir und sein Jungen standen, ohne einen Muskel zu rühren, von jenem Punkt an absolut bewegungslos da. Der Film zeigte unterdessen die Menschenmenge, in der jeder seinen Kopf nach oben gereckt hatte, ihn schließlich wieder nach unten und dann wieder nach oben bewegte. Es folgte ein Blick des Entsetzens, dann ein Blick nach oben, wieder einer nach unten und so weiter. Zuletzt zeigte der Film, wie sich der Fakir bewegte, das Seil auf dem Boden aufrollte; dann folgten Applaus, Münzen und schließlich verließ er die Szene.

„Aha!" denkt der materialistische, hartgesottene Wissenschaftsgläubige, der keinen „Unsinn" duldet: „Klarer Fall von Illusion." Natürlich ist es eine Illusion – ein kleines Spiel. Es ist ein inneres Spiel, das sich vollständig innerhalb des Geist-Gehirn-Systems einer ganzen Gruppe abspielt. Die Szene ist von einem Meister-Filmvorführer projiziert und auf der geistigen Leinwand aller Anwesenden empfangen worden. Der Geschichtenerzähler verwendet Worte, und entsprechend läuft die innere Bilderzeugung in den Zuhörern statt. Beim Seiltrick verwendet der Geschichtenerzähler ausschließlich Bilder und alle teilen sie.

Ein hartgesottener Materialist würde behaupten, genau das zeige unser Problem. Menschen ließen sich von solchen Tricks auf vielen Ebenen täuschen. Sie sollten sich das eine Lehre sein lassen und verstehen, dass der Geist nicht vertrauenswürdig ist und kein echtes, objektives Bild von der Welt, wie sie wirklich ist, geben kann. Was der Mechanist wie selbstverständlich behauptet, ist, dass jene armselige

Vorrichtung einer leblosen Kamera das angemessene Kriterium für das sei, was echt ist! An diesem Punkt verbündet sich der Mechanist dann (und beschränkt sich auf) den am wenigsten bewussten Aspekt unserer Lebenswelt als einziger Realität.

Die Geschichte illustriert die Tatsache, dass die Realität eine Produktion des menschlichen Geist-Gehirn-Systems ist – eine Produktion von unendlichem Reichtum, die unglaubliche Aussichten und potentielle Räume eröffnet. Leider ist jedoch nichts davon jenem Gerät, jener armseligen Kamera zugänglich, die an der Realität nicht teilhaben kann. Sie ist auf irgendeine voreingestellte, unflexible und unveränderliche materielle Welt beschränkt – was immer für eine Illusion das sein mag. Dasselbe gilt auch für alle anderen technischen Hilfsmittel, inklusive des größten und leistungsfähigsten Computers, der je gebaut werden wird. Bei jeder Verlagerung des Gehirnmodus trifft man auf eine Schwelle, die ein Paradoxon ist. Nichts auf der einen Ebene kann auf irgendeine Weise das auf der nächsten erklären. Und die Behavioristen mit all ihren Posen und ihrem Draufgängertum schauen durch ihre Dreifach-Linsen auf eine Welt, die sie nicht sehen können – sie schieben Geld hin und her, manipulieren das öffentliche Image, taktieren mit Regierungen und Bildungssystemen. Sie verleihen sich gegenseitig Medaillen für ihre restriktive Dummheit und sind in eine „Einbahn-Welt" eingeschlossen, die zu nichts weiter als zum Tod führt. In jener Welt, die nur der Kamera zugänglich und von ihr für echt befunden wird, muss einem definitiv das Filmmaterial ausgehen.

Die obige Progression führt logischerweise zum nächsten Schritt im möglichen Spiel des Geistes. Ich beziehe mich auf Charles Tarts Erfahrungen in jedem Buch und jedem Workshop und sehe sie in immer weiteren Implikationen. – Das folgende Experiment hat Tart, der als Psychologe an der Universität von Kalifornien in Davis arbeitet, vor Jahren durchgeführt.[85] Jean Houston hat darüber berichtet, und eine Gruppe von Freunden und ich haben es kopiert. Ich werde jetzt den typischen Ablauf von Tarts Experimenten skizzieren und verwende dafür eine reale Episode (von vielen, die stattgefunden haben). Bei dem Experiment geht es um gegenseitige Hypnose.

Man machte zwei Jungakademiker, einen Mann und eine Frau, ausfindig, die in einen Tieftrancezustand gehen und auch andere

Menschen in Trance versetzen konnten (was eine seltene Kombination ist). In vorbereitenden Sitzungen stimmten beide zu, auf Tart eingestimmt zu bleiben und seine Anweisungen zu akzeptieren. (Wie Sie sehen werden, wurde diese Vereinbarung an einem bestimmten Punkt gebrochen). Tart bittet die junge Frau, den jungen Mann in Trance zu versetzen, und sie tut es. Damit das gelingen kann, muss der junge Mann dazu bereit sein; er muss sogar seinen Willen der jungen Frau übertragen. Und er muss seine gewöhnliche Realität aufgeben, um überhaupt in einen Trancezustand hineingehen zu können. Eines der Phänomene das während der Hypnose stattfindet, ist die Verminderung der auf das physisch-sensorische System des alten Gehirns gerichteten Aufmerksamkeit. Auf jenes System wird selektiv entsprechend der Suggestionen des Hypnotiseurs zurückgegriffen. Der größte Teil der bewussten Aufmerksamkeit ist dann im Mittelhirn und im neuen Gehirn konzentriert.

Als Nächstes sagt Tart der jungen Frau, sie solle den jungen Mann bitten, sie in Trance zu versetzen. Wie ihr Partner übergibt sie ihren Willen für das, was real sein soll, dem jungen Mann. Sie beschränkt ihre Aufmerksamkeit auf seine und Tarts Suggestionen und versetzt sich in jenen Schwebezustand. Jeder hat dann seinen Willen für das, was real sein soll, dem anderen überlassen. Jeder ist in einen Schlafzustand gegangen, der mit einer stark reduzierten Aufnahme von Sinneseindrücken verbunden ist. Dann instruiert Tart die Frau, sie solle den Mann in die höchstmögliche Trance versetzen. „Du hast eine goldene Strickleiter", sagt sie zu ihrem Partner, „und du gehst diese Leiter hinauf in immer höhere Trancezustände." Sein unterstützendes Mittelhirn, übersetzt – seiner Hauptfunktion gemäß – das Wort in Bilder. Der Mann begibt sich auf seine innere Reise und stellt sich vor, wie er die Leiter hinaufgeht. Sie haben sich auf ein Zahlensystem verständigt, um das Ausmaß der Trance zu messen, und er gelangt bis zur höchsten Zahl, einem Zustand vollkommener Hingabe an ihre Worte.

Um seinen Zustand zu stabilisieren und zu verhindern, dass er einschläft, bittet sie ihn, sich vorzustellen, dass er sich an einem wunderschönen Strand befände und dort bleiben sollte. Das hält seine Aufmerksamkeitsenergie beschäftigt und veranlasst ihn, in seiner Trance zu bleiben. Da jeder seinen Willen und seine Wünsche dem anderen hingegeben hat, würde jetzt nichts mehr passieren, falls nicht ein Coach in das Geschehen eingreift. Das ist Tarts Rolle. Also bittet Tart sie, den jungen Mann zu instruieren, sie in denselben Zustand zu versetzen. Der junge Mann geht mit ihr durch dieselbe Routine: die goldene Strickleiter, höher und höher hinauf, den wunderschönen Strand, denselben Zustand.

Dann passiert etwas Überraschendes. Das Paar findet sich zusammen auf demselben Strand wieder. Und in jenem Moment erwacht der Strand, der bis dahin nur eine weitere, in Bilder umgesetzte Idee war, zweifelhaft, veränderlich und immateriell wie es jede imaginäre Szene sein würde, zu vollem Leben. Er wird vollkommen real, allen fünf Sinnen zugänglich, dreidimensional und stabil; so real wie jedes andere Ereignis in ihrem Leben. Mit Ausnahme der Tatsache, dass der Strand psychedelisch ist: Die Sandkörner sind Diamanten, das Meer Champagner, Kristallfelsen säumen die Küstenlinie, himmlische Stimmen ertönen über ihnen. Alles ist greifbar, allen Sinnen verfügbar; nicht von irgendeiner anderen Realität zu unterscheiden und dennoch wie keine, die sie je kennen gelernt haben. Sie haben eine Konsensus-Realität erschaffen oder vielmehr die Voraussetzungen geschaffen, damit eine solche Schöpfung Gestalt annehmen konnte (was eine wichtige Einschränkung ist).

Das Träumen scheint mit dem Mittelhirn und seinen Interaktionen mit der rechten Hemisphäre verbunden zu sein. Beim luziden Träumen erreichen wir eine bestimmte Objektivität, und bis zu einem gewissen Maße können wir auf das Traummaterial einwirken. Die Szenen in luziden Träumen werden jedoch isoliert erlebt; sie sind flüchtig und verblassen schnell. Bei der gegenseitigen Hypnose haben wir dagegen zwei Projektionspunkte, die eine gemeinsam erlebte Szene erschaffen. Die Beteiligten stellen untereinander eine Feldwirkung her. Es wird eine Beziehung zwischen den inneren Bildern beider Systeme geschaffen. Denn hieran ist das Mittelhirn beteiligt, und das ist das Gehirn, dem die Intuition und andere geteilte Feldwirkungen zugänglich sind. Diese Gegenseitigkeit verleiht dem, was sonst ein flüchtiges, flach dimensioniertes Bild wäre, Dauerhaftigkeit und seine vollen sensorischen Dimensionen.

Beide an der gegenseitigen Hypnose beteiligten Parteien können später in einen selbst induzierten Trancezustand zurückgehen, und sie werden feststellen, dass diese gegenseitig erzeugten Zustände intakt, in ihren vollen Dimensionen und vollkommen real geblieben sind, eben so, wie sie sie zusammen erlebt hatten. (Weder Dauerhaftigkeit noch voll dimensionierte Strukturen können in individuellen, privaten hypnotischen Träumen erzielt werden.) Auch Monate später sind die gegenseitig erschaffenen Zustände unverändert und stabil. Sie können entweder einzeln durch Selbst-Induktion oder zusammen in gegenseitigen hypnotischen Zuständen abgerufen werden.

Bei einem von Tarts Experimenten kam eine andere junge Hochschulabsolventin ins Labor, während eine gegenseitige Trance stattfand. Sie setzte sich hin, um deren Abschluss abzuwarten, fiel in eine Trance und fand sich in der privaten Welt der Probanden wieder. Die beiden fanden es nicht gut, dass sie da war, und baten sie zu gehen. Tart verlor den Kontakt zu den beiden jedes Mal, wenn sich ihr gegenseitiges Traumbild formierte. Denn an jenem Punkt verwendeten sie nicht länger ihren physischen Körper für die Kommunikation und verloren folglich die Verbindung zu Tart. Sie waren dann in ihrem so genannten Traumkörper oder „feinstofflichen Körper" (davon später mehr). In diesem Zustand erschienen nur ihre Köpfe und Hände vollständig; ihre Körper blieben leicht durchscheinend, etwas durchsichtig, nicht ganz materiell, trotz der soliden Körperlichkeit ihrer traumähnlichen Umgebung. (Der physische Körper der beiden war vornüber gebeugt, anscheinend im Tiefschlaf und auf Automatik geschaltet, während ihre Besitzer abwesend waren). Schriftliche Berichte, die nach den Experimenten getrennt verfasst wurden, stimmten in jedem Fall Punkt für Punkt überein.

Zwei Menschen, die zusammen Drogen nehmen, treten häufig in dieselbe ungewöhnliche Realitätserfahrung ein. Eine dritte Person, die nicht unter Drogen steht, sich jedoch in physischer Nähe zu den beiden befindet, fällt unter Umständen in denselben Zustand und teilt ihre Erfahrungen. In den Jahren, als ich mit meinem Meditationslehrer Muktananda lebte und arbeitete, hatte ich mehrere auffallend reale Erfahrungen, durch die ich in Form von klaren, greifbaren sensomotorischen Bildern eine Lektion vermittelt bekam, die ich vorher mittels verbaler oder schriftlicher Beschreibungen nicht hatte begreifen können. Jegliches Lernen findet vom Konkreten zum Abstrakten hin statt. Sufis und Yogalehrer verwenden diese praktische Methode, um Schüler über Zustände, Prozesse oder Funktionen zu unterrichten, die über gewöhnliche sensorische Wege nicht verfügbar sind.

Im Jahr 1983 wurden Berichte über das Träumen in großen Gruppen veröffentlicht.[86] Alle, die an diesem Experiment teilnehmen, müssen das luzide Träumen sehr gut beherrschen. Bis zu zehn Personen gleichzeitig einigen sich auf ein Ziel, einen Treffpunkt wie etwa einen Bus und auf eine spezifische Zeit. Während ihrer Begegnung im Traum tauschen sie spezifische Informationen untereinander aus. Diese werden dann dadurch überprüft, dass sie geweckt werden, die erhaltenen Informationen aufschreiben und einen Bericht über das Ereignis abfassen. Eine der beteiligten Personen merkte an, man könne daraus doch ein Verfahren entwickeln, um die Träume anderer Menschen zu belauschen. Es könnte jedoch sein, dass zwischen den gewöhnlichen „psychischen Blähungen", aus denen die meisten Träume bestehen, und echtem luzidem Träumen eine eklatante Modalitätsverschiebung stattfindet.

In allen hier aufgelisteten Fällen, einschließlich des Seiltrickmanövers des Fakirs, sind die Erfahrungen nicht unsere eigenen Schöpfungen, ja nicht einmal bei einem luziden Traum, der scharf kontrolliert wird. Die Erfahrungen werden uns gegeben und wir sind die Empfänger, aber sie werden uns nur dann gegeben, wenn wir die Bedingungen für jenes Geben und Empfangen schaffen. Unsere Fähigkeit, dann in jene Schöpfung einzutreten und ihre Richtung zu beeinflussen, ist von entscheidender Bedeutung, denn das ist der nächste Schritt. Diese Fähigkeit der Teilhabe führt schließlich zu einer Verschmelzung mit dem kreativen Prozess – dazu, dass wir zu jener Kraft werden, die das Ziel menschlicher Reifung ist.

Die Fähigkeit, außerhalb zu stehen und auf unsere konzeptuellen und wahrnehmungsbezogenen Instrumente einzuwirken, bringt uns in einen Bereich von Kreativität hinein, der keiner Vermittlung durch physische Mittel bedarf. Dann kann der Geist außerhalb seines eigenen Gehirnprozesses Erfahrungen machen, was der logische nächste Schritt in der Gesamtprogression von Trennungen und dem Eintritt in eine

## Formale Operationen

immer noch subtilere, nicht strukturierte Kraft ist. Bis zur Pubertät ist der Geist ein Reflektor des Gehirns und das Gehirn ist der Übersetzer, der seine Übersetzungen auf die Leinwand des Geistes projiziert. Jetzt bereitet sich der Geist darauf vor, diese Vermittlungsinstanz zu umgehen und eigenständig, unmittelbar aus den kreativen Möglichkeiten heraus, wahrzunehmen. Der Geist wird so zu einem Zwei-Wege-Spiegel werden, bei dem die eine Seite auf den physischen Prozess hin ausgerichtet ist und die andere auf den inneren Bereich der Schöpfung. Das ist der Beginn der postbiologischen Entwicklung.

Es wird äußerst infantil, töricht und unsinnig klingen, zu behaupten, dass der Fakir und sein Seil, Tarts junge Menschen am Strand, die luziden Gruppenträume oder meine von meinem Lehrer herbeigeführten Meditationserfahrungen eine fortgeschrittenere evolutionäre Funktion darstellen als unsere von Supercomputern gesteuerten Raketen, die auf dem Mond und anderen Planeten landen. Doch unabhängig davon, wie außerordentlich komplex und raffiniert sie sein mag, die Manipulation eines physikalischen Prozesses mit Hilfe der Modulation durch einen anderen bewegt sich nie über die physikalische Funktion – den elementarsten und primitivsten Modus, den wir besitzen – hinaus. Es spielt keine Rolle, dass Technologie der Ausdruck von brillantem Intellekt ist – jener Intellekt bringt uns zu unserem primitivsten Prozess zurück und verwendet die Macht des neuen Gehirns für konkrete Ebenen. Das Kind, das eine Metallstange verbiegt, öffnet sich einem geistigen Bereich, der weit über jene Raketenexplosionen hinausgeht, und in jenen inneren Bereich sollen wir von unserer Geburtsbestimmung her gehen. Keine noch so ausgefeilte physische Manipulation kann eine einzige menschliche Psyche in seine nächste Matrix mitnehmen – jenem nicht physikalischem Modus, in dem wir uns bewegen können müssen, wenn unser physischer Apparat – wie eine abgebrannte Rakete – allmählich versagt.

# 10
# Macht und Möglichkeit

Unsere Entwicklung in den ersten fünfzehn Lebensjahren ist eine Reihe von Verschiebungen hin zu größerer persönlicher Macht und Möglichkeit. Wir beginnen im sensomotorischen Modus, wenn wir herumkrabbeln, mit einem Objekt nach dem anderen in Beziehung treten und uns mit jenen Objekten identifizieren. Sobald sich dieser schwache und äußerst beschränkte Modus stabilisiert hat, verlagert die Natur unsere Aufmerksamkeit zu unserem Traumgehirn, und es offenbart sich neue Macht. Wir überformen unsere sensomotorischen mit inneren Bildern und spielen in der so entstandenen modulierten Bilderwelt. Im Alter von etwa vier Jahren verlegen wir uns auf das neue Gehirn als unserem Sitz und entwickeln eine analoge Sprache von Symbolen und Metaphern, die sensomotorische Bilder in abstrakte umwandeln kann und umgekehrt. Zur gleichen Zeit entwickeln wir unsere Intuition; das heißt, Wahrnehmungen außerhalb der unmittelbaren sensomotorischen Stimuli, die nicht in Raum und Zeit verankert sind. Wir verbinden unsere drei unterschiedlichen Wahrnehmungsmedien – konkrete Bilder, Traumbilder und abstrakte Bilder – zu einer Einheit. Der sich aus dieser Verbindung ergebende Zustand verleiht uns mehr Macht als die vorhergehenden.

Im Alter von sieben Jahren sind wir dann allmählich in der Lage, ein inneres Bild herzunehmen, und statt einfach das äußere Bild zu überlagern, um eine Spiel-Realität zu erschaffen, durch die Überlagerung das konkrete Objekt tatsächlich zu verändern. An jenem Punkt wird die Quelle des sensomotorischen Bildes selbst verändert und damit auch unsere sensomotorische Realität. Über Feuer zu laufen oder Metall zu verbiegen erfordert Zugang zu einer Energie, die größer ist als jene, durch die die chemisch-molekularen Strukturen von Feuer und Fleisch oder Metallstäben normalerweise aufrechterhalten werden. Eine schwächere Energie kann eine stärkere nicht modulieren.

Mit ungefähr elf Jahren sind wir dann in der Lage außerhalb all unserer verschiedenen Wahrnehmungsweisen zu stehen und mit den Modulationen zu spielen, die zwischen diesen Systemen möglich sind. Wir können dann Kunstformen oder logische Systeme wie Mathematik, Philosophie oder Religion entwickeln. Unser Bewusstsein hat sich jetzt von unserer ursprünglichen, sensomotorischen Identität zu einem abstrakten geistigen Prozess ausgeweitet, der keinen Bezugspunkt außerhalb seiner selbst benötigt. Wir können dann innere sensorische Welten erschaffen und in sie eintreten. Das geht sehr weit über unseren frühesten Krabbelzustand hinaus. Unsere Macht und unsere Möglichkeiten haben sich mit jeder neuen Entwicklungsphase quantensprungartig erhöht. Aber woher kommt diese Macht?

Ziehen Sie zunächst in Betracht, dass die stoffliche Welt, so wie wir sie kennen, der äußere Ausdruck einer inneren Projektion ist, die über die Primärgehirne vollzogen und auf die Leinwand unseres Geistes projiziert wird. Das Einzige, dessen wir uns je bewusst sein können, ist, dass wir unter Einsatz unseres sensorischen Systems mit Wahrnehmungen in Kontakt treten, von denen wir wissen, dass sie eine Produktion unseres Inneren sind, ein Spiel zwischen den drei Gehirnen und dem Geist. Wir nehmen die Welt wahr, aber diese Wahrnehmung wird uns gegeben – und Wahrnehmung ist Schöpfung. Wir können nicht behaupten, dass wir die physische Realität mittels unseres Bewusstseins dieser Realität erschaffen, noch können wir davon ausgehen, dass physische Ereignisse außerhalb unseres Bewusstseins derselben stattfinden. Das Ereignis, das wir als Realität kennen, ist eine Dynamik zwischen Möglichkeit und Verwirklichung. Die Schöpfung kann nicht durch intellektuelle Prämissen festgelegt oder in Stücke zerteilt werden. Die Dynamik ist unsere Realität und unsere Fragen sollten sich auf das Wesen und den Prozess dieser kreativen Dynamik konzentrieren, die unser Bewusstsein ausmacht.

Der gesunde Menschenverstand spricht von einer geteilten Reaktion auf Sinnesreize. Er verlangt von uns, dass wir erkennen sollten, dass die

Quelle unserer physischen Stimuli außerhalb von uns liegt, und das ist sicherlich auch so. Doch diese Externalisierung ist ebenfalls ein Produkt unseres Gehirn-Geist-Systems. Das Gehirn platziert Stimuli je nach der logischen Notwendigkeit. Einige sensorische Informationen werden als äußere Ereignisse platziert, andere als innere Phantasien. Unter gewissen Umständen können wir unsere Medien vermischen und eine allgemeine Wahrnehmung teilen, die aus unserem Innern heraus entsteht. Der Fakir mit seinem Seiltrick, Gruppen in „gegenseitigem Träumen", die Lernerfahrungen, die mir in der Meditation vermittelt wurden – all das sind einschlägige Beispiele dafür. Hauptsächlich bewegen wir uns jedoch in einer gemeinsamen stofflich-materiellen Welt, und die Geschichte der Naturwissenschaften ist durch das Bemühen geprägt, herauszufinden, worin diese vernunftbestimmten Systeme bestehen. Sogar die von Naturwissenschaftlern erforschten Gegebenheiten sind jedoch Ausdrucksformen unseres dreifachen Gehirns, und die Beziehung zwischen innerem und äußerem Bild bestimmt unsere gesamten Erfahrungen.

In unserem sich ständig erweiternden wissenschaftlichen Modell der Welt können wir viele Parallelen zwischen der physikalischer Energie und persönlicher Macht finden. Vor etwa dreihundert Jahren sagte Isaac Newton recht beiläufig, dass Materie und Energie austauschbar seien. Später hat Henri Poincaré diese Austauschbarkeit in Form einer mathematischen Gleichung festgehalten. Albert Einstein hat Poincarés Arbeit aufgegriffen, die Gleichung als $E = MC^2$ neugeschrieben und bekommt jetzt die volle Anerkennung für diese Idee.[87] Im Jahr 1940, als ich in der achten Klasse war, schrieb unser Physiklehrer die Formel Energie = Materie an die Tafel. Dabei hielt er ein winziges Stück Kohle hoch und erklärte, dass sich der Atomtheorie zufolge in diesem winzigen Stück genügend Energie befände, um eine Dampfmaschine, wie sie in einem Güterzug zu finden sei, ein ganzes Jahr lang anzutreiben. Dann lachte er sich halbtot, und wir stimmten in das Gelächter ein, denn das war zweifelsohne die dümmste Aussage, die wir je gehört hatten.

Es gab 1940 nur wenig Menschen, die die Theorie der Atomenergie verstanden oder an sie glaubten. Einstein äußerte sich abschätzig über Enrico Fermis Vorschlag, der uns schließlich die Atombombe gab. Und Fermis Arbeit gründete sich nicht, wie allgemein angenommen, auf

Einsteins Theorien. Im Jahr 1945 ließen wir einige von Fermis geistigen Produkten fallen und löschten innerhalb von Sekunden das Leben Hunderttausender Japaner aus. Von jenem Zeitpunkt an wusste jedes Schulkind, dass Energie und Materie tatsächlich austauschbar sind.[88] Durch die Behauptung der Kernphysik, dass die meiste Energie in den allerkleinsten Materiepartikeln zu finden sei, fühlte sich unser logisches Denkvermögen gekränkt, doch die *Quanten*-Physik hatte noch weitaus größere Kränkungen auf Lager. Wahrhaft *große* Energie, so deuteten die Beweise aus der Quantenmechanik an, stammt überhaupt nicht aus Materie, sondern aus den leeren Räumen zwischen den Materiepartikeln. Brechen wir ein Atom, unsere kleinste Einheit, auf, dann erhalten wir den größten (bisher bekannten) Urknall. Doch in der räumlichen Ausdehnung eines Atoms oder außerhalb davon, so sagten die Quantenphysiker, seien noch weitaus größere Energiefelder zu finden. Das meiste stammt nicht aus dem Geringsten, sondern aus überhaupt nichts.

Zu Beginn unseres Jahrhunderts hatten Physiker etwas entdeckt, von dem sie annahmen, dass es die Elementarteilchen seien, aus denen alle Atome, Moleküle, Zellen und Körper aufgebaut seien. Sie fanden heraus – und dies war eine enorme Kränkung für unsere Logik –, dass sich diese subatomaren Existenzformen unter gewissen Umständen im Labor so verhielten, wie es ein Teilchen eigentlich sollte, unter anderen verhielten sie sich jedoch wie eine Energiewelle. Energie zeigt sich je nach Experiment entweder als Partikel (Teilchen) oder als Welle, und das widerspricht jeder klassischen Logik.

Heute erkennen Physiker an, dass ein Wellen-Energiefeld die Grundlage für alle Energieteilchen bildet. Ein *Feld* ist ein nichtverortetes, nicht zu lokalisierendes Energiekontinuum. Um lokalisiert oder platziert zu werden, muss sich die Energie als Ding, als spezifisches, einzelnes Ereignis manifestieren. Das Feld hingegen umfasst die Bandbreite an Möglichkeiten für das *Ding-Sein* bzw. für die Manifestation, die jener Energie-Ausdruck beinhaltet. Damit es sich als Ding oder Ereignis manifestieren kann, werden alle für jenes Feld geeigneten Variablen eliminiert; und man sagt, dass das Feld in das dann zum Ausdruck gebrachte Teilchen-Ereignis „hineinkollabiert". Die Teilchen erweisen sich als eingeschränkter als die Wellenformen, weil sich das offene Potential zu jener einzelnen Konfiguration hin verschlossen hat.[89]

## Macht und Möglichkeit

Die etwa fünfzig Phoneme, die jeder menschlichen Sprache zugrunde liegen, können als Feld geeigneter Variablen angesehen werden. Wenn ein Kind auf das vorgegebene Sprachmodell geprägt wird, dann verengen sich die Variablen, die innerhalb des Feldes möglich sind, auf jene spezifische Konfiguration. Ohne das Modell behält das Feld sein Potential, hat aber keine Existenz. Sobald es in Form einer spezifischen Sprache zum Ausdruck kommt, verschließt sich das Feld, ist aber dennoch immer auf irgendeine Weise als Substrat vorhanden, aus dem der Ausdruck hervorgeht. Auf dieselbe Weise sagen die Quantenphysiker, dass die Welle in die Teilchenform hineinkollabiert, das Teilchen aber dennoch als seine eigene Wellenform resoniert. Die Welle-Teilchen-Möglichkeit zeigt sich, je nach der von uns gewählten Versuchsanordnung, in der einen oder anderen Form.

Das Elektron kreist zum Bespiel nicht in einem Orbit um den Atomkern herum, wie ein Planet um die Sonne kreist; es resoniert vielmehr als kreisendes Wellenfeld um einen Kern herum, der darüber hinaus auf seiner eigenen Ebene ebenfalls Ausdruck einer Wellenform ist. Unter gewissen Umständen kann jenes kreisende Wellenfeld als Teilchen beobachtet werden; allerdings müssen wir die Voraussetzungen schaffen, unter denen sich jene Beobachtung manifestieren kann. Wir können ein Teilchen als Ding ansehen, das von seiner Wellenform getrennt ist und so Existenz in einer messbaren Zeit und einem messbaren Raum hat. Das Teilchen ist der verortete Ausdruck des nichtörtlichen Wellenfeldes. Vom Wellen-Standpunkt aus besitzt unsere Sprache oder Logik keine Gültigkeit, da diese auf unserer Erfahrung mit spezifizierten Ausdrucksformen von Energie beruhen. Die Wellenform ist dagegen kein Ding und existiert auch nicht als messbares Raum-Zeit-Phänomen. Dennoch hat die Wellenform an allen Dingen Anteil; sie geht ihnen voraus und erzeugt all jene Spezifizierungen, die mit Raum und Zeit zusammenhängen.

Alle uns bekannten Phänomene sind die Ergebnisse von Energie-Interaktionen solcher Art. Die ersten Energie-Interaktionen, die uns zur Verfügung stehen, wenn wir in diese Welt hineingeboren werden, sind Teilchen in einer bestimmten Form, nämlich der sensomotorischen. Dieser physische oder konkrete Zustand ist die eingeschränkteste, kontrahierteste Form von Energie, und da unser Bewusstsein durch solche

Stimuli hervorgebracht wird, haben wir keine andere Wahl, als uns mit dem kontrahierten Zustand als unserem ersten Wesensausdruck zu identifizieren.

Wenn sich diese konkrete Erfahrungsebene gegen Ende unseres ersten Lebensjahres stabilisiert hat, dann ist unser Bewusstsein frei für weitere Entwicklungen. Wir konzentrieren uns dann auf das träumerische Mittelhirn mit seiner Fähigkeit, überaus fließende, flexible Bilder zu übersetzen. Das erschließt uns eine fließendere, flexiblere Realität. Das Mittelhirn übersetzt subtile Energie; Wellenformen, die der eingeengten, konkreten Bildersprache des alten Gehirns eine sinnvolle Form verleihen. Diese formende Kraft lässt sich jedoch weder mit Instrumenten messen noch ist sie unserer gewöhnlichen sinnlichen Beobachtung zugänglich, da unsere Beobachtungsgabe das Ergebnis des Prozesses ist, den wir uns anzuschauen versuchen, und die Instrumente, die wir verwenden, stoffliche Eigenschaften haben. Die flexible Bilderwelt des Mittelhirns ist nicht verortet, nicht irgendwo platziert; sie kann sich jedoch über die kontrahierten Bilder des alten Gehirns legen, um so eine flexible Realität zu schaffen. Das Mittelhirn erschließt uns das Feld von Variablen, das sich für die Modulation physischer Phänomene eignet. Wir beginnen mit dieser Überlagerung von Bildern irgendwann um das zweite Lebensjahr. Sie ist eine Bewegung über den eingeschränkten Teilchen-Ausdruck hinaus zu einem weiteren Bereich an Möglichkeiten und einer größeren Freiheit des Bewusstseins. Durch Phantasie, Geschichtenerzählen und Spiel wird das Kind dazu getrieben, immer weniger eingeschränkte Bewusstseinsweisen zu entwickeln und den Umgang mit immer fließenderen Erfahrungsformen zu erlernen.

Wir wissen, dass unsere Augen nur einen kleinen Teil des Lichtwellenspektrums registrieren. Desgleichen registrieren wir mit unserem eingeschränkten Reptil-Säugetier-Sinnessystem nur einen kleinen Teil eines möglichen Energiefeldes. Wie die Physiker Kafatos und Nadeau herausgestellt haben, ist ein Feld (als Kontinuum geeigneter Variablen) logisch betrachtet dem Konstrukt der Materie als abgetrennter, in Raum und Zeit verankerter Einheit entgegengesetzt. Folglich ist es in der Physik so, dass wir, „… wenn wir den Feldaspekt eines Phänomens verstehen möchten, wir nichts über seine Abgetrenntheit (als Materie) wissen können und umgekehrt". Auf dieselbe Weise kann sich die Intelligenz-Blaupause als Möglichkeitsfeld nur in getrennten, abgesonderten Ereignissen zeigen, und das geschieht gemäß den vorgegebenen Modellen für diese Trennung. Die Blaupause verschließt sich als offenes Potential für den Ausdruck jenes Modells. Sollten wir uns jedoch nur auf diesen geschlossenen Ausdruck beziehen, so wären wir auf einen extrem kontrahierten Bewusstseinszustand beschränkt, der Verzweiflung in uns auslösen würde. Worum es bei der Entwicklung von Intelligenz geht, ist, über diese Entweder-oder-Spaltung, wie sie sich in der Physik, ja sogar der Quantenphysik zeigt, hinauszugehen. Sehen Sie sich Materie und Energie an. Beide werden benötigt, um ein beliebiges Ereignis zu verstehen, und dennoch verdrängt im konkreten Fall die eine die andere. In der Quanten-Welt spaltet sich, wie Kafatos und Nadeau herausstellen, die Beschreibung eines Zustands in zwei einander ausschließende, sich jedoch ergänzende Klassen, da beide benötigt werden, um den Zustand des Systems vollständig zu beschreiben. Dieses Komplementaritätsprinzip ist gleichermaßen auf die menschliche Entwicklung anwendbar. Der innere Zustand von Macht und Möglichkeit ist zu den äußeren, realisierten Modellen jener möglichen Macht komplementär. Beide werden für die Entwicklung benötigt und beide sind notwendig, um zu erklären, wer wir wirklich sind.

Vom Standpunkt der Teilchen-Realität aus bedeutet die Abwesenheit von Teilchen einen Vakuum-Zustand, einen Zustand des Nichts. Die klassische Physik ist mit Recht davon ausgegangen, dass in einem Vakuum keine Energie existieren könne. Das Teilchen wird vom Wellenzustand als getrenntem Ding abgesondert. Ein Vakuum enthält keine Teilchen und enthält so auch nicht die Energie, die den Dingen innewohnt. Auf der anderen Seite ist es so, dass ein Vakuum innerhalb seines Kontinuums keinerlei Einschränkungen unterliegt, da nichts in oder von ihm abgetrennt wird. Es findet keine Kontraktion seines Potentialfeldes statt. Wenn es dagegen zu existieren beginnt, wird es abgetrennt. Ein Ereignis zu realisieren bedeutet, aus dem Kontinuum von Variablen auszuwählen und es damit zu schließen. Existenz *(ex-sistere)* kommt einer Ent-Scheidung gleich, die gleichzeitig ein Abschneiden von Variablen ist. Wir schränken das Potential auf den begrenzten, aber spezifischen Ausdruck jener Energie ein. So wird jede Erscheinung um den Preis des offenen Kontinuums möglicher Erscheinungsformen erkauft. Das Feld „kollabiert" in jene spezifische Gegebenheit „hinein". Vom Standpunkt eines Quantenenergie-*Potentials* aus bedeutet die Abwesenheit von Materie automatisch eine Befreiung des dem Feld innewohnenden Potentials. Je vollkommener das Vakuum, umso größer das Potential.

Des Weiteren ist es so, dass je kompakter die Welle ist, je näher zueinander sich ihre Gipfel und ihre Täler befinden, umso größer die jenem Wellenspektrum innewohnende Macht sein wird. Lange, langsame Wellen (wie Photonen) sind schwächer als schnelle. Max Planck schätzte, dass Wellen sich auf eine endgültige, nicht weiter reduzierbare Länge von $10^{-34}$ Zentimetern verkleinern können (was weniger als überhaupt nichts ist.) Nehmen Sie die Zahl 1, lassen Sie ihr vierunddreißig Nullen *minus* Zentimeter folgen, und Sie erhalten die geschätzte Größe der endgültigen Wellenformen, bevor die Verdichtung abgeschlossen ist und sich keine Bewegung mehr zeigt. An diesem Punkt der Verdichtung, der Plancksche Konstante genannt wird, enthält ein einziger Kubikzentimeter leeren Raums geschätzte $10^{93}$ Energie-Einheiten. Auch wenn es sich dabei um rein potentielle Energie handelt, so ist das von einem physikalischen Standpunkt aus weitaus mehr Energie als diejenige, die aus sämtlicher realisierten Materie innerhalb des gesamten vorstellbaren Universums mit seinen ungezählten Milliarden von Galaxien errechnet werden kann.

Erinnern Sie sich an die Geschichte aus dem Jahr 1940, als mein Lehrer aus der achten Klasse davon sprach, wie man denn eine Dampfmaschine ein Jahr lang mit einem winzigen Klumpen Kohle betreiben wolle. Die Aussage der Quantentheorie, dass ein winziger leerer Würfel mehr potentielle Energie enthält als sämtliche Materie im Universum zusammengenommen, ist einfach eine logische Erweiterung der früheren Vorstellung von den Atomen. Wenn wir das Ganze auf den Kern der Sache reduzieren, dann nimmt die Energie zu. Um jedoch zur Quelle jener Energie zu gelangen, müssen wir so lange reduzieren, bis wir über den Materiekern zum Leeren, zur Nicht-Dingheit gelangen – wo die Energie dann unendlich ist und sich der Berechnung entzieht. Physiker versuchen eilends zu erklären, dass es sich dabei nur um potentielle Energie handele, die nicht als solche zur Verfügung steht.

Wie wir jedoch sehen werden, ist die Energie nur dann nicht verfügbar, wenn wir einer Logik anhaften, die aus der physischen Materie abgeleitet ist. Die Energiefelder sind nicht rein potentiell; innerhalb ihrer eigenen Logik *sind* sie einfach; sie existieren. An einem bestimmten Punkt in unserer Entwicklung sollen wir von dieser Orientierung, die alles NichtPhysische als „rein potentiell" ansieht, zu einer anderen übergehen. Das heißt, wir müssen von der primitiven Sichtweise weggehen, die nur dann Möglichkeiten verstehen bzw. begreifen kann, wenn sie einer physischen Anwendung zugänglich sind. Unsere erste Entwicklungsphase stellt die physische Verwirklichung in den Mittelpunkt des Lebens, und das geschieht zu Recht. Sobald diese physische Orientierung jedoch stabil ist, sind wir aufgefordert, uns an dem Energiefeld selbst als unserem Fokus zu orientieren, und zu erkennen, dass die physische Verwirklichung nur eine temporäre Plattform oder ein vorübergehendes Trainingsfeld ist, von dem aus wir uns über so begrenzte Formen hinausbewegen können.

Einstein mochte die Quantenmechanik nicht, und hat sie mit zwei Mathematikerfreunden, Rosen und Podolsky, mathematisch widerlegt, indem er einen Grundwiderspruch, ein echtes Paradox, innerhalb ihrer Bedingungen aufzeigte. Nahezu dreißig Jahre später, im Jahr 1964, entwickelte der Mathematiker und Physiker John Bell ein Theorem, das zeigte, dass Einsteins Paradoxon viel mehr *für* die Gültigkeit der Quantenmechanik sprach als dagegen. Acht Jahre später erbrachte John Clauser, der damals an der University of California forschte, unter Verwendung seiner eigenen Variation im Labor den ersten aussagekräftigen Beweis für die Richtigkeit des Bellschen Theorems. Seit jener Zeit hat eine stete Folge von Experimenten sowohl die Gültigkeit von Bells Theorem als auch diejenige der Quantenmechanik bewiesen. Viele Physiker haben sie als bedeutendste Entdeckung der westlichen Wissenschaft bezeichnet.[90]

Das Bellsche Theorem weist gleich eine ganze Reihe von Paradoxien auf, und es scheint so, als ob die gesamte Naturwissenschaft einen Wandel in ihrer Logik vollziehen müsse. Zum Beispiel: Werden zwei Energieteilchen als Teile eines aufeinander bezogenen Systems einander angenähert und dann aus dieser physischen Beziehung getrennt und in entgegengesetzte Richtungen geschickt, wobei sie sich nahezu mit

Lichtgeschwindigkeit voneinander entfernen, und wird dann der Spin oder die Polarität des einen Teilchens durch einen Eingriff verändert, so wird sich gleichzeitig der Spin oder die Polarität des anderen Teilchens in derselben Weise ändern.

Wir nahmen an, dass nichts die Lichtgeschwindigkeit übertreffen könne und die Teilchen sich mit Lichtgeschwindigkeit voneinander wegbewegen würden. Doch wenn eines verändert wird, dann spiegelt das andere Teilchen jene Änderung ohne Zeitverzögerung wider. Das deutet an, dass irgendeine Art von Kommunikation außerhalb der Beschränkungen von Raum und Zeit stattfinden muss. Des Weiteren zeigen mathematische Extrapolierungen von Labortests, dass die Teilchen, selbst wenn sie sich ein ganzes Universum auseinander bewegen sollten, einander immer noch gleichzeitig spiegeln werden, sobald sie einmal als Teil eines geschlossenen Systems in räumliche Nähe zueinander gebracht wurden.

Erinnern Sie sich daran, dass, wenn wir zwei lebende Herzzellen weit voneinander getrennt unter den Objektträger eines Mikroskops legen, sie willkürlich pulsieren. Bringen wir sie näher zueinander, dann werden sie an einem bestimmten Punkt die Kluft zwischen ihnen überbrücken, miteinander kommunizieren und synchron pulsieren. Sie schaffen ein Band, das aus der Beziehung zwischen den beiden Zellen entsteht; eine Beziehung, die anfangs abhängig von der Nähe – wenn auch nicht dem unmittelbaren Kontakt – ist, jedoch dann außerhalb aller physischen Einschränkungen Bestand hat. Die Bindung ist nicht auf Raum und Zeit beschränkt, hat aber an beiden teil. Auf dieselbe Weise verbinden sich die Teilchen im Bellschen Theorem dadurch, dass sie auf der physischen oder verorteten Ebene in Kontakt miteinander kommen, und das Band, wurde es einmal geschaffen, außerhalb der Grenzen der Verortung hält. Das Band wird innerhalb des Wellenfeldes geschaffen, aus dem die Teilchen hervorgehen. Raum und Zeit einer Teilchennatur sind innerhalb des Wellenfeldes nicht anwendbar. Der nichtörtliche Zustand ist nicht den Einschränkungen oder Gesetzen des verorteten, physischen Zustands unterworfen. Aber die Bindung kann *im* Wellenzustand nicht betrachtet werden, da sie sich auf Teilchenformen bezieht. Ohne die Teilchen und ohne die physischen Formen, die voneinander getrennt sind, ist die Bindung bedeutungslos. Die

Bindung ist die Dynamik oder hat an der Dynamik zwischen beiden Zuständen teil. Sie ist die Beziehungsdynamik, die Kraft, die scheinbar Getrenntes zu dem ihr zugrunde liegenden Einheitszustand verbindet. Die Bindung ist die Kraft, die sowohl Teilchen- als auch Wellenfeld umfasst und an ihnen teilhat, und so in die sich aus ihnen ergebenden materiellen Konfigurationen eingeht.

Das allgemeine Komplementaritätsprinzip in der Physik zeigt, dass wir entweder den einen Zustand haben oder den anderen, etwa den physischen oder den feinstofflichen. Dennoch müssen wir beide haben, um eine Situation vollständig erklären zu können. Die vollständige Erklärung, die das Paradoxon von Entweder-oder überspringt, ist das Bindungsprinzip. Die Bindung steht über allen und jenseits aller Komplementaritätsprinzipien. Durch dieses Band bewegt sich unser Bewusstsein von der Beschränkung der verwirklichten Formen in das offene und fließende Potential des Wellenfeldes hinein, nicht als „Material" für den Gebrauch im eingeschränkten physikalischen Modus, sondern als Grundlage für das nicht eingeschränkte Bewusstsein, der Freiheit *von* der physischen Form. Welle und Teilchen schließen einander aus, sind aber dennoch durch die Bindung gleichermaßen verfügbar. Das Komplementaritätsprinzip, das sich in unserer Entwicklung ausdrückt, ist, dass wir beide Zustände sind und dass beide verfügbar sind, wenn die Bedingungen zutreffen.

Wie es bei der Intuition der Fall ist, so kommunizieren die Teilchen dem Bellschen Theorem zufolge außerhalb von Raum und Zeit. Raum und Zeit, die das riesige Universum um uns herum entstehen lassen, erweisen sich lediglich als oberflächliche Zurschaustellungen eines weitaus größeren, darunter liegenden Kontinuums. Es bleiben jedoch noch zwei Fragen zu kären: Woher stammt die anfängliche Wellenform von $10^{-34}$ Zentimetern? Und woran liegt es, dass die Welle jedes Mal in dieselbe Konfiguration „hineinkollabiert", um ein stabiles Universum zu schaffen? Mein Köper ersetzt zum Beispiel mit Ausnahme der Herz- und möglicherweise der Gehirnzellen alle sieben Jahre seinen gesamten Zellbestand, einschließlich meiner Knochenzellen; und er ersetzt innerhalb eines Jahres jedes Atom innerhalb dieser Zellen. Dennoch bleibt meine physische Gesamterscheinung im Wesentlichen dieselbe – zumindest mehr oder weniger (das heißt mehr Falten, weniger Haare und so weiter).

Wie kollabieren also die Wellen, die meinen Teilchen zugrunde liegen, in diese mehr oder weniger gleich bleibende lokalisierte Form hinein, so dass ich als dieser Körper weiterbestehe (so lange ich es eben tue)?

Erstens, wenn jedes Teilchen aus seiner eigenen kleinen Privatwelle ausstrahlen würde, die bis zu ihrem eigenen kleinen Endpunkt von Verdichtung, jener Quelle der Planckschen Konstante, verkleinert würde, dann wäre das Bellsche Theorem nicht anwendbar und wir hätten nur Chaos, eine willkürliche Überfülle an unverbundenen Teilchen. Die Logik der Quantenenergie-Bewegung zwingt uns zu der Schlussfolgerung, dass das Phänomen der Wellenfelder von einer einzigen Quelle ausgeht. Plancks Konstante einer Welle von nur $10^{-34}$ Zentimetern markiert nicht den Endpunkt, sondern das erste Auftauchen kreativer Energie. Der Ursprungspunkt muss offensichtlich jenseits jener ersten Manifestation liegen, und jener Ursprungspunkt ist der Zustand von Gegenseitigkeit, der allen Manifestationen innewohnt. Er ist auch der Punkt, von dem jegliche Bindung ausgeht – der gemeinsame Bezugspunkt, der die Beziehungen aller schließlich auftauchenden Erscheinungen in eingeschränkter Form herstellt.

Die Weisen aus alter Zeit hatten aussagekräftige Modelle für diesen kreativen Prozess, und Physiker stellen schon seit einiger Zeit fasziniert fest, dass es auffallende Parallelen zwischen diesen ältesten und den neuesten Systemen gibt. Die Kosmologie der Yogis stellt die Schöpfung als von einem einzigen Bewusstseinspunkt ausgehend dar, der dann ein vielgestaltiges Universum produziert. Die Yogis behaupteten, dass diese eine Pulsation sich in Form von vier „Welten" darstelle: (1) der anfängliche, unbewegliche Punkt, von dem jegliches Handeln ausgeht; (2) eine kausale Welt rein potentieller Energie; (3) eine subtile Welt, die der unmittelbare Vorläufer der physischen Welt war und in diese als eine Art geistigem Doppel zurückspiegelt, und (4) abschließend die physische Welt. Die Yogis sagten, dass jede der Welten in uns als Körper repräsentiert sei. Innerhalb des physischen Körpers befindet sich ein feinstofflicher; innerhalb des feinstofflichen ein Kausalkörper und innerhalb des Kausalkörpers ein Supra-Kausalkörper, der jenem unbeweglichen Zustand gleichkommt, dem alles entspringt.

Des Weiteren drückten die Yogis diese Körperwelten als vier Bewusstseinszustände aus: einem Wachzustand, der mit dem physischen Körper und der Welt in Verbindung stand; einem Traumzustand, der mit dem feinstofflichen Körper und der subtilen Welt verbunden war, und einem Tiefschlafzustand, der mit dem Kausalkörper und der kausalen Welt assoziiert wurde. Jenseits all dieser sei der Zustand unseres stillen Zeugen, der ursprüngliche unbewegliche Punkt, von dem aus die anderen Seinsweisen lediglich beobachtet werden.

Sie nannten diesen vierten Zustand den Sitz des *Selbst*. Das Selbst ist eine einzelne, unteilbare Bewusstseinseinheit, die sich durch diese drei Aktionsweisen ausdrückt. Von der schwächsten, der physischen, bis hin zur allumfassenden Kraft des endgültigen, unbeweglichen Bewusstseinspunktes, des Selbst, gibt es nur eine einzige, fließende Aktion kreativer Energie. Diese Energie ist ein einziger Bewusstseinsimpuls und kann sich daher nicht teilen. Dennoch schaffen eine Reihe von Kontraktionen die Illusion von unendlichen Divisionen oder Trennungen, und das Selbst erforscht das Spiel oder die Entfaltung seiner Einzigartigkeit nach außen hin. So gibt es trotz Maya, dem großen Spiel der Illusion, nur ein einziges Selbst, und jeder von uns ist logischerweise gleichermaßen jenes Selbst im Kern unseres Wesens.[91]

Selbst der oberflächlichste Blick auf diese yogische Weisheit zeigt eindeutige Parallelen zu den Darlegungen zur Gehirnstruktur wie auch der Entwicklung der Intelligenz. In Kapitel 2 habe ich ausgeführt, wie der Wachzustand und die physische Welt durch unsere Primärgehirne, insbesondere das Reptilhirn, in unser Bewusstsein übersetzt werden. Wir müssen diesen Zustand in unserer frühesten Lebensphase etablieren. Der Traumzustand und die subtile Welt werden durch unsere Mittelhirne übersetzt und in der frühen Kindheit etabliert. Die kausale Welt des „Tiefschlafs" wird durch unsere neuen Gehirne übersetzt, und wir beginnen mit sieben, die Kausalität zu erforschen.

Je tiefer man sich in das Studium und die Praxis yogischen Gedankenguts hineinbegibt, umso offensichtlicher werden diese Parallelen. Und Physiker werden die Folgerungen, die man aus den Beziehungen zwischen yogischer Kosmologie und Physik ableiten kann, nicht ziehen können, sofern sie nicht alle Parallelen erkennen. Das physische Universum mit seinen Galaxien von Sternen, Körpern und Gehirnen ist der ständige Fokus, Ausgangspunkt *und* Bestimmungsort des Wissenschaftlers. Dieses In-sich-selbst-verkapselt-Sein ist eine Falle. Der einzige mögliche Fokus oder Standpunkt, und der einzige, aus dem heraus der Mensch reifen kann, ist jener einzelne Bewusstseinspunkt, der jenseits aller Universen liegt und aus dem alle hervorgehen.

David Bohm von der Fakultät Theoretische Physik an der Universität London hat die Totalität begriffen, um die es hier geht. Die Schöpfung, so beobachtete Bohm, vollzieht sich als eine einzige, unteilbare Energiebewegung, die er als Holobewegung bezeichnet hat.[92] Diese Bewegung drückt sich nach außen hin in endlosen Variationen aus, und zwar durch etwas, das Bohm die „mathematische Verflechtung" dieser einzigen Energie genannt hat – ganz ähnlich, als könne man einen einzigen Faden nehmen und ihn, ohne ihn zu zerreißen, zu einem riesigen, komplizierten Wandteppich verweben.

In diesem Prozess des Webens können wir vier allgemeine Kategorien bzw. Energieordnungen unterscheiden, durch die sich der kreative Prozess hindurchbewegt. Der schwächste Ausdruck von Energie ist unser physisches Universum. Bohm nennt es die *explizite Ordnung* – das, was explizit gemacht oder physisch manifestiert wird. (Offensichtlich ist das die Ordnung, die durch das alte Gehirn übersetzt wird). Diese explizite Ordnung strahlt aus einem Feld aus, das Bohm als *implizite Ordnung* bezeichnet hat. In dieser impliziten Ordnung ist die physische Form impliziert, aber noch nicht ausgedrückt. Die implizite Ordnung ist eine subtile Energie, in der die Welle ihren Impuls zu ihrer aktualisierten Konfiguration als Teilchen-Energiezustand bzw. als explizite Energie annimmt. Dieser implizierte Modus hat eine zwangsläufige Absicht zu spezifischem Ausdruck und ist eine weitaus mächtigere Energie als ihr endgültiger Ausdruck als Materie. Die implizite Ordnung fungiert als Plan, dessen Implikationen mit Inhalten der expliziten Ordnung ausgefüllt wird. (Das Mittelhirn ist das Übersetzungsmedium für diese subtile Energie).

Die implizite Energie strahlt von einem noch mächtigeren Feld reiner, potentieller Energie aus, die sich als Absicht zur Schöpfung im Allgemeinen manifestiert. Diese potentielle Energieordnung ist sozusagen die Absicht, implizite Energie zu werden oder die Absicht, sich als funktioneller Möglichkeitsplan darzustellen. Dieses Potential ist eine Art Vorläufer für jegliche Form, eine kausale Energie. (Diese wird durch das neue Gehirn übersetzt, und die acht geometrischen

Grundmuster, die unserem visuellen Prozess zugrunde liegen, und sämtliche Materiekonfigurationen sind der bildliche Ausdruck dieses Modus.) Die kausale Energie lässt sich auf keine sinnvolle Weise quantifizieren und sie ist weitaus mächtiger als die implizite Ordnung, der sie zugrunde liegt (genauso wie das neue Gehirn das mächtigste System innerhalb des dreifachen Gehirns ist und als Medium für das konkrete wie auch das formal-operationale Denken dient).

Diese potentielle Energie strahlt ihrerseits von jenem hypothetischen Zustand jenseits aller Energie als Bewegung – dem vierten Zustand, dem alles entspringt – aus oder ist ihr anfänglicher Ausdruck. Wir könnten alle möglichen Energien der ersten drei Ordnungen hinzufügen und es würde sich nie etwas anhäufen, was auf den vierten Zustand hindeuten könnte, so Bohm, denn er liegt notwendigerweise jenseits seiner sämtlichen Ausdrucksformen und ist ihnen überlegen. Dieser vierte Zustand umfasst von seiner eigenen Logik her all seine möglichen Ausdrucksformen, setzt sich aber nicht aus einer oder allen von ihnen zusammen. Der vierte Zustand ist unendliche Energie und der Ursprung der Schöpfung selbst. (Natürlich hat dieser Zustand kein entsprechendes Gehirnorgan. Gehirn, Geist und Körper sind seine Instrumente oder Ausdrucksmittel. Man hat gesagt, der vierte Zustand habe seinen Sitz im Herzen.)

Bohm nennt diesen Endzustand den Bereich der erkennenden Intelligenz. Damit bricht er mit dem in unserer Zeit vorherrschenden mecha-

| Holobewegung | = | | | | = | Selbst |
|---|---|---|---|---|---|---|
| | | 1. explizit | physisch | Wachzustand | | |
| | | 2. implizit | subtil | Traum | | |
| | | 3. potentiell | kausal | Tiefschlaf | | |
| | | 4. erkennende Intelligenz | supra-kausal | stiller Zeuge | | |

nistischen, dualistischen und behavioristischen Gedankengut. Erinnern Sie sich daran, dass Newton als Erster davon gesprochen hat, dass Materie und Energie untereinander austauschbar seien; eine Vorstellung, die von Poincaré aufgegriffen und von Einstein verfeinert wurde. Bohm tut den nächsten logischen und unvermeidlichen Schritt, indem er darauf hinweist, dass Energie auch Bewusstsein entspricht. Bohm sagt, dass Bewusstsein sich entweder als Energie oder als Materie „zeigen" könne. Und an jenem Punkt lassen sich das Bellsche Theorem und mehrere hundert andere Paradoxien der zeitgenössischen Wissenschaft unmittelbar auflösen, vorausgesetzt, wir vollziehen den notwendigen logischen Sprung. Und von jener Verschiebung aus können wir uns in das echte Universum, dasjenige im Innern, hineinbewegen. Denn, wie Bohm es ausdrückt, ist dieses physische Universum mit Sternen und Galaxien nichts weiter als ein leichtes Kräuseln an der Oberfläche der Holobewegung.

Zu sagen, dass Bewusstsein sich als Energie oder Materie zeigen könne, ist keine Umformulierung von Arthur Eddingtons Behauptung, das Universum sei ein großer Gedanke. Bewusstsein ist kein Denken. Der Gedanke ist eine eingeschränkte, begrenzte Form des Bewusstseins. Zudem ist das physische Universum, auf das sich Eddington bezogen hat, nicht dasselbe wie Bohms Holobewegung. Bohm war einer der ersten bedeutenden Naturwissenschaftler (wohl kaum der letzte), der aus der Fixierung und Beschränkung unseres Denkens auf einen physischen Modus ausgebrochen ist. Nur indem wir über das Physische hinaussehen, wie es Bohm getan hat, können wir seine wahren Dimensionen erfassen.

Wie wird also Form geschaffen und in einem Fluss bewusster Energie aufrechterhalten? Rupert Sheldrake, Biologe an der Universität Cambridge, hat eine interessante Antwort parat: durch Gewohnheit![93] So ähnlich, wie sich dauernd wiederholende Gedankenmuster in unseren Köpfen umherkreisen, die irgendwann schwer zu stoppen sind, so folgt Bewusstsein als Energie bestimmten Mustern. Das Wasserstoffatom zum Beispiel ist die einfachste Teilchenkombination. Die Welle kollabiert in ihr Teilchen und das Teilchen spaltet sich entweder in zwei miteinander in Beziehung stehende Polaritäten auf oder das Teilchen trifft zufälligerweise in dem kurzen Moment seines Erscheinens auf ein anderes Teilchen und bildet dann eine Paarbindung. (Jede getrennte Einheit muss sich mit einer anderen getrennten Einheit verbinden, um erhalten zu bleiben.)

Wenn zwei Teile in unmittelbare Nachbarschaft zueinander kommen und eine Beziehung eingehen, dann bilden sie ein System. Die Beziehung wirkt auf den vorausgehenden Wellenzustand zurück, da Beziehung von ihrem Wesen her ein subtiler Energieprozess ist, ein Wellenphänomen und keine Teilchenfunktion. So wird das Wellenfeld, welches das Teilchen produziert, seinerseits durch die Beziehung beeinflusst, die das Teilchen herstellt. Dann geht die Beziehung in den Fluss des Wellenfeldes ein, welches die Aktion wiederholt. Durch diesen subtilen Beziehungseffekt stellen wir eine Art Feedback-Schleife zwischen Möglichkeit und Aktualität her. So neigen isolierte Teilchen dazu, zu zerfallen oder zu ihrem Wellenstatus zurückzukehren, da sie nicht an dem subtilen, sie produzierenden Wellenfeld teilhaben; sie rufen kein teilchenerhaltendes Wellen-Zusammenbruchsmuster hervor).

So wird das einfachste Atom sofort zu einem Modell für weitere Energiebewegungen, einer Anziehungskraft oder einem Einfluss innerhalb des Wellenfeldes. Mit einer etablierten Einheit als Anziehungspunkt für ein Modell wird die Wiederholung jenes Musters immer wahrscheinlicher, bis sie praktisch unvermeidlich ist. Die Beziehungsmuster, die in das Feld zurückreflektieren, gewinnen immer an Kraft und der Modellfaktor wird durch jede Wiederholung ebenfalls gestärkt. Es entsteht eine Überfülle, weil das Modell als Stimulus sein Feedback in das Wellenfeld zurückgibt und so innerhalb des gesamten Wellenfeldes eine Unterkategorie von Eignung unter den Möglichkeiten für Feldvariablen schafft, und die geeigneten Variablen zum Ausdruck hin tendieren. Es entsteht ein implizites Feld. Implikationen der Richtung oder Tendenz des Teilchen-Ausdrucks werden innerhalb des nun spezialisierten Feldes innerhalb des gesamten Wellenfeldes manifestiert.

Gleichzeitig schafft die Überfülle von sich miteinander verbindenden Teilchen (den Atomen) ihr eigenes Teilchenfeld, wodurch sich eine weitere Möglichkeit erschließt: Kombinationen aus paarweise angeordneten Beziehungen bilden weitere, komplexere Beziehungen, andere

Atome und nicht nur Paarbindungen von Teilchen, sondern vielfache Bindungen. Jede neu geschaffene Kombination fungiert als mögliches Modell für den Bewusstseinsfluss. Durch jede Wiederholung wird die Modellbeziehung gestärkt, die dann in das Beziehungsfeld zurückwirkt und für Variationen im vorläufigen Fluss sorgt. Jede Art von neuer Welle-Teilchen-Beziehung schafft eine entsprechende Art von vorläufiger Reaktion im Wellenfeld. Unterschiedliche Wellenlängen artikulieren sich innerhalb des Kontinuums möglicher Energien und werden häufig zu sich selbst erhaltenden Einflusssphären im Fluss der Ereignisse. Jede Sphäre wird zu einem Kontinuum geeigneter Variablen – den Variablen, die für die jeweilige Konfiguration geeignet sind und die von jenem impliziten Feld beabsichtigt war.[94]

Aus dem Feld verschiedenartiger Atome entstehen Möglichkeitsfelder – Kombinationen wie Sterne, Planeten, Chemikalien, Moleküle, Proteine, Zellen, Körper, Gehirne oder was Sie sonst wollen. Je öfter eine bestimmte Form wiederholt wird, umso stabiler und wahrscheinlicher ist ihre Wiederholung. Das gesamte Spiel ist Bewusstsein, das sich als Trennung aus sich selbst heraus entfaltet und so neue Beziehungen und Möglichkeiten schafft. Der Aufstieg des *Selbst*-Bewusstseins folgt unvermeidlicherweise auf Kombinationen zunehmender Komplexität, denen nachzuspüren weit jenseits unserer Möglichkeiten liegt. Es möge der Hinweis genügen, dass je komplexer die bewusste Organisation ist, umso größer die zur Verfügung stehende Macht und Möglichkeiten sind, da es eine breiter gefächerte Anzahl kausaler Felder gibt, aus denen man schöpfen kann. Und je breiter die Felder gefächert sind, die für den Ausdruck zur Verfügung stehen, umso entscheidender ist die Rolle des Modells.

Ob nun dieses Teilchen, diese Welle oder dieses Atommodell eine letzte „Wahrheit" darstellt, ist fraglich und steht hier nicht zur Debatte. Das Modell hat an unserem eigenen Wesen teil und spiegelt uns auf eine bestimmte Weise unser Selbst zurück, wie es alle Modelle tun. Wir können unsere Geschichte von einem beliebigen Blickwinkel aus sehen und mit unserem eigenen *Selbst* als Ausgangspunkt enden. Egal, wie es um unseren Ursprung bestellt ist, zu der Zeit, wo die Evolution beim Menschen ankommt, besitzen wir *Selbst*-Bewusstsein, eine komplexe Erscheinung, die im gesamten Möglichkeitsspektrum reflektiert ist.

Wie es bei allen Neubildungen der Fall ist, bewegt sich dieses Selbst-Bewusstsein sofort zu Reproduktion und Selbsterhaltung hin. Jeder von uns hat den Drang, sein Selbst-Bewusstsein im Angesicht des unvermeidlichen physischen Todes zu erhalten. Und die Möglichkeit einer solchen Aufrechterhaltung könnte nur in der Ausrichtung auf und Beziehung zu jener Quelle liegen, aus der wir stammen. Das ist kein einfaches Verfahren, und die Rolle des Modells, durch das sich solche Möglichkeiten zur Transzendenz öffnen, hat eine entscheidende Funktion. Je enger das Möglichkeitsfeld, umso zufälliger und weniger kritisch ist der Modell-Faktor. Je weiter gespannt die Möglichkeiten sind, umso spezifischer muss das Modell sein. Die Eigenschaften, die von einem Modell für die Transzendenz verlangt werden, sind sowohl schwierig als auch explizit.

Wir haben kein Universum außer dem, wie es durch unser dreifaches System übersetzt wird. Statt dass das Gehirn ein Mikro-Hologramm des Universums ist, welches seinerseits ein Makro-Hologramm darstellt, liegt ein vollständiges, unendliches Universum jenseits des physischen und ist in uns eingefaltet. Es wäre jedoch naiv und lächerlich anzunehmen, dass der vier oder fünf Pfund schwere Klumpen grauweißer Substanz in unseren Köpfen die Quelle von Macht und Möglichkeiten sein könnte, die wir manifestieren könnten. Es können zum Beispiel riesige Mengen an Informationen durch einen Mikrochip in einem unserer neuen Computer übersetzt werden, die Quelle jener Informationen jedoch auf den Chip zurückzuführen wäre gleichermaßen naiv und lächerlich.

Auf dieselbe Weise erzeugt das Geist-Gehirn-System Macht und Möglichkeiten nicht, sondern übersetzt sie. Das Gehirn-Geist-System ist die Mittellinie, die Schnittstelle zwischen der Möglichkeit und ihrem Ausdruck. Unser äußeres Feld ist begrenzt und eingeschränkt; es enthält jedoch spezifische Modelle, die die Richtung vorgeben, die unsere inneren Felder zur Gestaltung unserer Erfahrungen einschlagen können. Die Macht entwickelt sich im Innern und sammelt sich schließlich im Herzbereich. Da diese Energie eine einzige Bewegung ist, enthält Bohm zufolge jeder beliebige Ausdruck einer bestimmten energetischen Ordnung die Gesamtheit jener Ordnung. Und jede energetische Ordnung muss die gesamte Bewegung der kreativen Energie selbst enthalten.

Wenn wir uns die stoffliche Welt ansehen, ja sogar unseren Körper, dann stellen wir fest, dass alles aus jenem einzigen schöpferischen Zentrum ausstrahlt. Wenn der Physiker vom leeren Raum seines Super-Vakuums spricht, dann meint er damit nicht den Raum, wie wir ihn bei Weltraumreisen zu den Sternen sehen würden. Der Raum befindet sich in uns, jenseits der Welt subatomarer Teilchen und jenseits der Existenz. Dieser innere Raum ist keine Miniaturversion der stofflichen Welt. Um in diesen fließenden Machtzustand einzutreten, müssen wir Zeit, Raum und Maß hinter uns lassen. Die Logik, die sich aus unserer äußeren Welt getrennter Erfahrung ableiten lässt, passt nicht mit der Umkehrbarkeit dieser inneren Reise zusammen.

Wir müssen jedoch auf unserer physischen Grundlage stehen, um uns in die entgegengesetzte Richtung bewegen zu können – weg vom Physischen und hin zu einem Zustand jenseits der Existenz, zu dem Punkt, aus dem die Existenz hervorgeht. Wenn unsere Identität in jenem letzten Zustand etabliert ist, dann können wir die Identität und unser Bewusstsein aus unserem physischen System mit allen es unterstützenden Wellenfeldern zurückziehen. Da sich jener physische Ausdruck in ständiger Auflösung und Neuordnung befindet, ist er kein befriedigender Identitätspunkt. Die Auflösung überholt ständig die Neuordnung, und unser „Interaktionsinstrument" wird nur allzu bald zwei Meter unter die Erde gepflügt. Sind wir nur mit einem so schwachen und provisorischen System identifiziert, dann sollte daraus logischerweise Verzweiflung resultieren. Sind wir dagegen mit dem kreativen Punkt identifiziert, dem alles Leben entspringt, so sind Ekstase, Freude und Macht vernünftige Erwartungen. Das Problem liegt in der Verschiebung der Logik von der Existenz zur Nicht-Existenz, von der Örtlichkeit zur Nichtörtlichkeit begründet. Doch das ist eine Frage der Entwicklung; einer Entwicklung, die ebenfalls einprogrammiert und zur Entfaltung bereit ist, wenn sie den richtigen Lehrer oder das passende Modell und einen angemessenen Bezugsrahmen bekommt.

David Bohm sagt, dass alle physische Materie in jedem Teil ihrer selbst eingefaltet ist, in einem Sandkorn oder einer Zelle unseres Körpers. Die gesamte Zeit ist in einem einzigen Augenblick eingefaltet, der gesamte Raum ist in einem Kubikzentimeter Raum eingefaltet.

Die Anfangszeilen von William Blakes Gedicht *Auguries of Innocence (Weissagungen der Unschuld)* nehmen die Holobewegung vorweg und fassen sie zusammen:

> *Die Welt zu sehn im Korn aus Sand,*
> *Das Firmament im Blumenbunde,*
> *Unendlichkeit halt' in der Hand*
> *Und Ewigkeit in einer Stunde.*

Schließlich, so sagt Bohm, und das ist gleichermaßen notwendig, sei die gesamte Holobewegung in einer einzigen menschlichen Psyche eingefaltet. Auch das ist von William Blake und den großen Weisen aller Zeiten bereits gesagt worden. Unterhalb der Erscheinungen von unendlicher Vielfalt ist jeder von uns jene einzelne Einheit, der Kern des Bewusstseinsspiels. *Tat Tvam Asi.* Du bist das. Jeder von uns ist das Selbst. Dieses Selbst und unser individuelles Selbst ergänzen einander. Auf einer bestimmten logischen Ebene schließen sie einander aus: Wir zeigen uns als das eine oder das andere. Beide sind jedoch zur vollständigen Erklärung unseres Wesens notwendig, und die Macht des Bandes ist die Brücke, die sich über die Kluft des Komplementaritäts-Paradoxons spannt. Das Band ist das Mittel, durch welches sich das individuelle, getrennte Selbst mit dem Selbst identifizieren und ihm ähnlich sein kann. Und wie üblich muss sich das *Bonding*-Prinzip für uns als konkretes Modell da draußen in unserer gewöhnlichen Welt zeigen, wenn wir das Band in unserem eigenen Innern schaffen wollen. Und wie üblich kann das konkrete, greifbare Modell aus Fleisch und Blut nur eines sein, das mit jenem Selbst verbunden ist. Es kann nur eines sein, das tatsächlich die Brücke über jene paradoxe Kluft spannen kann; ein Mensch, der sich in Einheit mit dem Selbst befindet und sich dennoch als abgegrenztes Individuum zeigt. Auf diese Weise hat das Spiel von Beginn an, mit Erscheinen des ersten einfachen Atoms, funktioniert. Die Formel bleibt dieselbe.

11

# Ein subtiles System

In *Die heilende Kraft* habe ich über eine Reihe von Erfahrungen berichtet, die ich im Laufe des Winters 1979/80 hatte. Ein Teil unserer Gruppe verbrachte den Winter am Strand von Miami mit unserem Meditationslehrer Baba Muktananda. Eines Tages sagte mir Baba, ich solle mich in der zweiten Hälfte meiner Morgenmeditation flach auf den Rücken legen. Also saß ich am nächsten Morgen die Hälfte meiner Zeit in Meditation und legte mich dann flach hin. Unmittelbar nach dem Hinlegen trat ich, wie man so sagt, aus meinem Körper aus. Dabei erlebte mein Bewusstsein weder einen Übergang noch fanden irgendwelche Vorbereitungen statt. Irgendein essentieller Teil von mir erhob sich als Einheit und ganz plötzlich aus meinem physischen Körper. Ich schwebte recht statisch nicht mehr als acht bis zehn Zentimeter über meinem physischen Körper. Ich konnte ihn unter mir atmen hören, doch ich als „Ich" befand mich ganz eindeutig über ihm. Als das passierte, war ich der Meinung, ich befände mich auf einer tollen Astralreise in andere Dimensionen. Mir waren Robert Monroes Schriften zu außerkörperlichen Erfahrungen[95] und Muktanandas eigener Bericht darüber, wie er in seinem feinstofflichen Körper in subtile Welten reiste, vertraut.[96] Aber bei dieser Gelegenheit reiste ich nirgendwohin. Derselbe Vorfall ereignete sich fünfmal hintereinander, immer morgens und immer auf dieselbe Weise, und nie schwebte ich irgendwohin. Ich konnte meine Augen öffnen und mich im Raum umschauen, aber ich hatte Angst, mich umzudrehen und auf meinen physischen Körper zu schauen. Nach diesen fünf Wiederholungen hörten die Ereignisse auf, ohne dass je eine großartige Astralreise stattgefunden hätte. Einige Abende später, als ich immer noch darüber nachsann, was diese Erfahrung wohl zu bedeuten hatte, hielt Baba sein übliches Abendprogramm ab. Er unterbrach seine Ansprache, sah mich an und sagte etwa Folgendes: „Du kannst nicht in deinem feinstofflichen Körper reisen. Er hat nicht genügend Kraft, um die Grenzen des Physischen zu durchbrechen und sich irgendwohin zu bewegen. Nur indem du den feinstofflichen Körper in den Kausalkörper eingliederst, kannst du reisen."

Endlich hatte ich es kapiert. Es ging nicht darum, eine faszinierende außerkörperliche Erfahrung zu machen. Mir wurde eine eindeutige, knappe und sehr wertvolle Lektion erteilt. Mein Selbst und mein Lehrer hatten mir bei jenen morgendlichen Ausflügen die Botschaft übermittelt: „Du bist nicht dein Körper. Identifiziere dich nicht mit ihm. Dein Körper ist dein Instrument, um mit deiner physischen Welt zu interagieren. Löse dich aus deiner Fixierung an ihn." Von jenem Punkt an begann etwas von meiner lebenslangen Sorge um meinen Körper und meine Sterblichkeit von mir abzufallen. Ich wusste, dass mein Wesen mehr umfasste.

Der Mangel an Inhalt bei diesen Erfahrungen war wichtig, damit ich die Lektion lernen konnte. Sie wurde mir gegeben, um meinen physischen Körper als unabhängigen Zustand zu erfahren. Wäre ich irgendwohin gereist oder hätte ich Phänomene außerhalb meines gewöhnlichen Selbst in der Morgenmeditation erfahren, dann hätte ich die Erfahrung als luziden oder hypnagogischen Traum interpretiert, und meine Aufmerksamkeit hätte sich auf den Inhalt des Ereignisses gerichtet. Der Mangel an Inhalt erlaubte es mir, den Zustand als unabhängiges Phänomen zu analysieren.

Mein feinstofflicher Körper fühlte sich genau wie mein physischer Körper an, und meine Persönlichkeit, mein Erinnerungsvermögen und meine Reaktionen schienen normal zu sein. (Bei luzidem oder hypnagogischem Träumen ist das nicht der Fall, ebenso wenig bei gewöhnlichen außerkörperlichen Astralerlebnissen). Ich erlebte mein ästhetisches sensorisches System und mein gewöhnliches Ich als eigene, vom Körper abgetrennte Phänomene. Dennoch funktionierten meine Sinne wie gewöhnlich, nur ohne die Vermittlung durch mein physisches System.

# Ein subtiles System

Mir wurde bewusst, dass der feinstoffliche Körper Punkt für Punkt identisch mit dem physischen ist, jedoch nur als gefühlter Zustand. Ich konnte meinen feinstofflichen Körper auf dieselbe Weise bewegen wie meinen physischen, und der Eindruck war der gleiche. Ich wusste, dass mein physischer Körper auf Automatik lief, dass er – um im Bild zu bleiben – gut geölt war, aber nichts spürte, weil ich als Ich-Bewusstsein mich aus ihm zurückgezogen hatte. So machte ich die Entdeckung, dass mein sensorisches System eine subtile Energie ist, die das physische System anfacht und ihm Bewusstsein verleiht, sich jedoch aus ihm zurückziehen und unabhängig von ihm funktionieren kann. Man hat Yogis, Sufis und Zen-Meister gefunden, die ihr sensorisches System willkürlich aus ihrem Körper zurückziehen konnten.[97] Ihre Körper sind dann betäubt und registrieren sensorische Phänomene nicht.

Das feinstoffliche System entnimmt seine Inhalte den Erfahrungen im physischen Körper und besteht immer aus der Gesamtsumme unserer physischen Erfahrungen. Die feinstoffliche Energie ist jedoch kraftvoller als die physische und neigt, einmal in Gang gesetzt, dazu, weiterzubestehen, selbst wenn sie nicht länger vom physischen Körper stimuliert wird. Das feinstoffliche System ist entweder direkt mit dem Gedächtnis im Allgemeinen verbunden oder es *ist* das eigentliche Gedächtnis unseres physischen Körpers.

Auch wenn sich unser Ich als Empfänger physischer Erfahrungen mit dem feinstofflichen System identifiziert, so ist das Ich dennoch nicht einfach dieses subtile System. Meine Lieblingsgeschichte zur Illustration dieses Sachverhalts stammt von Wilder Penfield, einem der großen Gehirnchirurgen unseres Jahrhunderts. Im Laufe seiner Karriere sägte Penfield die Schädeldecken von etwa 1500 Patienten auf und sondierte ihre Gehirne mit Elektroden. Da das Gehirn keine Gefühle hat, brauchten die Patienten keine Narkose (mit Ausnahme einer anfänglichen örtlichen Betäubung). Sie waren bei vollem Bewusstsein, lagen mit offenen Augen da und unterhielten sich oft stundenlang mit Penfield, während er sie gründlich untersuchte.

Penfield entdeckte bestimmte mikroskopisch kleine Stellen im Gehirn, die, wenn sie durch eine Elektrode aktiviert wurden, eine vollständige Erinnerung oder Erinnerungssequenz aus der Vergangenheit des Patienten ablaufen ließen. Dessen sensorisches Bewusstsein gab dann die Erinnerung als vollständiges dreidimensionales Geschehen wieder, und genau wie bei der ursprünglichen Erfahrung waren alle fünf Sinne daran beteiligt. Der Patient berichtete nun detailliert über diesen Vorfall, während er sich ereignete, und dieser lief so lange weiter ab, wie die Elektroden geladen blieben. Dennoch hatte der Patient die ganze Zeit über seine Augen offen. Er schaute Penfield an und war sich des Arztes und der Krankenhausumgebung vollkommen bewusst. Zwei vollständige, aber dennoch voneinander getrennte Ereignisse liefen auf der Leinwand des Geistes ab, ohne dass es zu einer Vermischung oder Interferenz kam.

Die Patienten berichteten ausnahmslos von erinnerten Ereignissen, die für sie genauso real waren wie die Krankenhausumgebung, aber dennoch wussten sie natürlich, dass nur die Krankenhausumgebung real sein konnte und das andere Ereignis nichts weiter als eine Erinnerung war. Penfield fragte zum Beispiel: „Aber wo befinden Sie sich, als Ihr eigenes Selbst?" Worauf die Patienten antworteten: „Ich beobachte einfach beide Ereignisse." Aus Hunderten solcher Fälle zog Penfield den Schluss, dass der Geist eine separate Einheit sein müsse, die zwar vom Input des Gehirns abhängt, aber irgendwie unabhängig von ihm ist.[98] Doch wenn wir uns die Arbeiten Ernest Hilgards von der Universität Stanford und seine Forschungen zum „verborgenen Beobachter" bzw. stillen Zeugen allen Geschehens ansehen – selbst dann, wenn wir schlafen oder unter Hypnose stehen –, dann wird uns bewusst, dass der Geist lediglich ein Instrument ist. Er ist die Leinwand, auf der sich die Realität abspielt, die aber auf irgendeine Weise nicht das Ende des Wahrnehmungsprozesses bedeutet.[99]

Aus der Tatsache, dass es lediglich eine winzige Stelle im Gehirn war, die, einmal stimuliert, die Erinnerung wieder abspult, könnten wir schließen, dass diese in winzigen Päckchen im physischen Gehirn abgespeichert war. Dennoch musste Penfield häufig riesige Brocken aus dem Kortex herausschneiden, wenn diese von einem Abszess oder von Krebs befallen waren, und stellte anschließend fest, dass das Gedächtnis des Patienten nicht annähernd so stark beeinträchtigt war, wie man hätte annehmen müssen.[100] Rupert Sheldrake hat die Vermutung geäußert, dass das Gedächtnis möglicherweise vielleicht gar nicht im Gehirn angesiedelt ist, sondern vielmehr in einem kausalen Bereich außerhalb des Physischen, und dass das Gehirn nach Bedarf Inhalte aus solchen Kausalfeldern in unser Bewusstsein übersetzt.

Sehen Sie sich zum Beispiel den Phantomschmerz an, der lange ein medizinisches Rätsel war. Eine langwierige, schmerzhafte Beinverletzung kann zum Beispiel dazu führen, dass das Bein schließlich amputiert werden muss. Unter diesen Umständen kann es passieren, dass der durch die Verletzung entstandene Schmerz noch Monate nach dem Verlust des Beins weiterbesteht. Woher kommt dieser Schmerz? Die Antworet lautet: vom oder durch den subtilen bzw. feinstofflichen Körper. Der Subtilkörper ist kraftvoller als der physische. Er ist der Emotionalkörper und bleibt (nebst den beteiligten Emotionen) für unbestimmte Zeit in dem Zustand, in dem er sich befindet, nachdem der physische Körper zerstört worden ist und nicht länger Informationen an den Subtilkörper senden kann. Das Gedächtnis eines fehlenden Glieds kann fortbestehen, nachdem alle Signale aus diesem Glied verschwunden sind. Wenn die letzten Signale aus jenem Glied traumatisch waren, dann kann es sein, dass nur das Trauma überlebt und in unserem Bewusstsein weiterwirkt, so als ob das Glied noch vorhanden wäre. Zwischen dem feinstofflichen Körper und dem physischen finden wir dieselbe Feedbackschleife vor, wie sie zwischen der impliziten und der expliziten Ordnung in David Bohms Quantenbewegung zu finden ist. Das wiederum wird in dem ständigen „Playback" und der gegenseitigen Unterstützung zwischen alten und Mittelhirnsystemen reflektiert. Unser subtiles System speist seine Informationen zurück in das physische und von da aus weiter in die impliziten Kausalbereiche kreativer Energie, welche schließlich die physische Realität hervorbringt. So ist das subtile System mit dem Mittelhirn verbunden, das zwischen dem kausalen neuen Gehirn und dem physischen alten Gehirn vermittelt.

An früherer Stelle haben wir untersucht, wie das Mittelhirn den Informationen des alten Gehirns Form und Bedeutung verleiht, ebenso wie die implizite Ordnung in Bohms Modell die explizite formt. Unsere sauberen Dichotomien tragen zum Verstehen dieser Aktion bei, aber in Wirklichkeit ist das Zusammenspiel zwischen beiden komplementär. Beide Systeme sind notwendig, um die Aktion, die unsere Erfahrung bildet, vollständig zu beschreiben. Unser subtiles System und unser Subtilkörper sind jedoch das Ergebnis dieses Zusammenspiels von emotionaler und ästhetischer Reaktion und physischer Erfahrung, und sie sind auf komplexe Weise mit der langsamen Heranbildung einer unabhängigen Ich-Struktur verbunden. Bei der Geburt und im ersten Lebensjahr konnten wir ein subtiles System nur in Ansätzen haben, doch der Subtilkörper baut sich automatisch auf, wenn wir uns ästhetisch als physischen Körper erleben.

Der Aufbau unseres Subtilkörpers beschleunigt sich, sobald wir einmal Objektkonstanz erreicht haben; also dann, wenn sich der Sitz des Ichs parallel zum alten Gehirn in das Mittelhirn verlagert. Wenn die Entwicklung weitergeht, beginnt der Sitz im Mittelhirn zunehmend unabhängig von den Inputs seines physischen Gehirns zu operieren, bis dann im Alter von etwa vier Jahren der subtile Körper und die Sprache, die Weltsicht und das Ich weitgehend funktionsbereit sind. Wenn sich dann im Zuge jener Entwicklung der Sitz des Ichs in das sogar noch mächtigere neue Gehirn verlagert, dann können wir uns des Subtilkörpers als eines unabhängigen Systems bewusst werden. Das ist unser ästhetischer Traumkörper, den wir jedoch, wenn wir angeleitet werden und ihn weiterentwickeln, auch in unserem gewöhnlichen Wachzustand benutzen können.

Als ich ungefähr fünf Jahre alt war, fühlte ich, wenn ich abends ins Bett ging und mich entspannte, wie sich Teile meines Körpers ausdehnten und über den Ort hinaus erstreckten, wo sie eigentlich sein sollten. Ich fühlte mein Bein mit der Hand und stellte fest, dass es sich am richtigen Platz befand, aber jenes Bein fühlte sich einige Zentimeter länger an oder es schien nach einer Seite hin verdreht zu sein. Dem Plan der Natur zufolge sollte in dieser Zeit eine gewisse Trennung des Subtilen vom Physischen beginnen, so wie im Alter von sieben Jahren die große Trennung des Ichs zu erwarten ist.

Ich habe einen gebildeten, ganz normalen Freund, der auf einer Farm aufgewachsen ist. Im Alter von fünf Jahren fand er heraus, dass er, nachdem er eine Weile in dem riesigen Benzinvorratstank der Farm gesessen hatte (er mochte den Geruch von Benzindämpfen), anscheinend seinen physischen Körper verließ und fliegen konnte. Eine Zeit lang konnte er auf diese Weise nur zu Orten in der Nähe fliegen, aber mit der Zeit entwickelte er die Fähigkeit, in immer weiter entfernte Bereiche vorzudringen. Er hatte keinen Namen für das, was passierte;

er hatte nie jemanden irgendetwas Ähnliches erzählen hören und tat dies erst, als er erwachsen war. Er schwieg sich über seine Reisen aus, denn er spürte intuitiv, dass seine Familie den zahlreichen Stunden, die er „tagträumend" auf dem alten Tank verbrachte, dann wohl schnell ein Ende gesetzt hätte. Als er zwölf war, zog seine Familie in die Stadt. Er nahm stärker am gewöhnlichen Leben teil und verlor allmählich seine besondere Gabe.

Mein Freund und Nachbar Robert Monroe, Autor von *Der zweite Körper. Expeditionen jenseits der Schwelle* [101], erhielt bis 1976 mehr als 15 000 Briefe von Menschen aus aller Welt, die ihm von ihren eigenen außerkörperlichen Erfahrungen berichteten und ihre Erleichterung darüber mitteilten, dass sie nicht zwangsläufig psychotisch seien. (Nahtoderfahrungen, die gegenwärtig von so großem Interesse sind, werden offensichtlich durch denselben, allgemeinen psychischen Mechanismus vermittelt.) Wir tun jedoch gut daran, hinsichtlich subtiler Erlebnisse keine logischen Irrtümer zuzulassen. Häufig gehen wir davon aus, dass sich die gewöhnliche Logik unseres physischen Zustands auf die subtile übertragen ließe oder umgekehrt. Subtile Erfahrungen sind jedoch nie direkte Wahrnehmungen derselben logischen Ordnung wie physische, selbst wenn wir scheinbar die gewöhnliche physische Realität sehen, während wir uns im subtilen Zustand befinden. Wenn wir unsere gewöhnliche Umgebung in unserem subtilen Zustand wahrzunehmen scheinen, dann stammen unsere Wahrnehmung möglicherweise aus unserer Erinnerung an jene Umgebung.

Ich habe einen Freund, der eines Nachmittags aus seinem Körper austrat, in seinem Apartment umherwanderte und ganz fasziniert von dieser Erfahrung war. Alles schien normal zu sein, bis er bemerkte, dass jede seiner Wanduhren (er hatte eine in jedem Raum) eine andere Zeit anzeigte. Außerdem befand sich keines der Fenster auf der richtigen Höhe vom Boden entfernt, und es gab noch weitere geringe Abweichungen von der Norm. Ebenso gehe ich während meiner Morgenmeditation immer wieder in meinen subtilen Körper hinein, erlebe verschiedene Zustände und erwache dann anscheinend aus der Erfahrung. Ich stehe auf, um mich auf den Tag vorzubereiten, wenn mir plötzlich zu Bewusstsein kommt, dass mit den Fenstern etwas nicht stimmt oder dass irgendein anderer alltäglicher Gegenstand schief steht. Dann wird mir klar, dass ich innerhalb eines Traum- oder Erinnerungszustands erwacht bin. Anschließend erwache ich zu meinem gewöhnlichen Wachzustand.

Weil unser subtiles System für seinen Erfahrungs-Input von unserem physischen System abhängt, wird Ersteres, wenn das physische System zusammenbricht und die Dynamik zwischen dem Subtilen und dem Physischen durchbrochen wird, notwendigerweise seine Tätigkeit allmählich herunterfahren und sich auflösen, wenn unsere Identität zum größten Teil in unserem physischen Körper eingeschlossen bleibt. Wie beim Phantomschmerz muss sich das Ich als subtiles System langsam auflösen, auch wenn im Zuge jenes allmählichen Herunterfahrens die Erinnerungen, Erwartungen und die dem allgemeinen Erfahrungsschatz entstammenden archetypischen Bilder abgespielt werden, wie sie auch bei Nahtoderfahrungen auftauchen. Das subtile System muss in das kausale integriert werden, um größere Beständigkeit zu erreichen. Unser subtiles System ist unser persönlicher Vermittler zwischen der universellen, übergeordneten Blaupause, aus der unser Bewusstsein und unsere persönlichen Erfahrungen auf der physischen Ebene erwachsen sind. Selbst die Identifikation mit dem kausalen System verleiht jedoch keine Beständigkeit, weil das Kausale seinerseits auch nichts weiter als die Vermittlungsinstanz oder der Berührungspunkt zwischen dem Selbst, der Quelle der Schöpfung und unseren subtil-physischen Erfahrungsfeldern ist. Eine endgültige, wahre Autonomie lässt sich nur durch die Integration in jenes Selbst – den Grund, aus dem alles hervorgeht – erreichen.

Da das subtile System aus den Operationen des Mittelhirns und den Interaktionen mit dem Welt-Erleben des alten Gehirns entsteht, müssen alle Säugetiere irgendeine Form von subtilem System besitzen. Ohne ein vollständig entwickeltes Kausalsystem, das ein vollständig entwickeltes neues Gehirn voraussetzt, haben Tiere kein *Bewusstsein* davon, dass sie ein subtiles System besitzen – vielmehr *sind* sie ganz einfach jenes subtil-physische System. Unser neues Gehirn gibt uns einen Ort, von dem aus wir uns genügend von unserem subtilen System trennen können, um uns seiner objektiv, das heißt getrennt vom Körper, bewusst zu werden. Unser subtiles System ist das, was wir immer als Psyche bzw. Seele bezeichnet haben (woraus folgt, dass Tiere Seelen haben). Und, wie offensichtlich sein sollte, die Tatsache, dass wir eine Seele besitzen, ist keinerlei Garantie für irgendeine Art von Unsterblichkeit. Nur durch die Integration der Seele in höhere Integralstrukturen kann das persönliche Bewusstsein aufrechterhalten werden. Und diese Integration muss stattfinden, so lange wir im Körper sind – dass heißt, in diesem Leben –, denn nur eine solche Integration kann unsere Identität *vom* Körper *weg* verlagern und uns eine andere Quelle des Inputs und der Orientierung bieten.

Mit der Bereitstellung eines jeden weiteren Gehirns hat die Natur dem bewussten Gewahrsam eine neue Dimension hinzugefügt. Das Reptilhirn ist sich seiner nur als der Stimulus bewusst, der sein Bewusstsein hervorbringt. Bewusstsein und Stimulus sind ein und dasselbe. Entfernt man den Stimulus, verschwindet das Bewusstsein. (Reptilien schlafen nicht im gleichen Sinne, wie es Säugetiere tun). Durch die Hinzufügung des Säugetierhirns können wir uns neben die direkte Reptil-Erfahrung als Stimulus stellen und uns ihres Vorhandenseins ästhetisch bewusst sein, und nicht nur als Stimulus. Mit dem neuen Gehirn können wir uns daneben stellen und uns so des ästhetischen Systems an sich bewusst sein, und uns darüber hinaus des Vorhandenseins eines Stimulus als etwas bewusst sein, was sich grundlegend von uns unterscheidet. Dann können wir unser ästhetisch-physisches System als Instrument in Besitz nehmen, das uns zur Verfügung steht. Dadurch kann sich ein Bewusstsein des Selbst herauskristallisieren als etwas, das von jeglichem sensorischen Erleben getrennt ist und sich davon unterscheidet.

Diese zusätzlichen Möglichkeiten bringen die Notwendigkeit mit sich, physische Modelle zu haben, denn andernfalls können sie nicht verwirklicht werden. Sehen Sie sich noch einmal unseren biologischen Plan für Sprache an, der in Kapitel 5 besprochen wurde. Sprache ist ein Plan mit offenem Ausgang, in den wir unter Verwendung der elementaren Phoneme jede beliebige Sprache einprägen können. Der biologische Plan lässt sich an jede beliebige Sprache anpassen. Aber diese offene Möglichkeit kann nur als spezifische und begrenzte Sprache existieren. Wir können keine unendlich offene Sprache sprechen, sondern nur eine sehr begrenzte. Das bedeutet, dass wir eine spezifische, lebende Sprache (oder vielleicht und höchstens zwei) als Modell zur Verfügung haben müssen, um überhaupt irgendeine Sprache aufbauen zu können.

Indem wir jedoch eine spezifische Sprache entwickeln, besitzen wir am Ende sprachliche Fertigkeiten, und *Fertigkeit* ist das Ziel der Natur. Durch jene Sprachfertigkeit können wir auf unsere Sprache erneut einwirken; wir können mit ihr spielen, sie verändern, sie transformieren, schöpferisch mit ihr umgehen, sie an immer wieder neue Umstände anpassen usw. So drückt sich die sprachliche Blaupause in uns als Absicht zur Sprache aus. Sie findet ihren Ausdruck als offene Fähigkeit für Sprache und als instinktgesteuerter Trieb, den wir ablaufen lassen und dem mehr oder wenigen stabilen Sprachmodell einprägen können, das wir mitbekommen haben. Es ist keine spezifische Sprache in unsere Gehirnwindungen einprogrammiert worden, denn wäre das so, dann würde keine Fertigkeit erforderlich sein. Fähigkeiten sind entwicklungsabhängig. Folglich muss uns ein *Modell für Sprache* mitgegeben werden, damit sich aus diesem Modell eine spezifische Sprache herausbilden kann. Welche Sprache sich aus jenem Feld offener Möglichkeiten herausbildet, hängt dann jeweils von dem vorgegebenen Modell ab.

Ich vermute, dass eine geschlossene oder spezifische Sprache vorzeitig einprogrammiert werden könnte, ganz so, wie es bei Vogelstimmen oder den Rufen anderer Tiere der Fall ist (obwohl selbst hier ein gewisses Maß an Modellbildung erforderlich ist). Aber dann würde sich keine Sprachfertigkeit entwickeln. Die Sprach- und Sprechfertigkeit wäre kein dynamischer Prozess, sondern so statisch wie das Bellen eines Hundes. Und wir könnten uns nicht von der konkreten zur metaphorischen und weiter zur abstrakten, semantischen Sprache weiterentwickeln. Denn all diese Entwicklungen sind der Offenheit von Sprache und den sich daraus ergebenden Möglichkeiten zu verdanken. Was für die Sprache gilt, gilt auch für die Intelligenz. An einem bestimmten Punkt von Komplexität und Möglichkeitsreichtum erreicht das Vorhaben der Natur einen offenen Ausgang, eine Art willkürlicher Chance, eine unendliche Offenheit, in der alles und jedes passieren kann und wird. Damit diese Möglichkeit genutzt werden kann, müssen wir die Fähigkeit für eine solche Nutzbarmachung entwickeln. Und an diesem Punkt wird die Rolle eines Modells aus unserer Welt, um das herum eine solche Entwicklung stattfinden kann, entscheidend, wenn nicht zum zentralen Punkt der Schöpfung.

Pflanzen und einfach strukturierte Tiere benötigen ein solches Modell nicht, da eine geradlinige, instinkthafte Reaktion auf die physische Erfahrung einprogrammiert werden kann. Mama Schlange legt ihre Eier auf die vorgeschriebene Weise und entfernt sich dann und vergisst sie. Eine ausreichende Anzahl von Eiern wird ausgebrütet; die winzigen Schlangen legen wie ihre Mama vorgeschriebene Handlungen und Reaktionen an den Tag, und eine ausreichende Zahl von ihnen überlebt, um die Art zu erhalten. Kleine Schlangen müssen nicht Mama Schlange beobachten, um zu wissen, wie man ein gutes Reptilienleben führt. (Vögel sind fortgeschrittener als Reptilien und brauchen ein Modell.) Die Gehirnwindungen einer Schlange sind ziemlich gut geplant und vorzeitig funktionsfähig, so dass eine gewisse statistische Stabilität innerhalb der Gattung erreicht wird; vorausgesetzt, es herrscht eine gewisse statistische Stabilität in der Umgebung.

In dem Moment, wo wir diesen einfachen Strukturen ein Säugetierhirn hinzufügen, erweitert sich nicht nur der bewusste Gewahrsam um Lichtjahre. Noch wichtiger ist, dass sich das Bewusstsein zwischen sensorischer Aktivität und der qualitativen Bewertung oder dem ästhetischen Erleben jener sensorischen Aktivität polarisiert. An jenem Punkt nehmen wir unsere Sinne in Besitz. Wir integrieren sie in eine komplexere Struktur, in eine andere Energie-Ordnung, und das versetzt uns in die Lage, unser Erleben zu beurteilen. Das ästhetische Bewusstsein des Mittelhirns, fähig, sich selbst zu besitzen, von seinen eigenen Inhalten zurückzutreten und positiv oder negativ zu reagieren, verleiht uns Flexibilität und Anpassungsfähigkeit. Das vergrößert die Chancen für das Überleben des Einzelwesens im Gegensatz zu einem bloß statistischen Überleben der Gattung. (Und natürlich wird dann das individuelle Überleben zu einem zentralen Thema.)

Eine Blaupause für eine solche anpassungsfähige Offenheit kann nicht als Instinkt vorprogrammiert werden. Instinkt bedeutet, dass Reaktionen nach gewissen vorgeschriebenen Leitlinien „geschlossen" werden. Um die Möglichkeit für einen offenen Ausgang beizubehalten, muss die Natur zweierlei tun. Erstens, sie muss eine nichtspezifische, allgemeine Möglichkeitskategorie schaffen – eine offene Blaupause, aus der wir dann eine spezifische Reaktion herleiten müssen. Wir können das nur dann tun, wenn uns ein physisches Modell für diese spezifische

Art von Reaktion zur Verfügung steht. Zweitens muss die Natur in uns einen instinkthaften Zwang einprogrammieren, *jenem Modell zu folgen* und entsprechende Reaktionen aufzubauen. So haben wir keine Entscheidungsfreiheit dahingehend, ob wir unseren Modellen folgen wollen: Wir tun es instinktiv. Dieses Geschehen findet unterhalb unserer Bewusstseinsschwelle statt. Noch wählen wir letzten Endes unsere Modelle aus. Wir folgen vielmehr automatisch der genauesten Annäherung an die Absicht unserer Blaupause, die wir finden können.

Je größer die Weite und Flexibilität der Blaupause, umso wichtiger wird das Bedürfnis nach spezifischen Modellvorgaben. Ein Froschgehirn sieht eine eingeschränkte Welt, die aus Formen und Bewegungen besteht, welche Nahrungsquellen oder Gefahren anzeigen. Das menschliche Sehvermögen ist dagegen offen – ein Möglichkeitsfeld. So baut die Natur in das Sehvermögen des Säuglings ein einziges, vorgegebenes Muster ein, nämlich das eines menschlichen Gesichts. Das ist der Grund dafür, warum Neugeborene achtzig Prozent ihrer wachen Zeit damit verbringen, sich auf dieses Gesicht zu fixieren, und warum sie alle visuellen Handlungen auf dieses Modell zurückbeziehen. Ein menschliches Gesicht wird zum Bezugspunkt, auf den sich die visuelle Welt und Realität gründet. Der ständige Rückbezug auf ein Gesicht ist notwendig, um die offene Möglichkeit des Sehens zu stabilisieren.

Als die Natur unsere neuen Gehirne hinzugefügt hat, hat sie ihren Einsatz um viele weitere Lichtjahre an Möglichkeiten erhöht. Und dementsprechend ist das Bedürfnis nach Modellen, die etwas Spezifisches aus diesem unendlichen Potential verkörpern können, noch ausschlaggebender als zuvor. Als die Natur den Geist hinzufügte, fügte sie die Möglichkeit hinzu, das Bewusstsein sogar noch von den der Schöpfung zugrunde liegenden, kausalen Eigenschaften zu lösen: die Fähigkeit, die Kausalität selbst objektiv zu betrachten. Das führt unser Bewusstsein in Willkür und blinden Zufall hinein, ja in die Schöpfung selbst.[102] Und das Bedürfnis nach einem Modell verstärkt sich noch einmal.

Die Evolution führt unser Erleben in immer größere Felder von Willkür und Zufall hinein – zu weniger Geschlossenheit, mehr Macht und einer damit einhergehenden Vergrößerung von Instabilität und Risiko. Das Reptilhirn ist dasjenige mit der größten Stabilität, der größten Geschlossenheit und den geringsten Möglichkeiten für Veränderung und es ist das schwächste Gehirn unseres Systems. Je weiter wir uns auf der evolutionären Stufenleiter in Bezug auf unseren Zuwachs an Intelligenz nach oben bewegen, umso stärker sind wir von der Modellfunktion abhängig.[103] Das Modell ist von der Natur nicht nachträglich hinzugefügt worden, sondern es ist der Weg, auf dem die Verbindung zwischen einem sensorischen System und der Möglichkeit, es zu erspüren, geschaffen wird. Ohne das Modell und die durch es bereitgestellte Verbindung kommt es zur Desintegration und Zersplitterung des Ichs. Unser menschliches Abenteuer ist folglich ein Drahtseilakt irgendwo zwischen Ekstase und panischer Angst. In einem auf Willkür und Zufall beruhenden System, das auf ein so präzises und spezifisches Ziel wie die Vereinigung mit dem kreativen System selbst ausgerichtet ist, kann jenes Drahtseil nur dadurch überquert werden, dass wir dem Leitbild, dem Modell folgen, das heißt jemandem, der jene dünne Linie zum Ziel *tatsächlich überquert hat.*

## 12
# Vom Konkreten zum Abstrakten

Die Yoga-Philosophie sah den Zustand des Tiefschlafs als *kausalen* Prozess an, der mit dem neuen Gehirn in Verbindung steht. Die Yogis bezeichneten den Traumzustand als unser subtiles System, das mit dem Mittelhirn verbunden ist, und den Wachzustand als unseren physischen Prozess, der, wie wir festgestellt haben, durch das alte Gehirn übersetzt wird. Das neue Gehirn verwendet geometrische Muster wie Kegel, Gitter, Schneeflocke, Spinnennetz und so fort, die in ihrer Anordnung unendlich variabel sind und zwischen verschiedenen Klassen von Mustern endlose Synthesen bilden können. Sie sind die Vorläufer aller anderen Arten von Bildersprachen.[104] Die Bewegungsbilder und Licht- oder Dunkelkontraste unseres alten Gehirns und die fließenden, farbenfrohen Bilder unseres Traumgehirns setzen sich aus solchen geometrischen Familien des neuen Gehirns zusammen. Unsere neuen Gehirne haben am Aufbau unserer unendlich variablen sensorischen Systeme Anteil und geben uns dadurch eine weitaus reichere Weltsicht, als sie die niederen Tiere haben. Noch wichtiger ist, dass uns dieses neue Gehirn ein Medium zur Verfügung stellt, über das wir an jener Konstruktion teilhaben können, die sich in den Primärgehirnen abspielt, wie wir beim operationalen Denken festgestellt haben. Zur Zeit der Pubertät verlagert sich der Sitz unseres Bewusstseins vom Gehirn zum Geist; und von jenem objektiven Standpunkt aus können wir tatsächlich außerhalb unseres Kausalsystems stehen, und unter Verwendung jener grundlegenden Muster die Bildersprache aller drei Systeme beeinflussen.

Die drei Gehirne repräsentieren die drei Zustände, die alle Möglichkeiten der Schöpfung beinhalten, da sie drei der vier Energieordnungen repräsentieren, die David Bohm für die Quantenmechanik vorgeschlagen hat. Der Geist ist, auch wenn er außerhalb der Gehirnaktivität steht, nicht der Sitz der Schöpfung oder des Selbst der Yoga-Philosophie. Er ist auch nicht die vierte Energieordnung – der Raum der erkennenden Intelligenz in David Bohms Modell.

| Holobewegung | | | | | Selbst |
|---|---|---|---|---|---|
| | explizit | schwach Reptil | physisch | Wachzustand | |
| | implizit | stark Alt-Säuger | subtil | Traum | |
| | potentiell | stärkstes Neo-Kortex | kausal | Tiefschlaf | |

-----> (Reifer Geist ist die Schnittstelle zwischen) <-----
Erkennende Intelligenz (Quelle) Supra-kausal Stiller Zeuge

Ein reifer Geist ist das Medium zwischen Gehirn und Selbst, zwischen dem übersetzenden Instrument für die Realität und dem Ursprung jener Realität. Ein reifer Geist ist objektiv, frei von der Subjektivität des Kindes und des Heranwachsenden, frei vom direkten Einfluss der Primärgehirne. Haben wir einmal diese Objektivität entwickelt, dann ist unser Bewusstsein frei, sich bis zu einem gewissen Grad vom Gehirn zum Selbst zu verlagern. Das heißt, der Geist kann dazu übergehen, als bewusstes Medium zwischen Schöpfer und Schöpfung zu fungieren. Wir können als Teilnehmende direkt oder indirekt in die Schöpfung selbst eintreten. Der indirekte Weg ist derjenige, der am häufigsten vorkommt. Er folgt einem allgemeinen Muster, das gleichermaßen bei wissenschaftlichen, künstlerischen, philosophischen oder spirituellen Belangen Anwendung findet.

Ein Naturwissenschaftler könnte zum Beispiel mit einem Teil seines akzeptierten Glaubenssystems, dem Wissensschatz seiner Wissenschaft, zunehmend unzufrieden sein. Er findet ein Loch im Geflecht der Logik dieses Systems und taucht in jenes Loch hinab. Er sieht die Implikationen einer neuen Möglichkeit und ist von dem Bild dieses neuen Sehens fasziniert. Er sammelt alle Inhalte, die mit seiner neuen Idee verbunden sind; erforscht alles, was im Zusammenhang damit steht. Doch obwohl er alles auf jede erdenkliche Weise zusammenbringt, um seine neue Idee zu untermauern, stellt er fest, dass seine Arbeit vergeblich ist. Er besitzt nicht die geistige Kraft, um es zusammenzuführen. Die Masse von Daten führt nicht zum gewünschten Endergebnis. In einem Moment der Verzweiflung, des geistigen Bankrotts oder der Erschöpfung gibt er auf, wenn auch nur einen Moment lang.

In jenem Moment der Aufgabe kommt die Antwort, die sich ihm bis dahin entzogen hatte, ungebeten in einem einzigen Geistesblitz. In jenem einen Moment ist sie im Gehirn in ihrer vollen Tragweite präsent, vollständig und perfekt. Aha! Heureka! Jetzt hat er's. Er stellt jedoch fest, dass er jenes *Heureka!* in die Sprache seiner „Bruderschaft" übersetzen muss. Seine Antwort kommt als ein obskures Bild, das bei Tageslicht wenig Sinn ergibt. Der Grund für diese Forderung nach Übersetzung in die allgemeine Domäne ist ein Schlüssel für das kreative Handeln.

Mein Lieblingsbeispiel ist das des Chemikers Friedrich August Kekulé[105], der von der Idee einer bestimmten möglichen Molekül-Kombination fasziniert war, die damals noch nicht bekannt war. Er verfolgte diese neue Möglichkeit mit dem für ihn charakteristischen Eifer und mit großer Leidenschaft. Alle ihm zur Verfügung stehenden Mittel hatte er ausgeschöpft und die Antwort dennoch nicht gefunden. Eines Tages setzte er sich vor seinen Kamin, um seinen Geist von seiner Obsession abzulenken und driftete dort in Tagträume ab. Und plötzlich erschien vor ihm in einer einzigen Sekunde ein Ring aus Schlangen, die ihren Schwanz in ihrem Maul hatten und so eine merkwürdige Konfiguration bildeten. *Heureka!* Da hatte er seine Antwort.

Chemiker können jedoch mit einem Ring aus Schlangen, die ihren Schwanz im Maul haben, nicht viel anfangen. Kekulé musste diese traumähnliche Tiermetapher hernehmen und sie in die Sprache der Chemie übersetzen. Das gab der Welt, sei es nun zum Guten oder zum Schlechten, den Benzolring, die hexagonale molekulare Grundlage der gesamten Chemie des zwanzigsten Jahrhunderts. Wir könnten sagen, dass eine hexagonale Möglichkeit einen Ring aus Schlangen entstehen ließ, der seinerseits eine fragwürdige Welt aus „besseren Dingen für ein besseres Leben mit Hilfe der Chemie" entstehen ließ. In einer Ansprache vor einer Gruppe von Naturwissenschaftlern sagte Kekulé: „Meine Herren, wir müssen mehr träumen." In einer Studie zum Wissenschaftsprozess sprach Hans Selye von der wissenschaftlichen Entdeckung als einer Bewegung vom Traum zur Realität.[106]

Die fünf Schritte der kreativen Tätigkeit sind in Kekulés Geschichte leicht zu erkennen: (1) Die leidenschaftliche Idee von einer neuen Möglichkeit zunächst selbst ergreifen und dann von ihr ergriffen werden; (2) das Sammeln von Materialien, die zur Realisierung jener Möglichkeit benötigt werden; (3) eine Zeit des Heranreifens oder ein Plateau, wenn alle Materialien erforscht zu sein scheinen – ohne jeden Erfolg; (4) das Erkennen der Unfähigkeit, es zu durchdenken, und eine Beendigung der Denktätigkeit, im Anschluss an die dann die Antwort kommt; und (5) die Übersetzung der Antwort in die öffentliche Domäne.

In unserem Kausalkörper wird eine Idee als schwer in Worte zu fassende Ahnung erzeugt. Der unterstützende Geist füllt mit seiner emotionalen Kraft und seiner fließenden Bilderwelt diese Ahnung mit den passenden Bildern aus. (Mit „passend" meine ich ein inneres Bild, das die ursprünglich abstrakte Ahnung in konkrete Bilder übertragen kann, die geeignet sind, die Suche nach Inhalten voranzutreiben.) Unser unterstützender Geist liefert auch den leidenschaftlichen Willen, der uns antreibt; die Entschlossenheit, angesichts von Hindernissen weiterzumachen, sowie die Emotion, die Aufregung und die Absicht der Suche. Ein funktioneller Plan, der bei diesen geistigen Interaktionen aufrechterhalten wird, gelangt zu vollster Blüte.

Die zweite Phase, die Suche nach Materialien, erfordert die intellektuelle Unterscheidungsfähigkeit, angemessenes und relevantes Material auszuwählen. Angemessenheit bedeutet, dass die ausgewählten Inhalte dem allgemeinen Wesen des inneren Ideenplans entsprechen müssen. Um der ursprünglichen Abstraktion zu entsprechen, müssen die konkreten Inhalte in jene abstrakte Bildersprache übertragbar sein. Das wiederum wird von der Macht des analogen Sprachsystems abhängen, der bildhaften Sprache in Form von Symbolen und Metaphern, die in den prälogischen Jahren mit Hilfe des Spiels aufgebaut wird. So kann die Phantasie ihr volles Potential entfalten.

Die leidenschaftliche Suche ist eine intellektuelle Aktivität aller drei Gehirne und des Geistes. Und alles, was der Intellekt tun kann, ist, die relevanten Materialien zusammenzubringen und Synthesen zu bilden, sie zu vermischen und umzuarbeiten, zu addieren und zu subtrahieren. Der Intellekt kann nur sich selbst reproduzieren, er kann nur in sein eigenes System zurückleiten. Und wenn jenes System bereits die Synthese oder das gesuchte Material enthielte, dann würde sich der Wissenschaftler einfach nur für dessen Entdeckung engagieren. Er würde über etwas stolpern, das in seinen eigenen Materialien oder dem Material seines Fachbereiches schon immer enthalten war, aber in seiner Bedeutung nicht erkannt wurde. Wenn es jedoch um echte kreative Entdeckung geht, dann werden jene Materialien das Ziel nicht enthalten.

An irgendeinem Punkt, wenn der Intellekt alles ihm Mögliche getan und alle Möglichkeiten erschöpft hat, wird das Plateau erreicht. Stagnation und Frustration setzen ein. Die Materialien könnten bei jener kollektiven Arbeit an einen kritischen Punkt stoßen (oder auch nicht). Wenn sie das tun, findet ein echter Reifungsprozess statt. Ist die betreffende Person am Punkt endgültiger Frustration angelangt, dann gibt sie auf und der Moment des Erkennens kommt. Das Erkennen stammt, wie in Bohms „Bereich der erkennenden Intelligenz", aus dem Sitz der Schöpfung. Es taucht in einem Moment auf, in dem der Verstand ausgeschaltet ist, denn die Verschmelzung findet nicht im Schaltkreis des Gehirns statt, das nur über seine eigenen Informationen nachgrübeln kann, sondern im Bereich der Erkenntnis selbst. Die Antwort kann nicht kommen, wenn man sie leidenschaftlich verfolgt oder über sie nachdenkt, genau deshalb, weil die sich selbst reproduzierende Schleife im Gehirn dem entgegensteht. Der Intellekt hält den Schaltkreis im Gehirn beschäftigt, er hält die analogen Bilder fern, um seinen abstrakten Grübeleien nachgehen zu können, so dass nichts verfügbar ist, um Bilder der Erkenntnis entweder zu empfangen oder weiterzuleiten, denn diese werden durch den höchsten Gedankenmodus empfangen, der in der Interaktion von neuem Gehirn und Geist zu finden ist. Erst wenn der Intellekt und sein Denken zeitweilig aufgehoben sind, kann die Antwort kommen.

Wir bemerken, dass die große Antwort, wenn sie kommt, in traumähnlichen Bildern zu kommen scheint. Der Grund dafür ist einfach: Es handelt sich um die metaphorische Bildersprache, die sowohl in die abstrakten, geometrischen Muster des neuen Gehirns umgesetzt werden kann als auch in die konkrete Sprache der Primärgehirne. Daraus ergibt sich die Notwendigkeit der Übersetzung. Marghanita Laski war der Meinung, dass viele erstaunliche *Heurekas!* nie das Tageslicht erblicken, weil der Traum nicht in die Realität umgesetzt, die Bildersprache nicht übertragen werden kann. So muss das Bild, dem wir unsere Erkenntnis verdanken, in der Lage sein, in beide Richtungen übertragen zu werden, in die konkrete wie in die abstrakte. Und das bedeutet, dass eine rechtshemisphärische, analoge Funktion des Mittelhirns und ein scharfer Intellekt erforderlich sind, um die Übersetzung zu vollziehen.

Der Biologe Rupert Sheldrake hat einmal den Physiker David Bohm gefragt, wo er in seiner Theorie der Holobewegung der Dynamik zwischen expliziter und impliziter Ordnung Rechnung tragen würde – also der Dynamik zwischen uns hier auf dieser Erde und dem kreativen Prozess im Bereich der erkennenden Intelligenz. Bohms Theorie gibt ein Modell für die Schöpfung in dem Sinne vor, wie Gott die Welt erschuf, aber was ist mit unserem menschlichen Handeln und seinen ganzen Schwächen? Wir bringen Dinge in unsere Welt hinein, die vorher nicht da waren, zum Guten wie zum Schlechten. Gottes Schöpfung hat uns keine Computer, keine Dioxine, kein Wissen um die Doppelhelix und keine Algebra gegeben.

Die Antwort auf Sheldrakes Frage scheint zu sein, dass der kreative Prozess immer in nur eine Richtung funktioniert, und zwar vom Bereich des Selbst aus. Aus jenem Bereich der Erkenntnis können wir jedoch eine Antwort hervorlocken, die im Einklang mit dem Wesen eines bestimmten Wunsches steht; vorausgesetzt, wir investieren die notwendige Leidenschaft und den nötigen Willen, folgen der Regel und besitzen das Gespür dafür, zur richtigen Zeit zurückzutreten und die Antwort sich von selbst zeigen zu lassen. Der Prozess muss dem Muster des Ausdrucks der Holobewegung folgen, da das der Weg ist, wie die Schöpfung funktioniert. Das Bemühen unsererseits wirkt als Stimulus, vergleichbar der geringen Ladung, die bei Blitzen am Boden zu finden ist und eine Reaktion der weitaus stärkeren elektrischen Ladung in den

Wolken hervorruft, die zu jenem Austausch führt, den wir als Donnerschlag kennen. Ohne ein aufrichtiges, dauerhaftes und intensives Bemühen unsererseits antwortet keine entsprechende Ladung. Sogar kleine Teile des kreativen Prozesses sind nicht billig zu erwerben. Das gilt selbst dann, wenn unsere Bemühungen vollkommen in den Schatten gestellt werden und für die Gesamtwirkung kaum eine Bedeutung haben.

Ein authentischer kreativer Akt erschließt eine neue Kategorie von Möglichkeiten, die wir durch unsere Entdeckungen mit Inhalt füllen. Seit Beginn dieses Jahrhunderts haben wir in Kekulés Schöpfung Inhalte eingefüllt. Sobald sein Modell einmal in die allgemeine Domäne eingedrungen war, hatte sich jene Domäne verändert und wir konnten die Möglichkeiten dieses Unterschieds entdecken. Kreativität gibt der allgemeinen Domäne etwas, das vorher dort nicht vorhanden war. Ein echter kreativer Akt ist nicht quantitativ von dem abzuleiten, was bereits existiert und wird immer freigebig aus dem Bereich der erkennenden Intelligenz gewährt. Wir müssen jedoch die Voraussetzungen für dieses kreative Geschenk schaffen, und diese werden dann das allgemeine Wesen der erhaltenen Antwort bestimmen. Wir treten in den Prozess als feste Größe ein, und wenn die Antwort kommt, wird sie sich im Einklang mit dem Wesen dessen befinden, was wir an Bedingungen geschaffen haben, und über die Gesamtsumme unseres Inputs hinausgehen.

Anhaltende Leidenschaft und ein ausdauernder Wille sind die Eigenschaften, die für die entsprechende Ladung sorgen werden, denn jede Schöpfung ist ein Willensakt. Denken Sie auch daran, dass je härter wir für eine Antwort arbeiten, umso umfangreicher die Vorbereitung ausfällt, die wir für das Empfangen jener Antwort und ihre Übersetzung durchlaufen haben. Als mein fünfjähriger Sohn mir einen vollendeten Vortrag zum kreativen Prozess und unsere Beziehung zu Gott hielt, besaß ich nicht die geistige Stärke, um jenen Monolog aufzunehmen, zu behalten oder zu übersetzen. Die Materialien, die wir bei unserer Suche nach einer Antwort sammeln, können letzten Endes fast zufällig sein. Wir müssen sie vielleicht alle sammeln, nur um dann festzustellen, dass sich die Antwort nicht quantitativ aus unserem Material ableiten lässt; sie ist nicht ihr kumulatives Ergebnis. Auch wenn jene Materialien in die endgültige Antwort eingehen, so kann es sein, dass sie lediglich die allgemeine Richtung anzeigen, die jene Schöpfung nimmt. Unsere Materialien und Leidenschaften gehen in das Gesamtmodell des Stimulus ein, der die kreative Antwort evoziert; die Antwort unterscheidet sich jedoch qualitativ vom Modell-Stimulus und geht quantitativ über ihn hinaus. Hier haben wir es wieder mit dem Phänomen der Komplementarität, mit einem anscheinend radikalen Bruch des Entweder-oder zu tun, der mit Hilfe von Wille und Leidenschaft überwunden wird. Der Bankrott des Intellekts ist notwendig, um den Intellekt aus dem Weg zu räumen, da seine Denkweise auf dieser Entweder-oder-Basis funktioniert, und er zeigt, dass nur der Bereich der Erkenntnis den von uns im Voraus entwickelten Ideenplan Realität werden lassen kann.

Der Schlüssel dafür, wie wir von unserer Position aus zur Erkenntnis und wieder zurück gelangen können, ist die Welt der Bilder. Alles sind Bilder: Die Schöpfung besteht aus Bildern. Die Vorstellungskraft ist jene flüchtige Qualität, die wir im Alter zwischen vier und sieben Jahren hätten entwickeln sollen: Die Fähigkeit, Schlösser in den Wolken zu sehen, Tiger in den Büschen oder schöne Bilder, wenn Mama, Papa oder das Radio eine Geschichte erzählt. Es sind auch die inneren Bilder, die uns den Lastwagen in der Streichholzschachtel sehen lassen, die Straßenwalze in der Garnrolle. Die innere Bilderwelt lässt uns die ganze Welt als bewusst, lebendig, mit Persönlichkeit und unendlichen Möglichkeiten angefüllt sehen – als den Raum, wo eine gewisse molekulare Möglichkeit mit Hilfe des metaphorischen Spiels eines Schlangenrings die Kluft zwischen der Möglichkeit, die vor dem inneren Auge entsteht, und der Welt da draußen überbrücken kann.

Es existiert keine Schöpfung außerhalb der Vorstellungskraft, und auch kein Intellekt, keine Logik, keine Abstraktion oder semantische Sprache. Von irgendwoher kommt das Bild von etwas, das noch nicht existiert, und die kreative Möglichkeit springt in die Lücke, um etwas Neues zu schaffen. So macht die Natur möglicherweise Gebrauch von unserem unaufhörlichen (und im Allgemeinen nutzlosen) Denken: Unsere Gedanken können frei im Universum unseres Wissens umherwandern, gegen das Gewebe unserer Realität drücken und nach den Löchern suchen, durch die die Vorstellungskraft hindurchgehen kann, um ein neues Bild von Möglichkeit zu schaffen. Auf dieselbe Weise drücken unsere Seelen ständig gegen das Gewebe unseres Geistes und suchen nach den Löchern in unserem Widerstand, um jene große Transformation, die auf uns wartet, herbeiführen zu können. Fundamentaler Wandel kann nur durch das Selbst geschaffen werden, aber er wird im Einklang mit der Leidenschaft und dem Willen unseres sündigen Zustands aus Fleisch und Blut geschaffen, der sich nach jenem Bereich des Herzens sehnt. Wille und Leidenschaft – das ist es, worum es geht.

Ein Heiliger entsteht durch dasselbe allgemeine Muster, wie es bei unserer kreativen Entdeckungsreise zu finden ist. Häufig hat der zukünftige Heilige als Kind von einem Zustand grundlegender Transformation gehört; einem Zustand, der eine vollkommen andere Weltsicht und ein dauerhaftes Selbst-Bewusstsein verleiht. Der junge Mensch ist von dieser Vorstellung besessen und sucht leidenschaftlich nach einem solchen Zustand über allen Dingen. (Er ist fast immer deshalb so davon besessen, weil er in Kontakt mit einem Menschen gekommen ist, der tatsächlich auf diese Weise grundlegend transformiert worden ist). Von dem leidenschaftlichen Wunsch getrieben, einen solchen Bewusstseinszustand zu erreichen, lässt der junge Mensch Familie und Heim hinter sich und macht sich auf den Weg, um sein Ziel zu erreichen. Er verschlingt sämtliche Literatur, die mit seiner Suche zusammenhängt. Er folgt jeder Disziplin, die in irgendeiner Weise damit zu tun haben könnte; er schärft die Instrumente seines Geistes und Körpers durch Entbehrungen und strenge Disziplin. Und mit seinem fanatischen Willen bleibt er dabei, Jahr um Jahr; er rackert sich ab, durchschreitet Plateaus, Wüsten und trockene Orte des Geistes, die alle außer den Stärksten und Hartnäckigsten zum Aufgeben bewegen würden.

Schließlich hat er alles getan, was ihm in den Sinn gekommen ist. Er hat sich bis auf die Knochen entblößt; er hat sein Leben nicht einmal, sondern immer wieder hingegeben. Er macht weiter, weil nichts anderes lohnenswert erscheint, und vielleicht betritt er dann die dunkle Nacht der Seele, wo er beide Welten verloren hat und in einer Art Niemandsland lebt. All sein *Tun* führt zu keinem Ergebnis und schließlich gibt er wirklich auf. Er hört mit dem Tun auf, und in jenem Moment des Nicht-Tuns kommt die Antwort zu ihm. Die grundlegende Transformation findet statt. Dann hat er nur noch ein Ziel, nämlich jene Antwort in die allgemeine Domäne zu übersetzen – was nur dadurch getan werden kann, dass er sie mit jeder Faser seines Seins Moment für Moment durch sein Beispiel verkörpert. Ohne dies beabsichtigt zu haben, *wird* er zu der Antwort. In jener fortlaufenden Übersetzung wird er zum Modell, zum lebendigen Beispiel und zur Leitfigur für jeden anderen, der in Kontakt mit ihm kommt und von demselben Verlangen inspiriert wird.

Der Naturwissenschaftler oder Künstler ist von einer Idee ergriffen, die sich aus einem spezifischen Aspekt seiner Welt ergibt; einer Möglichkeit, irgendeine neue Wirkung in seiner äußeren Realität zu erzielen. Er hat es mit der Außenwelt zu tun, der expliziten Ordnung, die etwas anderes ist als sein Selbst. Nahezu immer wird ein Teil des ihn antreibenden Willens das Bedürfnis sein, seine Ich-Position in jener äußeren Welt zu stärken (ein Nobelpreis, ein Pulitzerpreis). Und wenn er lange genug bei der Stange bleibt, alles richtig macht und den Regeln folgt, dann erzeugt er aus der kreativen Quelle in ihm eine Antwort auf jenen Punkt seiner Leidenschaft.

Der Heilige jedoch sucht nicht nach einer spezifischen Wirkung oder einem spezifischen Teil jenes kreativen Kern des Selbst, nach irgendeinem bestimmten Aspekt des Neuen da draußen in seiner Realität. Er sucht Vereinigung mit jenem kreativen Kern seines eigenen Wesens, mit nichts Geringerem als der Ganzheit der Holobewegung. William Blake schrieb: „Mehr, Mehr! [ist] der Schrei einer sich irrenden Seele; weniger als Alles kann den Menschen nicht befriedigen." Der Künstler und der Naturwissenschaftler (und die meisten von uns) verbringen ihr Leben damit, mehr und immer mehr zu suchen, und sind nie befriedigt. Der Heilige sucht Alles und wird eins mit ihm. Dann wird er angehoben und zieht alle Menschen zu sich. Und im geheimen Kern unseres Seins ist das genau das, was sich jeder von uns wünscht.

David Bohm meinte, dass die Erkenntnis einfach in das Gehirn gelangen und ihre Materie herumbewegen könne, um Dysfunktionen zu beseitigen und für eine Normalisierung der Gehirnfunktionen zu sorgen. Wenn der Naturwissenschaftler zur Erkenntnis gelangt, dann müssen einige neue neuronale Kanäle in seinen Wissensstrukturen besonders gepriesen werden, damit er die Möglichkeit hat, das Wesen des neuen Bildes zu erfassen. Das Auftauchen jenes Bildes, in jenem Moment, in dem er seinen Verstand ausgeschaltet hat, ist der Moment, in dem das Erkennen das geistige Material aufmischt, um jenes neue Sehen genügend einbeziehen zu können, damit der Wissenschaftler die Möglichkeit bekommt, intellektuell um eine Übersetzung der ihm übermittelten Bilder zu ringen.

Der Heilige hat jedoch jeden neuronalen Kanal zu seinem Gegenteil neugeordnet: Er ist nicht auf die explizite Ordnung orientiert, die von einem in unendlicher Regression gefangenen Universum ausstrahlt. Vielmehr liegt seine Orientierung im Bereich des Selbst, dem alle Universen entspringen. Er oder sie ist dann *in* unserer Welt, aber ganz wörtlich nicht *von* dieser Welt. Erst jetzt ist die dreifache Gehirnstruktur des Heiligen in den Bereich integriert, wo sie eigentlich hingehört. Jetzt ist sein Geist der Zwei-Wege-Spiegel, wie er von der Natur her gedacht war: Mit seinem linken Auge sieht er in das Reich Gottes hinein; mit dem rechten Auge sieht er die äußere Welt der Torheit und Zersplitterung. Jetzt wird sein neues Gehirn in seiner Ganzheit verwendet werden, denn das neue Gehirn wurde dafür geschaffen, nach innen zu sehen. Es wurde nicht dazu entworfen, der kleinen Welt des Reptilhirns dienstbar zu sein (eine Aufgabe, bei der nur ein Bruchteil seiner eigentlichen Macht zum Tragen kommt).

Der Heilige ist das Modell, die Leitfigur und das Mittel, damit wir zu jenem Zustand gelangen und ganz werden können. Denn wieder einmal ist es so, dass das Selbst nicht quantitativ ableitbar ist. Es ist nicht das Ergebnis kumulativer Anstrengungen, die wir in unserer expliziten Ordnung anhäufen. Selbst internationale spirituelle Netzwerktätigkeit kann die notwendigen Zutaten nicht zusammentragen und jene Kluft kann auch durch die Anhäufung von noch so vielen Forschungsergebnissen im Labor nicht überwinden werden. Unser Selbst ist weit mehr als alle seine Bestandteile und nur Wille und Leidenschaft machen uns für jenen Zustand empfänglich. Unser Wille und unsere Leidenschaft können jenes Königreich jedoch nicht im Sturm nehmen. Die „Ich schaff's allein"-Haltung lässt uns immer im Stich, nicht unbedingt aus moralischen Gründen, sondern aus logischer Notwendigkeit heraus. Unser Wille und unsere Leidenschaft können die Bedingungen schaffen, unter denen jener Sturm vielleicht *uns* hinwegfegen kann. Der Quantensprung wird durch das Selbst in uns vollführt, als Antwort auf unseren Sprung ins Vertrauen.

Die bekannten Entwicklungsschritte, die von Geburt an in uns angelegt sind, arbeiten im Sinne unserer spirituellen Entfaltung. Doch die einmal aufgestellte Formel gilt für den Rest unseres Lebens: biologischer Plan plus Modell gleich gewünschte Struktur. Der Plan wird von innen gegeben, aber er braucht *sein* Modell von außen. Die Progression verläuft immer vom Konkreten zum Abstrakten, und unser konkretes Modell ist jemand, der seinen Plan verwirklicht und das Selbst im Innern realisiert hat, und es uns in konkreter Form – als Mensch aus Fleisch und Blut – zeigt. Die Reise zum Selbst beginnt dort bei jenem Modell, und nur dort, genau so, wie es bei all unseren vorhergehenden Entwicklungsreisen der Fall war.

Bedingt durch intellektuellen Eigensinn habe ich auf meinem Weg viele falsche Anfänge unternommen, und meine eigentliche Reise begann erst um mein fünfzigstes Lebensjahr herum, als ich jemandem begegnete, der sein Selbst verwirklicht hatte. Einfach dadurch, dass ich meinem Lehrer Muktananda begegnet war, passierte mehr als in den fünfzig Jahren davor. In Ganeshpuri in Indien machte ich am Neujahrstag des Jahres 1983 einen so genannten Intensivkurs, einen Meditations-Workshop bei einem von Muktanandas beiden Nachfolgern, Nityananda, den wir Gurudev nennen. Wie bei einem Intensivkurs üblich gab der junge Gurudev das, was auf Sanskrit *shaktipat* heißt – Handauflegen zur Übertragung von spiritueller Kraft (wie sie in den frühchristlichen Schriften genannt wird). Als er seine Hand auf meinen Kopf legte, schien meine linke Gehirnhälfte zu explodieren. Mein Schädel „öffnete sich", und mein Bewusstsein schien spiralförmig ins Leere zu gehen. Noch Tage danach hatte ich das Gefühl, als ob seine Hände sich in meinem Schädel befänden und mein Gehirn wie Teig kneteten. Ich erlebte Veränderungen in meiner sinnlichen Wahrnehmung und hatte das Gefühl, dass meine linke Gesichtshälfte etwa fünf bis sechs Zentimeter über die rechte hinausgeschoben und meine Augen tief nach innen geschoben würden und sich nicht mehr synchron bewegten. (An einem bestimmten Punkt war ich mir sicher, dass ich kurz davor stand, mein Augenlicht zu verlieren, doch natürlich löste sich am Ende alles wunderbar auf.) Drei Nächte später wachte ich eine halbe Stunde nach Mitternacht mit einem scharfen, glühend heißen Schmerz in dem Bereich auf, den ich als Kleinhirn identifizierte.

Ich meinte, dies seien die ersten Anzeichen einer Hirnhautentzündung, und begann, in dem Glauben, mein Ende nahe, das Mantra von Gurudevs Übertragungslinie zu sprechen, das *Om Namah Shivaya* („Ich ehre mein inneres Selbst"). Der Schmerz dauerte vierundzwanzig Stunden und verließ mich dann. (Sir John Eccles, der da meiner Meinung nach die richtige Ahnung hat, glaubt, dass unser weitgehend unbekanntes Kleinhirn der Sitz unseres Bewusstseins sei. Ich glaube, es könnte der Sitz des Geistes sein.)

Nach dieser Schmerzphase trat bei meinen Morgenmeditationen, wenn ich mich nach meiner üblichen Sitzphase hinlegte, ein vollständiger Zusammenbruch des Muskelapparates ein, eine erzwungene Entspannung meiner gesamten motorischen Funktionen. Und an jenem Punkt begannen sich meine Arme und Beine zu heben – sie schwebten einfach in der Luft herum. Das war etwas ganz anderes als eine außerkörperliche Erfahrung. (Ich glaube, mein Körper behielt seine Erdung bei und nur meine Gliedmaßen befanden sich in der Schwebe, damit der Kontrast scharf und deutlich war und ich diese Erfahrung nicht fälschlicherweise als außerkörperlich interpretieren konnte.) Es war, als seien der Raum zwischen meinen Gliedmaßen und derjenige, der sie umgab, eins geworden; so als sei die Schwerkraft aufgehoben und meine Glieder baumelten in der Leere herum. Die Erfahrung machte mich jedoch jedes Mal befangen; ich frönte ihr, wie Carlos Castaneda sagen würde (das heißt, ich versuchte, das Phänomen in Besitz zu nehmen oder mich auf es zu fixieren, es zwischen meinen drei Gehirnen abspulen zu lassen, es im Geiste zu rekapitulieren mit der Absicht, es zu analysieren, darüber zu spekulieren und ganz allgemein darüber nachzugrübeln). Woraufhin dann meine Glieder auf dem Boden aufschlugen und die Gnade zurückgenommen wurde.

Ich erlebte das an drei aufeinander folgenden Tagen jeden Morgen und habe seitdem unaufhörlich die Bedeutung dieses Ereignisses zu erfassen versucht. Jede Interpretation hat sich jedoch als unvollständig erwiesen, denn neue Ebenen jener Lektion entfalten sich immer noch. Im Anschluss an jene Erfahrung erreichte ich bei meiner Arbeit zwei Monate lang eine Produktivität, wie ich sie nie zuvor oder nachher wieder erlebt habe, und ich machte in dieser Zeit die außergewöhnlichsten Meditationserfahrungen meines gesamten Lebens. Es möge an dieser

Stelle der Hinweis genügen, dass das Ereignis eine Lektion in Sachen Kausalität und Kausalitätsprinzip in mir war. Erinnern Sie sich an David Bohms Kommentar, dass Erkenntnisse in das Gehirn eingreifen und seine Substanz umherschieben können, so dass Dysfunktionen verschwinden und die Funktionalität des Gehirns wiederhergestellt wird. Die linke Gehirnhälfte scheint der Übersetzungsmodus für den kausalen Prozess zu sein, und meine linke Gehirnhälfte hatte die Hauptlast dieser besonderen Episode zu tragen. Da ich so wenig subtiles Verständnis besitze, wurde mir diese anschauliche physische Demonstration davon gegeben, wie das Ursache-Wirkungs-Gesetz aufgehoben bzw. verändert werden kann. Man zeigte mir, wie keiner der Mechanismen unserer physischen Welt uns bindet, wenn wir unser physisches Wesen unserem Selbst überlassen. Meiner Feststellung nach steht uns diese kausale Umgehung nur dann zur Verfügung, wenn wir uns durch einen Zustand tiefer Hingabe für sie verfügbar machen (was in der heutigen Zeit der Selbstbehauptung wohl alles andere als eine beliebte Vorstellung ist).

Meine Erfahrung symbolisierte, wie um der spirituellen Entwicklung willen die biologische der nichtbiologischen Entwicklung hingegeben werden muss; das Fleisch muss dem Geist überlassen werden. Denn nur im Geist finden wir unsere wahre Autonomie. Und durch die Mechanik unseres Entwicklungssystems muss diese Integration in den Geist in Gang gesetzt oder zumindest initiiert werden, während wir uns in diesem all zu schwachen Fleisch befinden. Wenn wir im Laufe unseres Erdendaseins nicht die totale Verschiebung zu jenen Selbst hinein erreichen können, wie es unsere Heiligen-Modelle getan haben, dann müssen wir zumindest unsere Bindungen an jenes Ziel gründlich absichern, bevor wir aus dem physischen Bereich herausgehoben werden. Dann werden jene Bindungen bekräftigt werden, wenn das Modell, durch das sie geschaffen wurden, echt war, nachdem die große Identitäts- und Modalitätsverschiebung stattfindet, im Zuge derer dieser schwache Körper unter die Erde kommt.

# 13
# Kulturelle Fälschungen

Das *Bonding* hält den Lebensprozess zusammen. Unsere Entwicklung ist darauf ausgerichtet, sich durch eine Reihe von *Bonding* zu entfalten, die von den unmittelbarsten konkreten Bindungen bis hin zu den endgültigen Bindungen an die kreative Funktion reichen. Bei der Geburt etablieren wir ein *Bonding* mit unserer Mutter und schließlich auch mit der Familie. Im Alter von etwa vier Jahren entsteht ein *Bonding* mit der Erde, mit sieben Jahren eines mit der Gesellschaft, mit elf schließlich eines mit dem Wissensschatz der Gesellschaft. Später folgt auf das *Bonding* zwischen Mann und Frau dasjenige mit unseren eigenen Nachkommen, und über all dem steht unser spirituelles *Bonding*.

Unser Instinkt für soziales *Bonding* ist in uns angelegt. Er beginnt in unseren prälogischen Jahren und wird mit dem Auftreten des sozialen Ichs im Alter von etwa sieben Jahren vollständig aktiv. Natürlich müssen wir eine Gesellschaft haben, mit der wir uns verbinden können, und wie üblich bleibt, wenn das *Bonding* fehlschlägt, Anhaftungsverhalten übrig. Es kann jedoch keine Anhaftung ohne Gesellschaft geben. Die Gesellschaft ist das Ergebnis davon, dass Menschen sich miteinander verbunden haben. Wenn diese Verbundenheit nicht zustande kommt, erhalten wir einen Effekt, der *Kultur* genannt wird. Das heißt, in diesem Buch verwende ich den Begriff *Kultur* für die Form von Anhaftungsverhalten, die unser Instinkt für soziales *Bonding* angenommen hat.

Als Anhaftungsverhaltensform des sozialen *Bonding* übernimmt die Kultur die natürliche Macht, die der Plan für das soziale *Bonding* in sich trägt. Die Kultur wird zu einem gefälschten Plan, der unser Leben sogar noch vor unserer Empfängnis formt. Jegliche Entwicklung ist darauf ausgerichtet, uns über unser biologisch orientiertes Ich hinaus zum Selbst zu führen, und das findet durch unsere Bindung an die Modelle statt, die für unsere Entwicklung bereitstehen. Das Modell ist die konkrete Manifestation der höheren integralen Struktur, auf die wir von unserer Natur her gedrängt werden, uns zuzubewegen. Die Kultur als Imitation eines Entwicklungsmodells verweist uns auf den physischen, sensomotorischen Bereich als unserer einzigen Möglichkeit zurück, so wie es bei jeglichem Anhaftungsverhalten der Fall ist. Da wir instinktiv dazu getrieben werden, unseren Modellen zu folgen, haben wir keine andere Wahl, als auf die Fälschungen zu reagieren, die uns präsentiert werden.

Kulturelle Fälschungen beherrschen jede Facette unseres Lebens. Sehen Sie sich zum Beispiel das Bedürfnis des Neugeborenen nach dem Herzschlag der Mutter an, das der Bestätigung des intrauterinen *Bonding* nach der Geburt dient. Mediziner haben vor kurzem entdeckt, dass man mit Hilfe eines aufgezeichneten Herzschlags, den man in der Kinderstation des Krankenhauses, wo die gerade entbundenen Säuglinge in sensorischer Isolation liegen, ertönen lässt, das Schreien jener noch nicht vollständig Geborenen erheblich reduzieren kann. Wir vermarkten jetzt einen *Rock-A-By*-Teddybär mit elektronischem Herzschlag, den man im Kinderbett zu Hause verwenden kann, um dieses elektronische Nähren aufrechtzuerhalten. Sehen Sie sich auch an, wie die „Medizinmänner" die Muttermilch analysiert und festgestellt haben, dass sie arm an Nährstoffen ist. Vierzig Jahre lang haben sie die Überlegenheit ihrer Supermarkt-Milch angepriesen und dafür gesorgt, dass das Stillen nicht nur unmodern, sondern sogar zu einer kulturellen Peinlichkeit wurde.

Liebe ist ein Band der Macht, das wie ein Geschenk jemandem überreicht und von dieser Person angenommen werden kann; es kann jedoch nicht manipuliert oder besessen werden. Ihre kulturelle Fälschung ist das genaue Gegenteil – das, was in Besitz genommen oder benutzt werden kann, um zu dominieren. Die Hauptaktivität der Kultur besteht darin, liebenswerte Objekte zu produzieren, die man für einen bestimmten Preis besitzen kann. Objekte der Anhaftung zerfallen; Anhaftungen an Menschen zerfallen. Unter jeder Anhaftung, die wir erzeugen, liegt jener kleine Herzschmerz, der instinktiv weiß, dass unser Liebesobjekt bestenfalls etwas Vorläufiges ist. Anhaftungsverhalten und der unvermeidliche Verlust des Liebesobjekts liegt unserer Dichtung, unseren Liedern, Dramen, Nachrichten und unserer Unterhaltung zugrunde. „Dieses Mal ist es für immer!", schreit der wild gewordene Pop-Sänger ins Mikrofon, da jeder weiß, dass unsere große Liebe nur von kurzer Dauer ist, und sie wieder und wieder zu Ende geht.

Das Selbstmitleid, der zuckersüße Vorbote des Todes, ist unser Mitleid uns selbst gegenüber wegen des ständigen Verlusts unserer Liebesobjekte. Selbst wenn wir uns gerade im Akte des Besitzes und der Anhaftung an unser Liebesobjekt befinden, verfolgt uns das Wissen, dass es nicht von Dauer ist. So setzen Gefühlsregungen, jener verzuckerte Liebesersatz, Liebe mit Verlust und Tod gleich, und ihr Pathos unterströmt den kulturellen Prozess wie ein reichhaltiges Bett aus Zuckerrübensirup. „Meine Mutter hat mich geliebt, doch sie ist gestorben", lamentieren die Gefühle, und tatsächlich bietet die Kultur das Gefühl als Ersatz für die große Bindung an, die uns über jeglichen Tod hinausträgt.

Die Wut, der Zorn der Ohnmacht, ist der Zwilling des Gefühls. Alles, was wir ergreifen können, wird zu Staub und Asche, insbesondere Beziehungen, und als soziale Wesen können wir nicht allein überleben. Liebe ist das Band, das uns zentriert und für unsere Bedürfnisse sorgt, doch es ist nicht nur so, dass Liebe als Anhaftung mit Sexualität, Gefühl und Selbstmitleid gleichgesetzt worden ist, sondern Sexualität ist zusätzlich noch mit Wut und Gewalt gleichgesetzt worden. Die Zeugenaussage eines Vietnam-Veterans, der wegen Gruppenvergewaltigung und Mord an einem vietnamesischen Teenager vor Gericht stand, fasst es zusammen: „Nun, wir standen da und vögelten sie abwechselnd. Nachdem Jim mit ihr gevögelt hatte, vögelte Jack mit ihr, dann vögelte ich mit ihr und schließlich Sam, und als er fertig war, zog er seine Pistole und schoss ihr in den Kopf."[107]

Jedes kulturelle Produkt ist vielleicht eine Vortäuschung von etwas Realem, doch die Kultur selbst ist ebenfalls eine Fälschung, ein pseudokausales Feld.[108] Die Kultur hat keinen Kopf, keinen Vorstand. Niemand ist verantwortlich, weil die Kultur wie jede Matrix nicht wirklich existiert. Die Kultur existiert nur als Reaktion auf ihren eigenen Matrix-Effekt. Wir folgen den Modellen, die uns gegeben werden, so wie wir es tun müssen, und ohne Ausnahme führen uns unsere Modelle zurück in den physischen Modus und in das Anhaftungsverhalten. Und sie zwingen unser neues Gehirn, wieder dem alten Gehirn zu dienen.[109] Unser echtes biologisches Programm drängt uns zu einer aufrichtigen, ständig weiter gehenden Entwicklung, bei der wir unser gesamtes Leben als eine Art namenloser Sehnsucht spüren, während wir in der Sackgasse unseres in sich selbst verkapselten Ichs umherirren. Das immer wieder dieselbe Schleife durchlaufende Geist-Gehirn-System speist die Gedanken des neuen Gehirns in das alte Gehirn ein, welche dieses als formende Kräfte in der Welt da draußen interpretiert, weil die Bilderwelt des neuen Gehirns kausaler Natur und kraftvoller ist als diejenige des alten Gehirns; und das neue Gehirn interpretiert die Berichterstattung von Ereignissen, die durch die verzerrenden Vorstellungen des alten Gehirns geformt sind, als korrekt.

Durch das Anhaftungsverhalten werden wir wie die drei Freudschen Instanzen, die in tödlichem Kampf miteinander liegen: ein altes Gehirn-*Es*, das darum ringt, seine schwache physische Domäne zu beschützen; ein Mittelhirn-*Ich*, das durch seine kindlichen Emotionen, Süchte, Zwänge und Wutanfälle versklavt wird, und ein *Über-Ich*-Intellekt, der sich über seine aufsässigen Unterstützungssysteme ärgert, die darauf bedacht sind, Sorgen und Schuldgefühlen zu entkommen. Die Kultur bringt sich selbst durch Machtsysteme zum Ausdruck, die darum kämpfen, Ersatzwege dafür zu finden, unsere Sehnsucht nach Ganzheit zu erfüllen. Diese Machtstrukturen reißen unsere Energie an sich, indem sie uns versprechen, jene sehr zwanghaften Wünsche zu lindern, die die Kultur uns einimpft und die sie fördert. Und sie versprechen uns auch, uns unsere fehlende Stabilität und Integrität zurückzugeben, indem sie manipulative Kunstgriffe anbieten, um Macht über unsere Nachbarn zu gewinnen.

Alle kulturellen Modelle, unsere Eltern (und wir selbst als Eltern) eingeschlossen, sorgen dafür, dass unsere Entwicklung zersplittert ist und dass unser Vorstoß in Richtung Ganzheit nur jene Konsumartikel bekommt, die nichts weiter als ein Imitat der realen Entwicklung sind und stattdessen die Kultur aufrechterhalten. Unsere Modelle müssen sicherstellen, dass unsere Konstruktionen von uns selbst und von unserer Welt den Standards des kulturellen Modells entsprechen, das in uns das nie zu stillende Bedürfnis nach den Produkten weckt, die die Kultur bereitstellt.

Bekämen wir als Kinder für unser sprachliches Programm keine Sprache als Modell vorgegeben, so würde jenes biologische Programm verkümmern. Ebenso würde die Kultur verkümmern, würde unserer kulturellen Matrix kein Inhalt gegeben. Ist eine Selbst-Identität jedoch einmal enkulturiert, so hält sie die Kultur aufrecht. Sie füllt die leere Kategorie der Kultur mit Inhalt. Meine Kultur existiert nur insoweit, als ich auf meine Kultur *reagiere*. Die Kultur existiert nur durch die Energie meiner Teilhabe an ihr. Würden wir die Energie unserer Reaktion zurückziehen, so würde die Kultur verschwinden. Wir können jedoch nicht aufhören zu reagieren und somit auch nicht aufhören, die Kultur aufrechtzuerhalten, da sich die Verständnisstrukturen unseres Selbst, der Welt und ihrer Beziehungen zueinander kulturellen Modellen entsprechend formiert haben. „Sich der Kultur zu entledigen" würde bedeuten, uns der einzigen Identität zu entledigen, die wir haben. Auf dieselbe Weise würde jede echte Veränderung der Kultur eine Veränderung der einzigen Identität bedeuten, die wir besitzen. Mein Drang nach Integrität des Selbst hält – notwendigerweise – das Geflecht der Kultur aufrecht.

Schauen Sie sich die Abfolge an: Unser Wissen von uns selbst und von unserer Kultur muss unsere kulturellen Modelle widerspiegeln. Diese Modelle bringen unsere Identität auf jeder Stufe in das physisch-sensorische System zurück, dadurch, dass kein angemessenes *Bonding* stattfindet und dieses durch Anhaftungsverhalten ersetzt wird. Wir werden instinktiv dazu getrieben, die Einheit, so wie sie ist, aufrechtzuerhalten und so unseren Zustand von Dysfunktion zu beschützen – eine Dysfunktion, die die Kultur selbst ist. Wie wir gesehen haben, hat die Natur kein Programm für den Misserfolg vorgesehen. Da wir getrieben sind, unser dysfunktionales Ich aufrechtzuerhalten, bedroht die funktionale Ganzheit unsere Integrität. Ganzheit würde eine komplette Umstrukturierung unserer dysfunktionalen Strukturen beinhalten. Selbst wenn wir die Vorstellung transzendenter Entwicklung wirklich akzeptieren würden, so wird unser Überlebenstrieb einen Widerstand unterhalb der Bewusstseinsschwelle intellektuell verteidigen, und wir werden nie das Wesen unserer Widerstands-Rationalisierungen erkennen.[110] Die Aufrechterhaltung der Fragmentierung des Ichs wird als Selbstvertrauen, Standhaftigkeit und Mut gepriesen, und sie ist moralisch, ethisch und kulturell akzeptabel, da durch sie das Geflecht der Kultur intakt gehalten wird. Von Geburt an werden wir mit Slogans wie „Steh auf eigenen Beinen", „Sei ein Individuum", „Behaupte dich, komm in der Welt voran, sei jemand" bombardiert. Die Ironie dessen ist, dass die Wege, um diese noblen Ideen umzusetzen, alle auf Kosten eines echten Sozialwesens erkauft werden. Jeder Schritt zur seelischen Entwicklung auf der anderen Seite, der allein Gemeinschaft schaffen kann, wird als selbstsüchtig, antisozial, krank, suspekt und als Quelle kultureller Peinlichkeit interpretiert. (Ein häufiger Kommentar darüber, dass ich drei Stunden jeden Morgen mit Meditation, Chanting und „innerer Arbeit" verbringe, lautet, das sei eine selbstsüchtige Zeitverschwendung; wir sollten jene Zeit damit verbringen, der Welt zu helfen. Meine Erfahrung ist, dass meine äußere Arbeit wesentlich effektiver geworden ist, seit ich mit einer solchen inneren Arbeit begonnen habe.)

Unsere Enkulturation ist der Antrieb, die Kultur zu verändern. Ironischerweise ist die sich verändernde Kultur jedoch die Energieinvestition, die die Kultur aufrechterhält. Wir erkennen, dass unsere Zwietracht, unser Unglücklichsein und unsere Angst von der Kultur verursacht sind, aber wir erkennen das als Projektion. Das heißt, wir sehen unsere Funktionsstörungen als äußeres Phänomen an; als etwas, das mit uns geschieht. Wir sehen alle jene Menschen, Ereignisse und Kräfte, die uns daran hindern, zu sein, wer wir in Wirklichkeit sind. Wir sehen die Welt als Ursache für unsere Sorgen an und fühlen uns so zu dem Versuch genötigt, diese Welt zu verändern. Und diese Welt ist Kultur, und durch unseren Impuls, sie verändern zu wollen, wird die Kultur aufrechterhalten. Ohne diese überragende Leidenschaft unsererseits, die Kultur *verändern* zu wollen, würde sie verschwinden.

Unser Überlebenswunsch drängt uns, für das angemessene Funktionieren der Kultur zu sorgen. Ob nun die Energie, die wir an die Kultur zahlen, positiv oder negativ ist, spielt keine Rolle. Jeder Schritt, den wir als Reaktion auf die Kultur unternehmen, bringt die Kultur als

## Kulturelle Fälschungen

Macht hervor. Jedes Mal, wenn wir die Kultur zur Kenntnis nehmen, lassen wir ihr Energie zukommen. Als leere Kategorie wird die Kultur unterschiedslos durch jede Idee, jedes Programm, jeden Plan und jeden „Ismus" gefüllt, ebenso wie es für die sprachliche Blaupause vollkommen unerheblich ist, ob der in sie einzufüllende Inhalt oder das Modell Französisch, Deutsch oder Suaheli ist.

Die größte und vielleicht die einzige Sünde gegen die Kultur besteht nicht darin, sie verändern oder verbessern zu wollen. Wir füllen ihre leere Kategorie mit unseren ständigen Veränderungen aus und denken dabei jedes Mal: „Dieses Mal ist es eine Utopie, dieses Mal ist es echte Freiheit, dieses Mal ist es Glück." Erst später werden wir gewahr, dass die formale Struktur unserer Funktionsstörungen und Sorgen unverändert geblieben ist. Wir hören etwas über „Zukunftsschocks" und über Veränderungen, die außer Kontrolle geraten sind. Die Veränderung, die wir beobachten, ist jedoch eine von uns Konsumenten produzierte Neuheit innerhalb einer Funktionsform, die sich nie verändert. Die Veränderung, die wir vermeintlich erleben, ist die Neuheit unserer ständigen Bemühungen, die Funktion der Kultur zu verändern, indem wir ihre Inhalte verändern. Die Kultur hat jedoch keinen Inhalt außer demjenigen, den wir ihr in unserem Bemühen verleihen, sie zu verändern. Das Einzige, was sich verändert, ist die wachsende Stärke der Kultur als Funktionsform und unser wachsender Verlust an persönlicher Macht.

Es gibt immer eine kulturelle Priesterkaste. – Das sind die Aasgeier, die dort ernten, wo sie nichts gesät haben, und die einen Schrecken aussäen, den alle ernten müssen. Die Ironie des Ganzen ist jedoch, dass die Priesterkaste nicht das Sagen hat. Denn das hat niemand. Die Kultur ist das Ergebnis eines Zusammenbruchs des *Bonding* und der daraus folgenden Beschneidung des Wachstums. Die Priesterkaste der Kultur hat erfolgreich eine große Entschlusskraft in uns aufrechterhalten, das System richtigzustellen, die Dinge im Gleichgewicht zu halten und das Funktionieren unserer Kultur zu gewährleisten. All das bereichert die Ernte der Priester; es lässt die Nation von Inkompetenten verarmen, die die Priesterkaste produziert, und hält die Kultur aufrecht. „Frage nicht, was dein Land für dich tun kann, sondern was du für dein Land tun kannst", tönt der Hohepriester fromm und gibt damit eine haarsträubende Verzerrung von Jesu Aussage von sich, dass der Sabbat für den Menschen gemacht wurde und nicht der Mensch für den Sabbat. Kultur, die Antithese von Geist-Seele, schafft Dogmen und Gesetze und stellt ihre Propheten auf ein Podest.

Wenn beim Bau eines Fernsehers die Drähte falsch miteinander verbunden werden, dann muss sein Bildschirm diesen Fehler notwendigerweise widerspiegeln. Die Dysfunktion wird jedem Bild zugrunde liegen, das der Fernseher produziert. Unser Gehirn-Geist ist wie ein solch falsch verdrahtetes Fernsehgerät. In einem dysfunktionalen System erzogen, werden wir automatisch die Dysfunktionen unseres Modells bis in den Kern unseres Gehirn-Geist-Schaltkreises hinein reflektieren. Und jedes Produkt unseres dysfunktionalen Gehirn-Geistes, jeder Gedanke, jede Idee, jeder Schöne-neue-Welt-Plan wird im Kern diese Dysfunktion enthalten. Wie es der Architekt Bergman ausgedrückt hat: „Jedes einzelne Problem, vor dem wir heute stehen, ist die direkte und unvermeidliche Folge der brillanten Lösungen von gestern."

Von unserer postbiologischen Entwicklung abgeschnitten, kann der Bildschirm unseres Geistes nur gemäß dem Gehirn reflektieren, das unsere Daten übersetzt. Folglich enthält jedes Bemühen, uns aus unserer Verzweiflung freizukaufen, im Kern die Ursache jener Verzweiflung, und kann nur das reproduzieren und verstärken, dem wir entkommen wollen. Unsere Dysfunktionen wachsen mit jedem Versuch, den wir unternehmen, um sie zu korrigieren. Jeder Schritt, den wir zur Freiheit hin tun, nimmt uns stärker gefangen. Hatten wir vor dreißig Jahren nur eine Handvoll atomarer Sprengköpfe, so sind es heute 50 000, und bei der gegenwärtigen Steigerungsrate wird diese Zahl bis zum Ende des Jahrzehnts 100 000 betragen. Das dysfunktionale System kann nur sich selbst reproduzieren. Jede vermeintliche Lösung führt nur zu einer Verlagerung und Vergrößerung des Problems, das wir eigentlich lösen wollten.

Mein Drang nach Ganzheit hält also meine Funktionsstörung aufrecht. Ich projiziere diese in meine Außenwelt. Dann fühle ich mich gedrängt, meine Welt zu verändern: ein Drang, der die Kultur – die Quelle meiner Dysfunktion – aufrechterhält. Jede Bewegung zur Ganzheit hin muss sich nach innen richten und eine Veränderung des eigenen Wesens bewirken, die dann von der Kultur als pathologisch eingestuft wird. Des Weiteren wird die Welt um uns herum zu erschreckend, als dass wir ihr den Rücken zukehren und uns stattdessen nach innen wenden könnten. Für den enkulturierten Menschen stellen die „Gefahren", die von Freiheit und Ganzheit ausgehen, eine ernstzunehmendere Bedrohung dar als die Sorge, die anstelle der Freiheit stehen würde.

Ich bin in meinem Leben immer wieder von kulturellen Errungenschaften desillusioniert worden. Mir schien es an Sinn und einer klaren Aufgabe und Zielrichtung zu mangeln und ich empfand mich als kulturell verarmt. Das ließ mich in die größte Falle überhaupt tappen, denn meiner Enkulturation getreu stellte ich mir die Geist-Seele als den fehlenden Faden im Geflecht meines Lebens vor und versuchte so unbewusst, sie in mein enkulturiertes Ich einzubeziehen, was typisch für Anhaftungsverhalten ist. Natürlich ist ein solches Verhalten das genaue Gegenteil von echter Entwicklung und der Grund dafür, warum die letzte Hochburg, die undurchdringlichste Abwehr des enkulturierten und hinter dicken Mauern verschanzten Ichs, häufig der spirituelle Weg ist. Die Geist-Seele ist am schwersten zu erreichen und am leichtesten zu fälschen, und wo sind die Kriterien, die sie oder ihr Erlangen definieren? Die Kriterien werden fast immer von irgendeinem Aspekt der Kultur, von irgendeiner religiösen Institution vorgegeben, die eine enkulturierte Geist-Seele hervorbringt.

Im Rahmen unserer spirituellen Suche suchen wir nach einem mit unseren ethischen Auffassungen zu vereinbarenden System oder Weg. Wir erforschen einen Weg hinsichtlich seiner Symbole, seiner führenden Persönlichkeiten, Lehren und notwendigen Regeln. Unser Überlebenswille, der unter der Oberfläche wirksam ist, wird diese Bilder auf die benötigte Art und Weise manipulieren, um so einen spirituellen Weg zu simulieren oder ihn derart zu verfälschen, dass das verhaftete Ich erhöht, verstärkt und in keiner Weise verändert daraus hervorgehen kann. So wird das Anhaftungsverhalten deutlich: Wir gliedern das spirituelle System in unser Ich-System ein. Und die Kultur versorgt uns mit einer reichen Auswahl an professionellen Fälschungen. Der Akt der Eingliederung in eine Pseudo-Seele verleiht unserem zersplitterten Ich religiöse Sanktion. Er gibt die Wärme und Sicherheit spiritueller Verblendung, in der nichts je wieder die Bedrohung aussprechen kann, unser Ich zu verändern. Häufig kommt es zu einer vorübergehenden Befreiung von unseren Sorgen, wenn wir einen spirituellen Weg in unser Anhaftungsverhalten eingliedern. Das Ich geht gestärkt, erhöht, euphorisch und geheiligt daraus hervor. Wenn Gott mit uns ist, wer kann dann gegen uns sein, fragt das Ich, während skurrilerweise *der Kaiser und Gott* noch mehr Bomben und Kanonen produzieren.

Die kulturelle Fälschung religiösen Vertrauens ist der Glaube: Ideen, die vom Intellekt unterhalten werden können. Das Kind entwickelt sich nicht aufgrund von Glaube oder Dogma, sondern durch sein Vertrauen in das Modell, dem es folgt. Vertrauen bedeutet jedoch, sich zu trauen, und schließlich ist das Kind so konditioniert, dass es nur Handlungsvorschriften vertraut, die auf sozialem Konsens beruhen. Wenn wir uns nach innen und unserem Selbst zuwenden, dann entdecken wir dort dieselbe instinktive und natürliche Reaktion auf unser Kindheitsmodell. Auf diese Weise entfaltet sich unsere innere Entwicklung auf dieselbe natürliche Weise, wie das für die äußere Entwicklung galt.

Unsere Handlungen im Außen spiegeln dieses innere Wachstum automatisch wider, und so bestehen meine spirituellen Lehrer darauf, dass die innere Reise vollzogen werden soll, während wir gleichzeitig mit beiden Beinen in der Welt leben und unsere vorgesehene Rolle im Alltagsleben ausfüllen. Denn die dem Selbst zugewandte Person bezieht ihre Kriterien aus jenem Selbst und nicht aus ihrer Welt; und von jeder Verschiebung der Kriterien hängt das Ganze ab. Sobald die Kriterien eines Menschen aus seinem Innern abgeleitet sind, ist die Kultur nicht länger sein Vergleichsmaßstab, und er konzentriert sich nicht mehr darauf, sie verändern zu wollen. Das bedeutet, dass die weit verbreiteten und gravierenden Probleme auf der Welt nicht länger die Materialquelle darstellen, mit der er arbeitet. Auf der einen Seite reproduziert er also nicht länger automatisch die Probleme dieser Welt, wie es der enkulturierte Geist tun muss. Und, was noch wichtiger ist, er stellt – möglicherweise ohne es zu wissen – die Quelle für echte Lösungen, das heißt für Möglichkeiten außerhalb der kulturellen Selbstreproduktion, dar. Jesus hat gesagt: „Seht, ich mache alle Dinge neu." Und die dem Selbst im Innern zugewandte Person ist eine Quelle für etwas wirklich Neues, für einen Sprung in unserem kosmischen Ei.

Große Dinge waren in uns im Gange, als unsere spirituellen Energien in der Pubertät erwachten. Die frohe Botschaft ist, dass jene Entwicklung, auch wenn sie im Idealfall in dieser Phase vollzogen werden sollte, doch zu jeder Zeit funktional und verfügbar ist. Jesus hat gesagt, dass der Arbeiter, der in der elften Stunde in den Weinberg kommt, denselben Lohn erhält wie derjenige, der in der ersten Stunde gekommen ist. Die Natur hat dieses Ass im Ärmel, und so können wir im Autonomiespiel immer ein Blatt bekommen, das uns zum Gewinn verhilft. Wenn wir unser Modell und unsere Entwicklung zu jener optimalen Zeit verpasst haben, dann liegt unser GEIST immer noch da, als schlummerndes Potential in uns. Doch jenen GEIST konstruktiv zu wecken und über die Kultur und ihre spirituellen Fälschungen hinauszugehen ist keine geringe Aufgabe. Und da dem Plan der Natur ein Modell mitgegeben sein muss, können wir diese Aufgabe nicht allein erledigen.

# 14
# Autonomie und Integrität

---

Das Ziel menschlicher Entwicklung ist die Schaffung eines autonomen Ichs – eines Selbstbewusstseins, das sich selbst genügt und von nichts anderem als seinem eigenen Zustand abhängt. Da „Existenz" bedeutet, getrennt zu werden, muss das Bewusstsein zunächst von einem allgemeinen Bewusstseinsfeld getrennt werden. Damit eine solche Ich-Abtrennung erfolgreich verlaufen kann, muss es sich sofort mit anderen Ichs verbinden oder wieder in das allgemeine Feld zurücksinken (wie wir es vielleicht bei Fällen von schwerem Autismus oder extremer Deprivation erleben). Da das Ich durch Beziehungen aus der Reserve gelockt und stabilisiert wird, identifiziert es sich mit dem, worauf es sich bezieht. Eine fortlaufende Entwicklung muss also sowohl das Feld der Beziehungen als auch das der Identifikationen ausdehnen – das Bewusstsein erweitern und gleichzeitig die Integrität bzw. Einheit des Ichs aufrechterhalten –, um dann die Identität aus jenen Beziehungen zu lösen, mit denen es sich automatisch identifiziert. Würden wir im Laufe unserer Entwicklung ein angemessenes *Bonding* erleben, dann würden die Antriebe von Integrität und Autonomie als Einheit zusammenarbeiten und bis zur Mitte der Adoleszenz ein integriertes, halbautonomes Ich schaffen, das bereit wäre, den Schritt zu voller Selbständigkeit und Selbstverantwortung zu machen. Da stattdessen Fixierung stattfindet, arbeiten unser Bedürfnis nach Selbständigkeit und dasjenige nach Ganzheit gegeneinander.

Wir beginnen unser Leben als Einzeller und unser nachfolgendes Wachstum ist die Folge ständiger Trennungsprozesse. Bei fünf von sieben Schritten in der biologischen Entwicklung finden Trennungen statt und bei den anderen beiden ist Trennung ebenfalls implizit vorhanden. Durch diese Trennungsprozesse erlangen wir jedoch ein deutliches Gefühl davon, einzigartige Individuen zu sein. Letzten Endes identifizieren wir uns mit dem Geist, der durch seine Objektivität von all unseren Erfahrungen getrennt ist. Von diesem seltenen Zustand aus sehen wir unseren Körper, unser Gehirn, unsere Gedanken und Gefühle nur als Besitztümer an, auch wenn wir zur Aufrechterhaltung unseres Bewusstseins von jenem Besitz vollkommen abhängig sind.

Die postbiologische oder spirituelle Entwicklung hat absolute Selbstgenügsamkeit jenseits all solcher Abhängigkeiten zum Ziel. Um dieses Ziel zu erreichen, muss unser Geist unser Bewusstsein zunächst mit dem vereinen, von dem wir uns trennen mussten, um den Zustand eines einzigartigen Bewusstseins überhaupt erlangen zu können. Jenes Ich, das von allem abgetrennt wurde, muss mit allem vereint werden, um seine Einheit mit dem Selbst zu realisieren. Im Alter von vier Jahren spüren wir zum Beispiel eine Trennung, die dann mit sieben endgültig vollzogen wird. Diese Trennung ist nichts weiter als ein inneres Spiel des Geist-Gehirn-Systems, eine Illusion, aber sie hilft uns, ein vollkommen getrenntes Ich zu konstruieren. Im Laufe der spirituellen Entwicklung zeigt sich, dass die Illusion unser eigenes Spiel ist; sie zeigt uns die Einheit allen Seins auf, hält aber dennoch die Integrität des Ichs aufrecht.

Bei der physischen Entwicklung machen wir uns – sofern unser Ich, wie geplant, mit Hilfe des *Bonding* in jede höhere Struktur integriert wird – immer mehr Möglichkeiten und Macht zunutze. Unsere Integrität wird nicht nur aufrechterhalten, sondern mit jeder neuen Stufe erhöht. Dasselbe gilt für unsere postbiologische Entwicklung. Denken Sie daran, wie sich Energieteilchen dadurch erhalten, dass sie sich zu Atomen, Molekülen, Eiweißen, Zellen und so weiter verbinden. Bei jeder neuen Integration bleibt die Integrität des Teilchens vorhanden, aber dennoch erschließen sich mit jeder neuen Struktur fruchtbarere Möglichkeiten für Beziehungen, in denen jedes Teilchen, jedes Atom, jede Zelle und so weiter seine bzw. ihre Erfüllung findet. Erfüllung bzw. Reife ergeben sich durch die Integration in immer komplexere Beziehungen, während ein isoliertes Teilchen zum Zerfall neigt. Desgleichen löst sich durch die Ich-Einheit unser Ich nicht wieder in irgendeinem amorphen Bewusstseinsfeld auf, sondern es hält seine Integrität dadurch aufrecht, dass es sich in größere Bereiche von Bewusstsein, Macht und Möglichkeit eingliedert.

Wir haben unsere physische Matrix ausgefüllt, indem wir aus ihrer unendlichen Offenheit eine Auswahl getroffen haben, die dem Wesen des spezifischen Modells entsprach, das uns zur Verfügung stand. Unser Geist eint unsere Psyche und schafft Erfüllung, indem er diesen Prozess umkehrt und in uns ein Bewusstsein von jener Matrix entwickelt, aus der unsere ursprüngliche Erfahrung hervorging, und uns auch die Möglichkeit gibt, uns als solche aufrechtzuerhalten. Unser spirituelles Wachstum verläuft vom Spezifischen zum Allgemeinen, vom Physischen zum Feinstofflichen, und weiter zum kausalen Bereich. Von da aus können wir zu unserer endgültigen Autonomie, der Vereinigung mit unserem Selbst, gelangen.

Studien aus jüngerer Zeit zeigen, dass unser Selbst-Bewusstsein nur ein winziger Teil eines immensen Bewusstseinsspiels ist, das sich in unserem Gehirn ständig abspielt. Vor kurzem hat eine Reihe von Forschern behauptet, dass neunundneunzig Prozent aller Gehirnaktivität unterhalb unserer Bewusstseinsschwelle stattfinde.[111]

Das siebenjährige Kind, das in der Lage ist, seine Welt abzumessen, weil es jetzt von ihr getrennt ist, hat kein Bewusstsein davon, dass eine Trennung von Gehirnfunktionen stattgefunden hat. Wie die Backenzähne, die im Alter von sechs Jahren nach Plan auftauchen, gelangt sein sieben Jahre altes Bewusstsein mühelos zum Selbst-Bewusstsein und verleiht ihm mehr Flexibilität und die Kraft der Logik. Im Laufe unserer Entwicklung verschiebt sich unsere Identität viele Male, ohne dass wir es mitbekommen. Unser Bewusstsein strahlt aus dem Zustand aus, der jede Verschiebung erzeugt. Wir sind das Endergebnis eines Wirkens, mit dem wir nur wenig zu tun haben.

Wenn es mit den dümmlichen Reaktionen meines prälogischen Ichs konfrontiert wird, dann denkt mein siebenjähriges Ich: „Natürlich weiß ich, wie es sich wirklich mit diesen Dingen verhält, nur war ich damals, vor einigen Monaten, einfach noch zu jung." Doch wie die Dinge jetzt bei dem Siebenjährigen stehen, so standen sie vorher nicht. Die neue Logik hat diese Gestalt, weil genau sie die Stufe kennzeichnet, auf die ihn die Natur gehoben hat. Unser Bewusstsein verlagert sich ständig, aber dennoch wird uns jeder Zustand einfach präsentiert. Wir haben nur wenig mit dem Prozess selbst zu tun, außer, dass wir auf ihn reagieren, obwohl er nur durch unsere Akzeptanz und Reaktion stattfindet.

Erleuchtete Menschen, solche, die sich spirituell entwickelt haben, sagen uns, dass auch wir vollkommen und erleuchtet seien, wenn wir uns dessen nur bewusst wären. Diese Erkenntnis verlangt einem jedoch sehr viel ab und ist ebenso einer Entwicklung unterworfen wie jede andere auch. Potentiell vollkommen zu sein ist nicht ganz dasselbe, wie es tatsächlich zu sein. Eine riesige Eiche ist in jedem Samen, den die Eiche produziert, implizit vorhanden, aber mit einer zersägten Eichel kann ich kein Haus bauen. Unsere Lehrer können uns nicht Stück für Stück als Modell dienen, da Lernen so nicht funktioniert. Sie müssen das Endprodukt verkörpern, da dieses das Modell ist, welches unsere innere Matrix erkennen und auf das sie ihre Prägung aufbauen kann. Der große Lehrer beharrt also auf der einen Seite auf dem *Tat Tvam Asi* – Du bist das! – und zwar sofort, und er verlangt, dass wir eine entsprechende Haltung einnehmen sollen. Dann artikuliert er, was an Entwicklung notwendig ist, damit sich unsere Annahme bewahrheiten kann und stellt sich als Modell für das von uns angestrebte Ziel zur Verfügung.

Wie wir gesehen haben, ist jede Entwicklungsphase in sich vollkommen und dennoch nichts weiter als eine Vorbereitung für das, was danach kommt. Um das Wesen unserer transzendenten Entwicklung zu akzeptieren, müssen wir die Flüchtigkeit und Unbeständigkeit jedes Schrittes auf dem Weg akzeptieren und unsere Augen ausschließlich auf das Ziel gerichtet halten. Das macht *Bonding* erforderlich, denn Fixierungsverhalten lässt uns automatisch zurückschauen und haftet an den greifbaren Identifikationen, die es bereits geschaffen hat. Fixierungsverhalten kehrt die Integration des Ichs in eine höhere Stufe um und versucht, die höhere Struktur in unseren gegenwärtigen Bewusstseinszustand einzugliedern, mit anderen Worten, in die Identität mit unserem frühen physisch-sensorischen Selbst. Statt eine mühelose Integration unterhalb unserer Bewusstseinsschwelle zuzulassen, was uns ganz von selbst größere Macht verleihen und mehr Möglichkeiten an die Hand geben würde, versuchen wir mit enormer Mühe, die neue Möglichkeit wieder in den Dienst des primitiven physischen Ichs zu inkorporieren. Das ist ein unmögliches Unterfangen, aber es dient der Schaffung und Aufrechterhaltung von Kultur.

Paul MacLean hat angedeutet, dass die geringe Zahl an neuronalen Verbindungen zwischen dem Mittelhirn und den neuen Gehirnen eine Schwäche der Evolution sein könnte.[112] Im Lichte neuer Studien, die zeigen, dass die Natur äußerst schnell notwendige Veränderungen herbeiführen kann, erscheint dies fragwürdig. Gray und LaViolette stimmen mit MacLean darin überein, dass unser gegenwärtiger kultureller Zusammenbruch auf Konflikte zwischen dem neuen, denkenden Gehirn und unseren älteren Tiergehirnen zurückzuführen ist. Intellekt ohne Emotion, ohne Empathie oder soziale Bindungen ist destruktiv. Die Autoren gehen davon aus, dass das Mitgefühl und die Bindungen, die notwendig sind, über die der Intellekt jedoch nicht verfügt, aus unserem emotionalen Mittelhirn kommen sollten, und dass die geringe Zahl an neuronalen Verbindungen zwischen Mittelhirn und neuem Gehirn daher auf einem Fehler beruhen.

Forscher heben immer wieder hervor, einen wie geringen Teil unserer neuen Gehirne wir tatsächlich benutzen. Es gibt große, stille Bereiche in unseren neuen Gehirnen, die entweder für Zwecke benutzt werden, die nicht bekannt sind, oder aber überhaupt nicht. Forschungen deuten ebenfalls darauf hin, dass das neue Gehirn vollkommen mit den Angelegenheiten der äußeren Welt beschäftigt ist, was bedeutet, dass die spärlichen Anteile des neuen Gehirns, die wir überhaupt nutzen, Aktivitäten gewidmet sind, die von den beiden Primärgehirnen gemeldet wurden. Hier haben wir es mit einem perfekten Beispiel dafür zu tun, wie Fixierungsverhalten uns in primitive Formen des Bewusstseins zurückwirft.

Mehr als neunzig Prozent der bewussten Aktivität *sollten* sich unterhalb des persönlichen Bewusstseins abspielen. Zum Glück muss ich nicht meinen Intellekt gebrauchen oder etwas von meinem persönlichen Bewusstsein abzweigen, damit meine Leber richtig funktioniert oder meine Zirbeldrüse ihren Dienst tut. Wer sagt, dass wir in der Lage sein sollten, unseren Herzschlag oder unsere Drüsentätigkeit zu kontrollieren, und zwar im Wesentlichen durch Prozesse, die mit Hilfe des Intellekts vollführt und kontrolliert werden müssten! Das sind Bestrebungen des kampfbereiten, zersplitterten Ichs, das versucht, seine wackelige Position mit Hilfe der Übernahme persönlicher Macht zu stärken. Wir haben einen brillanten, ohne unser Zutun funktionierenden Selbststeuerungsmechanismus in uns, der darauf ausgerichtet ist, nahezu unser gesamtes physisches Leben zu regeln – unter anderem die normalen Überlebensfunktionen –, und das genau aus dem Grund, damit unser Bewusstsein frei dafür ist, seinen evolutionären Sprung über das Körperliche hinaus zu tun. Die gesamte Stoßkraft der neuen Sportpsychologie, wie sie etwa in W. Timothy Gallweys *Inner Game of Tennis* (1972) zu finden ist, beruht darauf, dass wir unser besorgtes Ich davon abbringen, sich intellektuell einzumischen, und unseren Autopiloten das Regiment führen lassen.[113]

Das neue Gehirn *sollte* in der Lage sein, unabhängig von den hinderlichen Emotionen des Primärsystems und der Tunnelsicht des Reptilhirns zu funktionieren. Die Natur wusste genau, was sie tat, als sie nur einige wenige neuronale Verbindungen zwischen den Tiergehirnen und dem neuen Gehirn schuf, insbesondere in der linken Gehirnhälfte. Es sind genügend Verbindungen vorhanden, damit, falls notwendig, auf die primären Systeme zurückgegriffen werden kann, und sich ebenso nach Bedarf aus ihnen zurückzuziehen. Es können sich keine abstrakten, kreativen Gedanken entwickeln, bis nicht eine Loslösung aus den frühen Phasen stattgefunden hat. Alle spirituellen Lehren heben hervor, dass wir unsere Vorlieben und Abneigungen, die zu einer Polarisierung des Denkens führen, hinter uns lassen müssen. Dasselbe gilt für unsere Beschäftigung mit physischen Prozessen, sobald diese biologischen Entwicklungen einmal stabilisiert worden sind. Nur dann können wir in unserer Entwicklung weitergehen.

Die großen stillen Bereiche im Gehirn werden nicht genutzt, da sie – wie der größte Teil des neuen Gehirns – für die postbiologischen Entwicklungsstufen gedacht sind, und so weit geht die Entwicklung fast nie. Stattdessen ist das neue Gehirn mit Themen beschäftigt, die mit unserer Position in unserer kulturellen Welt zu tun haben. Und das führt den Zusammenbruch des Systems herbei. Das neue Gehirn war nicht für solche primären Aktionen gedacht; sie nehmen nicht mehr als einen winzigen Prozentsatz jenes bemerkenswerten Organs in Anspruch und können das auch gar nicht. Das neue Gehirn war dazu gedacht, Informationen aus anderen geistigen Sphären zu verarbeiten – dem Bereich des Selbst und der inneren Welten. Wenn dieses kraftvolle Instrument jedoch umgepolt wird und sich auf Informationen des alten Gehirns und die kindlichen emotionalen Reaktionen des Mittelhirns konzentriert, dann erzeugen wir den sich selbst reproduzierenden Wahnsinn, den wir um uns herum erleben. Jeder Gedanke, jedes Produkt unseres Gehirns, das so umgedreht und seines eigentlichen Zwecks entfremdet wird, reproduziert sich selbst dergestalt, dass eine Feedback-Schleife zwischen den drei Gehirnen entsteht, die von der Intelligenz des Lebensprozesses abgeschnitten ist. Und diese Selbstreproduktion verschärft jedes Problem, das durch den Feedback-Prozess entsteht, noch um ein Vielfaches.

Intelligenz ist das Mittel, durch das der Lebensprozess divergierende Teile in eine funktionale, symbiotische Beziehung zueinander bringt, und dieser Prozess garantiert das Wohlergehen und den Erfolg der Spezies. Alle Gattungen besitzen eine spezifische Intelligenz, die für ihr Wohlergehen arbeitet. Die menschliche Gattung ist die einzige, die auch gegen ihr Wohlergehen arbeitet.

Der Intellekt, auf der anderen Seite, ist ein Werkzeug der Intelligenz, ein spezifischer Prozess, der auf eine logische, analytische, nicht urteilende, vorurteilslose Weise und frei von anderen Inputs funktionieren sollte. Wie es bei allen Funktionen der Fall ist, wird jedoch auch dieser Prozess nur dazu entwickelt, um schließlich in eine höhere integrale Struktur, genauer gesagt, die Intelligenz, eingegliedert zu werden. Eine solche Integration des Intellekts in die Intelligenz findet im Zuge der spirituellen Entwicklung statt. Wenn es stattdessen zur Enkulturation kommt, dann wird der Intellekt als Werkzeug der niederen Gehirnfunktionen entwickelt, also denjenigen, die mit dem Körper, der Welt und anderen Menschen zu tun haben. Da sich Körper und Welt in einem ständigen Zustand der Auflösung befinden, sind Angst und Sorge in die Enkulturation einprogrammiert, denn es findet keine Entwicklung statt, die über den Körper hinausginge.

Die Folge davon ist die Selbstreproduktion eines begrenzten mentalen Prozesses. Der Intellekt hat mehr Macht, er beherrscht die niederen Gehirne, verzerrt ihre Berichterstattung durch seine Ängste und akzeptiert dann die verzerrten Bilder als die Realität, mit der er umzugehen hat. Unsere endgültige Anhaftung an körperliche Systeme wird während der Pubertät zementiert, in der wir schließlich auch von allen physischen Funktionen getrennt werden, um uns dann mit jenem objektiven Zustand identifizieren zu können, den wir „Geist" nennen. Das hält uns nicht nur in einer *Double-Bind*-Situation gefangen, sondern wir wandeln überdies verloren in einem Spiegelkabinett umher. Alles, was wir tun, reproduziert sich dadurch, dass wir Reaktionen zwischen unseren drei getrennt operierenden Gehirnen hin und her schicken. Die Probleme, über die wir nachgrübeln, sind innerhalb unseres eigenen, in sich verkapselten Systems erzeugt worden. Jede Antwort, die wir erhalten, spiegelt das Problem wider, das wir uns vorgenommen haben zu lösen. Jede Lösung ist eine Variante desselben Problems.

Bis zur Mitte der Adoleszenz sollte das physische Universum ein von unserem Ich getrenntes Objekt sein. Das würde uns auf die Integration in höhere Organisationsstrukturen vorbereiten, die nicht aus dem Physischen kommen, sondern aus Bewusstseinsfeldern, aus denen das Physische hervorgeht. Die Logik des Lebens führt zu dem kreativen Prozess, der allem Leben zugrunde liegt. Die Matrix, die sich zur Zeit der Adoleszenz öffnet, führt unser Bewusstsein in jene Matrizes hinein, aus denen unser Bewusstsein hervorgegangen ist. Das neue Gehirn ist das wichtigste Übersetzungsmedium für diese Entwicklung.

Spirituelle Entwicklung ist der einzige Weg, der zu persönlicher Autonomie führen kann. Die physische Welt und unser Körper sind uns als Mittel mitgegeben worden, um über das Körperliche hinauszugehen. Kein Aspekt des physischen Bereichs ist unser Lebensziel; uns mit dem physischen Gefährt zu identifizieren und es zu unserem Ziel zu machen kommt einer Katastrophe gleich.

Gott sagte zu Moses, sein Name sei „Ich bin". „Ich bin der, der ich bin" ist das Ich bzw. Ego, und das Ich *ist* einfach. *Ego* ist das lateinische Wort für das Ich, für das Selbst-Bewusstsein. Dieses Sein braucht keinen Vorläufer, keine Konsequenz, Entschuldigung, Erklärung oder Bedeutung. Und wir sind keineswegs aufgefordert, unser Ich aus dem Weg zu räumen, noch ist das möglich. Der gesamte kreative Prozess ist darauf ausgerichtet, Ich zu produzieren. Ich ist Gewahrsam, das Bewusstsein, dass sich seiner selbst bewusst geworden ist. Die Logik der Schöpfung läuft darauf hinaus, das Ich zu schaffen und dann seine Integrität aufrechtzuerhalten, während das Ich die unendlichen Möglichkeiten erforscht, bewusst zu sein.

Einige spirituelle Autoren behaupten, dass unser Ich abgeschafft, ja ausgemerzt werden müsse. Unser Gefühl eines persönlichen Seins müsse vernichtet werden, wenn wir in das Selbst integriert werden wollten. Wir sind jedoch immer in Gott integriert; es ist uns nicht möglich, es nicht zu sein. Vielmehr geht es darum, wessen wir uns bewusst sind: Wie weit haben wir unser Bewusstsein entwickelt? Womit ist unser Ich identifiziert?

Im Laufe seiner Entwicklung wird das Kind in logischen Phasen durch Bewusstseinsveränderungen hindurchgeführt. Dieser natürliche Entfaltungsprozess sollte das Kind eigentlich durch ein wunderbares Abenteuer führen. Ein neunjähriges Kind unterscheidet sich sicherlich von einem sechsjährigen, aber damit im Alter von sieben Jahren eine erfolgreiche Entwicklung zur operationalen Logik hin stattfinden konnte, wurde das Ich des Sechsjährigen nicht vernichtet. Es wäre auch keine Ermutigung für den kleinen Lausbub, wenn wir ihm sagen würden, dass sein Ich an seinem siebten Geburtstag zerstört würde.

Warum sollten wir also denken, dass dieser natürliche Entfaltungsprozess mit der Pubertät plötzlich aufhören und keine weitere Entwicklung stattfinden sollte? Warum sollte das Entwicklungsmuster, das von Anfang an so deutlich sichtbar war, nicht weiterbestehen? Meine Lehrer Gurudev und Gurumayi machen eine klare Aussage, wenn sie behaupten, dass Yoga, unsere Vereinigung mit Gott, ein vollkommen natürlicher Wachstums- und Entwicklungsprozess sei. Entgegen der vorherrschenden spirituellen Überzeugung sagte Muktananda: „Ich habe mein Ich nicht zerstört. Ich habe es erweitert, bis es alles umfasste, so lange, bis ich eins war mit Gott." Wie es jeder große Lehrer tut, so drängte er uns, uns mit dem Gott in uns zu identifizieren und ohne Zögern auf die Verwirklichung jener Identität zuzugehen, denn so vollzieht sich jegliche Entwicklung.

Wenn ich Fixierungsverhalten zeige, dann ist mein Ich in verschiedene Identifikationen zersplittert. Was immer ich an momentaner Integrität erreiche, geschieht durch das willkürliche Beherrschen eines dieser Fragmente zu Ungunsten eines anderen. Mein inneres Leben ist ein ständiger Kampf, ein endloses Geplapper verschiedener Aspekte von mir. Mein Drang nach Selbstbestimmtheit und Integrität kann kein Programm für das Versäumnis entwickeln, dass ich kein integriertes Ich besitze, das aufrechterhalten oder entwickelt werden könnte. So sieht mein verhaftetes und zersplittertes Ich wahre Integration automatisch als Bedrohung an, da jede meiner zersplitterten Identitäten ihre Dominanz aufgeben müsste. In Marilyn Fergusons *Brain/Mind Bulletin* wird von einem „epidemischen Anstieg des Auftretens multipler Persönlichkeitsstörungen" berichtet. Zu solchen Extremen kommt es, wenn der Bürgerkrieg zwischen unseren drei Gehirnen sogar das kulturelle Überleben schwierig macht. Wir alle sind bis zu einem gewissen Maß multiple Persönlichkeiten, so lange wir dem Fixierungsverhalten unterworfen sind.

Die Verschiebung, die in der Pubertät passiert, setzt eine andere Art von Bewusstsein in Gang als das, was wir in den ersten fünfzehn Lebensjahren kannten, auch wenn das gleiche Entfaltungsmuster zum Tragen kommt. Es gibt eine qualitative Verschiebung in Bezug auf Modell und Inhalt. Die Verschiebung erfordert eine echte Wiedergeburt; wir müssen wieder werden wie kleine Kinder, wenn auch auf höchst qualifizierte, spezifische und ausgeklügelte Weise. Als Säuglinge und Kinder hatten wir keine entwickelten Verständnisstrukturen, sondern lediglich den Instinkt, unseren Modellen zu folgen und solche Strukturen aufzubauen. In die postbiologische Phase treten wir nur dann ein, wenn wir unser hart erworbenes Wissen aufgeben und jene Strukturen einer Transformation überlassen, die wir ebenso wenig aus eigener Kraft verwirklichen können, wie es bei den biologischen Strukturen der Fall war. Wir treten in eine Entwicklung ein, zu der gehört, dass wir die Entwicklung bis dato aufgeben, und es ihr erlauben, als Handwerkszeug für weitere Entwicklung benutzt zu werden. Wie Carlos Castanedas Don Juan sagte, müssen wir die erworbene Macht nehmen und sie in den Weg der Macht investieren; Investition aber bedeutet Risiko. Im Neuen Testament macht das Gleichnis von den Talenten genau dieselbe Aussage.

Als mit unserem Primärsystem identifizierte Opfer der Fixierung, die wir sind, können wir unseren biologischen Mutterleib für diese Wiedergeburt nicht verlassen. Unser Wille, unser Drang nach Integrität und sogar unser Drang nach Selbstbestimmung tun sich zusammen, um der Integration Widerstand zu leisten. Unseren biologischen Mutterleib verlassen zu müssen deuten wir als tödliche Gefahr. In der Pubertät bekommt der Wille zumindest teilweise ein Eigenleben, und wir wenden unsere gesamte Willenskraft auf, um unsere Identität mit dem sensomotorischen, physischen System beizubehalten. Sobald der Wille ein Eigenleben bekommt, müssen wir bereit sein: Wir müssen jenen Willen nutzen, um mit der weiteren Entwicklung mitzugehen und in die nächste Phase einzutreten. Unseren neu erworbenen Eigenwillen müssen wir als Werkzeug für die weitere Entwicklung benutzen. Wir müssen aus freien Stücken in dieses Abenteuer eintreten, auch wenn die Entwicklung, die bei diesem Abenteuer stattfindet, nicht in unserer Hand liegt.

Wir müssen die Halb-Autonomie, die wir mit der Pubertät erreicht haben, aufgeben und einem Modell für die postbiologische Entwicklung folgen, so wie wir unseren Eltern von Geburt an gefolgt sind. Eine solche Bereitschaft ist sichergestellt, wenn *Bonding* stattgefunden hat; das heißt, wenn wir für die neue Entwicklung frühzeitig Interaktionen mit dem passenden Vorbild gehabt haben und dieses Modell uns an der Schwelle der Adoleszenz, dem Punkt der Trennung, anleiten kann. Dann steht die Thematik der Bereitschaft kaum zur Diskussion. Unser gesamter biologischer Plan ist darauf ausgerichtet, unsere Entwicklung voranzutreiben, und wir tun das auf ganz natürliche Weise, genauso, wie der Säugling dazu programmiert ist, eine Bindung einzugehen und in der Entwicklung weiterzugehen, nachdem er den Mutterleib verlassen hat.

Ohne Bindung kann der Säugling, nachdem er den Mutterleib verlassen hat, nicht auf den biologischen Plan reagieren und sich weiterentwickeln. Er klammert sich dann an den körperlichen Verankerungen fest, die ihm zur Verfügung stehen, und identifiziert sich mit ihnen. Ohne Bindung an ein passendes Modell während der Pubertät kann das Selbst mit seiner neu erworbenen Autonomie nicht auf den neuen Plan antworten und seine Entwicklung nicht fortsetzen. Der Jugendliche wird sich dann an den physischen Verankerungen und der Identität festklammern, die er sich bereits erworben hat. Genauso, wie sich das fixierte Kind an seine ausgefranste Schmusedecke und den ramponierten Teddybären klammert, mit denen es eine Bindung eingegangen ist, so wird sich der Heranwachsende an seine Identität, seinen Körper, an kindliche Emotionen oder an Wutausbrüche klammern. Dieses Anhaftungsverhalten wird durch das Auftauchen der Sexualität während der Pubertät verstärkt.

Hat kein *Bonding* stattgefunden, dann ist das einzig mögliche Ergebnis ein weiteres Fixierungsspiel beim Heranwachsenden. Als Heranwachsende haben wir keine andere Wahl, als unseren halbautonomen Willen zu gebrauchen, so wie er sich zu jener Zeit zeigt, um zu versuchen, unsere Integrität und unsere Position in einer feindlichen Welt bestmöglich aufrechtzuerhalten. Wir werden versuchen, die gesamte weitere Entwicklung in unsere sensomotorische Identifikation zu inkorporieren, und wir tun das aus unserem Überlebensdrang heraus, selbst wenn uns dieses Bemühen von unserem einzigen echten Weg zum Überleben abschneidet.

Die postbiologische Entwicklung führt zu der Macht, als Person zu überleben. Diese persönliche Macht führt zu unserer Identität mit dem Selbst. Historische Persönlichkeiten wie Johannes vom Kreuz, Meister Eckehart, Ramakrishna, Ramana Maharshi, Yogananda, Muktananda, meine Lehrer Gurudev und Gurumayi aus Ganeshpuri – sie alle besitzen unglaubliche persönliche Macht und sie lassen keine Verschmutzung, keine verwüstete, gebrochene Welt zurück. Technologie taucht dort auf, wo die persönliche Macht verschwindet.

Im Zuge meiner Enkulturation hat man mich gelehrt, dass Technologien unsere menschliche Kraft erweitern und vergrößern würden. Unsere Teleskope und Mikroskope erweitern unsere Sehfähigkeit, unsere Maschinen geben uns mehr Energie, unsere Instrumente geben uns größere Genauigkeit und die Fähigkeit des Vermessens, unsere Arzneien mehr Gesundheit und Wohlbefinden. Doch während diese Manipulationen oberflächlich betrachtet unsere Fähigkeiten zu verstärken scheinen, berauben sie uns an der Basis schließlich all der Fähigkeit, die wir anfangs erweitern sollten. Und an jedem Punkt, an dem persönliche Macht ausgehöhlt wird, passieren mehrere Dinge. Erstens, es macht sich ein intuitives Gefühl von Verzweiflung breit – eine Verzweiflung, deren Quelle wir nicht ausmachen können. Unsere Verzweiflung entsteht angesichts des Verlustes persönlicher Macht und des nachfolgenden Scheiterns, sie zu entwickeln – dem einzigen Weg, durch den wir uns über unseren physischen Bereich hinausbewegen können, wenn die Zeit kommt. Wie Jesus über die persönliche Macht gesagt hat: „Ihm, der hat, wird immer mehr gegeben werden, und von ihm, der nicht hat, wird (diese Macht) weggenommen werden; sogar die wenige, die er hatte." Zweitens, unsere Verzweiflung angesichts unserer Verletzlichkeit bringt uns dazu, mehr und bessere Werkzeuge und Vorrichtungen als Ersatz für unsere ständig wegfließende Macht zu entwickeln. Schließlich werden wir überaus abhängig von unseren Technologien, denn wir haben keine Kraft mehr übrig, um mit dem Leben so fertig zu werden, wie es ist, und so ziehen wir uns in eine willkürliche und künstliche Existenz zurück, über die uns unsere Maschinen ein Quäntchen an Kontrolle geben, so lange sie noch funktionieren. So leben wir dann in Sorge über den möglichen Verlust an Wohlbehagen und Muße, die uns unsere Gerätschaften zu bieten scheinen, und sind bereit, Krieg mit jedem zu führen, der auch nur im Geringsten erkennen lässt, dass er dort eingreifen will. Wir identifizieren uns mit dem von uns erzeugten Produkt und sind verloren.

Die Technologie markiert das Ende der Evolution (jener endlosen Bewegung vom Konkreten zum Abstrakten). Die Technologie hat das menschliche Bewusstsein in den kleinsten gemeinsamen Nenner unseres primären Gehirnsystems eingesperrt.[114] Auf jeder Seite produziert es massive Umweltverschmutzung, Zerstörung und Verzweiflung, verschleiert durch fanatischen Konsumwahn und die Forderung nach weiterer Technologie. Die seltsam apokalyptische Stimmung, die auf unserem Globus um sich greift, signalisiert, dass wir anerkennen, dass ein Tag der Abrechnung kommen muss, dass wir einfach nicht mehr so weitermachen können wie bisher. Und dennoch vermeiden wir mit unserer gegenwärtigen Geisteshaltung die Wahrheit des Gesetzes von Aktion und Reaktion – dem Gesetz, dass wir ernten müssen, was wir gesät haben. Stattdessen schachern wir um wissenschaftliche oder technologische Durchbrüche, mit denen wir meinen, den Konsequenzen unserer Dummheit entgehen zu können.

Waffenarsenale sind in letzter Konsequenz das lebenserhaltende System, der Antrieb und die Grundlage wissenschaftlicher Technologie. Unsere Wissenschaftsgemeinde macht die dummen Kriegsherren und

Politiker schlecht, doch würde die Unterstützung für die Kriegsführung entzogen, dann würden akademische Welt und Wissenschaft, so wie wir sie heute kennen, vor sich hinsiechen, und alle Beteiligten wissen, dass das so ist. Wieder einmal schauen alle nach Wegen, um die Konsequenzen ihrer Handlungen zu vermeiden. Die Bereitschaft, die Veränderungen herbeizuführen, die notwendig wären, um die sich immer bedrohlicher vor uns auftürmende Katastrophe zu vermeiden, scheint nicht existent und unwahrscheinlich.

Die Mechanisten und Behavioristen verleugnen Seele, Geist und letztendlich sogar das Bewusstsein selbst und sind dann beleidigt, dass die Kultur, die diese Verleugnung produziert, den damit einhergehenden Wahnsinn widerspiegelt. Wie Susanne K. Langer einmal sagte, der Mensch auf der Straße hat keine andere Wahl, als die Meinung derjenigen zu akzeptieren, von denen er annimmt, dass sie etwas über diese Dinge wissen. Ich habe keine Vorstellung davon, wie dieser traurige Prozess, den wir in Gang gesetzt haben, umgekehrt werden kann. In einem unendlich offenen Universum wird alles, was passieren kann, auch passieren. John Anthony West hat das Gefühl, dass das Staatsschiff bereits untergegangen ist. Vielleicht sind sogar Rettungsboote nicht mehr praktisch. Wir haben jedoch unsere persönliche Rettungsweste in unserem Innern, und sie wird uns auf gar keinen Fall im Stich lassen, wenn wir unsere Aufmerksamkeit auf sie verlagern, von ihr lernen und dem richtigen Modell folgen, um sie zu entwickeln. Wir greifen nach äußeren Strohhalmen, die uns systematisch enttäuschen, und lassen die wunderbare Macht in uns unangetastet.

# 15
# Kundalini und Sexualität

Der Begriff *Shakti* ist so aussagekräftig wie kaum ein anderer Begriff, den ich kenne. Dieses uralte Sanskrit-Wort steht für die kreative Energie hinter unserem Universum. Die Psychologie des Yoga hat diese Kraft als Göttin personifiziert, ganz ähnlich wie C. G. Jung von *Anima* und *Animus* sprach, um bestimmte psychologische Funktionen zu beschreiben. Der Theorie des Yoga zufolge entspringt die Schöpfung einer bewussten Energiepolarität: einem unbeweglichen Punkt, *Shiva* genannt, aus dem alles hervorgeht, und der von Shiva ausgehenden kreativen Energie, die *Shakti* genannt wird. Shiva und Shakti ergänzen einander – sie sind ein einziges, unteilbares Bewusstsein, so etwas wie eine Holobewegung, doch sie gehen in die Trennung, um das Spiel des Bewusstseins spielen zu können. Shakti zeigt ihre Energie in Form der drei Körper, Welten und Bewusstseinszustände, die mit Kreativität in Verbindung gebracht werden. Shiva steht für den vierten Zustand, den stillen Zeugen, der Shaktis Vorführung beobachtet. Die Parallelen zu Bohms Holobewegung sind offensichtlich, und das allgemeine Modell weist auffallende Parallelen zur Physik und Psychologie im Allgemeinen auf. Ich werde die personifizierte Form des obigen Modells bei dieser Diskussion verwenden, da es ausschließlich um innere, persönliche Funktionen geht.

Shakti bringt sich in zwei Formen zum Ausdruck, wobei die eine physisch, die andere feinstofflich ist (wie bei den Teilchen- und Wellenformen). Unsere physische Shakti ist jene Intelligenz und Energie, die unseren Körper und unser Gehirn aufbaut und die Gesamtstruktur in koordinierter Bewegung zu unserer Welt hält. Ihr Plan erschafft und nährt unser Ich bis zu seiner körperlichen Reife, an welchem Punkt dann der andere Ausdruck Shaktis, der subtile bzw. feinstoffliche Aspekt, die Führung übernimmt, um unsere spirituelle Entwicklung zu fördern. Die Sanskrit-Bezeichnung für diese subtile Macht ist *Kundalini Shakti*. Auch sie hat einen klar vorgezeichneten Plan, um unser Ich bis zu seiner spirituellen Reife zu nähren.

Von der Kundalini hörte ich zuerst durch meinen Freund Lee Sannella, der damals als Arzt am Kaiser Oakland Hospital in Kalifornien praktizierte. Lee hatte festgestellt, dass viele Menschen um Mitte dreißig, die wegen unerklärlicher epileptische Anfälle oder schizophrener Episoden eingeliefert wurden, Opfer eines so genannten spontanen „Erwachens" der Kundalini waren. Da dieses Phänomen erstaunlich weit verbreitet ist, ist es nicht weiter erstaunlich, dass dieser Themenkomplex jetzt systematisch erforscht wird. Kollegen des Salk Institute in La Jolla, Kalifornien, haben eine Abteilung für Kundalini-Forschung eröffnet.

Ich hätte diese Vorstellung wohl kaum ernst genommen, wenn ich nicht selbst ein Kundalini-Erwachen erlebt hätte – und überdies festgestellt hätte, dass die ausführliche Sanskrit-Literatur zum Thema Kundalini-Entwicklung eine noch verblüffendere Parallele zur kindlichen Entwicklung aufweist als die yogische Psychologie zur Physik. Auch wenn das Thema esoterisch klingen mag, so geht das Wissen um die Kundalini doch viele Jahrtausende zurück. Auch wenn seine Geschichte den Rahmen dieses Buches sprengt, möchte ich hier die allgemeinen Charakteristika der Kundalini als Entwicklungsprozess skizzieren.

Erstens, die Kundalini bleibt, wie die Sexualität auch, bis zur Pubertät im Ruhezustand. (Wir tun gut daran, uns zu erinnern, dass unsere Sexualorgane bei der Geburt nahezu vollständig vorhanden sind und einfach so lange, bis ihre Aktivierung angemessen ist, im Wartezustand bleiben. Die Kundalini ist ein Aspekt desselben Potentials.) Kundalini und Sexualität entwickeln sich zur selben Zeit. Die Sexualität ist die höchste und subtilste Ausdrucksform unserer physischen Shakti und gleichzeitig der niedrigste oder auch physischste Aspekt unserer spirituell-kreativen Energie. Die Sexualität ist eine zentrale Übergangsenergie, auf der wir uns von der biologischen zur postbiologischen Entwicklung hinübergleiten lassen. Als subtilster unserer physischen Antriebe and physischster unserer kreativ-spirituellen Antriebe gibt sie uns die physischste Form unserer kreativen Möglichkeiten an die Hand – die Fortpflanzung oder die Neu-Schöpfung unserer eigenen Art. Die Sexualität vollendet und rundet unsere physische Entwicklung ab, sie gibt ihr von da an ihren Funken und reproduziert unser System, so dass diese Energie in erster Linie rekapitulierend ist. Sie bewegt sich kreisförmig und wendet unsere Energien und Aufmerksamkeit in unseren Körper und in die Welt zurück. Diese Shakti lässt uns nie unsere Verbindung zu und Abhängigkeit von unserem Körper und der Welt vergessen.

Die Kundalini, der subtile Zwilling der Sexualität, hat das genaue Gegenteil zum Ziel: den Bereich der erkennenden Intelligenz, das Selbst. Die Aufgabe der Kundalini besteht darin, uns unserer Fixierung auf unseren Körper und die Welt zu entwöhnen und uns auf unser wahres Ziel, den Geist, hinzulenken. Diese beiden Energien, unsere sexuelle Shakti und die Kundalini Shakti, entfalten sich in uns zur selben Zeit und sind bereit für ihre Weiterentwicklung. Sie bilden eine Art Doppelhelix, sind interdependent und beziehen sich auf einander, zielen jedoch in unterschiedliche Richtungen. Sie sind darauf ausgerichtet, mittels *Bonding* zusammenzuarbeiten, und wenn jene Zusammenarbeit stattfindet, dann steht uns das Beste aus beiden Welten, der inneren wie der äußeren, zur Verfügung.

Der Sufi-Heilige in Irina Tweedies Tagebuch *Wie Phönix aus der Asche*[115] behauptete, dass ein impotenter Mensch, jemand ohne sexuelle Energie, das Selbst nie verwirklichen könne, denn sexuelle Energie ist Teil des Brennstoffes, den die Kundalini bei ihrer Arbeit verwenden muss. Es ist diese Tatsache, die unserer Sexualität wesentlich stärkere Impulse und mehr Bedeutung verleiht, als es für die tierische Sexualität gilt. Denn Menschen sind wesentlich sexueller als Tiere.[116] Wir hören Menschen von unserer Sexualität als unserer Tiernatur sprechen, doch kein sich selbst achtendes Tier würde sich sexuell je so verhalten wie es Menschen tun.

In der Ökonomie der Natur bildet die sexuelle Energie unserer physischen Shakti die Grundlage für unsere subtile Kundalini Shakti. Genauso, wie unser subtiles sensorisches System ein physisches System für seinen Ausdruck braucht, muss die Kundalini ihr physisches

Gegenstück haben. Im Laufe der Entwicklung entwickelt unser subtiles System jedoch seinen eigenen „Körper" und kann sich schließlich vom physischen Körper befreien. Auf dieselbe Weise befreit sich die Kundalini an einem gewissen Punkt ihrer Entwicklung von ihrer anfänglichen Abhängigkeit von ihrem Zwilling, der Sexualität.

Man sagt, dass die Kundalini schlafend an der Basis der Wirbelsäule liege, bis die richtige Zeit für ihre Entwicklung gekommen ist. Wir sollten uns erinnern, dass die Wirbelsäule ein lebenswichtiger Teil des Reptilhirnsystems ist. Die Kundalini entfaltet sich in sieben Entwicklungsschritten, die als Punkte entlang der Wirbelsäule und in unserem Kopf dargestellt werden, wobei der oberste am Scheitelpunkt liegt. Die Entwicklung der Kundalini beinhaltet eine Neuorganisation unserer gesamten Gehirnsysteme vom niedersten bis zum höchsten. Diese folgt denselben Entwicklungsstufen wie die biologische Entwicklung, allerdings findet eine Verschiebung von der biologischen zur nichtbiologischen oder spirituellen Orientierung statt. Diese Punkte entlang der Wirbelsäule werden *Chakren* genannt, von dem Sanskrit-Begriff für „Rad". Die Chakren sind wichtige Energiezentren bzw. Nervengeflechte, die von den niedrigsten, physischsten Energien bis hinauf zum höchsten Punkt des Bewusstseins, unserer Vereinigung mit dem Selbst, reichen. Die Chakren sind die subtilen Gegenspieler zu den physischen Nervenzentren im Rückgrat, die die verschiedenen Teile unseres Körpers beeinflussen und kontrollieren. Die Chakren stellen die verschiedenen Sprossen unserer spirituellen Entwicklung dar. Sie sind feinstoffliche Systeme, die, auch wenn sie im Körper liegen, nicht körperlicher Natur sind. Tatsächlich sind sie die Wellen-Ergänzungen, die ihren physischen Entsprechungen zugrunde liegen.

Jedes Chakra ist wie ein elektrischer Widerstand und muss durch eine Entwicklung jenes Aspektes der subtilen Energie durchbohrt werden, damit die Kundalini-Kraft uns zur nächsten Entwicklungsstufe weiterbewegen kann. Unter idealen Bedingungen, dort, wo angemessenes *Bonding* und die richtige Anleitung vorhanden sind, entfalten sich die Chakren ihrer Reihenfolge nach. Wenn man von Hinweisen auf nach der Pubertät stattfindenden Verschiebungen im Gehirn ausgeht, dann sind die Chakren dafür angelegt, sich in demselben Dreieinhalbjahreszyklus zu entfalten, wie er in der kindlichen Entwicklung vorgesehen ist.

Die Anordnung der Chakren und die Kundalinikraft, durch die wir uns die Chakren hinaufbewegen, geben uns den Plan für die postbiologische Entwicklung vor. Wie bei der früheren Entwicklung sind die Chakren miteinander verkettet, Theoretisch gesehen ist es so, dass wenn ein Individuum die Fähigkeiten entwickelt hat, die einer bestimmten Stufe innewohnen, sich die durch diesen Prozess angesammelte Energie Bahn bricht und das betreffende Individuum auf die nächste Stufe, zum nächsten Chakra, getragen wird. Wie es auch bei der körperlichen Entwicklung der Fall ist, findet ein vorläufiges *Bonding* in beide Richtungen statt, während jedes Chakra das vorhergehende auslöst und sich gleichzeitig auf die Öffnung des nächsten vorbereitet. Tatsächlich wird jedoch, zumindest dann, wenn es zu einem Wiedererwachen der Kundalini im späteren Leben kommt, sehr viel übersprungen, und es kann sein, dass gleichzeitig Arbeit an allen Zentren stattfindet.

Die Kundalini ist die subtile Entsprechung derselben intelligenten Kraft, die uns von Geburt an antreibt. Wie es bei jener ersten, physischen Shakti der Fall ist, für die unsere Mutter als Modell dient, kann die Kundalini nur entwickelt werden, wenn sie durch den richtigen Stimulus angeleitet wird und ihr der richtige Nährboden für ihr Erwachen zur Verfügung steht.

Konkret geschieht diese Anleitung durch einen Lehrer oder eine Lehrerin, der oder die die eigene Kundalini durch angemessene Führung entwickelt hat. Wenn die Kundalini, was manchmal passiert, ohne angemessene Führung erwacht und sie nicht durch Disziplin oder die Führung durch ein passendes Vorbild genährt wird, dann kann die Macht destruktiv sein, wie uns medizinische Studien aus jüngerer Zeit zeigen. In einer Passage der gnostischen Evangelien heißt es: „Wenn das, was in dir ist, aus dir herausgebracht wird, wird es dich retten. Wenn es nicht aus dir herausgebracht wird, wird es dich zerstören." Ohne Führung oder durch einen irregeleiteten Lehrer geführt, kann die Macht Leid verursachen. Lee Sannella stellte spezifische psychologische und biologische Desorientiertheitssymptome als Folgen einer ungeleiteten Kundalini fest. Ohne ein Modell, das als Stimulus fungieren kann, ist die Macht unorganisiert; der Schaltkreis von Reiz und Reaktion bleibt unvollständig und die Energie wirkt sich negativ auf das Nervensystem aus. Wie es für jegliche Entwicklung gilt, hängt unsere postbiologische

Entwicklung vollständig von ihrem Rollen-Modell ab. Die nun bereits vertraute Formel gilt auch hier: biologischer Plan plus äußeres Modell gleich funktionelle Struktur.

Wählen wir möglichst einfache und leicht zugängliche Beschreibungen, so stehen die sieben Chakren – von unten angefangen – für: (1) das Physische, (2) das Sexuelle, (3) Wille und Willenskraft, (4) Emotion, (5) Schaffung von Raum-Zeit, (6) Intelligenz und (7) Verwirklichung oder Erleuchtung bzw. vollständige Reife. In unserem Körper sind diese subtilen Energiepunkte sukzessive an der Wirbelsäule angeordnet: Der erste (der physische), am unteren Ende der Wirbelsäule; der zweite (der sexuelle) rechts über den Genitalien; der dritte (der Wille) etwas unter dem Bauchnabel; der vierte (die Emotion) auf der rechten Seite unseres physischen Herzens; der fünfte (Raum-Zeit) im Kehlbereich; der sechste (die Intelligenz) zwischen den Augenbrauen und der siebte (Intuition und Verwirklichung) an der Krone des Kopfes.[117] Die ersten beiden Chakren haben eine physische Ausrichtung und werden durch das Reptilhirn in unser Bewusstsein übersetzt. Die nächsten beiden sind beziehungsorientiert und werden durch unser Säugetiergehirn übersetzt. Die nächsten beiden sind mit Intellekt und Intelligenz verbunden und werden durch das neue Gehirn übersetzt. Das letzte Chakra, bei dem es um Erleuchtung geht, steht allein und weist keine Entsprechung zu irgendeinem konkreten Teil des Gehirns auf. Man muss vielmehr aus dem System ausbrechen und das Biologische hinter sich lassen, um in jenen Endzustand integriert zu werden.

Die Kundalini steigt aus dem physischen Chakra auf, wenn die Entwicklung dieses Chakras vollendet ist. Die Vollendung des physischen Chakras findet normalerweise während der Pubertät statt. Das physische Chakra steht praktisch für die gesamte biologische Entwicklung, die so etwa in den ersten fünfzehn Lebensjahren stattfindet. Die Kundalini und ihr sexueller Zwilling warten die Vollendung dieser physischen Phase ab, um dann auf der Bildfläche aufzutauchen. Wenn die Kundalini das physische Chakra verlässt, dann belebt sie das zweite Chakra, die Sexualität, und erfüllt sie mit Leben; diese treibt und feuert dann ihrerseits das physische Chakra an, auf dem die Energien beider ruhen. Das physische System wird in der Folge zum Unterstützungssystem für die Sexualität und die Sexualität zum Unterstützungssystem für die weitere Kundalini-Entwicklung. Bei ihrem Erwachen verbindet sich die sexuelle Energie mit dem Willen und der Willenskraft, dem dritten Chakra, das seinerseits die Sexualität anfacht. Wille und Willenskraft, die physischsten Aspekte des subtilen vierten Emotions-Chakras, bringen jenes Chakra ins Spiel. Dieses zentrale vierte Chakra, das Herzchakra, ist im ganz wörtlichen Sinne das Herz unseres spirituellen Systems, so wie das physische Herz mit seiner Verbindung zum Mittelhirn das Herz des biologischen Lebens war. Die Kraft des Herzchakras strahlt in beide Richtungen aus: hinauf zu den höheren Chakren, um uns zur endgültigen Reife zu führen, und hinunter zu den unteren Chakren, um eine Verbindung und Vereinigung mit allen Aspekten unseres physischen Lebens herbeizuführen. Hierzu gehören die Paarbindung von Mann und Frau, die Familienbindung, die weiter gehende soziale Bindung und so weiter. Das Herzchakra ist das Zentrum von Beziehung und es koordiniert die ersten drei Phasen. Es gleicht sie aus, bringt sie zusammen und gibt ihnen einen sinnvollen Zusammenhalt, während es gleichzeitig das Ich darauf vorbereitet, sich vollständig über das Biologische hinauszubewegen.

Wenn wir beim zweiten Chakra den Begriff „sinnlich" durch den Begriff „sexuell" ersetzen, dann entsprechen die Entwicklungsphasen exakt denjenigen der kindlichen Intelligenz von der Geburt bis zur Pubertät. Die Chakren sind eine genaue Entsprechung der Phasen der Kindesentwicklung, denn jede Entwicklungsphase bildet die Grundlage für das entsprechende feinstoffliche Chakra. Der gesamte physische Teil unseres biologischen Plans, der sich in jenen ersten fünfzehn Jahren entfaltet, bildet lediglich das Vehikel, das Instrument und die Grundlage für die weitaus machtvollere Entwicklung mit offenem Ausgang, die die Kundalini für uns bereithält. Die Phasen der kindlichen Entwicklung bis hin zur Pubertät lassen sich in drei Phasen unterteilen: die physische, die emotionale und die intellektuelle. Wie an früherer Stelle besprochen, hängen diese Phasen mit unserem dreifachen Gehirnsystem zusammen. Die Aufgabe der Kundalini besteht darin, uns über das Geist-Gehirn-System in seiner physisch orientierten pubertären Form hinauszuführen, aber die Kundalini muss dieses System als entwickeltes System verwenden, um darüber hinauszugelangen.

Wir haben einen weitaus mächtigeren Sexualtrieb als andere Geschöpfe, denn die Sexualität – als physischer Zwilling unserer spirituellen Entwicklung und ihre Unterstützungsinstanz – muss eine doppelte Rolle in unserem Leben spielen. Die Sexualität kann für die Fortpflanzung (und zur Entspannung) genutzt werden, sie *muss* jedoch von der Kundalini genutzt werden, wenn sich das spirituelle Leben entfalten soll. Des Weiteren muss die sexuelle Energie von der Kundalini auf ihre eigene Weise genutzt werden. Das Physische muss das Feinstoffliche unterstützen, wenn die Entwicklung nach der Pubertät weitergehen soll. Die Sexualität muss unser physisches Leben sowohl vervollständigen als auch abrunden und gleichzeitig die Kundalini unterstützen. Die Kundalini als uneingeschränktere und machtvollere Energie erreicht dieses Ziel ohne „Bürgerkrieg" mittels des Willens, durch das dritte Chakras unseres feinstofflichen Systems. Die Kundalini benutzt den Willen, um das Ich in seiner neuen sexuellen Identität mit dem vierten Chakra, dem Herzchakra, dem Band der Liebe, zu verbinden. Das Band des Herzens gleicht alle Energien aus, es vervollständigt den physischen Bereich und unterstützt die Kundalini. Unter der verbindenden Kraft des vierten Chakras und des Willens als ihrem Instrument ist die Sexualität eine ausgeglichene Sache: Beide Aspekte ihrer Funktion werden erfüllt. Die Sexualität führt ganz natürlich in die Paarbindung zwischen Mann und Frau, wenn sie sich innerhalb der Herzensbindung unseres spirituellen Systems abspielt. Das Herzzentrum bewegt sich zu allen Zeiten in beide Richtungen – hinunter in die unteren Chakren für die Bindung an Familie, Gesellschaft und Welt in vollkommener Immanenz, und hinauf in die höheren Chakren in einer beständigen Transzendenz.

Die Liebe, die im Herzchakra zu finden ist, hat die Macht, alle Dinge zu vereinen. Sie kann nicht in Besitz genommen oder in bestimmte Schranken verwiesen, sondern nur erlebt und an andere weitergegeben werden. Eine kindliche Version von Liebe entsteht daraus, dass wir unsere Bedürfnisse erfüllt bekommen. Erwachsene Liebe entsteht daraus, dass wir die Bedürfnisse anderer erfüllen. Und unser größtes Bedürfnis besteht darin, uns mit und in jenem Band des Herzens zu identifizieren. So ist die treibende Kraft in der Beziehung zwischen miteinander verbundenen Menschen, dass jeder den Wunsch hat, den anderen zu erfreuen und seine Bedürfnisse zu erfüllen. Die daraus entstehende Befriedigung erfüllt nicht nur unsere Bedürfnisse, sondern sie vervollständigt auch unsere eigene Entwicklung. Unsere frühe physische Entwicklungsphase war notwendigerweise darauf ausgerichtet, etwas zu bekommen. Wir mussten Erfahrungen sammeln und sie assimilieren. Das postbiologische Wachstum muss uns von Aneignung und Fixierungen befreien und uns lehren, etwas wegzugeben, wenn wir uns der Kraft der Liebe und der Intelligenz öffnen und uns zur Selbstbestimmung hinbewegen wollen.

Das vierte Chakra ist der zentrale Punkt zwischen der menschlichen und der göttlichen Ebene, so wie das dritte Chakra der zentrale Punkt zwischen der tierischen und der menschlichen Ebene ist. Das vierte Chakra zieht die Dinge von der tierisch-menschlichen Ebene zusammen, indem es uns mit der göttlichen vereint. Vereinigung bedeutet immer *Integration* verschiedenartiger Teile in ein größeres Ganzes (im Unterschied zum Fixierungsverhalten des Intellekts, das versucht, ein Ganzes aus verschiedenartigen Teilen zu machen). Liebe beginnt mit der Einheit der Paarbindung; sie weitet sich aus durch deren Vereinigung mit Kind, Familie, Gesellschaft und Welt und vollendet sich in der Einheit mit dem kreativen Prozess selbst.

Durch die verbindende Kraft des vierten Chakras ist die Liebe der Paarbindung eine Manifestation jener Liebe, die den Schöpfungsprozess überhaupt erst angefacht hat. Wahre Liebe in der Paarbindung ist ein physischer Ausdruck der Liebe Shivas für Shakti, der Liebe Gottes für seine Schöpfung, der konkretisierten Form von Liebe als einer abstrakten, nichtverorteten Form. Das Paar erschafft die Schöpfung neu und tritt in jenen Anfangsimpuls ein, den das Bewusstsein bei seinem Trennungsabenteuer gesetzt hat. Das universelle Spiel, Materie zu erschaffen, nur um sich dann wieder von ihr zu trennen, vollendet sich in der Vereinigung des Liebespaares. Sie sind Zwillingsaspekte Gottes, der mit der Trennung des Selbst spielt, um die Möglichkeiten zu erforschen, die sich dadurch ergeben, dass man getrennte Teile miteinander verbindet. Diese Möglichkeiten schaffen den Sog zur Vereinigung und die Freude der Verschmelzung.

Junge Liebhaber werden, selbst wenn sie unter Fixierungsverhalten leiden, nie zuerst in ihren Lenden angeregt, sondern im Herzen. Und der Herzschmerz in der Liebe ist nicht auf der linken Seite zu finden, wo das physische Herz weiter seinen Dienst tut, sondern auf der rechten, wo das feinstoffliche vierte Chakra, der Sitz des Selbst, wohnt. Die Liebe beginnt im subtilen Herzen und ihre Kraft transformiert den jungen Mann und die junge Frau zu Gott und Göttin. Das vierte Chakra rundet die biologische Entwicklung ab, indem es über alle biologischen Phänomene hinausweist. Wir verlieben uns in die Liebe selbst, so wie wir sie auf den anderen projizieren. Die Liebe ist ein Plan im Innern, der seine Inhalte im Außen sucht. In der Paarbindung findet jeder der beiden Partner im anderen die Inhalte, die seinen Plan ausfüllen. Wenn sich das Paar innerhalb der Bindung des vierten Chakras befindet, dann findet es Gott im jeweils anderen – und das ist keine sentimentale Metapher. Liebe in der Paarbindung ist der konkrete Ausdruck der Gottesliebe. Ihrer steten Formel folgend, wird die Entwicklung diese Liebe aus ihrer konkreten Verankerung herausheben und sie in ihre subtile Form bringen, der Liebe zu Gott. In A. E. Housmans Gedichtsammlung *A Shropshire Lad* ist zu lesen:

> *Als ich an dir in Liebe hing,*
> *da war ich brav und zahm,*
> *dass meilenweit die Kunde ging,*
> *wie gut ich mich benahm.*
>
> *Doch schnell schwand diese Illusion,*
> *und alles ging dahin.*
> *Und meilenweit weiß man es schon,*
> *dass ich wie früher bin.*

Wir meinen, dass der Zustand der Vernarrtheit „auf immer und ewig" erhalten bleiben sollte, doch jede Entwicklung ist vorübergehend und leitet zur nächsten Phase über. Wäre die Paarbindung innerhalb des Herzensbandes stabilisiert, dann würde die frühe Bindung weiterbestehen, doch innerhalb dieser Bindung würde eine weitaus größere Entdeckung gemacht werden. Gott im anderen zu finden ist die Essenz der Liebe. Herauszufinden, dass der andere Gott ist, ist die erste Phase in dem Prozess, Gott im eigenen Selbst zu finden. Der oder die Geliebte möchte seine Person vollkommen jenem Selbst hingeben, das er oder sie im anderen spürt. Jeder möchte im Grunde genommen im Objekt seiner Liebe verschwinden. Das ist der konkretisierte Ausdruck des getrennten Ichs, das sich danach sehnt, in seine endgültige Identität jenseits der biologischen absorbiert zu werden.

Durch die Hingabe unserer Identität an den anderen in dieser physischen Paarbindung bereiten wir uns auf die abstrakte Form derselben Funktion vor, wenn wir unser Ich dem Selbst in uns hingeben. Wenn wir die äußere Ausdrucksform der Liebe umkehren und uns nach innen wenden, dann entdecken wir den Plan, dem die Liebe selbst entspringt. Indem wir uns selbst füreinander in der Paarbindung aufgeben, erleben wir uns als vollendet: Wir werden uns tatsächlich in erweiterter Form zurückgeben. Je mehr wir uns selbst weggeben, umso mehr bekommen wir uns selbst in erhöhter Form zurück. Auf diese Weise erweitert die Erfahrung der Paarbindung das Ich und bereitet es auf seine große innere Integration vor. Wenn sie innerhalb des Herzensbandes stattfindet, kann sexuelle Liebe auf das Band des Ichs und des Selbst vorbereiten und über die Dynamik von männlich und weiblich, ja über die Menschheit selbst hinausführen.

Für die Geliebten ist Liebe spirituell. Jeder betet den anderen genauso an, wie der Jünger Gott anbetet, und das zu Recht. Und in der frühesten Phase dieser Liebe ist nur Anbetung da, Ehrfurcht und staunende Verwunderung zu Füßen einer erstaunlichen, aufrüttelnden Macht. Diese Macht, ob sie nun als das anerkannt wird, was sie ist oder nicht, ist die Macht des vierten Chakras. Junge Liebhaber sind fast immer beleidigt, wenn abgestumpfte ältere Menschen (die Sex, aber keine Liebe haben) ordinäre Witze machen, die nichts weiter als derbes „Brunftgeschrei" sind. Häufig wird der endgültige sexuelle Vollzug der Liebe von den Liebhabern in jener anfänglichen Phase von ehrfürchtigem Staunen – jener konkretisierten Anbetung Gottes als dem anderen – hinausgezögert.

Würde dieser Zustand aufrechterhalten und erlaubte man ihm, heranzureifen, so wie er es sollte (was nur durch *Bonding* möglich ist), dann würde das Spezifische oder Physische zum Generischen oder Subtilen führen. In der dafür angemessenen Phase würden die beiden Liebhaber dann ins Herzchakra gelangen. Mit ihren eigenen Herzen verbunden, würden ihre äußeren Bindungen diese innere Macht widerspiegeln und die notwendige Stabilität für ein erfolgreiches Familienleben geben. Wenn diese Wende nach innen und die Entdeckung der Quelle der Liebe nicht stattfindet, verblasst diese frühe Phase, wie in Housmans Gedicht ausgedrückt, und es gibt nichts, was sie ersetzen könnte, keine reife Form von Beziehung. Unter dem Anhaftungsverhalten versuchen wir, die frühe Phase atemberaubender Ehrfurcht und des Staunens zu bewahren, und das ist unmöglich. So „enttäuscht" schließlich jeder den anderen, und es wird eine neue Beziehung gesucht, um zu versuchen, irgendeinen Aspekt jener Anfangsphase wiederzuentdecken (die, wie alle phasenspezifischen Prozesse, nie wiederkommt).

Der Vorläufer der genitalen Sexualität und der Liebe der reifen Paarbindung findet sich in der jugendlichen Schwärmerei, der Vernarrtheit des jungen Menschen vor der Pubertät. Solche Episoden sind weitaus schmerzlicher und einflussreicher, als kulturell anerkannt wird. Es handelt sich nicht um sexuelle Übungen, sondern um vorbereitende Übungen für das Herz. Genitale Sexualität ist zu dieser Zeit etwas unglaublich Peinliches, da sie dem Vorhaben der Natur zuwiderläuft. Das Herz hat immer Vorrang gegenüber den Lenden, und immer wird die Liebe, die versucht, sich zum Ausdruck zu bringen, implizit in der betreffenden Person erzeugt, drückt sich jedoch durch die Entdeckung der anderen Person aus. Der Reifungsprozess sollte immer dasselbe Ziel, die letztendliche Umkehr der Richtung, verfolgen: Die Entdeckung jener inneren Quelle, die unabhängig von irgendwelchen äußeren Stimuli ist und die nie versiegt.

Die Liebe zwischen Mann und Frau ist die spezifische Form der übergeordneten Kategorie der Liebe an sich. Und ihre Heranreifung ist, wie üblich, die Umkehrung des konkretisierten Aspekts und die Entdeckung der inneren Quelle. Die Kundalini Shakti ist die Kraft, die hinter dieser Umkehrentwicklung steht; sie ist jedoch der Entwicklungsformel unterworfen. Es muss ein Modell für die Kundalini-Entwicklung aus der Außenwelt vorhanden sein, und dieses Modell ist jemand, der durch den Prozess der Reversiblität hindurchgegangen ist und sich mit seinem inneren Selbst vereinigt hat. Das Modell muss in unserer frühen Entwicklungsphase eine Bindung zu uns schaffen, denn sämtliche Bindungen müssen etabliert sein, *bevor* die jeweilige Phase jene Bindung benötigt. Dann muss das Band zur angemessenen Zeit,

## Kundalini und Sexualität

konkret in der Pubertät, bekräftigt werden. Anschließend wird die Kundalini, die automatisch zusammen mit ihrem Zwilling – der Sexualität – aufsteigt, durch das Herzensband aktiviert werden. Da das Band zum Herzen nur durch die Interaktion mit einem passenden Modell aktiviert werden kann, nämlich einem, dass mit jenem vierten Chakra verbunden ist, wird das Individuum in der Pubertät automatisch auch mit jenem vierten Chakra verbunden, selbst wenn dieses Band lange vor jener Zeit geknüpft wurde und genau wie die Pubertät auf seine Manifestation wartet.

Diese im Vorhinein geschaffene Verbindung mit dem Modell lässt die Kundalini von Anfang an gegenüber ihrer Zwillingsschwester, der Sexualität, als dominante Energie erscheinen. Das sorgt für eine angemessene Balance zwischen den beiden Shaktis, der Kundalini und der Sexualität – einer Balance zwischen Immanenz und Transzendenz, zwischen Körper und Geist. Dann kann sich ein kraftvoller Sexualtrieb entfalten; ein Trieb, der sich in Balance mit allen Bedürfnissen befindet, da die Sexualität selbst gebunden ist und durch das Herzchakra weiter in die Transzendenz hineingezogen wird. Der junge Mensch wird dann primär nach Liebe suchen (wie wir alle es tun) und durch diese Liebe seine Sexualität zum Ausdruck bringen. Wenn dann die Zeit gekommen ist, wird das Sexualchakra durchbohrt werden, Erfüllung finden und transzendiert werden.

Würden die Bindungen zum Herzchakra in der richtigen Reihenfolge geschaffen, nämlich, bevor die sexuelle Erfahrung beginnt, dann könnten die sexuelle und die Kundalini-Erfahrung (theoretisch) dieselbe sein. (William Blake spielt darauf an, und einige der authentischen Tantra-Disziplinen im Yoga arbeiten auf dieses Ziel hin.) Wäre die Entwicklung in den ersten fünfzehn Lebensjahren funktionsfähig gewesen und unser Ich bis zum frühen Erwachsenenleben integriert – was ein echtes *Bonding* an jedem Punkt und eine auf das Transzendente hin orientierte Gesellschaft bedeuten würde, dann könnte die Kundalini bei jeder sexuellen Begegnung in jungen Jahren erneut angeregt werden.

Die überbordende Energie, die Ausgelassenheit, die Ekstase und die Sehnsucht unserer mittleren und späten Pubertät lassen sich nicht plausibel erklären, wenn man nicht die Kundalini mit einbezieht. (Erinnern

Sie sich an Thomas Wolfe, der im Zusammenhang mit der Pubertät von der „Traube, die in der Kehle platzt" gesprochen hat.) Das ist die Macht Gottes, die in uns erwachen möchte, um als unser eigenes Selbst zum Ausdruck gebracht zu werden. Es ist das vierte Chakra, das Zentrum der Schöpfung, welches erwacht, alle unteren Chakren aktiviert und sie nach oben zieht, um so das Ich darauf vorzubereiten, sich über das gesamte biologische Leben hinauszubewegen.

Das Modell, das die notwendige Bindung in unserer präpubertären Phase schaffen und in der Pubertät bekräftigen kann, hat seine engste Entsprechung im Mutter-Kind-*Bonding*. Denn wenn wir dieses Modell nicht bekommen und so die Bindung verpassen, die in der Pubertät zum Tragen kommen sollte, dann ist das Ergebnis dasselbe wie bei der Geburt: Statt durch die Bindung aus dem vierten Chakra Harmonie zu erreichen, werden wir Fixierungsverhalten bekommen. Das bedeutet Rückfall, ein Zurückfließen der sich jetzt öffnenden neuen Energien *(die Kundalini eingeschlossen)* in das unterste Chakra, wie es bei jeglichem Fixierungsverhalten zu finden ist. Das Phänomen der Kundalini in Kombination mit Fixierungsverhalten führt zu einer wachsenden, pyramidenförmig eskalierenden Serie von Katastrophen.

Unsere Zeit hat die große Sehnsucht, Energie und Emotion der frühen Paarbindung auf dieselbe Weise abgetan, wie wir beim Heranwachsenden die „Traube, die in der Kehle platzt" als „fehlgeleitete sexuelle Energie" oder „sexuelle Unterdrückung" abtun. Das ist unwürdiger Unsinn. Das genaue Gegenteil ist der Fall. Unsere unausgewogene, morbide und unbefriedigende Beschäftigung mit der Sexualität ist Kennzeichen einer fehlplatzierten, dysfunktionalen und irregeleiteten Kundalini. Was mit uns in unserer unverbundenen, sich auf Fixierungen gründenden Kultur passiert ist, ist die Entfesselung einer ungebundenen Kundalini, die sich aus rein logischer Notwendigkeit heraus in Fixierungsverhalten umkehren muss. Die Kundalini kommt in früher sexueller Aktivität selbst dann zum Ausdruck, wenn die Sexualität unterdrückt wird und sich nicht offen ausdrücken darf. Doch da die Kundalini ohne ein Verständnis des eigentlichen Geschehens aktiviert wird, ohne jegliche kulturelle Unterstützung, ohne gesellschaftliche Modelle für die spirituelle Entwicklung, und in einer Kultur, die sich auf morbide Weise mit Sexualität als Kommerz, Pornographie und

Zwang beschäftigt, wird die Kundalini mit ihrer Zwillingsenergie gleichgesetzt, und die sexuelle Energie erweist sich dann als ihr einzig mögliches Ventil und ihr einzig verfügbarer Ausdruck.

Erinnern Sie sich daran, dass Fixierungsverhalten der Versuch ist, eine höhere integrale Struktur in eine niedrigere zu inkorporieren, anstatt die Integration der niederen in die höhere zuzulassen. Die Kundalini ist eine weitaus uneingeschränktere und größere Macht als die Sexualität. Unter dem Impuls des Fixierungsverhaltens überreizt die Kundalini, selbst wenn sie teilweise in die Sexualität eingegliedert wird, die sexuelle Energie in gravierendem Maße, ohne dass der notwendige Ausgleich stattfindet, der nur durch die Kraft des vierten Chakras gewährt werden kann. Früher oder später führt das zu einem Überschuss sexueller Energie, der die Zerstreuung der Kundalini-Energie zur Folge hat. Die Kundalini verkümmert allmählich und die transzendenten, ekstatischen Wellen der Erwartung verblassen, was im Allgemeinen bis Anfang zwanzig passiert ist und in uns wachsende Verzweiflung und eine überreizte Sexualität zurücklässt. Wenn das passiert, wird die Sexualität, die jetzt unbewusst mit ihrem Zwilling, der Kundalini, assoziiert wird, mit der fehlenden transzendenten Eigenschaft gleichgesetzt, die eigentlich die verbundene Kundalini verleihen sollte. Jeder von uns fühlt, dass etwas ungeheuer Wichtiges mit der Sexualität passieren sollte, und in der Pubertät ist dieses Gefühl von besonderer Dringlichkeit. Eine Zeit lang hält uns die Erregung des sexuellen Abenteuers in Bann, doch wenn die Sexualität ihres transzendenten Aspekts, ihrer Verbindung mit dem vierten Chakra beraubt ist, dann passiert nichts über die physischen Empfindungen hinaus. (Ab und zu zeigt sich einmal eine Andeutung der transzendenten Kraft, so wie sie Hemingway in *Wem die Stunde schlägt* beschrieb, als das junge Paar im Schlafsack „die Erde verließ". Die alte Zigeunerin meinte, dass Menschen, die so etwas auch nur ein einziges Mal in ihrem Leben erfahren dürfen, sich glücklich schätzen sollten. Ihre Beobachtung klingt allerdings etwas pathetisch, weil ein solch ekstatischer „Rausch" in der Meditation recht häufig vorkommt. Wieder einmal ist das, was wir im Außen suchen, im Innern zu finden.)

Wir füllen also ganze Bibliotheken mit Büchern darüber, wie wir aus dieser physischen Empfindung das Beste herauskitzeln können und üben uns in ständigem Balzverhalten, auf der Suche nach etwas, das eigentlich passieren sollte, jedoch nicht passiert. Der Psychologe lässt sich kenntnisreich über die „postkoitale Depression" aus, als wäre sie ebenso natürlich wie die postnatale Depression der verletzten Mutter, die keine Bindung zu ihrem Kind aufbauen konnte.

Wir suchen nach dem Spirituellen im Sexuellen, ohne eine Vorstellung davon zu haben, wonach wir eigentlich suchen. Und wir tun das unter dem Zwang des Fixierungsverhaltens: Auf der einen Seite behandeln wir unsere Sexualpartner unbewusst als zu besitzende Objekte (wenn auch nur zeitweilig), auf der anderen erwarten wir von ihnen unbewusst ein transzendentes Element, das sie uns nicht geben können. Und natürlich ist auch immer das Gegenteil wahr: Der oder die andere behandelt uns als Objekt des Fixierungsverhaltens, versucht, durch uns die Liebe in Besitz zu nehmen und hält nach einer transzendenten Erfahrung Ausschau, die wir ihm/ihr ebenfalls nicht geben können. Das Endergebnis ist praktisch immer dasselbe: Jeder der beiden an der Begegnung Beteiligten enttäuscht früher oder später den anderen.

Die Enttäuschung ist nicht greifbar und deshalb umso frustrierender. Da wir automatisch diese Frustration auf den anderen projizieren, fühlen wir uns von ihm/ihr verraten und bringen unsere Wut zum Ausdruck.

Ziehen Sie an dieser Stelle in Betracht, dass das Erwachen und die Aktivierung eines jeden Chakras bis zu einem gewissen Grad die Öffnung des nächsten Chakras anregen und vorbereiten sollten. Die Aktivierung des zweiten Chakras, der Sexualität, aktiviert bis zu einem gewissen Grad das dritte Chakra, den Willen. Durch die Kundalini aktiviert, wird der Wille von unten geschoben und von oben durch die Kraft des Herzens

*Bonding* und Integration

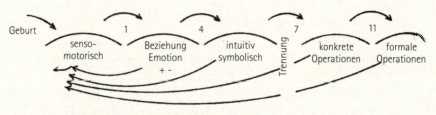

Fixierung inkorporiert und zersplittert

angezogen. Das dritte Chakra, der Wille, verbindet das zweite Chakra mit dem vierten, es vereint Sexualität und Liebe, wenn es sich innerhalb des Bandes von Kundalini und Herz befindet. Das dritte Chakra ist nicht der bewusste, eigensinnige Wille, der sich im Laufe der Pubertät in uns entwickelt. Unser persönlicher Eigenwille muss sich jenem dritten Chakra hingeben und unter dem Stimulus des *Bonding* integriert werden. Unter dem Anhaftungsverhalten versucht das Ich (das sich immer bemüht, die neue Kraft in die frühere Identität zu integrieren) jedoch, die Kraft des dritten Chakras in den Dienst des zweiten, der Sexualität und unseres sexuellen Bandes zum physischen System, zu stellen. Der Wille, eigentlich dazu gedacht, Hindernisse zu überwinden und uns zum vierten Chakra zu führen, wird an diesem Punkt umgekehrt, und ein Aspekt wird zurück in die unteren Chakren gebracht, in unsere zersplitterten Ich-Identitäten. Das erzeugt einen „Willen zur Macht", der sich auf eine bestimmte Form von sexueller Dominanz konzentriert, die dann auf die gesamte Gesellschaft und Welt übergreift.

Dieser Wille zur Macht führt zur Dominanz über den Sexualpartner statt zur gegenseitigen Hingabe, wie sie in der Paarbindung zu finden ist. Jeder der beiden Partner in der Anhaftung kämpft darum, seine Integrität im Angesicht des Willens des Anderen aufrechtzuerhalten. Und dieses Aufrechterhalten erfordert eine Gegendominanz des Anderen als dem einzigen Weg, um die eigene Integrität zu wahren. Welches Ich das andere verschlingen wird, wird zum Überlebensthema, das nach der anfänglichen Unruhe sexueller Aktivität zentrale Bedeutung gewinnt. So erleben wir einen ständigen Wechsel von Sexualpartnern, da bei jeder neuen Begegnung ein modifizierter Ansturm eines zumin-

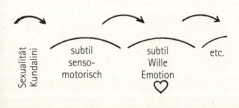

dest scheinbaren Kundalini-Effekts stattfindet: Dieses Mal könnte es passieren! Und im Allgemeinen findet bei den ersten Begegnungen eine Simulation dieses Effekts statt, die sich jedoch schnell erschöpft. Dann greift Enttäuschung um sich und beginnt ihr Wirken. Häufiger Partnerwechsel ist für das Anhaftungsverhalten eine Notwendigkeit und der Grund dafür, warum die so genannte „sexuelle Revolution" unserer ungebundenen Kultur uns Schutt und Asche hinterlassen hat.

Mit den Sekundärfolgen, die sich durch das Anhaftungsverhalten im Zusammenhang mit der Sexualität ergeben, ließen sich Bände füllen, und sie sind praktisch eine Angelegenheit auf Leben und Tod. Ich werde dieses Kapitel mit einem interessanten Aspekt der am Geschehen beteiligten physischen und subtilen Energien beschließen. Die Aufgabe der physischen Shakti besteht darin, das physische System aufrechtzuerhalten. Letzten Endes sollte ein Großteil der Maschinerie unseres Körpers von diesem Autopiloten betrieben werden. Das befreit unser Bewusstsein für die weitere Entwicklung. Wenn *Bonding* stattfindet, dann nimmt die physische Shakti ihren rechtmäßigen Platz als Unterstützungssystem für die aufsteigende Kundalini ein. Das Physische ist die Abschussrampe für das subtile Abenteuer.

Wenn das *Bonding* versagt, dann kann die physische Shakti das physische System nicht vollständig übernehmen und das Ich nicht befreien. Denn bedingt durch die Aufeinanderfolge von Katastrophen kehrt unser Intellekt in den physischen Bereich zurück. Die Aktionen des neuen Gehirns schalten sich in die Informationen aus den Tiergehirnen und ihre Berichterstattung über die Welt da draußen ein. In unserer Sorge versuchen wir, bewusst die Kontrolle über viele der Aufgaben zu übernehmen, die eigentlich unsere physische Shakti erledigen sollte. Viele der Ergebnisse der Sportpsychologie und die neuen Entwicklungen in den Kampfkünsten, wie sie bei Ralph Strauch zu finden sind, haben damit zu tun, das Ich und seinen Intellekt dazu zu bringen, falsche Dominanz und Bemühungen, alles zu kontrollieren, aufzugeben und den Körper jener physischen Shakti zu überlassen, die es liebt, ihre Sache zu erledigen, wenn man ihr die Erlaubnis dazu gibt, und die es auf wunderbare Weise tut.

Die Aufgabe dieser physischen Shakti besteht also darin, die Integrität der physisch-emotionalen Einheit zwischen den beiden Primär-

# Kundalini und Sexualität

gehirnen aufrechtzuerhalten, was unserem Leben eine Grundlage gibt. An früherer Stelle in diesem Buch habe ich einen neunzigminütigen Wachtraum-Tiefschlaf-Zyklus erwähnt, in dem das Bewusstsein seine Aufmerksamkeit von einem Gehirn zum nächsten verlagert hat. Eine der Beobachtungen aus unserem Schlafzyklus ist, dass es zu einem „Anschwellen der Genitalien" kommt, wenn wir zu träumen beginnen. Jeder Mann weiß das; bei Frauen mag es subtiler sein. Das Anschwellen des Penis in regelmäßigen Zyklen ist sogar beim männlichen Fötus in der Spätphase der Schwangerschaft (mit Hilfe von Ultraschallgeräten) beobachtet worden. Derselbe Effekt findet sich in den Traumzyklen höherer Säugetiere. Wenn wir träumen, gehen wir in unser subtiles System und schalten das physische weitgehend aus. Und die Natur wendet dann ein kleines, narrensicheres Mittel an: Sie lässt unsere Genitalien anschwellen. Normalerweise löst das irgendeine Form sexueller Erregung aus, da dann zumindest wieder etwas Aktivität in unser physisches Gehirn und den Körper hineinbringt. Vielleicht macht die Natur das, um zu verhindern, dass wir in unseren Traumzustand „abwandern". Theoretisch könnte unsere Seele einfach unseren Körper verlassen und sich in irgendeiner astralen Einöde der Psyche zersplittern – so aktiviert die Natur also ihre Sicherheitsvorrichtung. Wir befinden uns also in gewisser Weise in einer Zwickmühle, die sich vielleicht dadurch ausdrücken kann, dass wir unseren Träumen eine sexuelle Wende geben. Robert Monroe schreibt, dass er jedes Mal, wenn er seinen Körper verlassen hatte, durch ein heftiges, irrationales sexuelles Verlangen zurückgezogen wurde. Er musste lernen, sich über diesen Effekt hinwegzusetzen, um die Welten erforschen zu können, die sich eröffneten. (Vielleicht tat er das, indem er seinem System einfach bewies, dass er immer zurückkommen konnte.)

Mein Lehrer Muktananda hat mir aufgetragen, die Hälfte meiner Meditation im Sitzen in der üblichen Haltung mit gekreuzten Beinen zu verbringen und die übrige Zeit flach auf dem Rücken zu liegen. Alle meine Meditationserfahrungen, sensorische Ausflüge in andere Zustände, finden während der Phase im Liegen statt. Und irgendwelche Erfahrungen zu dieser Zeit führen garantiert zu starker sexueller Erregung. (Tatsächlich ist es so, dass die Meditation selbst das bewirkt, doch der Effekt wird offensichtlich und störend, wenn man dabei liegt.) Während der

Meditation wird mir häufig eine Reihe kreativer Erfahrungen beschert, die mich etwas Bestimmtes lehren oder mein Bewusstsein erweitern sollen. Das ist ein Teil des allgemeinen Umkehrmanövers der Kundalini-Entwicklung. Ich erlebe Zustände, die weit über das Biologische hinausgehen, und das narrensichere, instinkthafte sexuelle Programm der Natur kann aktiviert werden, um mein Verlangen zu wecken und mich in meine subtilen physischen Verbindungen zurückzubringen.

Meditation regt die Kundalini Shakti an, da nur jene Energie uns zum Selbst führt. Und die Kundalini heizt das sexuelle Feuer an, da sie diese Energie benutzt, um uns über die Sexualität und den Körper hinauszubringen. Mein Lehrer trug mir auf, zwischen drei und sechs Uhr morgens zu meditieren, weil diese Zeit traditionell als die günstigste Zeit für diese Disziplin angesehen wird. Eine Studie der letzten Zeit zeigt, dass der Mann zwischen drei und sechs Uhr morgens sexuell am potentesten ist. Das ist seltsam, denn drei Uhr am Morgen ist gleichzeitig der tiefste Punkt unseres physischen Lebens. Wir sind zu dieser Zeit dem Tod am nächsten und in dieser Zeitspanne passieren mehr natürliche Tode als irgendwann sonst. So ist also unsere Kundalini darauf ausgerichtet, unsere Fähigkeit zu entwickeln, über das physische System hinauszugehen – und unsere physische Shakti, mit ihrem höchsten und subtilsten Diener, der Sexualität, zielt darauf ab, unser physisches Leben zu erhalten. Es entfaltet sich dort ein nettes kleines Tauziehen und die Yogis der Vergangenheit haben diese frühen Stunden der Meditation immer dazu benutzt, Nutzen aus dieser Tatsache zu ziehen. Unsere physische Shakti ist auf ihrem tiefsten Punkt und aktiviert ihre hundertprozentig sichere sexuelle Reaktion. Der Yogi, der mit Hilfe von Meditation zu dieser Zeit seine Kundalini aktiviert, hat folglich eine Flut an sexueller Energie zur Verfügung (die von der Kundalini benötigt wird) und den geringsten Widerstand durch die Schwere unseres physischen Systems.

Betrachten Sie nun also das Problem Anhaftung versus *Bonding* aus einer weiteren Perspektive. Wenn wir uns mit unserem physischen Tod konfrontiert sehen, dann feuert die Natur in ihrem letzten Versuch, uns im Muster zu halten, sexuelle Energie, die das synchrone Funktionieren von Säugetier- und Reptilhirn gewährleisten soll. Allen spirituellen Traditionen zufolge wird beim Bevorstehen des physischen Todes unser sexuelles Verlangen aktiviert. In dem Bemühen, unser

# Kundalini und Sexualität

Überleben zu gewährleisten, wird das Muster des sexuellen Verlangens im subtilen System festgehalten, damit wir so weiter mit dem Körper vereint bleiben sollen. Gelingt das nicht, so haben wir einen subtilen Körper, der von heftigstem sexuellem Verlangen gepeinigt ist, ohne die Möglichkeit, dieses zu entladen. Unser Verlangen bleibt bei uns wie ein Phantomschmerz, der noch lange weiterbesteht, nachdem das betreffende Glied entfernt worden ist. Dieses sexuelle Verlangen wird in unserem subtilen Zustand als unwiderstehlicher Zwang ausgedrückt, einen Körper zu erhalten und Befriedigung zu erlangen. Das führt dann zu irgendeiner Form von Reinkarnation, falls irgendetwas an dieser fragwürdigen Vorstellung dran sein sollte, oder dazu, dass wir auf einer subtil-astralen Ebene stecken bleiben, auf der die Sexualität dann irgendwie zum Ausdruck kommt.

(Die riesigen Mastodone, die in Sibirien gefunden wurden, sollen einen sehr plötzlichen Tod erlitten haben, auf den dann ein blitzschnelles Einfrieren folgte. In ihren Mägen und Mündern wurde frisches Gras gefunden. Autopsien zeigen, dass sie mit großer Wahrscheinlichkeit erstickt sind. Eine der Nebenwirkungen des Erstickens bei einem Säugetier ist das Anschwellen der Genitalien – die männlichen Mastodone hatten Erektionen.)

Das sexuelle Verlangen gründet uns also im physischen System oder bestenfalls in einem subtilen Zustand, der auf irgendeine Weise den physischen simuliert und in dem das Verlangen ausgedrückt werden kann. Die Reife bewegt uns über jeden Ausdruck hinaus in den Bereich des Selbst, aus dem alles hervorgeht. Und die Sexualität erweist sich als der größte Stolperstein auf jenem Weg. Das mag einer der Gründe dafür sein, dass wir Menschen uns trotz unserer Revolutionen und Freiheiten mit unserer Sexualität immer unwohl gefühlt haben. Wir haben nie genau gewusst, was wir mit ihr anfangen sollten und schienen weder mit ihr noch ohne sie erfolgreich leben zu können. In den meisten spirituellen Wegen ist die Sexualität immer ohne klar ersichtlichen Grund Sündenbock und Tabufaktor gewesen. Spirituelle Systeme, die versuchen, Sexualität als Aktivität einzubeziehen, erweisen sich normalerweise am Ende als recht schmuddelig.

Das Anhaftungsverhalten sperrt die Identität in das physisch-sensorische System ein. Wenn sich die Sexualität mit ihrer Energie des

Verlangens in dem verhafteten Zustand öffnet, dann schließt sie die Identität in dieser primären Bewusstseinsstufe ein. Wird die Kundalini in das sexuelle und physische System eingeschlossen, so verkümmert sie. Wir stehen am Ende so da, wie es William Butler Yeats beschrieben hat: als ein wütendes Bündel an sexuellen Sehnsüchten in einem sterbenden Tier. Die Lösung liegt in der Wiederentdeckung des *Bonding*-Prozesses. Mit der Macht des Herzens identifiziert, gehen wir über die physisch-sexuelle Dimension hinaus. Die Kundalini kann diese Feuer schüren und alles wird in Harmonie sein, alles wird erfüllt werden; wir werden das Beste aus beiden Welten haben und in unserer Entwicklung voranschreiten. Des Weiteren werden, wenn wir *Bonding* erlebt haben und das Sexualchakra transzendiert worden ist, kurz vor dem Tod keine sexuellen Energien aktiviert, da die physische Shakti und ihr sexueller Diener in die höheren Chakren als angemessene Unterstützungssysteme integriert sind. Die entwickelte Psyche lässt die biologische Sphäre in Freiheit hinter sich.

Alle spirituellen Disziplinen fordern irgendeine Art von Enthaltsamkeit, was für eine verhaftete Kultur ein äußerst bedrohlicher Begriff ist. Und darin liegt ein Paradox, denn je mehr wir meditieren, umso wahrscheinlicher taucht unser sexuelles Verlangen auf. Wir können uns nicht mit Hilfe unseres *Willens* aus diesem Paradox befreien, da der Wille im Anhaftungsverhalten des Sexualchakras gebunden ist. Zusätzlich benutzt die Kundalini den Willen, um das Sexualchakra zu aktivieren und es in das vierte hineinzuziehen. So liegt die Lösung einfach darin, unseren Willen darauf zu richten, uns für das vierte Chakra zu öffnen. Dort allein werden unsere Bedürfnisse erfüllt und es wird Harmonie erreicht.

(Wir können uns jedoch nicht darum herumdrücken: Früher oder später muss Enthaltsamkeit praktiziert werden, damit wir unsere spirituelle Reise vollenden können. Wir können nicht zwei Meistern dienen, noch können wir in unserer Treue zum Körper und zu der Seele gespalten bleiben. Die Sexualität muss transzendiert werden, aber dennoch als Energie exklusiv für die Kundalini zur Verfügung stehen.[118] Dieser Schritt muss also getan werden, so lange wir noch sexuell aktiv sind.)

Unter der Anleitung eines Lehrers (des Modells), der die spirituelle Reise vollendet hat, entfalten sich diese Entwicklungen auf natürliche, freudvolle Weise und in der ihnen angemessenen Zeit. Das Problem liegt darin, einen solchen Führer und Lehrer zu finden. Ich schaue auf das einzige Modell zurück, dass ich in den ersten Jahrzehnten meines Lebens für jenes spirituelle Abenteuer finden konnte: Das Symbol des Kreuzes, das auf der einen Seite leer ist, zeigt den Lehrer, der von unserer kulturellen Szene verschwunden ist, auf der anderen einen beschäftigten, übel zugerichteten „leidenden Retter", der brutalisiert und außer Gefecht gesetzt wurde. Wie auch immer, das System entstammt einer Kultur, die die Modellfunktion des Lehrerprinzips, das allem Leben zugrunde liegt, und durch das allein wir über das Biologische und seinen unvermeidlichen Tod hinausgelangen können, abgelehnt hat. Das gnostische Bild zeigte Jesus am Kreuz, der auf dem Kopf des Leichnams herumtanzte und damit aussagte: „Sie können mich nicht kriegen; Körper sind entbehrlich. Hier bin ich, immer unter euch." Die Bischöfe der Urkirche warfen die Gnostiker und mit ihnen auch die Idee des immer wiederkehrenden Lehrers hinaus, und haben uns nichts weiter als ein mythisches Symbol hinterlassen.

Die große Sphinx von Giseh in Ägypten ist ein weiteres faszinierendes Symbol. Es gibt Beweise aus jüngerer Zeit, die darauf verweisen, dass dieser Monolith zwischen dreißig- und vierzigtausend Jahre alt sein könnte.[119] Der verstorbene deutsche Archäologe Schwaller de Lubicz fand ägyptische Hieroglyphen, die zeigen, dass die Sphinx bereits in vorägyptischer Zeit dort stand. Die Sphinx verkörpert die Integration unserer Tiernatur mit unserer menschlichen Natur, und die Integration unserer menschlichen mit unserer göttlichen Natur. Die Statue besteht aus dem Haupt eines Menschen, das auf dem Leib eines Löwen thront (dieser stand für die Herrschaft über die Erde). Das Haupt der Sphinx ist mit einer seltsam aussehenden Kopfbedeckung geschmückt, die jedoch in Wirklichkeit die Darstellung eines Sonnenrades ist – die Sonne bei Sonnenaufgang, die den Kopf erleuchtet. Der Heiligenschein, der als Symbol im Christentum und im Hinduismus Verwendung findet, hat eine ähnliche Bedeutung, denn er verkörpert die hell strahlende Mittagssonne. In jedem Fall stand das Symbol des Heiligenscheins bzw. Sonnenrads für die endgültige Reifwerdung des menschlichen Wesens, für unsere Vereinigung mit Gott.

Darstellungen der Sphinx aus dem achtzehnten Jahrhundert, die von europäischen Gelehrten und Reisenden angefertigt wurden, zeigen die Sphinx in ihrem intakten Zustand. Das Haupt ist vollständig erhalten. Denn zu Beginn der Napoleonischen Kriege kam eine verwahrloste Schar von Mamelucken den Nil herauf und benutzte die Sphinx als Zielscheibe für ihre Kanonenübungen. Aus dem Schädeldach der unversehrten, ursprünglichen Sphinx trat eine riesige Brillenschlange aus, die sich über der Stirn hervorwölbte und ihren Kopf zwischen den Augenbrauen ruhen ließ. In den Traditionen des Ostens und auch in der europäischen Tradition ist die spirituelle Entwicklung durch eine aufgerollte Schlange dargestellt worden, die an der Basis der Wirbelsäule liegt und schließlich, wenn die spirituelle Entwicklung abgeschlossen ist, aus dem Schädeldach aufsteigt. Diese „Schlangenkraft" war die Kundalini, deren erfolgreicher Aufstieg durch die Chakren schließlich zur Befreiung von allen physischen Prozessen und zur Erleuchtung führte. Als Symbol für die Erleuchtung stand das Sonnenrad. Erleuchtung oder die Verwirklichung unseres Einsseins mit Gott verlieh uns die Intuition, die sich vom Schädeldach zum sechsten Chakra, dem Chakra der Intelligenz, hinunterwölbte, das sich zwischen den Augenbrauen befand. Das sechste Chakra ist immer als Guru-Chakra, das heißt, das Chakra des Lehrers, bezeichnet worden.

Mit prophetischer Präzision sprengten die Kanonenkugeln der Mamelucken den Nasenrücken weg, jenes sechste Chakra, das als Sitz des Lehrers galt. Sie fügten beiden Augen großen Schaden zu (das linke Lehrer-Auge schaut nach innen, zum Herzen Gottes, während das rechte hinaus in die Welt schaut) und zerstörten das Symbol der großen Kundalini, der Schlange, die aus dem Schädeldach aufstieg, zur Gänze. Mit Ausnahme einer winzigen Spur des Nasenrückens, einer Andeutung der großen Schlange, ist alles verschwunden. Dies war wahrlich ein Akt des „erleuchteten Zeitalters" (der Aufklärung). Der Krieg nahm immer schrecklichere Ausmaße an; die dunklen, trostlosen englischen Fabriken breiteten sich in der ganzen Welt aus. Städte mit ungesundem Klima schossen aus dem Boden und das Problem der Überbevölkerung entstand. Wissenschaft und Technologie blühten auf und säten die Saat endgültiger Zerstörung. Ärzte begannen, die Domäne der Geburt an sich zu reißen und dabei chirurgische Instrumente zu verwenden, mit denen sie bei Nacht Leichen sezierten. So wütete das „Kindbettfieber" in der Welt.

Dreißig- bis vierzigtausend Jahre lang hatte die Sphinx als Symbol für Entwicklung und Ganzheit dagestanden. Und in einigen wenigen Momenten wurde sie durch die Mamelucken in ein Symbol für zukünftige Ereignisse verwandelt. Sie wurde zum Symbol für einen Intellekt, der seiner Intelligenz beraubt, in seine Identität mit einem Tierkörper eingesperrt ist und der inneren Vision Schaden zufügt, die Gott erkennt. Das Endergebnis ist das, was wir um uns herum sehen: ein gespaltener Intellekt, dem es an Intelligenz, an Seele und an Macht mangelt und der das Selbst und die Welt zerstört.

Diese beiden Symbole, das Kreuz und die Sphinx, haben in uns einen Alptraum ausgelöst, der uns verschlingt und in dem wir das Beste aller Welten verlieren, die paradiesische gute Erde, die Gesellschaft des Menschlichen, und ganz sicher die Welt jenseits des Menschlichen, das Selbst. Wir befinden uns jetzt vollkommen isoliert in der Leere dazwischen, einem Niemandsland, einem Ort der Dunkelheit und des Zähneknirschens. Und in diesem Dämmerlicht des Wartens stellen wir fest, dass ein massives Anschwellen genitaler Energie uns aus allen Ecken bedroht: Das hundertprozentig sichere Mittel der Natur ist überholt und ausgetrickst. Es bleibt nichts weiter übrig als das rasende Verlangen, die Lust des ohnmächtigen Zorns, die Ehe von Sex, Gewalt und Tod – „... und schließlich schlief Sam mit ihr, und als er fertig war, zog er seine Pistole und schoss ihr in den Kopf".

## 16

## Immerzu werden

Anfang der dreißiger Jahre verbrachte der deutsche Philosoph Eugen Herrigel sechs Jahre bei einem Zen-Meister in Japan, der ihn das Zen mit Hilfe des Bogenschießens lehrte. Wenn sich der Zen-Meister darauf vorbereitete, mit dem Bogen zu schießen, dann wartete er so lange, bis *es* ihn atmete. An jenem Punkt schoss *es* den Pfeil ab. Der Bogen, der beim Zen-Bogenschießen verwendet wird, erfordert die Kraft des stärksten Mannes, damit er überhaupt gebogen werden kann, und der Bogen wird über dem Kopf gehalten, mit nahezu senkrecht ausgestreckten Armen, wodurch es schwierig ist, die Hebelwirkung der Arme zu nutzen. Wenn *es* den Meister atmet und der den Bogen biegt, dann bleiben seine Muskeln locker und entspannt. (Bei Nacht konnte der Meister den Pfeil in einer dunklen Halle auf sechzig Schritt Entfernung abschießen und jenen Pfeil mit einem anderen spalten.)[120]

Eine Aktion, die uns von innen heraus bewegen kann, ohne Beteiligung unserer Muskeln, ist paradox und schwer nachvollziehbar. Dass eine solche Kraft dann den Bogenschützen, seinen Bogen, den Pfeil und das Ziel zu einem einzigen synchronen Ereignis verschmelzen soll, ist sogar noch paradoxer. Doch das Paradox ist, wie wir gesehen haben, die Schwelle zur Wahrheit, die Grenze zwischen logischen Paaren. Diese Grenze kann nur durch die Aufhebung der einen Logik und die Annahme einer anderen überwunden werden. In Kapitel 10 habe ich über das allgemeine Prinzip der Komplementarität in der Quantenphysik gesprochen. Wir können entweder die Wellenaspekte eines Ereignisses beobachten, die nichtverortete Form von Energie, oder dessen Teilchenform, die verortete Form von Energie. Beide sind vonnöten, um das Ereignis vollständig erklären zu können, dennoch schließen beide Zustände einander aus. David Bohm und die Yogapsychologie sehen beide Zustände als Aspekt eines einzigen Bewusstseins an. Das Bewusstsein kann sich selbst als verortete oder als nichtverortete Energie zeigen. Verortete Energie als Materie ist eine beschränkte Energie. Nichtverortete Energie unterliegt keinerlei Beschränkungen. Die Frage lautet: Was ist die Dynamik dazwischen? David Bohm und Rupert Sheldrake gehen davon aus, dass nichtverortete Energie die Implikationen der Form in sich trägt, die bei der Verortung von Energie angenommen wird. Ich habe die Meinung vertreten, dass diese beiden Arten von Energie und Kausalität als Übersetzungen unserer dreifachen Gehirnstruktur verstanden werden können. Nur vom Bereich der erkennenden Intelligenz, aus der diese Energien hervorgehen, werden sie zu einer Einheit verschmolzen. Die *Bonding*-Funktion ist jene übergeordnete Einheit.

Der Zen-Meister, bei dem Eugen Herrigel studierte, nahm häufig den Bogen eines Schülers, hielt ihn in der Hand, wartete darauf, dass *es* durch ihn atmete und benutzte ihn eine Zeit lang auf diese Weise. Und für eine Weile reagierte der Bogen in den Händen des Schülers dann noch genauso, wie er es beim Lehrer getan hatte, ohne dass der Schüler seine Muskelkraft zu Hilfe nahm. Das gab dem Schüler zumindest einen gewissen Halt in einer Logik, die außerhalb unserer gewöhnlichen biologischen Bezugspunkte steht. Die Aufgabe des Lehrers ist es, uns diese Erfahrung einer Brücke zwischen verortetem und nichtverortetem Bewusstsein zu geben, damit wir beginnen können, eine neue, nichtverortete Logik aufzubauen. Logische Sprünge zu überwinden, ist die Aufgabe des *Bonding*, und *Bonding* zu schaffen, die Funktion des Lehrers. Mit Hilfe der konkreten Erfahrung, den Bogen ohne Muskeltätigkeit spannen zu können, kann sich der Schüler für die abstrakten Möglichkeiten öffnen.

Ein perfektes Beispiel für die Modell- und die *Bonding*-Funktion ist die Mutter bei der Geburt. Ein Band zwischen Mutter und Kind wird im Uterus geschaffen und bei der Geburt durch das physische und emotionale Nähren der Mutter erneuert und gestärkt. Sie gibt dem Säugling den Anstoß, sein eigenes Potential zu entfalten und dient somit als Brücke zwischen den verorteten und den nichtverorteten Feldern. *Bonding* ist nichts Sekundäres, wie eine Schnur, die im Nachhinein herbeigeholt wird, um ein Päckchen zu schnüren. Das *Bonding* ist vielmehr die einende Kraft der Kreativität selbst, die den Kern und das Elektron in ihrer atomaren Anordnung hält. Sie ist die Energie, die Bohms Quantenenergien in ihrer Einheit hält, und die Kraft der Reiz-Reaktions-Funktion, durch die sich der biologische Plan für unsere Intelligenz entfaltet. Und dieser wirkt in uns, damit der Säugling, die Eltern, die Familie und die Erde sicher sind und soziale wie spirituelle Einheit gewährleistet werden. Das *Bonding* überwindet alle Bewusstseinszustände oder Energiefelder und geht durch sie hindurch. Das Band, das in jeder der Phasen existiert, die wir durchlaufen, wirkt als Brücke, die die logische Schwelle überspannt, die jede Stufe von der nächsten trennt. Damit sich diese Bindung jedoch manifestieren kann, muss sie uns möglichst plastisch vor Augen geführt werden, und zwar durch ein greifbares Modell aus Fleisch und Blut, das als Stimulus für die Reaktion unseres biologischen Plans dienen kann.

Das Ziel der postbiologischen Phase besteht darin, über die biologische hinauszugehen und uns aus der Abhängigkeit von dieser Phase zu befreien. Während wir uns in unserer Entwicklung hinaufbewegen, vermehren sich die Paradoxien, der Einsatz wird höher, die Notwendigkeit eines Modells dringlicher. Sich über das Biologische hinauszubewegen, ist ein Paradoxon von ungeheuren Ausmaßen, da uns nur biologische Muster der Wahrnehmung und gedanklichen Verarbeitung zur Verfügung stehen. Wie Herrigel feststellte, war alles, was er hatte, um jenen Bogen zu spannen, sein funktionierendes sensomotorisches System, seine Muskeln und Knochen. Ohne den Lehrer, der beide Zustände zugleich verkörpern und uns demonstrieren kann, wie die Dynamik, das Paradoxon zu überspringen, aussieht, sind wir weitgehend hilflos. Herrigel hätte dastehen und den Bogen viele Jahre lang halten können und es hätte ihm nichts genützt. Er versuchte immer wieder, das Ganze intellektuell zu ergründen, um auf diese Weise den Sprung zu synthetisieren. Nur ein echter Lehrer kann diesen evolutionären Zwang durchbrechen und uns an den Punkt führen, an dem wir die Integration in jenen nichtverorteten Bereich durch das *Bonding* geschehen lassen.

Billige Imitate von spiritueller Entwicklung gibt es reichlich, und unterhalb aller Imitationen findet man ein Substrat, eine untergründige Sorge um das biologische System. Worum es jedoch bei dem spirituellen Abenteuer geht, ist, über das Biologische hinauszugelangen. Der Bereich jenseits des Biologischen schließt den biologischen ein, jedoch nicht umgekehrt. Das biologische Spiel zu gewinnen, hat nichts damit zu tun, es zu überwinden. Gemäß unserer intellektuellen Vorstellungen von Vollkommenheit unseren Körper und unseren Geist zu perfektionieren hat nichts mit dem eigentlichen Ziel zu tun. Und auch irgendein paradiesisches Himmelreich auf Erden schaffen zu wollen ist dafür irrelevant.

Jesus hat gesagt, dass es besser sei, verkrüppelt, blind und verstümmelt, jedoch im inneren Königreich zu Hause zu sein, als körperlich gesund und außerhalb dieses Königreichs zu sein. Sich auf einen berühmten Mann beziehend, sagte er: „Unter den Männern, die von einer Frau geboren wurden, gibt es keinen Größeren als ihn, aber die Geringsten derjenigen im Königreich sind größer." Vollkommenheit gemäß unserer kulturellen Kriterien spielt keine Rolle in jenem letzten Spiel. Das Ziel liegt in uns selbst, und nichts in der gesamten sichtbaren Welt – mit Ausnahme einer anderen Person, die jenes Ziel erreicht hat – hat irgendetwas mit jenem inneren Ziel zu tun oder kann uns den geringsten Hinweis auf es und sein Erreichen geben. Unserem Intellekt stehen keine großartigen Strategien zur Verfügung, um das ultimative Ziel zu erreichen, auch wenn die Kultur einen endlosen Strom von Imitationen schafft, die samt und sonders intellektuelle Dominanz über den Geist versprechen. Castanedas Don Juan warnte, dass, sobald man sich einmal auf einem Weg befände, es schwirig sei, ihn wieder zu verlassen. Je kraftvoller der Weg ist (und einige der Kampfkünste zum Beispiel, sind äußerst kraftvolle Wege), umso stärker fällt diese „Haltewirkung" aus. Denn man wird durch seinen Weg im Geiste verändert, selbst wenn es sich um einen Weg handelt, den man sich selbst erschafft. Alle Wege sind kreative Abenteuer, und indem wir einen Weg erfinden oder neu schaffen, werden wir bis zu einem gewissen Grad in unserem Denken neu strukturiert.

Der positive Aspekt des Ganzen besteht darin, dass wir keine Empfehlung brauchen, um in den Umkehrprozess einzutreten, der zur

Geist-Seele führt. Wie beim Zen hat keine Tugend, kein Talent, keine Leistung noch Fertigkeit, die wir in der Welt der Torheit erworben haben, irgendetwas mit dem Weg zum Selbst zu tun. Die überraschende Wende in unserer Erwartung ist, dass der Weg sich nur durch die ausschließliche Konzentration auf das Ziel entfaltet. Wir haben noch nicht einmal Zugang zu den Spielregeln, denn sie werden aus dem Selbst heraus geschaffen, das wir schließlich erreichen würden. Das Selbst, das wir verfolgen, leitet uns in der alleinigen Verfolgung dessen an, durch das jenes Selbst erreicht werden kann.[121] Jede Bewegung entlang des Weges erschließt sich uns nur dann, wenn wir sie tatsächlich vollziehen, die Augen auf unser Ziel gerichtet.

„Es gibt jene, die das Königreich im Sturm nehmen würden", hat Jesus gesagt, und sie tun es mit Hilfe von intellektueller List. Vielleicht haben sie bei ihrem Spiel Erfolg, aber es ist ihr Spiel, und das Selbst, das sie erlangen, ist nichts weiter als eine Verfeinerung des intellektuellen Ichs, eine Fälschung des Realen, ein weiteres Stück kosmischer Müll, der im Orbit herumkreist. Der Schritt zur Reife beginnt dagegen, wenn ein williger Schüler auf einen echten Lehrer trifft. Das Einzige, was dann erforderlich ist, ist die Bereitschaft des Schülers. Die einzige Anforderung an echte Lehrer ist, dass sie jenen reifen Zustand erlangt haben müssen.

Man kann in die neue Entwicklung blind und verkrüppelt eintreten, da physische Kriterien dort nicht relevant sind. Noch bedeutet der Eintritt in eine neue Entwicklung, dass physische oder geistige Schwächen dort notwendigerweise behoben werden. Die höhere Struktur integriert jener höheren Logik zufolge die tiefer stehende. Die höchste Struktur kann durch alle Enkulturation hindurchgehen und unser System nach Bedarf neu strukturieren. Aber wessen bedarf es? Nichts, das wir uns in unserem enkulturierten Zustand vorstellen können. Wenn wir uns jene Notwendigkeiten ausdenken könnten, dann wären sie dem Intellekt zugänglich.

Wenige Aussagen haben so viel Verwirrung hervorgerufen wie Jesu Anweisung: „Sei vollkommen, wie der Vater im Himmel vollkommen ist." Wir sind in jedem Moment unseres Lebens vollkommen, wenn wir auf das Selbst hin orientiert sind. Vollkommenheit *ist* Orientierung. Es ist nicht von Belang, dass unsere Kindheit schrecklich gewesen ist und wir unsere Karriere vermasselt haben. Alle Dysfunktionen in unserem biologischen Zustand sind im Hinblick auf den Weg möglicherweise bedeutungslos. Innezuhalten und vermeintlich irgendeinen Aspekt unseres Systems zu perfektionieren bedeutet, jenen Aspekt als unser Ziel hinzustellen – und an jenem Punkt verlieren wir die Perfektion.

Lehrer geringeren Formats bauen komplexe Schulen auf, durch die sie ihre Gelehrsamkeit und ihre intellektuellen Fertigkeiten beweisen. Komplizierte Schemata werden vorgestellt, mit Hilfe derer wir unsere Wege planen. Die Egos sowohl von Lehrer und Schülern lieben dieses eklektische Spiel, denn dabei handelt es sich um den Prozess endlos verzögernder Spiele, in denen die Aufblähung des Ichs als spirituelle Überlegenheit interpretiert wird. Wir erfinden immer wieder neue Systeme, um uns selbst zu vervollkommnen, doch das Selbst ist bereits vollkommen. Bis wir jedoch mit jenem Zustand identifiziert sind, können wir keine Vorstellung davon haben, was das bedeutet.

Das Spiel des Bewusstseins ist, einer Bezeichnung Gregory Batesons zufolge, *stochastisch* [122]. Die Natur stellt unendliche Möglichkeiten bereit, im Rahmen derer alles passieren kann und wird. Sie wirkt aus ihrer verschwenderischen Fülle heraus, und ein gewisses Element von Willkür und Zufall liegt allem zugrunde. Innerhalb ihres Potentials an Willkür verfolgt die Natur jedoch ein ganz klares Ziel. (Jesus hat von einem breiten Weg gesprochen, der zur Zerstörung führt, und von einem engen Tor, das zum Selbst führt.) Die einzige Anforderung bei diesem ultimativen Spiel, der Bewegung zum Selbst hin, ist die Wahl selbst. Und wenn ich jenes Selbst wähle, dann werde ich sofort auf jenen Weg geführt. Ich glaube, dass die Hauptbeschränkung meines früheren Buches, *Die magische Welt des Kindes,* darin bestand, dass ich dort davon ausgegangen bin, dass irgendeine hypothetisch vollkommene Erziehung zu echter Reife und vollständiger Menschlichkeit führen könne und wir so zu unserer wahren Macht gelangen würden. Und ich sah in unterschiedlichen paranormalen Erfahrungen Anzeichen für jene Macht.

Welche Kriterien würden wir für das perfekte magische Kind anwenden? Wessen Lehrplan? Wie sehr wir es auch versuchten, auf jeder Stufe würden wir eine unberührte Masse an Potential auslassen und „unvollkommen" sein. Jede Entwicklungsstufe hat nur insoweit Bedeutung, wie sie in eine höhere Sinnstruktur integriert wird und ihrerseits jene höhere Struktur unterstützt. Das gesamte Piagetsche Modell der Entwicklungsstufen hat seinen Wert nur als Plattform für die nächste Stufe, die spirituelle Reise. Damit die physische Phase erfolgreich sein kann, muss sie in die spirituelle integriert und von ihr unterstützt werden. Jede andere Verwendung ist eine Ausrichtung auf unseren unvermeidlichen physischen Tod. Das Endziel ist das einzige Kriterium: Die Entwicklung muss sich in Übereinstimmung mit unserem letzten Ziel befinden. Mit dem letzten Ziel als Kriterium wird sich jede Stufe so entfalten, wie es für uns notwendig ist, um auf jenes Ziel ausgerichtet zu bleiben. Das Ziel hat seine eigene Ordnung und erschafft, was zu seiner Erreichung notwendig ist. Und im stochastischen Spiel des Bewusstseins wiederholt sich das Ziel nie. Jeder von uns ist sein eigener Lehrplan.

Die Eltern jenes „vollkommenen" Kindes sind Eltern, die sich auf dem Weg zu ihrem Selbst befinden. Wenn Vater oder Mutter einen echten Lehrer als persönliches Modell haben – jemanden, der jenen letzten Zustand repräsentiert – dann hat das Kind automatisch jenes ultimative Modell als grundlegende Struktur zur Verfügung, auf der es sein Leben und Lernen aufbauen kann. Innerhalb jenes Rahmens kann alles passieren (es passiert immer alles) und das System wird perfekt funktionieren. Inhalte und Informationen innerhalb unserer Erfahrung sind immer entbehrlich; sie sind nur als Mittel unserer sich entwickelnden Fähigkeit von Nutzen. Und die Fähigkeit, die wir als Kinder und Heranwachsende erworben haben, ist die Fähigkeit, uns auf den Weg der postbiologischen Entwicklung zu begeben. Ein Leben, welches jenes Modell eines Lehrers spiegelt, der sich im Zustand des Selbst befindet, ist immer einzigartig und vollkommen.

Hier rückt die Thematik von *Bonding* und Anhaftung in den Mittelpunkt. Das verhaftete Ich kann sich dem Lehrer nicht zur Verfügung stellen, sondern muss aufgrund des unbewussten Überlebensdrangs im Innern versuchen, die Lehre in das Ich-System einzugliedern. Diese Logik ist ebenfalls zwingend, denn wir sehnen uns nach Erleuchtung. Wir machen uns daran, die Lehrer in unser System einzugliedern, so wie man es uns beigebracht hat. Dennoch wird das nicht funktionieren, weil all die Macht, die Informationen, Erfahrungen und Möglichkeiten, die je aus dem Bereich unserer drei Gehirne und unseres Geistes verfügbar waren, nie zu jenem vierten Bereich, dem Selbst, addiert werden können. Wir können den Weg nicht in das Ziel eingliedern, denn jenes Ziel existiert nicht. Das Ziel ist keine Ware, keine Information oder Praxis, kein Inhalt oder Gedankenmaterial, kein bedenkenswertes Produkt. Es ist eine leere Kategorie, bis wir ihm Inhalt geben, und dies tun wir, indem wir auf es antworten. Wir können nicht auf eine leere Kategorie antworten, sondern nur auf etwas Greifbares – was in uns eine Doppelbindung zurücklässt, die nur der Lehrer durchbrechen kann.

Wir antworten ganz natürlich auf das Konzept, ein Ziel zu haben. Wir entwerfen in Gedanken ein Bild davon, wie dieses Ziel aller Wahrscheinlichkeit nach aussehen wird. Wir wandeln unsere Bilder in einen Entwurf des Ziels um und machen uns sofort daran, ihn mit eigenen Inhalten zu füllen. So schaffen wir eine sich selbst erfüllende Feedback-Schleife, die einer echten Täuschung gleichkommt. Wir entwickeln eine neue Synthese aus unserer Torheit und wundern uns dann, warum unsere Welt wieder einmal über uns zusammenbricht und noch mehr Ruinen hinterlässt.

Ich habe bereits erforscht, auf welche Weise wir Kultur reproduzieren, und mit welcher Doppelbindung wir es bei den sich daraus ergebenden Dysfunktionen zu tun haben. Ich habe skizziert, wie wir durch unsere Überlebensinstinkte dazu getrieben werden, die Integrität unseres Ichs aufrechtzuerhalten. Und ich habe ebenfalls gezeigt, wie unser Intellekt die Beschützung unseres Ichs in seinem dysfunktionalen Zustand rechtfertigt, da die Natur kein Programm für den Misserfolg vorgesehen hat. Nur eine Kraft außerhalb dieser Schleife kann uns aus unserer Sackgasse herausholen. Sollte das Selbst in unserem Herzen direkt in uns aufsteigen (wie es ständig geschieht), um durch uns hindurchzubrechen, so werden seine Signale in den Feedback-Schleifen-Effekt integriert und selektiv ausgeblendet oder selektiv interpretiert, um die Integrität unseres Systems, so wie es ist, aufrechtzuerhalten. Und wir werden uns all dieser defensiven Handlungen nicht einmal bewusst. Wir manipulieren die Bildersprache unbewusst, gewissermaßen gegen unseren Willen. Die Dysfunktion ergibt sich aus der Identität mit dem Intellekt, so wie er ist: Ein Einwegspiegel, der seine eigenen Gedanken über seine eigene stoffliche Welt interpretiert, die dann von den Unterstützungssystemen des Gehirns aufgenommen werden und überall nachhallen. Irrt sich diese sich selbst reproduzierende Schleife, so muss der Irrtum sich selbst reproduzieren. Wenn das auf einer breiten kulturellen Ebene passiert, ist die Macht jenes Irrtums ganz enorm.

Der einzige Weg, um aus einer solchen Dysfunktionalität herauszukommen, besteht darin, das dysfunktionale System vollkommen zu umgehen. Unser Überlebenssystem, das diesen Prozess mit dem Verlust seiner Integrität gleichsetzt, wird das nicht zulassen, sondern eine Rationalisierung schaffen, um es zu vermeiden. Unser Intellekt ist nur Reflektor und Empfänger der Gehirnfunktionen, aber dennoch glauben wir, der Einwegspiegel unseres Verstandes könne die drei Facetten unseres Gehirns, unseren physischen, emotionalen und intellektuellen Modus, zu einer ganzheitlichen Einheit zusammenfügen. (Die Bewegungen, in denen es um „neues Bewusstsein" ging, sind um diesen Irrtum herum entstanden). Wir können nicht drei voneinander getrennte physische Objekte hernehmen, sie vor einen Spiegel stellen und davon ausgehen, dass der Spiegel alle drei zu einer Einheit verschmelzen wird. Die einzige Möglichkeit, das zersplitterte Ich zu integrieren, stammt aus dem Selbst, das uns in greifbarer Form vorgestellt wird: Der Lehrer aus Fleisch und Blut, der nicht wegrationalisiert oder manipuliert werden kann, sondern die Sache vorantreibt und eine Entscheidung erzwingt.

Das größte Problem bei der spirituellen Entwicklung besteht darin, uns vom Anhaftungsverhalten zu einem Zustand der Verbundenheit zu bringen. Sobald die Bindung zum Selbst stark ist, findet Integration als eine natürliche, progressive Entwicklung statt, die in groben Zügen parallel zu unserer früheren Entwicklung verläuft.

Die eigene Macht des Lehrers, die unserem System eingeflößt wird, bindet uns an den Lehrer und unser Selbst, und sofort setzt der Prozess der Neustrukturierung unseres begrifflichen Systems ein. David Bohm hat gesagt, dass die Erkenntnis den Gedanken aus dem Weg schieben und Dysfunktionen im Gehirn beseitigen könne. Das ist ein wesentlicher Bestandteil der Aufgabe des Lehrers.

Eine weitere seiner Funktionen besteht darin, dem Schüler eine unmittelbare sinnliche Erfahrung des Ziels zu vermitteln, der Fähigkeit des Schülers gemäß, dieses gedanklich in Begriffen zu erfassen oder die daran beteiligte Metaphorik entsprechend zu übertragen. Genau wie der Zen-Meister den Bogen des Schülers benutzt, um dem Schüler die Erfahrung zu vermitteln, was der Bogen tut, wenn *es* den Schüler atmet, so vermittelt der Lehrer dem Schüler eine Erfahrung von seinem eigenen Zustand gemäß der Fähigkeit, die dieser Schüler besitzt, das Vermittelte zu empfangen.

Der Zustand des Selbst ist die Schöpfung an sich. Das Erleben dieses Zustandes ist ein Erleben der Schöpfung. Die Erfahrung zu empfangen, bedeutet, in ihre Schöpfung einzutreten. Wieder einmal ist es nicht so, dass man Gott wahrnimmt; vielmehr ist Gott der *Akt* des Wahrnehmens. Den Eingang, den wir in die Schöpfung hineinnehmen, hängt vom Wesen unseres Lehrers ab (der Mutter, Vater und Geburtshelfer für den neuen Zustand ist), ebenso wie von der Abstammungslinie oder Tradition des Lehrers und der eigenen Geschichte. Der Lehrer vermittelt uns eine konkrete Erfahrung jenes Zustands der Schöpfung, aber es handelt sich dabei um unseren Zustand und nicht denjenigen des Lehrers. Wir sind die Dynamik zwischen dem Lehrer als Stimulus und unserem Selbst als Reaktion darauf.

Auf dieselbe Weise müssen wir unserer kindischen Emotionen entwöhnt werden, unserer Ästhetik von Vorlieben und Abneigungen, die für unsere frühe Entwicklung so entscheidend waren, und um die herum sich die Struktur unseres Ichs entwickelt hat. Und wieder ist es so, dass dieser Prozess notwendig ist, nicht weil unsere Ästhetik schlecht wäre, sondern weil solche Bewertungen unsere weitere Entwicklung behindern und trennend wirken. (Das ist nicht leicht. Um alle sensorischen Erfahrungen als gleichwertig zu behandeln, sage ich meinem Körper, dass die heiße und die kalte Dusche nichts weiter als relative Zustände seien, aber es fällt mir außerordentlich schwer, meiner Seele zu vermitteln, dass das seltsame Wehklagen einer Hindu-Frau, die *bhajans* – religiöse Lieder – singt, den gleichen Stellenwert hat wie die Bach-Messe in b-Moll. Mein ästhetischer Snobismus ist nicht totzukriegen.) Die Emotion reiner Liebe erwartet uns jenseits unserer primitiven Vorlieben und Abneigungen, und eine ästhetische Erfahrung voller Ekstase steht uns bevor.

Unser Lehrer muss uns schließlich auch unseres Intellekts entwöhnen, dem Lebenselixier unseres Ichs. Dann können wir uns der reinen Intelligenz, der Kraft des Nicht-Tuns öffnen, die das Thema des letzten

Kapitels dieses Buches ist. Und durch all diese Entwöhnungen und Erfahrungen jenseits der biologischen bereiten wir uns auf die endgültige Entwöhnung vor – derjenigen von unserer Identität als einem begrenzten Ich, einem abgetrennten Selbst, hin zu der Realisierung, das Selbst zu sein, von dem wir nie je wirklich getrennt waren.

Ohne den Lehrer spüren wir das Wesen solcher Schritte und versuchen unbewusst, jene Bewegungen wieder in unsere Ich-Identität einzugliedern. Nach und nach lässt der Lehrer das Band enger werden und schwächt unsere Anhaftung. Dieses Lehrerprinzip, diese Modellfunktion, ist in das Lebenssystem eingebaut. Wir sind ihm von Beginn an unterworfen gewesen. Auf jeder Entwicklungsstufe unterliegen wir dem Charakter und dem Wesen unserer Modelle. Das Leben liefert uns eine fortlaufende Reihe von Lehrern, so wie sie in jeder einzelnen Phase benötigt werden (oder es versucht das zumindest). Die Gesellschaft ohne das angemessene Vorbild in Form eines Lehrers, der auf sein Selbst ausgerichtet ist, ist unnatürlich und unlogisch; sie wird psychotisch und selbstdestruktiv. Der Intellekt, der Intelligenz entfremdet, wird immer unlogischer und mündet schließlich in Geisteskrankheit. Können Sie sich irgendetwas Unlogischeres vorstellen als einhunderttausend nukleare Sprengköpfe, wenn bereits tausend ausreichen würden, um das gesamte Leben auf der Erde zu vernichten?

Vor etwa eintausendfünfhundert Jahren schrieb der heilige Augustinus, dass es nie eine Zeit in der Menschheitsgeschichte gegeben habe, in der das, was wir Christus nennen, nicht unter uns war. Der Lehrer ist ein fortlaufendes Prinzip, ein funktionaler Teil von uns, und das Band in diesem kreativen Prozess. In den Evangelien spricht man von Jesus Christus als einem in einer langen Reihe von Lehrern (Rabbis). Er sprach so auch von sich selbst und wies ständig über sich hinaus auf das Lehrerprinzip, auf das sich sein Leben gründete. „Bevor Abraham war, bin ich", behauptete er. Und er versprach, dass er nach seinem Tod zu seinen Anhängern in ihrer Generation zurückkehren werde. In den gnostischen Evangelien äußerte er sich sogar noch expliziter. Dort versprach er nicht nur, dass er kurz nach seinem Tod in anderer Form, als ein weiterer Lehrer, zurückkommen werde, sondern er sagte, in der größten Aussage, die je über dieses Lehrerprinzip getroffen wurde: „Ich werde immer zu dem, als was ihr mich braucht."

Der Lehrer erscheint einer Generation nach der anderen so, wie wir ihn brauchen, als Mensch aus Fleisch und Blut. Der Lehrer begegnet uns dort, wo wir gerade stehen, so wie wir bereit, fähig und willens sind, ihm zu begegnen. Er oder sie erscheint im Namen unserer postbiologischen Entwicklung, da Lernen durch unmittelbare Begegnung stattfindet. *Theophanie*, ein „Erscheinen des Gottes" ist ein wesentlicher Bestandteil menschlicher Erfahrung – jeder echte Lehrer ist eine Theophanie. Theophanie ist auch ein Weg, um die Rolle des Lehrers dort zu initiieren, wo es in einer Kultur kein Modell dafür gibt. Theophanie findet sporadisch dort statt, wo unsere Shakti nach Chancen sucht, das Ziel in greifbarer Form darzustellen. Meine Lieblingsgeschichte von einer Theophanie stammt aus der heutigen Zeit und ist von dem Anthropologen Adolf Jensen aufgeschrieben worden. Ich habe das Beispiel in meinem Buch *Der nächste Schritt der Menschheit* dargestellt und verwende es nun erneut, weil ich es mittlerweile in seiner größeren Tragweite erkenne. Jensens Bericht stammt von einem Apinaye-Jäger vom Stamme der Ge in Ostbrasilien. Der Jäger berichtete:

*Ich jagte nahe den Quellen des Botica Creek. Die ganze Reise über war ich sehr aufgeregt und fuhr dauernd zusammen, ohne zu wissen, warum. Plötzlich sah ich ihn unter den hängenden Zweigen eines großen Steppenbaumes stehen. Er stand dort hoch aufgerichtet. Seine Keule war auf den Boden vor ihm gestützt, seine Hand hielt er auf der Hüfte. Er war sehr groß und hellhäutig, und die Haare reichten fast bis auf den Boden hinter ihm. Sein ganzer Körper war bemalt, und auf der Außenseite der Beine waren breite rote Streifen. Seine Augen waren genau wie zwei Sterne. Er war sehr schön.*

*Ich erkannte mit einem Schlag, dass er das war. Dann schwand mir aller Mut. Die Haare standen mir zu Berge, und meine Knie zitterten. Ich stellte mein Gewehr beiseite, denn ich dachte mir, es sei wohl an mir, ihn anzusprechen. Doch ich konnte keinen Ton herausbringen, weil er mich so unbewegt ansah. Dann senkte ich den Kopf, um meine Fassung wiederzufinden und stand lange Zeit so da. Als ich etwas ruhiger geworden war, hob ich den Kopf. Er stand immer noch da und schaute mich an. Dann riss ich mich zusammen und ging einige Schritte auf ihn zu, dann konnte ich nicht weitergehen, weil die Knie unter mir nachgaben. Wieder blieb ich dann lange Zeit so stehen. Dann senkte ich den Kopf und versuchte noch einmal, meine Fassung wiederzugewinnen. Als ich die Augen erneut hob, hatte er sich bereits abgewandt und ging langsam durch die Steppe davon. Da wurde ich sehr traurig.*[123]

Er erscheint immer so, wie wir ihn brauchen: Dem Jäger erscheint er als vollkommener Jäger. Und er hat den Apinaye mit jener Perfektion konfrontiert. Natürlich war Er das nach außen projizierte Selbst des Jägers, in konkretisierter, realer Form. Der Apinaye geriet in Angst, so wie wir es auch täten, denn er weiß, dass die Ansprache, die er an den Gott machen muss, offensichtlich das Ende seiner bisherigen Identität bedeutet. Der Jäger spricht für jeden von uns, denn obwohl der Gott so erscheint, wie wir ihn brauchen, wandeln wir unbewusst jenen Gott zu dem um, als den wir ihn haben wollen. Der biologische Wille, zu überleben, lähmt uns, und wir versuchen, den spirituellen in unseren physischen Zustand zu integrieren. Das Anhaftungsverhalten scheint einprogrammiert zu sein. Ich vermute, dass der Jäger, wenn er sich der Konfrontation hätte stellen können, innerlich transformiert zu seinem Volk zurückgekehrt wäre. In sein Selbst integriert, hätte er dann als Katalysator gehandelt, durch den sich eine neue Bewusstseinsdimension in seinem Volk hätte öffnen können. Er wäre zum Lehrer geworden.

Die Integration des Jägers hätte dazu geführt, dass sich jene Gesellschaft zur Transzendenz hinbewegt hätte, und nicht zu unseren Vorstellungen von Zivilisation. Sie hätten nicht unbedingt bessere Waffen zum Jagen und zur Ausbeutung von Nachbarn gebaut, noch hätten sie ein abstraktes Alphabet geschaffen, um unsere ach so informativen Zeitungen zu lesen. Wir gelangen nicht durch unsere Düsenflugzeuge, Raketen, Naturwissenschaften, Algebra oder Quantenphysik über die biologische Blockade hinaus zur Freiheit des Geistes, noch tun wir es durch Lese- und Schreibkompetenz-Tests oder Hochschulabschlüsse. Das Selbst existiert in uns und hat seine eigenen Kriterien. Der Apinaye hätte Mittelpunkt einer Gesellschaft werden können, die bestimmte Tänze um ein Feuer herum praktiziert, durch die sich eine aufgerollte Schlange in ihrer Wirbelsäule entfaltet und nach oben bewegt hätte. Diese hätte sie in Bereiche jenseits aller Bomben und Dioxine, jenseits von Bulldozern und Asphalt hinausgetragen. In jenem entlegenen Sektor hätte das statistische Bewusstseinsspiel der Evolution still und ohne Ankündigung gewonnen werden können.

In einer Kultur wie der unsrigen, ohne greifbare Lehrer, bleiben wir in unserer spirituellen Natur wie jene zwanzigjährige Frau, die man auf einem Dachboden fand: dahinvegetierend, hirnlos und verloren. Viele Menschen beschweren sich heute über schlechte Führungsqualität, aber woher beziehen wir unsere Führer? Wie können diejenigen, die sich in der Dunkelheit befinden, Licht bringen? Wenn wir in der Welt der Torheit nach unseren Führern suchen, dann bekommen wir nur Narren und verdienen auch nichts Besseres. Zumindest können wir in der Privatheit unseres Wesens andernorts nach unserer privaten Führung Ausschau halten, und wir werden sie immer finden.

Der heilige Simeon schrieb im elften Jahrhundert, dass die Heiligen der Geschichte „durch das Band des Heiligen Geistes miteinander verbunden und vereinigt sind. ... Diejenigen, die von Generation zu Generation erscheinen, folgen den Heiligen, die ihnen vorausgegangen sind ... sie werden mit ihren Vorgängern verbunden ... und mit demselben Licht erfüllt. In einer solchen Folge bilden alle zusammen eine Art goldener Kette, wobei jeder Heilige ein separates Glied jener Kette ist ..., die ihre Kraft in Gott hat und kaum je durchbrochen werden kann."

Simeon schreibt weiter: „Ein Mann, der seinem Wunsch, sich mit dem letzten der Heiligen in der Zeit in aller Liebe und Demut zu verbinden, aufgrund eines gewissen Misstrauens keinen Ausdruck verleiht, wird nie mit den ihm vorausgehenden Heiligen verbunden und zu ihrer Nachfolge zugelassen sein, auch wenn er glaubt, er besitze den größtmöglichen Glauben sowie Liebe zu Gott und all seinen Heiligen. Er wird aus ihrer Mitte verbannt werden, als einer, der sich geweigert hat, bescheiden den Platz einzunehmen, der ihm vor aller Zeit von Gott zugewiesen wurde, und sich mit dem jüngsten Heiligen in der Zeit verbinden, die von Gott verfügt wurde.[124]

# 17

# Nicht tun

---

Wenn Athleten die Einmischung des Intellekts aufheben und es der Körperintelligenz erlauben, die Führung zu übernehmen, dann reagieren ihre Muskeln auf so wunderbare Weise als hätten sie ihren eigenen Kopf. Die Kampfkünste zeigen dieses Phänomen noch in erweiterter Form. George Leonard berichtet in *The Silent Pulse*[125] über den fünfunddreißig Jahre alten Richard, der seinen schwarzen Gürtel im Aikido machte. An einem bestimmten Punkt dieser Prüfung hob Richard nicht so sehr die Einmischung seines Intellekts auf als vielmehr seine gesamte Ego-Dominanz. An jenem Punkt „atmete es ihn", wie Zen-Praktizierende sagen würden. Er hörte immer wieder den Satz: „Ich bin nicht Richard", nicht jene soziale Persona, die er so sorgfältig sein ganzes Leben lang genährt hatte. Sein Körper wurde zu einer einzigen fließenden Aktion und ein goldenes Licht durchdrang die Halle, für allen Anwesenden sichtbar.

Weitere Ausdrucksformen dieses Phänomens sind auch im Zen-Bogenschießen zu finden, wie wir im letzten Kapitel sahen. Eine bestimmte Kraft übernimmt das Regiment, und das gesamte motorische System wird umgangen. Herrigel hat das als „Nicht-Tun" bezeichnet. Ich habe einige Wochen bei einem Yogi-Autodidakten verbracht, der sich bemühte, die enkulturierte Hülle meines Verstandes zu durchbrechen. Eines Abends saßen wir viele Stunden lang auf Stühlen mit gerade Lehne unter einer nackten Glühbirne, die von der Decke herabhing. Gegen Mitternacht atmete „es" den Yogi. Er war groß und dick, fiel jedoch in einen Zustand tiefer Entspannung, in dem seine riesigen Glieder in der Luft schwebten. Seine Muskeln waren an diesem Geschehen nicht beteiligt. Es war eine numinose Erfahrung für ihn und er weinte.[126] Im Yoga und im Sufismus gibt es eine letzte Anwendungsform für dieses Nicht-Tun. Die Sufis nennen es den göttlichen Hinweis und die Yogis das Konzept der Urheberschaft. Genau wie Richard bei der Prüfung für seinen schwarzen Gürtel entdeckte, dass er nicht Richard war, so sagen die Yogis, dass wir entdecken müssen, dass wir nicht die Handelnden sind.

Auf beiden Seiten des Stuhls, auf dem mein Lehrer Muktananda saß, stand eine Spruchweisheit geschrieben. Die eine lautete: „Der Guru ist die Wurzel jeglichen Handelns", die andere „Nur wer gehorcht, kann befehlen". Zusammen beschreiben sie den göttlichen Hinweis und geben den Schlüssel dafür, wie man ihn entwickeln kann, denn das ist ein zentrales Thema beim spirituellen Wachstum. Im Neuen Testament sprach Jesus davon, den „Willen des Vaters" zu tun, was eine Handlung ist, und ich habe mich immer gefragt, worin ein solches Tun bestehen könne. Die Vorstellung vom Willen Gottes ist seit Jahrtausenden verbreitet worden; sie ist die Quelle rücksichtslosen Blutvergießens, politischer Machenschaften und allgemeinen Fanatismus. Der Grund dafür, dass dieser Begriff eine so obskure Bedeutung hat, ist, dass es sich bei diesem Willen lediglich um einen Hinweis handelt. Er ist implizit, ein subtiles Phänomen ohne Inhalt, das seinen Inhalt dadurch gewinnt, dass es ausgeführt wird. Es handelt sich um einen kausalen Prozess, einen Plan für den Augenblick, der nur durch unsere ihm gemäße Antwort innerhalb jenes Augenblicks ausgefüllt werden kann. Damit das geschehen kann, muss der Hinweis auf die implizite Ordnung einen Akteur der expliziten Ordnung verwenden, der willens ist, auf diese Weise gebraucht zu werden; jemand, dessen Wille sich in Resonanz mit dem Willen hinter jenem Hinweis befindet.

Dieser Wille ist flüchtig, weil der Prozess im Namen einer Person durch eine andere Person hindurch wirken kann, ohne dass der Akteur davon Kenntnis gewinnt. Es kann sein, dass derjenige, durch den der Wille in Handlung übersetzt wird, sich nicht bewusst ist, dass dieser Prozess stattfindet. So kann jede Handlung Vehikel dafür sein, dass dem Hinweis Inhalt verliehen wird, und zwar ohne Wissen des Handelnden. Das kann jedoch nur dann passieren, wenn der absichtsvolle

Wille eines Individuums auf die Vorstellung des göttlichen Hinweises hin zentriert und offen dafür ist. Wenn wir also tatsächlich in diesem Willen sind und ihn tun, brauchen wir nicht in Einzelheiten zu wissen, wie er sich durch uns hindurch entfalten wird, da jede Handlung, die wir ausführen, dann ein möglicher Kanal für den Ausdruck dieses göttlichen Hinweises ist.

Wir können den Fluss intelligenter Harmonie durch eine angemessene Antwort aufrechterhalten. Sie schafft die Brücke zur Gegenwart dadurch, dass die Absicht zum Handeln besteht. Über eine mögliche Handlung nachzudenken, sie zu analysieren und zu reflektieren, ist die Aufgabe des Intellekts. Wir müssen gewiss unseren Intellekt einsetzen, doch ist er ein sehr langsamer und primitiver Prozess im Vergleich zu dem göttlichen Hinweis, der schneller als der Blitz ist. Der Intellekt muss die Offenheit des Kontextes eines jeden Moments schließen, um in eine Feedback-Schleife zu gehen und jene spezifische Möglichkeit zurückspulen zu lassen. Diese Handlung bindet das dreifache Gehirn sofort in der Selbstreproduktion. Wenn wir reflektieren, dann befinden wir uns nicht im Kontext des Moments. Und unsere Identität an die nachfolgende Schleife zu verlieren, uns in ihrem Schaltkreis zu verfangen, ist Anhaftungsverhalten.

Carlos Castaneda sprach von *Nachgiebigkeit*, unserem Bemühen, eine Gnade, die uns gewährt wurde, herzunehmen und sie in unserem Gehirn zurückzuspulen, um bei dem vorübergehenden Ereignis zu verweilen und ihm Dauerhaftigkeit zu verleihen. Dieses Anhaftungsverhalten schneidet uns von dem Fluss der realen Ereignisse ab und schließt uns in eine echte Illusion ein. Wenn das Geist-Gehirn-System an dieser Playback-Aktion beteiligt ist, dann geht der gegenwärtige Moment verloren und mit ihm der göttliche Hinweis, die Aktion, die den ausgeglichenen Fluss aller Dinge aufrechterhält.

Muktanandas spontane Antworten auf den göttlichen Hinweis erschienen anders im Lichte unserer profanen Welt. Mein ganzes Leben lang habe ich unterschwellig die Vorstellung gehabt, dass ich den Willen Gottes tat. Aber sollte ich mich plötzlich dazu genötigt fühlen, einer Frau auf den Fuß zu treten, denn würde mein Intellekt rebellieren. Ich würde gute logische Gründe für eine solche Idee verlangen und es als notwendig ansehen, die Angelegenheit mit der betreffenden Person zu besprechen. Mein gesamtes Training und meine Instinkte sind darauf ausgerichtet, hereinkommende Informationen zu analysieren, vorherzusagen und zu kontrollieren, was ich größtenteils sehr unvollkommen durch permanentes Denken erledige. Das Empfangen eines göttlichen Hinweises ist erst dann möglich, wenn man frei von solchen biologischen Blockaden ist, da das Empfangen und das Ausleben des Hinweises eine einzige, ungebrochene Reaktion ist. Immer wieder wurde Muktananda (ebenso wie jetzt seine Nachfolger) gefragt: „Worüber denkst du nach, wenn du die passende Antwort gibst?" Worauf er zu entgegnen pflegte: „Welch ein Narr würde zu einer solchen Zeit schon denken?"

Unsere Gehirne sind für weitaus mehr angelegt als nur für das Denken oder das Wiederverarbeiten von Informationen. In meiner Meditation und meinen mystischen Erfahrungen vermassele ich mir nicht die Erfahrung, so wie sie gegeben worden ist, denn das würde sie sofort beenden. Und ich denke auch nicht darüber nach. Ich nehme wahr, ich nehme das Geschenk entgegen. Ich kann die gegebene Realität erfahren, sie aber nicht gleichzeitig berechnen. Das Denken sondert die Dinge, über die nachgedacht wird, vom Fluss der Realität ab, wo jene Dinge dann nicht real, sondern imaginär sind. Es sind Bilder, die in meinem System vor- und zurückgespult werden. Unser riesiges neues Gehirn ist unter anderen dazu konstruiert, auf den göttlichen Hinweis zu antworten, der sich auf „abstrakte" oder nichtverortete Weise zeigt, und dem wir durch sofortige Antwort Örtlichkeit verleihen müssen. Diese Aktion öffnet uns für ganze Universen nicht berechenbarer Realität; einer Realität, in der Berechnungen trivial und sinnlos wären. Das neue Gehirn und der neue Geist sind dazu gedacht, ohne die Vermittlung der primitiven emotionalen und instinktiven Reaktionen, die uns unsere Tiergehirne auferlegen, zu funktionieren. Die überlegene Energie des neuen Gehirns und Geistes kann auf die einfacheren Gehirne einwirken und sie als Instrumente benutzen, ohne deren emotionales Durcheinander und instinktiven Belange.

Was fangen wir mit unserem neuen Gehirn an? Forscher schätzen, dass wir kaum zehn Prozent dieses Gehirns verwenden, und dass wir es für Angelegenheiten verwenden, die von unseren Primärgehirnen berichtet worden sind. Das Begreifen ist ein primitiver Gebrauch des neuen Gehirns und kann nur einen kleinen Teil von ihm nutzen. Wenn der Zen-Meister durch *es* geatmet wird, biegt sich der Bogen, der Pfeil trifft ins Schwarze und so weiter. Die Beziehung zwischen Bogenschütze, Bogen und Ziel verschiebt sich von der gewöhnlichen Welt getrennter Teile, jedes in seinem eigenen Wirkungskreis und seiner eigenen Logik, hin zu einer einzigen Einheit, in der alle Teile miteinander verschmolzen sind. An diesem Punkt existiert nur das Ereignis und keines seiner Bestandteile. Es ist die Totalität von Meister, Pfeil, Ziel und so weiter. Der Moment, wenn es den Meister „atmet", ist die Öffnung des Geistes für seine Zweiwege-Funktion. Jetzt wird das neue Gehirn angewendet wie vorgesehen – zumindest in seiner recht formellen Zen-Weise. Das ist innerhalb dieser Zen-Tradition das Praktizieren des Willen Gottes, der göttliche Hinweis; der Wille integriert, was immer das Ziel der Integration an physischen Bestandteilen erfordert. Das Training im Zen-Bogenschießen ist streng und diszipliniert, weil es unser Beharren auf das Begreifen, dort, wo es nicht hinpasst, durchbrechen muss, ebenso wie unseren Widerstand, uns der Integration zu überlassen. Unsere evolutionäre Vergangenheit muss umgangen werden, das Tier muss in den Menschen integriert und das Menschliche zeitweilig aufgehoben werden, so wie es für einen über das Biologische hinausgehenden Prozess notwendig ist.

Wenn wir die vorhersagende Kontrolle aufheben wollen, dann müssen wir es im Namen einer integrierteren Ordnung tun. Wir tun das, indem wir auf der profansten Ebene beginnen. Herrigel verbrachte Jahre der Frustration damit, den Bogen zu halten und zu versuchen, alle Bewegungen durch gewöhnliche intellektuelle Verarbeitung richtig zu machen. Schließlich erklärte er seinen Intellekt für bankrott und *es* atmete ihn. Um sein neu gefundenes Bewusstsein aufrechtzuerhalten, muss er täglich mit seinem Bogen üben, ohne Ausnahme.

Der unverbundene Intellekt ist den Informationen seiner Primärgehirne als einziger Informationsquelle verhaftet, was uns auf sensorische Informationen oder Erinnerungs-Feedback einschränkt, auf das Wiederabspulen früherer sensorischer Informationen. Das lässt eine Art Damm in der kreativen Welle der Realität entstehen und beschränkt uns auf Variationen des physischen Inputs. Die immense Welt in uns wird ausgeschlossen, und so sind auch unsere äußeren Erfahrungen beschränkt und reproduktiv. Der Intellekt greift in endlosen Berechnungen auf sein sensorisches Material zurück. So verwandelt er seine beschränkten Daten in einen in sich selbst verkapselten Stillstand, einen Schauplatz mit intellektuellem Gärstoff, in dem keine wirkliche Aktion stattfindet. Der Intellekt strebt an, das Ergebnis des aus ihm selbst heraus entstehenden Bildes vorherzusagen und zu kontrollieren, um so seine unhaltbare Position zu sichern.

Das Problem liegt darin, dass die Variablen eines Moments unendlich wiederkehren und sich jeglicher Berechnung entziehen. Das eingedämmte, aufgestaute Material unseres intellektuellen Konstrukts wird in jedem Augenblick durch den Fluss der Holobewegung überwältigt, die unseren Damm zwergenhaft erscheinen lässt. Der Intellekt versucht, alles auszublenden, mit Ausnahme der Informationen, die für seine Kalkulationen, mit deren Hilfe er Vorsagen treffen und den Fluss der Welle kontrollieren will, angenehm sind. Dieser Versuch ist von Anfang an zum Scheitern verurteilt, denn das Unvorhersehbare entsteht innerhalb der kontrollierten, engen Grenzen der Gedanken.

Wie Susanne K. Langer es ausdrückte, besteht unsere größte Angst darin, dass unsere Ideenwelt, unsere Vorstellungen darüber, wer und was wir sind, in Chaos zerfallen könnten.

Wir wissen, dass unser künstliches Konstrukt keinen Bestand hat, dass das, was wir gegenwärtig tun, dem Fluss des Lebens fremd ist, doch über dieses Herzenswissen setzt sich unser enkulturierter Intellekt hinweg, der darauf besteht, dass wir, hätten wir nur genügend Zeit, die Antwort doch noch ausrechnen könnten. Der Lehrer kommt her und sagt, lass die Berechnungen fallen, der Damm ist eine Täuschung. Wir haben jedoch keine begriffliche Maschinerie zur Verfügung, um zu begreifen, was der Lehrer meint, und unser Intellekt ist beleidigt. Schließlich könnte es sein, dass wir das System doch noch irgendwie überlisten.

Der Lehrer steht für eine Intelligenz, der sich unser Intellekt überlassen sollte, und wir sind aus kulturellen Gründen peinlich berührt und beleidigt. Der Lehrer spricht von einer Aktion, die durch die Intelligenz erzeugt wird und Freude und Macht verleiht; und wir wundern uns, wie dieser Lehrer von Freude sprechen kann, wenn es in der Welt so chaotisch zugeht.

Der Lehrer spricht von einer Intelligenz, die dadurch Macht verleiht, dass man ihr Gehorsam zollt. Bei dem Wort „Gehorsam" macht unser enkulturierter Verstand die Jalousien zu und will nichts mehr hören. Wir sind dazu enkulturiert, den dringlichen Erfordernissen unserer Kultur Gehorsam zu leisten und müssen daran arbeiten, ihre Bedingungen zu verbessern. Der Lehrer behauptet, dass durch den Gehorsam auf einer konkreten Ebene die Macht der Intelligenz sich in uns als unsere Macht und Intelligenz zeigen wird. Die Kultur produziert daraufhin sofort Imitationen des Lehrers in Gestalt von Menschen wie Jim Jones.

Das Diktum der Kultur lautet: „Du sollst keine anderen Götter neben mir haben." Wir werden von den kulturellen Fälschungen des Guru-Prinzips dazu gedrängt, uns nach außen zu wenden und unser Leben Hungerprojekten, finanziellen Revolutionen sowie Aktionen jeder Art zu widmen, „um die Schurken zu Fall zu bringen". All das lässt die Wälle des Damms noch höher werden; es sorgt für den Druck, der in Wahnsinn und letzten Endes in Zerstörung mündet. Jesu Kommentar, dass „dem der hat, immer mehr gegeben wird", hat sich auf Macht bezogen. Es kann sich ebenso auf negative Macht wie auf positive beziehen, und unser negativer Wahnsinn scheint mit jedem Tag stärker zu werden. Der andere Teil seines Kommentars lautete: „Und dem, der keine (Macht) besitzt, wird auch jenes bisschen weggenommen werden." Das scheint unsere persönliche Macht zu sein, unsere Fähigkeit, auf bedeutsame Weise in unser Schicksal einzugreifen.

Jesus hat auch gesagt, dass eine Zeit kommen werde, in der das, was er dem inneren Kern seiner Jüngerschaft im Geheimen gesagt habe, überall herumposaunt würde. Und jene öffentliche Ansprache ist jetzt mehrere Generationen lang aus dem Osten gekommen, immer das werdend, was wir gerade benötigen, ob wir es nun beachten oder nicht. Um die Jahrhundertwende kam der Pionier Vivekananda, dann der sanfteste aller Heiligen, Yogananda, schließlich der feurige Muktananda, der eine Meditationsrevolution vorhersagte, eine Revolution, bei der sich Menschen nach innen und ihrem Herzen zuwenden würden. Immense Kräfte schwächen die Botschaft des Lehrers ab. Der Judas-Faktor ist in vollem Ausmaß wirksam. Die Kraft des Herzens steht jedoch hinter dem Lehrer und dieses Guru-Christus-Prinzip hat seinen eigenen Plan. Meine beiden jungen Lehrer haben die Kraft ihrer uralten Abstammungslinie verdoppelt; ihnen ist viel gegeben worden. Mehr wird jeden Tag hinzugefügt, und wir können an diesem Erbe teilhaben, indem wir uns mit ihrer goldenen Kette verbinden.

Worum es bei jedem von uns geht, ist nicht nur die letztendliche Erleuchtung, sondern eine unmittelbare Verschiebung von Kriterien, ein unmittelbares Übergeben unseres Willens an den Willen des Herzens. Vor vielen Jahren, nachdem ich Castanedas *Reise nach Ixtlan* zum zwölften Mal gelesen hatte, erreichte meine Sehnsucht nach seelischer Befreiung ihren qualvollen Höhepunkt. Ich wusste, dass ich nicht die Kraft für das notwendige Unterfangen besaß und dass der einzige Ausweg in irgendeiner Art von Don Juan lag. Und in einem Anfall von Aufrichtigkeit wurde mir bewusst, dass, sollte ich tatsächlich einem echten Don Juan begegnen, mir meine Arroganz, kulturelle Defensivität, mein intellektueller Snobismus und spiritueller Stolz durch irgendeinen schmutzigen alten Indianer verleidet würden, denn sicherlich würde er in solcher Gestalt auftauchen. Ich würde Don Juan nie finden, denn ich wäre nicht in der Lage, ihn zu sehen. Wie William Blake sagte, Satan sieht nie, ihm muss immer gezeigt werden. Und wer wäre da, um ihn mir zu zeigen?

# Dank

Mein Dank gilt Marilyn Fergusons *Brain/Mind Bulletin* für den unaufhörlichen Informationsfluss. Dank an die zahlreichen Menschen, die mir als Reaktion auf meine Vorträge und Workshops wissenschaftliche Studien zugeschickt haben. Ich danke Menas Kafatos für seine Kritik und für seine Hilfe bei dem Abschnitt über Physik. Danke an Laurence Becker für sein Interesse und dafür, dass er mir das Gedicht von Richard Eberhart geschickt hat, und Dank an die Oxford University Press für die Genehmigung, das Gedicht hier abzudrucken. Dank an Bill Whitehead für seine große Hilfe bei der Überarbeitung dieses Manuskripts. Dank an den Lektor Raymond Van Over für seine hilfreichen Vorschläge. Mein größter Dank gilt meinen Meditationslehrern, denen ich dieses Buch gewidmet habe, und der auf der ganzen Welt verbreiteten Siddha-Stiftung für all die Freundlichkeit, die sie mir hat zuteil werden lassen. Für interessierte Leser gebe ich im Folgenden die Adresse dieser Organisation, die sich der Lehre der Meditation widmet, bekannt:

Siddha Yoga Stiftung GmbH
Blücherstraße 2
63071 Offenbach
Kontakt@SiddhaYoga.de
www.siddhayoga.de

# Anmerkungen

Ausführliche bibliographische Angaben zu den hier genannten Autoren und Werken sowie Hinweise zu einer deutschen Übersetzung finden Sie in der Literatur.

1 Bernard und Sontag 1947; Condon und Sander 1974.
2 Condon und Sander 1974.
3 Die Entwicklung von Sprache und Intelligenz im Allgemeinen ist eine direkte Bestätigung von Rupert Sheldrakes Theorie der morphogenetischen Felder.
4 Reuven Feuerstein hat Erfolge bei der Heilung dysfunktionaler Kinder erzielt und stellt die Gültigkeit von Piagets Stufenmodell in Frage. Eine Kompensation zu späterer Zeit ist möglich, doch das vollständige Funktionieren ist wahrscheinlich phasenspezifisch. Feuerstein zeigt, wie flexibel die Entwicklung ist, doch das stellt die Gültigkeit der Stufen nicht in Frage. Vergleiche Chance 1981.
5 Scott G. Williamson und Innes H. Pearse, Ärzte und Zellbiologen, verbrachten dreißig Jahre damit, Gesundheit als Zustand zu erforschen. Sie fanden keine passenden Worte in unserer Sprache, um die *Funktion* im Gegensatz zu unserem gewöhnlichen Zustand der *Kompensation* (Flickwerk) und die Sorge um einen Zusammenbruch unserer kompensatorischen Fähigkeit und das Sterben zu beschreiben. Siehe Williamson und Pearse 1980.
6 Orville Schell berichtet in seinem Buch *Modern Meat* (New York: Random House, 1984) über die synthetischen Hormone, durch die wir die Absatz-fähigkeit der von uns verzehrten Tiere beschleunigen und die gesamte Produktion erhöhen. Dabei handelt es sich im Wesentlichen um Geschlechtshormone, die eine Hauptursache für den epidemieartigen Anstieg verfrühter Sexualität bei Kindern sind.
7 Ontogenese ist von den griechischen Begriffen *ontos*, das heißt Wesen, und *genes*, das heißt produzieren (bzw. Anfänge) abgeleitet: die Geschichte eines individuellen Organismus. Phylogenese bezieht sich auf die griechischen Wörter *phylo*, das heißt Rasse oder Gattung, und *genes*: die evolutionäre Entwicklung einer ganzen Spezies.
8 Siehe Barr.
9 Von den früheren Arbeiten R. E. Gregorys (siehe Literatur) bis hin zu den jüngsten Erfahrungen mit Melanin gibt es Hinweise darauf, dass unser Bild der Welt eine Produktion in unserem Innern ist, von der wir lediglich annehmen können, dass sie eine Reaktion auf äußere Stimuli darstellt. Eine genauere Darstellung würde lauten, dass wir Stimuli in die Kategorien extern bzw. intern einteilen – je nach logischer

Notwendigkeit, den Gehirnmechanismen, die an der Übersetzung beteiligt sind, sowie einer allgemeinen Dynamik zwischen Möglichkeit und Verwirklichung. Sehen Sie sich die Arbeiten Hugo Zuccarellis an (etwa seinen Aufsatz „Holophonic Sound Broadcasts Directly to Brain"; in der Literatur unter Verschiedene Artikel, 11, aufgeführt). Das Gehirn produziert eine ständige Klangvibration im Ohr. Klangwellen, die sich von dieser ständigen Vibration unterscheiden, modulieren unsere innere Welle, und das Gehirn platziert den Klang in die Außenwelt entsprechend den Modulationen der beiden Wellenformen. Zuccarelli hat elektronisch die Wellenlänge synthetisiert, die das Innenohr produziert, und dann diese stete Klangwelle mit gewöhnlichen Geräuschen, Musik und Stimmen überlagert. Spielt man diesen Geräuschcocktail jemandem über Kopfhörer vor, dann hört die betreffende Person ihn nicht im Kopf, wie es bei den meisten Kopfhörergeräuschen der Fall ist, sondern das Gehirn siedelt sie in der Außenwelt an, auf eine Weise, dass sie von gewöhnlichen Geräuschen „da draußen" nicht zu unterscheiden ist.

10 Vergleiche Luce 1965; MacLean 1973.
11 William Gray sowie Paul A. LaViolette (in Anlehnung an Ludwig von Bertalanffy 1981) benutzen den Gefühlston, um subliminale Effekte zu überdecken. Der Begriff kann auch für bewusste qualitative Reaktionen verwendet werden.
12 Siehe „Conversations between Heart and Brain" (Verschiedene Artikel, 8) und Muktananda, *Mystery of the Mind* (1981) für Aussagen der Yogis über Herz und Geist. Die Yogis sprechen vom subtilen Herzen, doch das Subtile hat ein physisches Pendant.
13 Sperry 1970. Meine Informationen über das Auftauchen und das langsame Wachstum des *Corpus callosum* sind einem privaten Briefwechsel mit Roger Sperry aus dem Jahr 1974 entnommen.
14 Die Erkenntnisse über das Träumen während des Tiefschlafs und der abstrakten gedanklichen Vorstellungen sind aus einer Kombination von Forschungsergebnissen (siehe Cartwright, Kripke, Singh, Tart), yogischer Psychologie und persönlichen Erfahrungen entstanden.
15 Siehe Luce 1965. Wenn die Funktionen von Körper und Gehirn soweit wie möglich heruntergefahren sind, gibt es einen Punkt, an dem Gehirnwellen auftauchen, die dem gewöhnlichen Wachbewusstsein ähneln, jedoch ohne die notwendige körperliche Unterstützung funktionieren. Ich glaube, dass hierdurch ein kurzer Aufenthalt des Bewusstseins im Zustand des reinen Selbst angezeigt wird.
16 Werntz et al. 1981.
17 Jede linkshemisphärische Aktion erfordert Unterstützung durch die rechte Hemisphäre. Es gibt keine Spezialisierungen, die keine integrale Aktion des Gehirns erfordern würden – es ist eine Art von Komplementarität beteiligt. Wir neigen dazu, die Trennung und Spezialisierung der beiden Hemisphären zu sehr zu betonen, auch wenn solche Modelle manchmal helfen, ansonsten abstrakte Funktionen zu beschreiben.
18 Siehe Ainsworth 1967, Geber 1958.
19 Siehe die Arbeiten von John H. Kennell und Marshall H. Klaus.
20 Colin Turnbull (1961) gibt Beispiele dafür, wie die Mutter die Bedürfnisse des Kindes erfüllt, ohne dass der Säugling sie zum Ausdruck gebracht hat.
21 Siehe „Conversations between Heart and Brain" (Verschiedene Artikel, 8).

22 Lebende Gehirnzellen unter dem Mikroskop lassen in dem Moment, wo ACTH injiziert wird, einen explosionsartigen Schub von neuen Verbindungen (Dendriten, Axonen usw.) erkennen. Siehe Epstein 1974.
23 Siehe Ainsworth 1967; Chamberlain 1988; Hales 1977.
24 Wasser ist der erste Lebensraum des Säuglings und eine Verlängerung desselben in dem neuen Medium sorgt für einen angenehmen Übergang und ein entspanntes *Bonding*. Für einige Literaturhinweise siehe unter: Artikel zur Unterwassergeburt.
25 Siehe Château und Wiberg 1977; Kennell, Trause und Klaus 1975; Ringler et al. 1978 sowie Luria 1961 zum phasenspezifischen Charakter des *Bonding*.
26 Siehe J. D. French 1957 und Serrano 1983. Meine Literaturhinweise zu diesem ergiebigen Thema sind spärlich.
27 Siehe William Gray 1979; LaViolette 1979; MacLean 1973; Zaslow 1970.
28 Siehe Fantz.
29 Für Informationen über die Immunisierung im Kolostrum siehe *Nutrition and Health*, Band 1, 1983. Der Bericht wurde auf einer Konferenz der Universität Oxford zu Geburtspraktiken und zur Gesundheit des Kleinkindes vorgetragen, wo ich ebenfalls eine Rede hielt, die in oben genanntem Band abgedruckt ist. Siehe Pearce 1983.
30 Jensen $^2$1960.
31 Ringler et al. 1978. Dr. med. Justin Call von der University of California in Irvine hat Langzeitstudien über die Beziehung von Stillen und Intelligenz durchgeführt.
32 Montagu 1971.
33 Bertalanffy 1981; William Gray 1979; LaViolette 1980.
34 In der Krabbelphase blinzelt der Säugling nicht mit den Augen. Das Reptilienstarren war einer von Paul MacLeans Schlüsseln für die Erforschung der Gehirnanatomie. Der Säugling ist in seiner ersten Lebensphase auf eine einzige Strukturkopplung beschränkt; er kann das Subjekt-Selbst nicht vom Objekt der Interaktion unterscheiden usw. Das sensomotorische System muss zunächst etabliert werden, damit das Bewusstsein für die höheren Gehirnzentren befreit wird und eine so spezialisiertere Entwicklung stattfinden kann.
35 Die Verschiebung der Objektkonstanz wird von Kindern, die *Bonding* erfahren haben, bereits mit sechs Monaten vollzogen, von Kindern ohne *Bonding* unter Umständen erst mit achtzehn oder gar zwanzig Monaten.
36 Siehe wieder „Conversations between Heart and Brain" (Verschiedene Artikel, 8); Mitchell 1975.
37 Von der Verwendung aufgezeichneter Herzschläge habe ich zuerst in einer wissenschaftlichen Fachzeitschrift und im *Brain/Mind Bulletin* gelesen. Dann habe ich eine der Werbeanzeigen für die Version für Zuhause gesehen. Unter Berufung auf die Forschungen von W. G. Whittlestone (1978) hat Kerry Callaghan aus Nairne in Australien für eine gut geschriebene kleine Abhandlung geworben: „Ein optimales Umfeld für Neugeborene und ihre Familien." Sowohl Whittlestone als auch Callaghan hatten die Rolle des Herzschlags in der frühkindlichen Entwicklung erkannt.
38 Eines ist offensichtlich: Wenn das Herz eine Ansammlung von Melaninmolekülen ist und Melanin die Schnittstelle zwischen Bewusstsein und physischem Apparat bildet und beide getrennten Herzzellen eine Kluft überwinden und miteinander

kommunizieren, dann werden zwei größere Zellgruppen sicherlich dasselbe tun. So wird die Verbindung zwischen Mutter und Säugling auf Ebenen geschaffen, die unterhalb des Bewusstseins liegen, und durch die Nähe der Herzen zueinander ständig bekräftigt. Auf diese Weise sorgt stetes Stillen dafür, dass diese Verbindung in den frühen Wachstumsphasen bestehen bleibt.

39 Siehe Château und Wiberg 1977; Geber 1958; Kennell, Trause und Klaus 1975; Kennell und Klaus 1979 und insbesondere Ringler et al. 1978, ebenso wie die Arbeiten Justin Calls von der University of California in Irvine.

40 Henry Massies Arbeit (1977) zeigt eine Beziehung zwischen dem Mangel an körperlichem Kontakt zwischen Mutter und Kind als einen der ausschlaggebenden Faktoren bei frühkindlichem Autismus.

41 Westliche Entbindungspraktiken, ob nun zu Hause oder im Krankenhaus, waren alles andere als ideal und die westliche Kindererziehung war ungeheuerlich. Siehe DeMause 1975 (vgl. auch dt. 2000).

42 Nicholas Blurton Jones (1972), der unter Nikos Tinbergen arbeitete, hat berichtet, dass alle Medikamente sich innerhalb von fünfundvierzig Sekunden auf den Säugling übertragen. Siehe auch Brackbill 1979; Chamberlain 1988.

43 Towbin 1968. Abraham Towbin, der diese Schädigung entdeckt hat, ist als Arzt an der Boston University beschäftigt.

44 Im Jahr 1977 bekam ich einen Bericht über die Entbindung von Ghetto-Babys in den Vereinigten Staaten zugesandt. Zu jenem Zeitpunkt hatte ich sämtliche beruflichen Aktivitäten hinter mir gelassen und bewahrte diesen Bericht nicht auf. Für die meisten Sozialfälle kommt der Staat mit einer nominellen Summe auf, und die Behandlung ist weit unter dem allgemeinen Standard, in manchen Fällen geradezu barbarisch. Das Zerreißen des Bandes zwischen Eltern und Säuglingen bei der Entbindung spiegelt sich im Zerreißen des Bandes zwischen den Großfamilien wider, das in der Vergangenheit die Stärke von Ghettobewohnern und Minderheiten ausmachte.

45 Wie es für die Forschungsmentalität seiner Zeit typisch war, sprach René Spitz (siehe Literatur) von der langen Phase der Unbewusstheit bei im Krankenhaus geborenen Babys als natürlicher Norm, und er sah das „Lächelsyndrom", das zwischen der zehnten und zwölften Lebenswoche auftaucht, als erstes Anzeichen von Bewusstsein im Menschen an.

46 Rosemarie Wiener hat eine der am gründlichsten dokumentierten Studien zur Beschneidung und ihren Auswirkungen auf Säuglinge durchgeführt, die je unternommen wurden. Sie hat ihr Leben der Aufgabe gewidmet, diese Thematik an die Öffentlichkeit zu bringen – mit entmutigenden Ergebnissen. Jeder, der hierüber informiert werden möchte, sollte schreiben an: Intact Educational Foundation, 4521 Freemont St., Bellingham, Wa. 98226, USA.

47 Mary Ainsworths Arbeit zum *Bonding* (siehe Literatur) begann in den fünfziger Jahren und ist weitgehend ignoriert werden, denn was wissen Frauen (sogar Ärztinnen) schon über die Geburt?

48 Vergleiche die Arbeit von Windle (1969). Das Problem von durch die Entbindung verursachten Hirnschäden ist durch den massiven Anstieg von Kaiserschnitten verkompliziert worden, die jetzt fünfundzwanzig Prozent aller Geburten in Amerika ausmachen (in wohlhabenden Gegenden beträgt der Prozentsatz bis zu fünfzig Pro-

zent). Bei einer Vortragsreise in Kalifornien 1983 gab mir ein Verantwortlicher eines Schulbezirks einen Bericht über Profile dysfunktionaler Schulkinder. Vierzig Prozent der schwer erziehbaren Kinder jenes Bezirks waren durch Kaiserschnitt geboren worden. Auf meinen Reisen habe ich den Bericht verloren und habe keine Ahnung, woher er stammte oder ob er den Tatsachen entsprach.

49 Im Jahr 1979, drei Jahre, nachdem ich aus dem aktiven Berufsleben ausgeschieden war, suchten mich zwei Frauen auf (ich befand mich drei Kilometer von der nächsten befahrbaren Straße entfernt und war nicht leicht erreichbar) und erzählten mir von ihren zweijährigen Forschungen über Kindertagesstätten, die sie mit Hilfe eines von eines Stiftungsstipendiums durchgeführt hatten. Sie zeichneten ein entmutigendes Bild und wollten mich dafür gewinnen, sie bei der notwendigen Kampagne zur Unterrichtung der Öffentlichkeit zu unterstützen, aber ich wollte nichts davon wissen, da ich davon überzeugt war, dass sich unsere Kultur in jeder Hinsicht selbst zerstörte und dieser Prozess also unvermeidlich war.

50 Das feindselige, aggressive Kind, das in Kindertagesstätten und Schulen zu finden ist, ist zu unserer Norm geworden, und wir sehen jetzt solche Feindseligkeit und Aggression als Teil der menschlichen Natur an, da sie schließlich von frühester Kindheit an auftauchen.

51 John Vasconcellos, Mitglied einer gesetzgebenden Körperschaft in Kalifornien, war für diese Erforschung der Grundursachen von Verbrechen und Gewalt verantwortlich. Ich bin seinen Büromitarbeitern verpflichtet, die mir eine Kopie des vorläufigen Berichts geschickt haben.

52 Ich las diesen Bericht auf einer meiner Reisen und habe seine Quelle nicht festgehalten. Ich erinnere mich nur noch daran, dass er in einer bekannten Zeitschrift stand. Lytt Gardner (1972) hat über den Zusammenhang zwischen dem Mangel an emotionalen und körperlichen Stimuli und Kleinwüchsigkeit berichtet. Schließlich erinnere ich mich noch daran, dass der psychotische Vater, der für die Isolation des Kindes verantwortlich war, Selbstmord beging, als man es entdeckte. Er hinterließ eine Notiz mit einer wunderbaren Untertreibung: „Niemand wird das je verstehen."

53 „Objektkonstanz" ist der Begriff, den Piaget für diese erste Verschiebung geprägt hat. Vergleiche die in der Literatur angegebenen oder eines von Piagets zahlreichen anderen Werken.

54 Cassirer 1946. Die Philosophin Susanne K. Langer übersetzte Cassirers Aufsatz „Sprache und Mythos" für die Veröffentlichung als Buch und spielte auch aufgrund ihrer eigenen Publikationen für die Aufnahme von Cassirers Philosophie in Amerika eine große Rolle, weshalb beider Namen im englischsprachigen Raum eng miteinander verbunden sind. Vgl. auch Langers Aufsatz „Cassirers Philosophie der Sprache und des Mythos", in: *Ernst Cassirer*, hrsg. von P. A. Schilpp. Stuttgart u.a.: Kohlhammer, ²1966, S. 263–280.

55 Luria 1961.

56 J. L. Vygotsky (1978) hat einige hervorragende Beobachtungen zum kindlichen Spiel und zur Beziehung zwischen Sprache und Erinnerungsvermögen gemacht.

57 In Bezug auf dieses „Zeigesyndrom" vgl. Jensen ²1960. Vygotsky war der Ansicht, das Zeigen sei die Folge eines unvollständigen Greifreflexes – eine seltsame und falsche Vorstellung.

# Anmerkungen

58 Miguel Serrano (1966; 1983) hat darüber geschrieben, dass Chile ein gut entwickeltes spirituelles System hatte, lange bevor die Europäer kamen. Serrano hatte als junger Erwachsener einen spirituellen Lehrer und verbrachte viele Jahre in Indien, um dort nach den Ursprüngen der spirituellen Disziplinen Chiles zu suchen. Sein einzigartiges Verständnis vermittelte ihm Einsichten in die faszinierenden Persönlichkeiten Hermann Hesses und C. G. Jungs. Er war neun Jahre lang Botschafter in Indien und hielt sich dann noch vier Jahre im Himalaja auf.

59 Mein Freund Lee Sannella war der erste, der mich auf das Phänomen der Trennungsträume aufmerksam gemacht hat, die im Alter zwischen vier und fünf Jahren stattfinden. Meine Zuhörerschaft auf der ganzen Welt ist sich darüber einig, dass die meisten von uns in diesem Alter Trennungsträume irgendeiner Art haben, die häufig von großen Ängsten begleitet sind. Denken Sie daran, dass in präliterarischen Gesellschaften, wo die natürliche Intelligenz weniger durch den Intellekt gestört wird, die meisten Mütter ihre Kinder zwei oder drei Jahre lang stillen und dass sie in der Stillzeit meist nicht erneut schwanger werden. Das bedeutet, dass Kinder etwa im Abstand von vier Jahren geboren werden. Mit vier Jahren sind dann etwa achtzig Prozent der Verständnisstrukturen des Kindes vollständig; die Entwicklung des *Corpus callosum* (Balkens) ist nahezu abgeschlossen, der Sitz des Bewusstseins verlagert sich in das neue Gehirn und die Vorbereitungen für die Eingliederung in und Bindung an die Gesellschaft beginnen. Die Planung der Natur ist ebenso hervorragend wie vollständig.

60 Propp 1968.

61 Ich brauche hier nur Beatrix Potters Peter-Rabbit-Reihe zu erwähnen, Thornton Burgess, A. A. Milne (das Genie dieses Genres), die Onkel-Remus-Erzählungen, Volksmärchen und Mythen im Allgemeinen. In der Mythologie wird die Trennungslinie zwischen Tier und Mensch freizügig überschritten; beide suchen Hilfe beieinander. Die Mythologie der australischen Ureinwohner ist hierfür ebenfalls ein treffendes Beispiel.

62 Wickes 1966.

63 Die metaphorische und die symbolische Fähigkeit des Mittelhirns und die Bilderwelt der rechten Hemisphäre wird natürlich sehr komplex und universell und sie vollzieht sich mit derselben Geschwindigkeit wie jede andere Gehirnaktion. Die Tierbilder und Traummetaphern dieses frühkindlichen Spiels bleiben als Grundlage unseres kreativen Denkens bestehen, wie ich in Kapitel 12 zeige.

64 Howard Gardners hervorragender Artikel über das Werden eines Geschichtenerzählers („The Making of a Storyteller", 1982) zeigt reiche Einsicht in die kindliche Psyche. Er erzählt, wie das vier- oder fünfjährige Kind nahezu alles benutzen kann, um fast jedes Medium oder Objekt in nahezu jeder Situation darzustellen. Er weist darauf hin, dass Kinder von zwei Jahren an symbolische Aktivitäten vollführen können. Er spricht von „objektabhängigen Kindern", die die physischen Eigenschaften eines Dings sehr aufmerksam beobachten und darauf bestehen, nur konkrete Objekte in ihrer imaginären Welt zu verwenden. Vom Objekt unabhängige Kinder auf der anderen Seite sind bereit, praktisch jeden Bauklotz und jedes Objekt zu verwenden, um das zu repräsentieren, was sie andeuten wollen. Die Entwicklung der Phantasie durchläuft im dritten und vierten Lebensjahr eine Veränderung von

einem Bedürfnis nach anderen Menschen und Requisiten aus der realen Welt (das, was man Vermittler nennen könnte), um ihre Phantasie aufrechtzuerhalten, hin zu einer Unabhängigkeit von solchen Hilfsmitteln. An diesem Punkt führen Kinder ihre Vorstellungskraft dann hauptsächlich durch Worte aus. Gardner weist darauf hin, dass bis zum Alter von vier oder fünf Jahren die Erzählsprache zum Hauptmedium des Spiels geworden ist. Das heißt, das Kind liefert sich sein eigenes Input an Worten, um die entsprechende Reaktion der internen Bilder, die es auf seine externe Welt projiziert hat, hervorzubringen. (Das kann recht früh passieren, wie bei unserer Tochter Shakti, deren Spielmedium mit drei Jahren definitiv verbal war.)
In derselben Ausgabe von *Psychology Today* (März 1982) sagt Anthony Brandt unter Bezug auf die Arbeit von Dan Graves: „Genau wie das logische Weltverständnis unserer Kinder konstruiert werden muss, so muss es auch ihre Fähigkeit, sich mit erfundenen Geschichten und Phantasiespiel zu beschäftigen."

65 Hun Mon Yu (1983) weist darauf hin, dass mathematische Symbole nur dann von einem jungen Menschen erfasst werden können, wenn er ein Verständnis für symbolisches Denken im Allgemeinen hat – das heißt von jemanden, der seine eigene Erfahrung in symbolischer Form repräsentieren kann. Dem Kind müssen zunächst einmal jede Menge an wahrnehmungsbezogenen Daten mitgegeben werden, bevor es umformt/umgestaltet, rekonstruiert, Konzepte aufbaut und Prinzipien formuliert. Wir müssen ihm „reichlich Zeit geben, um herumzufummeln und empirisches und wahrnehmungsbezogenes Wissen zu sammeln", bevor wir es mit abstrakten Konzepten vertraut machen.

66 Jerry Mander (1977) hat ein außergewöhnliches Werk über das Fernsehen und die Macht der Bilder geschrieben.

67 Mowat 1984.

68 Ich las diesen englischen Forschungsbericht über das Fährtenlesen der Ureinwohner vor vielen Jahren und die genaue Quelle ist seit langem nicht mehr auffindbar. Auf beiden ausgedehnten Vortragsreisen, die ich durch Australien unternahm (insgesamt etwa sechs Monate), hörte ich viele persönliche Berichte über diese besondere Fähigkeit der Ureinwohner.

69 Wenn wir uns auf das Mittelhirn als unsere „subtile emotionale Energie" und das alte Gehirn als unser „physisches System" beziehen, dann gibt uns das eine klares Modell an die Hand, um die verschiedenen Funktionen zu begreifen, und ist im Wesentlichen korrekt. Offensichtlich findet ein reichhaltiger Austausch zwischen all diesen Gehirnfunktionen statt und sie überlappen sich, allerdings innerhalb der Grenzen dieser Dreiteilung.

70 Die kindliche Entwicklung scheint gewiss Epsteins Skizzierung zu entsprechen. Ich würde mich jedoch freuen, wenn er das dreifache Wesen des Gehirns und die offensichtlichen Verhaltensverschiebungen zur Kenntnis nehmen würde, die seine Arbeit und diejenige von Piaget vergleichbar machen.

71 Piaget 1978; Polansky 1975; Propp 1968; Stallibrass 1974; Vygotsky 1978; B. L. White 1975; Wickes 1966; Wilson und Barber 1980.

72 John Hasted (1981) ist Mathematiker und Physiker an der Universität London. Das Metallverbiegen am Monroe-Institut unter der Leitung von Oberst John Alexander war extremer und die Formen weitaus bizarrer, als in Hasteds Buch zu sehen. Alexan-

der behauptet, dass fünfundzwanzig Menschen eine optimale Atmosphäre schaffen. Sie unterstützen sich gegenseitig und kreieren eine Gruppenenergie. Bei Laborversuchen fehlen solche unterstützenden Faktoren gänzlich, und dass Hasted die erzielten Resultate erreichen konnte, ist umso bemerkenswerter. Die Shakti, die daran beteiligte Energie, ist eine äußerst bewusste Energie, die in einer Atmosphäre und Haltung von Beschränkung, Misstrauen, Zweifel oder Ernsthaftigkeit weniger wahrscheinlich reagiert. Meine eigene Vermutung ist, dass all diese Ereignisse nichts weiter als Variationen der altmodischen Poltergeist-Erscheinungen sind, und dass das schwärmerische, verspielte und unvorhersagbare Element ein wesentlicher Bestandteil ist, der diese gesamte Kategorie von Phänomenen für die streng wissenschaftlich arbeitende Physik tabu sein lässt, aus dem einfachen Grund, weil es sich nicht um einen Prozess der etablierten physikalischen Wissenschaft handelt. Wir laden unsere verspielte Seite zum Mitmachen ein und vielleicht tut sie es, vielleicht auch nicht. Da ich weiß, wie meine eigene kreative Shakti in der Meditation reagiert, kann ich mir für ihr Wirken nichts weniger Dienliches vorstellen als eine „wissenschaftliche Atmosphäre", die von Skepsis geprägt ist. Die Shakti muss niemandem etwas beweisen. Sie spielt.

73 Jahn 1982.
74 Piaget und Inhelder 1977.
75 Manning 1973.
76 Feinberg 1959. Wie es der Lockwirkung des Tourismus entspricht, ist das Feuerlaufen jetzt zu einer regelmäßigen nächtlichen Show in einem berühmten Hotel Sri Lankas geworden. Von noch größerem Interesse ist, dass jetzt zwei Gruppen mit entsprechenden Programmen durch die Vereinigten Staaten reisen. Bei der einen geht es um neurolinguistische Methoden, bei der anderen um die Überwindung von Angst, und beide Gruppen schließen damit ab, dass die Teilnehmer über Feuer gehen. So fügen wir jetzt der Liste der Feuerläufer jedes Jahr viele Tausende von Amerikanern hinzu, was die Täuschung des Behaviorismus wohl entlarven dürfte.
77 Siehe hierzu Donna und Gilbert Grosvenor, „Ceylon", in: *National Geographic Magazine*, 129 (4), 1966, S. 447 ff.
78 Josephson 1975.
79 Der französische Physiker Bernard d'Espagnat (1979) ist einer von vielen bedeutenden Physikern, die die dualistisch-mechanistische Weltsicht in Frage stellen. Dies ergibt sich für ihn unter anderem aus dem Bellschen Theorem sowie aus den allgemeinen Implikationen der Quantenmechanik.
80 Die paranormalen Aspekte des konkret-operationalen Denkens stellten ein wichtiges Konzept von *Die magische Welt des Kindes* dar, und in jener naiven Phase meiner Entwicklung hatte ich das Gefühl, solche Kräfte seien für eine echte Entwicklung notwendig. Jetzt weiß ich es besser.
81 Arthur Koestler (1978) hat Paul MacLeans Gedanken aufgegriffen, dass ein Zusammenbruch zwischen Intellekt und Emotion die Ursache für die spärlichen neuronalen Verbindungen unseres neuen Gehirns zu unserem Mittelhirn sei, und er führte das auf die „Neuheit" unseres neuen Gehirns und das Versagen der Evolution zurück, aufzuholen und es mit dem limbischen System zu verbinden. Das ist ein logischer Trugschluss. Wie Stephen Jay Gould von der Universität Harvard herausstellt (siehe „Punctuated Equilibrium – A Different Way of Seeing", in: *New Scientist*, 94 [1301],

S. 137–141), vollzieht sich die Evolution mittels eines „unterbrochenen Gleichgewichts". Biologischer Wandel kann sich schnell vollziehen, und zu Beginn der Geschichte einer Gattung tut er dies im Allgemeinen auch – nicht allmählich und stückweise. Hätte die Natur beabsichtigt, dass unser Intellekt sich unseren Tiergehirnen und der emotionalen, limbischen Struktur des Mittelhirns hätte unterordnen sollen, so hätte sie unser neues Gehirn schon vor langer Zeit mit dem Mittelhirn verbunden, so wie sie es mit unseren beiden Tiergehirnen getan hat. Der Intellekt im eigentlichen Sinne entwickelt sich nur dann, wenn er in die Intelligenz integriert wird, was die Aufgabe der postbiologischen Entwicklung ist. Unsere verstümmelte Entwicklung ist schuld, nicht die Evolution. Unser Fehler liegt in unseren Glaubenssystemen, unseren mechanistischen Ideologien sowie in unserer Arroganz und Ignoranz.

82 W. Timothy Gallwey berichtete über diesen Vorfall und zeigte die Filme, die darüber gedreht wurden, auf einer pädagogischen Konferenz der Universität von Kalifornien, wo ich ebenfalls einen Vortrag hielt. Ich habe sein Buch *The Inner Game of Tennis* (1982) nicht gelesen und es daher auch nicht in meine Literaturhinweise aufgenommen.

83 Strauch 1983.

84 Ich habe über den Film, den dieser Engländer über den Seiltrick gedreht hat, in einer englischen Fachzeitschrift für Psychologie damals in den frühen sechziger Jahren gelesen und habe die Quelle jetzt nicht mehr zur Verfügung.

85 Charles Tart (siehe Literatur) hat die Erfahrung gegenseitiger Hypnose beschrieben.

86 Siehe „Lucid Dream Sharing" (Verschiedene Artikel, 12). Dort findet sich ein Bericht von Jean Campbell vom Poseidia-Institut in Virginia Beach, Va. Seit der Veröffentlichung dieses Berichts wurden diese Forschungsaktivitäten kopiert und ausgeweitet.

87 Martin o.J. Ich bin Hugh Martin für zahlreiche Einsichten in die wissenschaftliche Welt, deren Vorurteile und Machenschaften verpflichtet.

88 Hugh Martin hat über die Schätzungen berichtet, die die ersten Kernphysiker in Bezug auf die vermeintliche Sprengkraft einer Atombombe anstellten. Die höchste Schätzung ging davon aus, dass diese höchstens 500 Tonnen TNT entspräche. Die tatsächliche Explosion der ersten Bombe entsprach jedoch mindestens 20 000 Tonnen TNT, und sie pulverisierte die Hälfte der wissenschaftlichen Ausrüstung und beinahe auch noch eine Reihe von Wissenschaftlern. So viel zu den all den Zusicherungen, die man uns über die Zuverlässigkeit unserer wissenschaftlichen Vorhersagen gibt.

89 Ich bin Menas Kafatos (siehe Literatur) für seine Verbesserungen sehr verpflichtet, ebenso wie für seine Hilfe beim Verständnis des Komplementaritäts- und des Quantenproblems. Ich fand die Theorie von Kafatos und Nadeau fesselnd. Sie gibt uns eine vollkommen neue Metapher, um unsere eigene Position zu verstehen. Nahezu alle Hinweise auf die physikalischen Theorien in diesem Kapitel stammen von Kafatos – seinen schriftlichen Ausführungen, dem Briefwechsel mit ihm oder aus unserem persönlichen Kontakt. Ich vertraue darauf, dass ich seiner Theorie nicht allzu große Gewalt angetan habe.

90 Das Bellsche Theorem oder Variationen davon sind in einem halben Dutzend wichtiger Tests auf der ganzen Welt bewiesen worden, und unsere wichtigsten wissenschaftlichen Fachzeitschriften haben alle eingestanden, dass die Quantenmechanik

in der Physik das Rennen gemacht hat. Das hat jedoch kaum eine Akzeptanz der Daten zur Folge, denn Naturwissenschaftler können mit wunderbarer Gelassenheit alles ignorieren, was nicht zu ihren eigenen Theorien passt. Siehe Espagnat 1979 sowie Kafatos und Nadeau.

91 Siehe Muktananda 1981. Singh 1979. Im Moment hört man sehr viel oberflächliches Gerede über das Selbst, doch die yogische Psychologie des Selbst ist auch eine Kosmologie und ein kreatives Prinzip.

92 Für David Bohms Arbeiten siehe Literatur. Wundervolle Unterhaltungen mit ihm finden sich in dem Sammelband von Ken Wilber (1982). Bohms Theorie gibt einen Bezugsrahmen, in dem Bells Theorem sinn- und zweckvoll ist.

93 Sheldrake 1981. Wieder einmal finde ich keinen leichten Weg, um Rupert Sheldrakes Theorie wiederzugeben, doch indem wir Sheldrake und Bohm kombinieren, bekommen wir eine Sichtweise, die im Großen und Ganzen der yogischen Philosophie entspricht. Vor kurzem erklärte Bohm, dass das Universum aus Lichtwellen bestehe. Materie, so sagte er, könnte „gefrorenes Licht" sein. Lichtphotonen seien lang, langsam und hätten eine schwache Ausstrahlung. Materiewellen dagegen, so haben wir angenommen, seien sehr schnelle Wellen. Das heißt, wir gingen davon aus, dass ein schnelles Wellenfeld „kollabieren" würde, um Materie-Energiepartikel zu erzeugen, während Lichtwellen das Gegenteil seien. Jedoch ist das einzige Universum, das wir kennen – und jemals werden kennen können – ein bildhaftes Universum; wozu auch die Bilder unserer Instrumente gehören, deren Messergebnisse wir als „Realität" akzeptieren. Alle bildlichen Vorstellungen basieren im Grunde auf einem visuellen Prozess, der von unserem Gehirn-Geist-System ausgeht; wobei das Gehirn wiederum als Medium für die Übersetzung fungiert. Neben vielen anderen Eigenschaften kann das Melaninmolekül Klangwellen in Lichtwellen übertragen bzw. übersetzen. Die Überkreuzung unseres sensorischen Systems ist ein häufig auftretendes Phänomen. Einige Menschen hören *oder* fühlen Klänge taktil, oder zusammen mit dem Hören treten Gerüche auf, wie es bei Zuccarellis neuem holophonen Klang häufig feststellbar ist. Ebenfalls passiert es oft, dass man bei geschlossenen Augen als Begleitung von Geräuschen Lichtblitze sieht. (Ich erlebe das bei jedem plötzlichen lauten Geräusch, und häufig auch bei subtileren Geräuschen.) So bleibt also wieder zu konstatieren, dass die Realität, die wir erleben, und zu der auch das erstaunliche Universum gehört, das sich auf ewig jenseits von uns erstreckt, das Ergebnis einer Dynamik ist, die nicht genau bestimmt werden kann. Der yogischen Psychologie zufolge ist diese Dynamik ein Spiel zwischen Ton und Licht. Und genau dieses Spiel ist die Arbeit unseres Gehirn-Geist-Systems – ein Spiel der Komplementarität. Meinem Gefühl nach wird die Arbeit David Bohms die Brücke sein, um das hierin liegende Paradox zu überwinden.

94 Rupert Sheldrakes Theorie, dass Kausalfelder, die Zeit und Raum überwinden, unserer Realität zugrunde liegen, ist in der physikalischen Gesetzmäßigkeit von Welle und Teilchen recht offensichtlich. Sie erklärt solche intuitiven Phänomene wie die Traumzeit der Aborigines und zeigt sich auch eindeutig beim *Idiot-Savant*-Syndrom. Im Jahr 1931 zum Beispiel baten Dr. D. C. Rife und Dr. L. H. Snyder ihren Psychiatriepatienten, einen Mathematik-*Savant*, die Getreidekörner auf jedem der vierundsechzig Felder eines Schachbretts zu verdoppeln, was bedeutete, die Zahl eins 64 Mal zu verdoppeln. Der Patient brauchte fünfundvierzig Sekunden (was für

einen *Savant* recht lang ist), um die Antwort, die im Quintillionen-Bereich lag, zu geben: 18 446 744 073 709 552 000. Die *Savant*-Zwillinge Charles und George, die in der psychiatrischen Klinik von Letchworth Village im Bundesstaat New York untergebracht sind, haben sich auf Kalenderberechnungen spezialisiert. Sie können ganz unmittelbar die Wochentage für Daten bestimmen, die so weit in der Zukunft liegen wie das Jahr 7000 n. Chr. oder auch solche, die viele Jahrhunderte in die Vergangenheit zurückreichen. Gibt man ihnen Daten aus der Vergangenheit, so berücksichtigen sie automatisch den Wechsel vom Julianischen zum Gregorianischen Kalender, der im Jahr 1752 erfolgte, obwohl keinem von beiden bewusst ist, dass solche historischen Systeme je existiert haben. Beiden hatte man als nicht bildungsfähigen Kindern einen immer währenden Kalender gegeben, und ihre Mutter hatte ihnen beigebracht, wie man mit der mechanischen Apparatur umgeht. Der Kalender umfasste lediglich einen Zeitraum von zweihundert Jahren, aber er bildete wahrscheinlich den Kern oder öffnete den Kanal für ihr einzigartiges Talent. Wie es bei allen *Idiot-Savants* der Fall ist, konnten sie keine Erklärung dafür geben, wie sie auf ihre Antworten kamen. Sie wussten sie einfach. Vgl. *Science Digest*, Mai 1981, S. 12, und *Scientific American*, 213 (8), 1965, S. 46.

Vor kurzem erzählte man mir von einem *Idiot-Savant* in einer psychiatrischen Klinik in New York, an dem man über mehrere Jahre hinweg Studien vollzogen hatte. Seine Spezialität sind Automobile. Man kann ihn an ein Fenster bringen, ihm die geschäftige Straße der Stadt unter ihm zeigen, und er kann mit einem einzigen Blick Namen, Modell, Baujahr, Motortyp von jedem Auto dort unten bestimmen. Zu seinem Wissen gehören auch die neuesten Modelle, die in Detroit oder Tokio vom Band gelassen werden, obwohl auch er Analphabet und unerziehbar ist. (Diesen Hinweis habe ich nur mündlich bekommen, doch der Fall passt gewiss zu dem beschriebenen Phänomen.) Erinnern Sie sich an Kapitel 7, wo ich darüber berichtet habe, wie mein siebenjähriger Sohn eine theologische Abhandlung gab. Ich glaube, er hat eine Variation desselben Syndroms gezeigt, wie es Menschen wie Edgar Cayce und „Medien" im Allgemeinen tun. Es gibt Hinweise darauf, dass die Essenz aller menschlichen Erfahrungen ebenso wie alle physische Formierung als Materie auf derselben impliziten Energieebene resoniert und sich Kategorien des Bemühens entsprechend sammelt. Wir alle schaffen ständig Felder aus miteinander kompatiblen Verhaltens- und Möglichkeitsvariablen. Denken Sie zum Beispiel daran, dass das Gottesproblem in der Geschichte der Menschheit immer von vorrangiger Bedeutung gewesen ist. Oder sehen Sie sich die enorme physische, emotionale, finanzielle, intellektuelle und sogar politische Energie an, die in Autos investiert wird. Sobald es einmal geschaffen worden ist, neigt ein Feld kompatibler Variablen (wie Gedanken über Gott oder Autos) dazu, seine Implikationen zum Ausdruck zu bringen, dann das ist das Wesen impliziter Energie. Und sie tut das entsprechend der expliziten Stichworte, die sie auslösen. Das Feld fließt in eine lebendige Situation oder in eine physische Form zurück, je nach der impliziten Stärke, die es gewonnen hat und je nach dem Maß an Aktivität, welches das Feld erzeugt und welche seinerseits durch das Feld erzeugt wird.

Gewöhnlich wählen wir aus den verfügbaren Feldern entsprechend der uns vorgegebenen Modelle aus, die mit jenen Feldern kompatibel sind. Wir bauen gedankliche Muster entsprechend der Dynamik zwischen der impliziten Möglichkeit und dem expliziten Modell auf. Dann können wir (vermeintlich) mit jener Art von Aktivität in kontrollierter, logischer Weise umgehen. Dem *Idiot-Savant* gelingt es nicht, sich durch diese gewöhnliche Dynamik zu entwickeln, aber durch irgendeine Kindheitserfahrung öffnet er sich für ein bestimmtes Feld von Variablen ohne die üblichen intellektuellen Filter und Kontrollen. Weil ein Feld aus logischer Notwendigkeit heraus alle möglichen Variationen seiner kompatiblen Variablen enthält, und der Kanal des *Savant* nicht durch die gewöhnliche Gehirnfunktion gefiltert wird, kann er eine fast spontane Reaktion auf jede beliebige Variable zeigen, die *für ihn* durch die passende Stimulus-Frage ausgewählt wird. Er ist nicht fähig zu lernen oder sich weiterzuentwickeln, da er nicht von sich aus zu einer Lösung gelangen kann. Ebenso wenig ist er in der Lage, seine Schritte zurückzuverfolgen, um zu sehen, wie er seine Antwort abgeleitet hat (Reversibilitätsdenken), oder die Essenz oder Fähigkeit herauszufiltern und sie zu anderen Kontexten in Beziehung zu setzen, wie es ein gewöhnliches, eingeschränktes Gedankensystem vermag.

Sheldrakes Hinweis, dass Lernen und Erinnern wahrscheinlich überhaupt nicht im Gehirn stattfinden, sondern in Feldern, die durch das Gehirn übersetzen, kann das *Savant*-Syndrom erklären – so sicher, wie es die behavioristische Psychologie nicht kann. In Kapitel 12 zeige ich, wie eine Variation dieser Feldwirkung jeglicher kreativen, wissenschaftlichen, künstlerischen Entdeckung – und darüber hinaus vielen anderen – zugrunde liegt. Diese Funktionen verleihen meinem Argument Kraft, dass das kindliche Lernen im Wesentlichen Prägung ist, falls und wenn Modell und Blaupause *zueinander passen*. (Was uns, so scheint es mir, in die Pflicht nimmt, danach zu streben, unsere zu erlernenden Modelle auf die Entwicklungsstufen des Kindes abzustimmen, statt uns, wie wir es tatsächlich tun, darauf zu konzentrieren, das Verhalten des Kindes so zu verändern, dass es zu unseren schlecht abgestimmten Lernmodellen passt.)

Wir haben ein feinstoffliches Körpersystem, das für unsere Entwicklung entscheidend ist. Dieses System, das in der yogischen Psychologie vollständig erforscht wird, ist noch eine weitere Variation dieser Welle-Feld-Funktion der Kausalität. Unsere individuellen Erfahrungen werden in persönlichen Kausalfeldern lediglich so wie unsere weit gefächerten gattungsbezogenen Erfahrungen auf eine breite, allgemeine Weise registriert. Unser feinstofflicher oder Traumkörper ist der unmittelbarste Ausdruck dieser persönlichen Feldwirkung, und zusammen mit unserer persönlichen Geschichte und unserem persönlichen Bewusstsein nennen wir ihn Ich-Persönlichkeit. Da die implizite Energie machtvoller ist als die explizite, würden unser persönliches implizites Feld oder unser feinstofflicher Körper und unsere Ich-Seele logischerweise weiterbestehen, wenn unser physischer Körper stirbt (und ich glaube, sie tun es), genauso wie es zu Phantomschmerzen in einem Glied kommt, nachdem es amputiert worden ist. Doch der Phantomschmerz verschwindet schließlich und auch eine Ich-Seele muss letztendlich verschwinden. Wenn ein System der impliziten Ordnung nicht in das Selbst integriert ist und ihm das ständige unterstützende Feedback seiner physischen und kausalen Systeme verweigert wird, dann kann es nicht erhalten werden.

Hier spielt die Thematik der Komplementarität eine Rolle. Genau wie die Ausdrucksformen von Welle und Teilchen komplementär sind – sie schließen sich gegenseitig aus und sind dennoch voneinander abhängig –, so sind es auch die subtilen und physischen Systeme der Persönlichkeit, ebenso wie das Ich-Selbst und das Selbst. Als unser bewusster Gewahrsam bringen wir den einen oder den anderen Zustand zum Ausdruck. Bei Nacht, wenn wir träumen, drücken wir uns in unseren subtilen Formen aus (die sowohl aus archetypischer als auch persönlicher physischer Erfahrung schöpfen), und während des Tages identifizieren wir uns mit physischen Ausdrucksformen und sind ihnen unterworfen. Das sensorische System selbst besteht aus subtilen Energien; wird es vom physischen System entfernt, so wird der Körper zu einem trägen Protoplasma. Sind wir auf den Körper konzentriert, so nehmen wir eine physische Welt wahr. Richten wir dagegen unseren Fokus nach innen, so können wir auch andere Zustände registrieren. Sollte jedoch der Schleusenmechanismus, der beide voneinander trennt, zusammenbrechen, dann würden Delirien, Halluzinationen, Schizophrenie und so weiter auftreten.

Ein zusammenhängendes, strukturiertes Ich kann in seiner subtilen Form nicht aufrechterhalten werden, wenn es ständig von seinem Körper getrennt ist (wie wir es wieder beim Phantomschmerz in einem Glied vorfinden). Aus diesem Grunde ist in uns ein Entwicklungssystem angelegt, das uns über die komplementäre Funktion von Welle und Teilchen hinausführt, sobald diese einmal fest etabliert ist. Mit der Auflösung einer Ich-Struktur würden ihre verschiedenen Merkmale, Tendenzen, Zwänge, Fähigkeiten, Wahrnehmungen und Vorstellungen, die als integrierte Persönlichkeit aufgebaut sind, zu größeren Ansammlungen von Lebenstendenzen hindriften. (Diesem Phänomen wird in der yogischen Theorie der *samskaras* Rechnung getragen.) So ernten wir, solange wir leben, in individueller wie universeller Hinsicht das, was wir säen, und so kann sich jene bewusste Gesamtheit, Ich-Persönlichkeit genannt (welche sich so nach dem Überleben sehnt), die sich durch den Tod vom physischen System gelöst hat und gleichzeitig nicht in das Selbst integriert ist, einfach nicht sehr lange manifestieren.

Ian Stevenson von der Universität von Virginia hat viele Fälle von kleinen Kindern gesammelt, die plötzlich ein sehr komplexes Wissen über die Lebensgeschichte einer kürzlich verstorbenen Person gezeigt haben. Stevenson verwendet diese Fälle als Argument für die Reinkarnation. Eine gangbarere, logischere und wahrscheinlichere Lösung liegt jedoch in dieser Funktion der „Felder von kompatiblen Variablen". Ich bezweifle, dass die seltsame Ansprache meines Sohnes die Reinkarnation irgendeines hochstehenden Theologen anzeigt. Ein Kind kann sich, genau wie der *Idiot-Savant*, plötzlich für eine Feld-Gesamtheit öffnen, wie es mein Sohn getan hat (durch seine enge Verbindung zu mir und meinen leidenschaftlichen Belangen. Oder es kann sich für jenes ungewöhnliche Feld öffnen, das Persönlichkeit genannt wird, eine spezifische Reihe von Erinnerungen irgendeines Verstorbenen, die innerhalb des feinstofflichen Bereichs noch intakt ist. Das Kind kann dem Pool, den es angezapft hat, vollen Ausdruck verleihen und sogar eine teilweise Identifikation mit ihm aufbauen. Doch es lässt sich aus solchen Effekten kein universeller Mechanismus der Reinkarnation ableiten. Das Leben beruht auf der Dynamik zwischen Wellen- und Teilchenbewusstsein, nicht auf deren Mechanik. Die meisten Kinder, die ein solches Phänomen manifestieren, befinden sich, wie es bei meinem Sohn der Fall war, mitten in ihrer intuitiven Entwicklungsphase.

So sind die Annahmen der Hospizbewegung, dass uns eine strahlende neue Welt am Ende des dunklen Tunnels des Todes erwartet, fragwürdig. Das Fortbestehen einer Ich-Seele, die von ihren physischen Inputs gelöst ist, könnte dem Kurzzeitgedächtnis entsprechen, genauso wie es beim Phantomgliederschmerz der Fall ist. Vielleicht könnte man durch die Verbindung mit anderen losgelösten Ich-Seelen seine Ich-Struktur länger, ja sogar auf unbestimmte Zeit aufrechterhalten, indem man irgendeine Art von Konsensus-Realität schafft. Doch diese Art von Aktion konnte weder dauerhaft sein noch eine Entwicklung beinhalten. Ein Ich könnte sich nicht über einen nicht stofflichen, traumähnlichen Modus hinausentwickeln, da die Entwicklung über eine Phase hinaus nur aus dem Selbst geboren wird und nicht aus dem Konsens mit jener Modalität, und da sie immer nur vom Konkreten zum Abstrakten verläuft (und die Konkretheit hier fehlt).

Das automatische Schreiben, Aktivitäten am Ouija-Brett, Botschaften von Geistführern und „nicht inkarnierten" Wesenheiten fallen alle in dieselbe Kategorie von Phänomenen, und sie greifen auf subtile oder implizite Energie-Erinnerungspools zurück. Aus diesem Grunde sind diese Botschaften von der „anderen Seite" im Allgemeinen kraftlose Binsenwahrheiten von vager Allgemeinheit, die im Wesentlichen durch die Person geformt werden, die sie anstößt, empfängt und interpretiert (der gängige Ausdruck dafür lautet „channeln"). Führung solcher Art ist nichts weiter als eine Kreisbewegung und sie erzeugt ganz allgemein eine gefährliche Form von Ich-Aufblähung, von der aus wenig Wachstum oder Veränderung stattfindet. Der subtile oder astrale Input ist numinos und für ein auf das Physische orientierte Ich Ehrfurcht gebietend. Diese Art von „psychischen Blähungen" für echte Einsichten zu halten, die nur aus dem Selbst kommen können, ist ein großer Irrtum (wenn auch ein weit verbreiteter, der viele Bestseller hervorgebracht hat). Wir tun gut daran, uns zu erinnern, dass der Bereich der erkennenden Intelligenz, das Selbst, keinen Inhalt hat und dass er keine Informationen enthält und nicht für die Berichterstattung zur Verfügung steht. (Erkenntnis wird in uns nur als gedankliche und wahrnehmungsbezogene Veränderung registriert.)

Sehen Sie sich schließlich noch das Phänomen des Denkens selbst an und den üblichen Kartesianischen Irrtum, der Ich-Bewusstsein mit Denken gleichsetzt. Das Denken ist nur *eine* Form, die das Bewusstsein annehmen kann, und dazu noch eine primitive. Nur selten gebrauchen wir das Denken auf präzise, berechnende, intellektuelle Weise. Gedanken passieren uns bei jenem unaufhörlichen Kauderwelsch-Dialog in unseren Köpfen, der als „Geplapper im Oberstübchen" bezeichnet wird. Diese nicht zu durchbrechende Schleife (von der nur der erleuchtete Heilige befreit ist) ist jedoch eine natürliche Dynamik zwischen der impliziten und der expliziten energetischen Ordnung, die ihre eigene Rolle innehat. Die Erinnerung ist ein Prozess der impliziten Ordnung, subtil und nicht physisch. Und jeder Gedanke, den wir im Laufe des Lebens haben, wird nicht nur in unserem persönlichen, impliziten Erinnerungspool registriert, sondern bis zu einem gewissen Grad auch in dem größeren Pool der Gattung Mensch. Da alle Flüsse zwischen impliziter und expliziter Ordnung komplementäre Systeme sind, wirken diese Pools ihrerseits auf uns zurück und lösen unsere laufenden Gedanken aus. Dieses automatische Feedback ist, obwohl willkürlich und zufällig, genau dasselbe kreative Phänomen wie das stabilere Feedback zwischen der Wellenform-Energie als Schablone für physische Formen und ihren expliziten Ausdrucksformen, die uns unsere stabile Welt geben.

David Bohm spricht von Gedanken als Dingen, als materiellen Prozessen. Tatsächlich ist es so, dass unsere Realisierung oder Manifestierung unserer impliziten Erinnerungsfelder ein Teilchen-Energieprozess ist, der sich von der physischen Materie nur hinsichtlich des Wesens seiner kompatiblen Variablen und der erforderlichen Ausdrucksweisen unterscheidet. Als Folge davon sind wir, solange wir mit unserem physischen Körper und der Welt identifiziert sind, ebenso diesem Gedankenfluss, über den wir wenig oder überhaupt keine Kontrolle besitzen, unterworfen, wie wir unserem physischen Universum unterworfen sind. Und beide erweisen sich als miteinander verbunden. Beide sind im Grunde genommen nichts weiter als *samskaras*, sich ständig wiederholende Gewohnheiten. Die Aufgabe des Geist-Gehirn-Systems besteht, außer dass es uns mit der Welt beliefert, die wir uns anschauen sollen, im Denken, und es wird seine Aufgabe auf diese automatische, repetitive Weise ausführen, genauso, wie es uns solange eine mechanische, repetitive Welt liefert, bis das Ich in die erkennende Intelligenz integriert ist. Nur wenn das Ich-Selbst mit dem Selbst vereint ist, sind wir von solchen Automatismen frei.

Wenn die postbiologische Integration von Ich und Selbst jedoch nicht stattfindet, dann sind wir in der Schleife des Feedbacks zwischen impliziten Gedankenfeldern und dem kollektiven und individuellen Geist gefangen. Die spirituelle Entwicklung führt zu einem „ruhigen Geist", womit ein Geist gemeint ist, der von dieser Implizit-Explizit-Schleife befreit ist. Das kann nur durch die Integration in eine höhere Funktion, die Schöpfung selbst, passieren, wo dann der Geist im Dienste der mächtigeren Energie gebraucht wird. Ein Ich-Geist, der von der Identifikation mit dem physischen Grundlagen befreit ist, aus denen er entsteht, ist – ganz im wörtlichen Sinne – von der Welt befreit. Die Fähigkeit, über die implizit-kausale Ordnung mit ihren archetypischen Schleifen und riesigen evolutionären Feldern hinausbewegt *zu werden*, um in das Selbst integriert zu werden, wird durch die Gnade (Macht) eines Lehrers und das Modell, das dieser Lehrer darstellt, erreicht. Und wieder einmal ist der Lehrer, der in der Lage ist, diese Art von Bindung zu schaffen, jemand, der vollkommen in jenem Zustand des Selbst steht, während er gleichzeitig als Mensch aus Fleisch und Blut hier unter uns ist.

95 Robert Monroes Buch (1971) deckt nur einen Bruchteil seiner Erfahrungen über viele Jahre hinweg ab. Seine laufende Arbeit in seinem Institut in Faber im Bundesstaat Virginia umfasst jetzt ein weites Feld und wird begeistert von Tausenden von Menschen unterstützt, die von seinem „Hemi-Sync"-Prozess profitieren. Anfragen können an folgende Adresse gerichtet werden: Monroe Institute for Applied Science, PO Box 175, Route 1, Faber, Va. 22938, USA.

96 Siehe Muktananda, *Play of Consciousness* (2000).

97 Die Psychologen Joe Kamiya und Charles Tart gehörten zu denjenigen, die damals in den sechziger Jahren die Beziehung zwischen Bewusstseinszuständen und Gehirnwellenmustern entdeckten. Die Vorstellung, dass wir durch Biofeedback die Wellenmuster hoher yogischer und Zen-Zustände kopieren und so diese Zustände ohne jahrelange Disziplin erreichen können, erweis sich als logischer Irrtum, der für unsere Zeit typisch ist. Gegenwärtig entdecken Gehirnforscher eine ganze Reihe neuer

# Anmerkungen

chemischer Substanzen, die vom Gehirn gebraucht werden, und sie schreiben den übersetzenden Substanzen verschiedene Bewusstseinszustände zu. Jetzt verbreitet sich zunehmend die Vorstellung, dass wir durch chemische Prozesse einen idealen geistigen Zustand herbeiführen können – derselbe Irrtum wie früher in neuer Gestalt.

98 Wilder Penfield (1975) stimmte mit den Nobelpreisträgern Roger Sperry und Sir John Eccles darin überein, dass der Geist eine vom Gehirn getrennte Einheit, aber dennoch von diesem abhängig ist. Das Zerebellum (Kleinhirn) gibt die ideale physische Umgebung für einen solch objektiven Zustand ab. Durch die postbiologische Entwicklung wird der Geist in die Intelligenz des Selbst integriert und dieser Prozess allein führt zum Gebrauch des gesamten neuen Gehirns und zur Unabhängigkeit des Ichs vom Geist-Gehirn-System und vom Körper.

99 Siehe „Quizzing the Hidden Observer" (Verschiedene Artikel, 16).

100 Der britische Neurochirurg John Lorber stellte die lächerliche Frage: „Ist dein Gehirn wirklich notwendig?" (siehe Lewin 1980) – und er stellte diese Frage aus recht plausiblen und ernsthaften Gründen, denn man hat Menschen gefunden, die praktisch keinen Neokortex bzw. kein neues Gehirn besitzen und dennoch recht gut funktionieren. Wieder einmal weisen die gegenwärtigen Erkenntnisse darauf hin, dass unser riesiges neues Gehirn, so wie es im Moment gebraucht wird, für unser gewöhnliches Leben nahezu überflüssig ist. Unser normales Leben in diesem physischen Körper kann mit unseren beiden Tiergehirnen recht gut bewältigt werden. Ohne dass uns unsere gegenwärtige mechanistisch-dualistische Weltsicht andere Ausdrucksmöglichkeiten bietet, wird nur ein sehr geringer Teil des neuen Gehirns genutzt.

101 Monroe schreibt gerade ein neues Buch, dass über die Abenteuer der zahlreichen Menschen berichtet, die die Möglichkeiten bewusster Erforschung ausloten, die sein System bietet.

102 Gregory Bateson (1979) spricht vom stochastischen Prozess: Die Natur schafft ein offenes Feld willkürlicher Möglichkeiten mit einer in hohem Maße selektiven Zweckhaftigkeit, die hinter der Willkür steht. Die Schöpfung verwirklicht sich durch eine Überfülle mit offenem Ausgang. Die Natur wirft eine Milliarde Sterne weg (falls notwendig) und stößt zufällig auf ein Planetensystem; sie wirft eine Million Planetensysteme weg (falls notwendig) und trifft auf Leben; sie wirft eine Milliarde Leben weg und bringt schließlich ihr Endziel zum Ausdruck – ein Leben, das Verwirklichung oder Einheit mit dem gesamten kreativen Prozess erreicht.

103 Rudolf Steiner ging davon aus, dass der moderne Mensch mit seinem Superintellekt jetzt in der Lage wäre, sich mit Hilfe seiner Rationalität seinen Weg durch seine eigene spirituelle Entwicklung (und ich nehme an, auch Unsterblichkeit) zu bahnen, und dass er keinen weiteren Bedarf an spirituellen Lehrern und Gurus habe. Mit dieser Ansicht steht Steiner stellvertretend für den Fall des modernen Menschen: die Arroganz eines aufgeblasenen Intellekts, der von der Intelligenz getrennt ist. Je komplexer und fortgeschrittener ein Intellekt werden könnte, umso notwendiger und entscheidender ist das spirituelle Modell, der spirituelle Führer – nicht umso weniger, wie unser wachsender Alptraum heute bezeugt. Der Intellekt, der sich selbst anleitet, versinkt in Selbstverkapselung und Dogma (Steiner ist da keine Ausnahme).

104 Das geometrische Wesen der Bilderwelt des neuen Gehirn ist aus einer Synthese verschiedener Quellen abgeleitet: Meiner persönlichen Erfahrung, der Theorie der

Yogis, der Schlaf-Traumforschung, Arthur Deikmans Forschungsarbeiten zu hypnagogischen und anagogischen Bildern (siehe Tart ³1990), und dem Aufsatz „Universal Forms of Hallucination Aid Brain Research" (Verschiedene Artikel, 20).

105 Laski 1962.
106 Siehe hierzu Hans Selye, V*om Traum zur Entdeckung. Vademecum eines Wissenschaftlers* (Wien/Düsseldorf: Econ, 1965).
107 Ich las einen kurzen Hinweis auf dieses Gerichtsverfahren in einer Ausgabe des *Journal of American Psychology* aus dem Jahr 1979.
108 Siehe Sheldrake, insbesondere die Seiten 181 und 204. Wir kreieren ständig morphische Felder und sind dann unseren eigenen Schöpfungen unterworfen. Das bringt die „Welt Mayas", oder die Welt der Täuschung, hervor, eine geistige Kreation, die von der Wahrheit der Schöpfung getrennt ist.
109 Sowohl Paul MacLean als auch William Gray weisen darauf hin, dass das neue Gehirn ausschließlich der Außenwelt und unserem Überleben in ihr gewidmet zu sein scheint. Andere Forschungen gehen davon aus, dass wir nur etwa fünf Prozent des neuen Gehirns nutzen. So könnte sich John Lorber zu Recht fragen, ob unser Gehirn wirklich notwendig ist, da wir fast alles dem Neokortex überschrieben haben, und jetzt feststellen, dass seine Rolle möglicherweise weniger bedeutsam ist, als wir gedacht hatten. Außerdem stellen wir fest, dass unser Gehirn *weniger* Blut und Sauerstoff verbraucht, wenn wir in der Außenwelt beschäftigt sind, als wenn wir unsere Augen schließen und uns der inneren Gedankenwelt zuwenden. Es wird ein so geringer Teil des neuen Gehirns für jenes äußere System benötigt, weil es das schwächste ist. Die nichtörtliche Realität, die Realität der Schöpfung, ist die Übersetzungsaufgabe des neuen Gehirns. Das ist jedoch eine spirituelle Entwicklung, die nur selten geschieht – oder zumindest nur in geringem Maße. Würde diese Entwicklung stattfinden, dann wäre unser physisches System frei von intellektueller Einmischung (mit all ihren emotionalen Ungleichgewichten, die zu Krankheit und anderen katastrophalen Auswirkungen in uns führen).
110 David Bohm spricht von unseren *Illusionen* (inneren Spielen des Geistes), die zu *Täuschungen* werden, wenn wir glauben, sie seien auf unsere äußere, geteilte Welt anwendbar. Das veranlasst uns dann, andere zu gewinnen in einer allgemeinen *Absprache*, dass unsere *Täuschungen* über unsere *Illusionen* wahr seien. Eine so entstandene Anhäufung von Energieinvestitionen erzeugt ein morphisches Feld von sich immer weiter steigernder Wahrscheinlichkeit, eine kulturelle Tendenz. Genau das ist die yogische Theorie von den *samskaras*, zu der auch die Theorie des *Karmas* gehört, den Handlungen und Reaktionen einer getäuschten, sich selbst wiederholenden Natur. Im Schlusskapitel dieses Buches spreche ich über den Weg echter Aktion, der frei von dieser enormen Falle ist.
111 Das *Brain/Mind Bulletin* vom 26. März 1984 berichtet von „weiteren Belegen für die Vorstellung, dass das Gehirn komplexe Informationen ohne kognitive Aktivität integrieren könne". Im *Bulletin* vom 5. März 1984 wird berichtet, dass „das Unbewusste eine weitaus bedeutendere Rolle im geistigen Leben spiele als bisher angenommen. Reize, die außerhalb des Bewusstseins registriert werden, haben messbare Auswirkungen auf das Verhalten." Emmanuel Donchin, Direktor des Laboratoriums für Kognitive Psychophysiologie der Universität Illinois, berichtet, dass „bis zu 99

Prozent der kognitiven Aktivität unbewusst sein könnten". Der Psychologe Robert Zajonc behauptet, das Unbewusste registriere Vorlieben und Abneigungen, bevor das Bewusstsein auch nur wisse, worauf reagiert werde: „Das Gefühl kann unabhängig von der Kognition operieren." Unter anderem verleihen diese Beobachtungen meiner Theorie Glaubwürdigkeit, dass die weitaus größte Zahl von Informationen eingeprägt wird, dass wir sie mittels Verhaltensänderungen „erlernen". All das weist darauf hin, dass das Gehirn seine Informationen zu bedeutsamen Erfahrungen formt, bevor unser Ego-Intellekt sich ihrer dann bewusst wird.

112 Ich glaube, ich habe mittlerweile Gründe dafür genannt, warum MacLeans Vorstellung (die der allgemeinen Vorstellung entspricht), dass die Evolution darin hinterherhinke, dass sie unser intellektuelles Gehirn nicht eng in den Dienst unserer limbischen Struktur gestellt hat (die, schließlich und endlich, ein tierisches Emotionalsystem ist). Der Intellekt *muss* frei von Emotionen sein, wenn er für Intelligenz und Kreativität verfügbar sein soll. Die Intelligenz operiert vom Herzen der Schöpfung selbst aus und übersteigt die beschränkten Reaktionsmöglichkeiten des Mittelhirns bei weitem.

113 Die neue Sportpsychologie verleiht Theorien wie derjenigen von Ralph Strauch Glaubwürdigkeit, dass der Intellekt sich störend auf eine optimale physische Reaktion zur Sicherung unseres Wohlbefindens in der physischen Welt auswirkt. So wenden wir vielleicht sogar die fünf bis zehn Prozent des neuen Gehirns, die wir überhaupt benutzen, falsch an, da sie dem physischen Gehirn verhaftet bleiben. Die richtige Richtung für uns wäre, wenn wir uns die Erkenntnisse der Sportpsychologie und der Kampfkünste zunutze machen würden, um „die Weisheit des Körpers" wiederzuentdecken. Das könnte uns helfen, unser Bewusstsein zu befreien, so dass wir uns in die großartigen Bereiche im Innern versenken können, die nicht physischer Natur sind – dem einzigen Abenteuer, das langfristig zählt.

114 Ernst Lehrs ($^3$1987) zitiert Werner Heisenberg dahingehend, dass die Wissenschaft keine Kette brillanter Entdeckungen sei, die sich eröffnen, sondern eine Verengung des Umfangs der Erforschung der Natur. „Das Verstehen verringert ... die Naturwissenschaft als Weg oder progressive Selbsteinschränkung." Lehrs spricht von der „Selbsteinschränkung der wissenschaftlichen Forschung auf die einäugige, farbenblinde Beobachtung".

115 Irina Tweedies Bericht (siehe Literatur) ihrer Transformation mit Hilfe eines Sufi-Guris im Indien der sechziger Jahren ist eine der großen Darstellungen spirituellen Wachstums und ein Muss für jeden, der sich für echte Transzendenz interessiert. Von besonderem Interesse für das gegenwärtige Kapitel ist ihre Beschreibung der Durchbohrung des Sexualchakras, eine der intensivsten Beschreibungen in der gesamten spirituellen Literatur.

116 Für mich war Elisabeth Haichs Buch (siehe Literatur) ein in dieser Hinsicht interessantes, intelligentes und informatives Werk.

117 John Woodroffes *The Serpent Power* ist komplex, schwierig, erdrückend und langweilig, aber diese großzügig angelegte, erschöpfende Studie der Kundalini zeigt die Komplexität der Thematik und die Notwendigkeit, sie in einer Arbeit wie meiner stark zu vereinfachen, um die Rolle der Kundalini deutlich zu machen. Die Kundalini wird in vielen sehr alten Systemen als Schlange dargestellt. In Irland gibt es ein altes kel-

tisches Kreuz, um das sich die Brillenschlange herumwindet. Der Merkurstab – der geflügelte, schlangenumwundene Stab Merkurs als Symbol des Handels – wurde von der Ärzteschaft (!) übernommen und die Kundalini ist immer als heilende Kraft angesehen worden. Richard Katz's Studie der ¡Kung (1982) konzentriert sich auf diesen heilenden Aspekt. Die ursprüngliche Freimaurerbewegung gründete sich auf die Aufwärtsbewegung der Kundalini durch die Wirbelsäule und die zweiunddreißig Stufen des Freimaurertums sind die zweiunddreißig Knochen des Rückgrats und des Schädels.

118 Haich; Pearce, *The Bond of Power* 1981; Tweedie. Chagnon berichtet, wie sich die Yanomamö (Yanomani) in Phasen der Enthaltsamkeit auf Wettkämpfe vorbereiten, in denen sie ihre Kräfte messen. Im Neuen Testament spricht Jesus von denjenigen, die sich um des Königreichs des Himmels willen zu Eunuchen machen. Der Begriff, den er benutzte, lässt sich, je nach Deutung, gleichermaßen auf Enthaltsamkeit als Selbstdisziplinierung wie auf die Kastration beziehen, und da der Sufi-Orden, der aus derselben geografischen Region stammte, versteht, dass sexuelle Energie für die Kundalini-Transzendenz notwendig ist, bezweifle ich, dass Jesus über Kastration sprechen wollte. Die gnostischen Evangelien sprechen von der absoluten Notwendigkeit, Enthaltsamkeit zu üben.

119 Einige von Schwaller de Lubiczs Werken liegen in Übersetzung vor, doch meine alleinige Quelle ist John Anthony Wests hervorragendes Buch *Serpent in the Sky*.

120 Siehe Herrigel [43]2003.

121 Krishna Prem (siehe Literatur) macht deutlich, dass „wir in den Himmel kommen, indem wir Himmelsflügel verwenden". Wir kommen zum Selbst durch Hingabe an das Selbst. Der Intellekt ist nur so weit von Nutzen, wie er in die Intelligenz integriert ist.

122 Batesons stochastischer Prozess weist Ähnlichkeiten mit Ilya Prigogines Theorie dissipativer Strukturen auf, mit der ich nicht vertraut genug bin, um hier davon Gebrauch zu machen, von der jedoch frühe Leser dieses Manuskripts sagen, dass sie äußerst wichtig sei. Wenn wir uns weigern, den unserem Universum zugrunde liegenden Sinn zu erkennen, dann sehen wir nur willkürliches Chaos und Auflösung.

123 Siehe Jensen [2]1960.

124 Siehe Simeon 1983.

125 Siehe Leonard 1978.

126 Siehe Herrigel [43]2003.

# Literatur

**Ainsworth**, Mary, „Deprivation of Maternal Care: A Reassessment of Its Effects", in: dies., *Deprivation of Maternal Care: A Reassessment of Its Effects.* Genf: WHO (Public Health Papers, 14), 1962, S. 97–165.

—, „Patterns of Attachment Behavior Shown by the Infant in Interaction with His Mother", in: *Merrill-Palmer Quarterly,* 10, 1964, S. 51–58.

—, *Infancy in Uganda.* Baltimore: Johns Hopkins Univ. Press, 1967.

**Arms**, Suzanne, *Immaculate Deception. A New Look at Women and Childbirth in America.* Boston: Houghton Mifflin, 1975.

**Barr**, Frank, *What Is Melanin?* Berkeley, Calif.: Institute for the Study of Consciousness, 1983.

**Bateson**, Gregory, Mind and Nature. New York: E. P. Dutton, 1979; dt.: Geist und Natur. Eine notwendige Einheit. Frankfurt am Main: Suhrkamp, 1982; 2002 (Tb.).

**Belsky**, Jay, „Child Maltreatment: An Ecological Integration", in: *American Psychologist,* 35 (4), 1980, S. 320–335.

**Bernard**, J., und L. **Sontag**, „Fetal Reactions to Sound", in: *Journal of Genetic Psychology,* 70, 1947, S. 209–210.

**Bertalanffy**, Ludwig von, *A Systems View of Man. Collected Essays,* hrsg. von Paul A. LaViolette. Boulder, Colo.: Westview Press, 1981.

**Blurton Jones**, Nicholas, *Ethological Studies of Child Behaviour.* London: Cambridge Univ. Press, 1972.

**Bohm**, David, *Causality and Chance in Modern Physics* [1957]. Philadelphia: Univ. of Pennsylvania Press, 1971.

—, *Wholeness and the Implicate Order.* London: Routledge & Kegan Paul, 1980; dt.: *Die implizite Ordnung. Grundlagen eines dynamischen Holismus.* München: Goldmann, 1987 (Tb.).

—, „Insight, Knowledge, Science and Human Values", in: *Education and Values*, hrsg. von Douglas Sloan. New York: Teachers College Press, Columbia University, 1980.

**Bower**, T. G. R., „The Visual World of Infants", in: *Scientific American*, 215 (6), 1966, S. 88–92.

**Bowlby**, John, „The Child's Tie To His Mother: Attachment Behavior", in: ders., *Attachment*. New York: Basic Books, 1969.

**Brackbill**, Yvonne, „Effects of Obstetric Drugs on Human Development." Paper presented at the Conference „Obstetrical Management and Infant Outcome", American Foundation for Maternal and Child Health. New York, November 1979.

**Bruner**, Jerome, „Processes of Growth in Infancy", in: *Stimulation in Early Infancy*, hrsg. von A. Ambrose. London: Academic Press, 1969.

**Cartwright**, Rosalind D., *Night Life. Explorations in Dreaming*. Englewood Cliffs, N. J.: Prentice-Hall, 1977.

—, *A Primer on Sleep and Dreaming*. Reading, Mass.: Addison-Wesley, 1978; dt.: *Schlafen und Träumen. Eine Einführung in die experimentelle Schlafforschung*. München: Kindler, 1982.

**Cassirer**, Ernst, *Language and Myth*. New York: Harper & Row, 1946 [dt. Erstveröff.: Sprache und Mythos. Studien der Bibliothek Warburg, H. 6. Leipzig: Teubner, 1925].

**Castaneda**, Carlos, *The Teachings of Don Juan. A Yaqui Way of Knowledge*. Berkeley, Calif.: Univ. of California Press, 1968; dt.: *Die Lehren des Don Juan. Ein Yaqui-Weg des Wissens*. Frankfurt am Main: Fischer Taschenbuch-Verlag, 1973 (überarb.), [34]2003.

—, The Eagle's Gift. New York: Simon & Schuster, 1980; dt.: *Die Kunst des Pirschens*. Frankfurt am Main: S. Fischer, 1981; ebd., Fischer Taschenbuch-Verlag, 1983 u. ö. (Tb.)

**Chagnon**, Napoleon A., *Yanomamö: The Fierce People*. New York: Holt, Rinehart, 1968, S. 52; vgl. dt.: *Die Yanomamö. Leben und Sterben der Indianer am Orinoco*. Berlin: Byblos, 1994.

**Chamberlain**, David B., *Consciousness at Birth: A Review of the Empirical Evidence*. San Diego: Chamberlain Publications, 1983.

—, *Babies Remember Birth*. Los Angeles: J. P. Tarcher, 1988; dt.: *Woran Babys sich erinnern. Die Anfänge unseres Bewusstseins im Mutterleib*. München: Kösel, 1990, [5]2001.

**Chance**, Paul, „The Remedial Thinker", in: *Psychology Today*, Oktober 1981, S. 63–73 (über das Werk von Reuven Feuerstein).

Château, Peter de, und Britt Wiberg, „Long-Term Effect on Mother-Infant Behaviour of Extra Contact During the First Hour Post Partum", in: *Acta Paediatrica Scandinavica,* 66, 1977, S. 137–143.

Coghill, George E., *Anatomy and the Problem of Behavior* [1929]. New York: Harper & Row, 1964.

Condon, William, und Louis Sander, „Neonate Movement Is Synchronized with Adult Speech: Interactional Participation and Language Acquisition", in: *Science,* 183, 11. Januar 1974, S. 99–101.

De Bono, Edward, „Teaching Thinking". Rede auf der Fourth World Conference on Gifted and Talented Children. Montreal 1981; vgl. ders., *Teaching Thinking.* London: Penguin, 1991 (Nachdr.).

DeMause, Lloyd (Hrsg.), *The New Psychohistory.* New York: Atcom/The Psychohistory Press, 1975; vgl. dt.: *Was ist Psychohistorie? Eine Grundlegung.* Gießen: Psychosozial-Verlag, 2000.

Dossey, Larry, *Space, Time, and Medicine.* Boulder, Colo.: Shambhala, 1982; dt.: *Die Medizin von Raum und Zeit. Ein Gesundheitsmodell.* Basel: Sphinx Verlag, 1984; Reinbek bei Hamburg: Rowohlt Taschenbuch Verlag, 1987.

Durant, Will, *The Story of Civilization.* New York: Simon & Schuster, 1935ff.; dt.: *Die Geschichte der Zivilisation.* Bern: Francke, 1946ff. (vor allem Bd. 1: *Das Vermächtnis des Ostens*).

Epstein, Herman T., „Phrenoblysis: Special Brain and Mind Growth Periods: I. Human Brain and Skull Development. II. Human Mental Development", in: *Developmental Psychobiology,* 7 (3), 1974, S. 207–216, 217–224.

—, „Brain Growth Spurts", in: *On the Beam: New Horizons for Learning,* 1 (2), April 1981.

Espagnat, Bernard d', „The Quantum Theory and Reality", in: *Scientific American,* 241 (11), 1979, S. 158–181.

Fantz, Robert L., „Pattern Vision in Young Infants", in: *Psychological Review,* 8, 1958, S. 43–47.

—, „The Origin of Form Perception", in: *Scientific American,* 204 (5), 1961, S. 66–72.

Feinberg, Leonard, „Fire-Walking in Ceylon", in: *Atlantic Monthly,* 203, Mai 1959, S. 73–76.

Fodor, Jerry, A. M. Garrett und S. Brill, „Pi ka pu: the Perception of Speech Sounds by Prelinguistic Infants", in: *Perception and Psychophysics,* 18 (2), 1975, S. 74–78.

Foulkes, David, „Longitudinal Studies of Dreams in Children", in: *Dream Dynamics,* hrsg. von Jules H. Masserman. New York: Grune and Stratton, 1971.

**French,** J. D., „The Reticular Formation", in: *Scientific American*, 196 (5), 1957, S. 54–60.

**French** R. M. (Übers.). *The Way of a Pilgrim.* New York: Seabury Press, 1965.

**Frye,** Northrop, *Fearful Symmetry. A Study of William Blake.* Princeton: Princeton Univ. Press, 1947.

**Gardner,** Howard, „The Making of a Storyteller", in: *Psychology Today*, März 1982.

**Gardner,** Lytt I., „Deprivation Dwarfism", in: *Scientific American*, 227 (7), 1972, S. 76–82.

**Geber,** Marcelle, „The Psycho-Motor Development of African Children in the First Year and the Influence of Maternal Behavior", in: *Journal of Social Psychology*, 47, 1958, S. 185–195.

**Gopi Krishna,** *Higher Consciousness.* New York: Julian Press, o. J. [1974]; dt.: *Höheres Bewußtsein. Die evolutionäre Kundalini-Kraft.* Freiburg i. Br.: Aurum, 1975.

—, *The Awakening of Kundalini.* New York: E. P. Dutton, 1975;dt.: *Über Bewusstseins-erweiterung, Meditation und Yoga. Illusion, Selbsttäuschung, Wirklichkeit.* Stuttgart: Manas, 1986.

**Gray,** P. H., „Theory and Evidence of Imprinting in Human Infants", in: *Journal of Psychology*, 46, 1958, S. 155–160.

**Gray,** William, „Understanding Creative Thought Processes: An Early Formulation of the Emotional-Cognitive Structure Theory", in: *Man-Environment Systems*, 9, 1979.

**Gregory,** Richard L., *Eye and Brain. The Psychology of Seeing.* New York: McGraw-Hill, 1966; dt. (Neuübers.): *Auge und Gehirn. Psychologie des Sehens.* Reinbek bei Hamburg: Rowohlt Taschenbuch Verlag, 2001.

**Grof,** Stanislav, *Realms of the Human Unconscious.* New York: Viking Press, 1975; dt.: *Topographie des Unbewußten. LSD im Dienst der tiefenpsychologischen Forschung.* Stuttgart: Klett-Cotta, 1978; ²1997.

**Haich,** Elisabeth, *Sexuelle Kraft und Yoga.* Stuttgart: J. Fink, 1966; zul. Hammelburg: Drei Eichen, ⁷2000.

**Hales,** D., B. **Lozof,** R. **Sosa** und J. **Kennell,** „Defining the Limits of the Maternal Sensitive Period", in: *Developmental Medicine and Child Neurology*, 19 (4) 1977, S. 454–461.

**Harlow,** Harry F., „Love in Infant Monkeys", in: *Scientific American*, Juni 1959.

—, und Margaret **Harlow,** „Social Deprivation in Monkeys", in: Scientific *American*, November 1982.

**Hasted,** John B., *The Metal-Benders.* London: Routledge & Kegan Paul, 1981.

**Herrigel,** Eugen, *Zen in der Kunst des Bogenschießens* [1948]. Frankfurt am Main u. a.: O. W. Barth, ⁴³2003.

**Jahn,** Robert G., „The Persistent Paradox of Psychic Phenomena: An Engineering Perspective", in: *Proceedings of the IEEE*, 70 (2), Februar 1982.

**Jensen,** Adolf E., *Mythos und Kult bei Naturvölkern*. Wiesbaden: Steiner, ²1960 (bearb.); München: dtv, 1992.

**Josephson,** Brian, „Possible Connections Between Psychic Phenomena and Quantum Mechanics", in: *The Academy*, 14 (4), 1975.

**Josephson,** B. D., und V. S. **Ramachandran** (Hrsg.), *Consciousness and the Physical World*. Elmsford, N. Y.: Pergamon Press, 1980.

**Kafatos,** Menas, und Robert **Nadeau**. „The General Principle of Complementarity" (über die makrokosmischen Applikationen der Quantenphysik; in Vorbereitung).

**Katz,** Richard, *Boiling Energy. Community Healing Among the Kalahari Kung*. Cambridge, Mass.: Harvard Univ. Press, 1982; dt.: *Num – Heilen in Ekstase*. Interlaken: Ansata, 1985.

**Kaufman,** I. C., und L. A. **Rosenbloom,** „Depression in Infant Monkeys Separated from Their Mothers", in: *Science*, 155, Februar 1967, S. 1030–1031.

**Kennell,** John H., und Marshall H. **Klaus,** „Early Mother-Infant Contact: Effects on Breastfeeding", in: Dana Raphael (Hrsg.), *Breastfeeding and Food Policy in a Hungry World*. New York: Academic Press, 1979.

—, und Marshall H. **Klaus,** „Early Mother-Infant Contact: Effects on the Mother and the Infant", in: *Bulletin of the Menninger Clinic*, 43 (1), 1979, S. 69–78.

—, Mary Anne **Trause** und Marshall H. **Klaus,** „Evidence for a Sensitive Period in the Human Mother", in: *Parent-Infant Interaction* (CIBA Foundation Symposium 33). Amsterdam: Amsterdam Associated Scientific Publishers, 1975.

**Klaus,** Marshall H., „Human Maternal Behavior at the First Contact With Her Young", in: Pediatrics, 46 (2), 1970, S. 187–192.

—, und John H. **Kennell,** „Parent-to-Infant Attachment", in: *Recent Advances in Paediatrics*, hrsg. von David Hull, London: Churchill Livingstone Publishers, 1976.

—, et al., „Maternal Attachment: Importance of the First Post-Partum Days", in: *New England Journal of Medicine*, 286 (9), 1972, S. 460–463.

**Koestler** Arthur, *Janus*. New York: Random House, 1978; dt.: *Der Mensch, Irrläufer der Evolution. Eine Anatomie der menschlichen Vernunft und Unvernunft*. Bern/München: Scherz, 1978; Frankfurt am Main: Fischer Taschenbuch-Verlag, 1993.

**Kripke,** Daniel F., „Ultradian Rhythms in Sleep and Wakefulness", in: *Advances in Sleep Research*, Bd. 1, hrsg. von E. D. Weitzman. New York: Spectrum, o. J. [1974].

**Laski,** Marghanita, *Ecstasy. A Study of Some Secular and Religious Experiences.* Bloomington, Ind.: Indiana Univ. Press, 1962.

**LaViolette,** Paul A., „The Thermodynamics of the ‚Aha!' Experience", in: Proceedings of the Annual Conference of the Society for General Systems Research, San Francisco, January 1980.

—, „Thoughts about Thoughts about Thoughts: The Emotional-Perceptive Cycle Theory", in: *Man-Environment Systems*, 9, 1979.

**Leboyer,** Frederick, *Geburt ohne Gewalt.* München: Kösel, $^8$1995.

**Lehrs,** Ernst, *Mensch und Materie. Ein Beitrag zur Erweiterung der Naturerkenntnis nach der Methode Goethes.* Frankfurt am Main: Klostermann, 2., erw. Aufl. 1966, $^3$1987.

**Leonard,** George, *The Silent Pulse.* New York: E. P. Dutton, 1978; dt.: *Der Rhythmus des Kosmos.* Bern/München: Scherz, 1980; Reinbek bei Hamburg: Rowohlt Taschenbuch Verlag, 1986.

**Lerner,** Michael, „The Nutrition-Juvenile Delinquency Connection", in: *Medical Self-Care*, Sommer 1982.

**Levine,** Seymour, „Stimulation in Infancy", in: *Scientific American*, 202, Mai 1960, S. 80–86.

**Lewin,** Roger, „Is Your Brain Really Necessary?", in: *Science*, 210, 12. Dezember 1980, S. 1232–1234 (über die Arbeiten John Lorbers).

**Lozoff,** B., et al., „The Mother-Newborn Relationship: Limits of Adaptability", in: *Journal of Pediatrics*, 91 (1), 1977, S. 1–12.

**Luce,** Gay Gaer, *Current Research on Sleep and Dreams.* Rockville, Md.: U.S. Department of Health, Education and Welfare, 1976 (erstveröff. 1965 als PHSB, Nr. 1389).

**Luria,** Alexander R., *The Role of Speech in the Regulation of Normal and Abnormal Behavior.* New York: Liveright, 1961.

**MacLean,** Paul, *A Triune Concept of the Brain and Behavior,* hrsg. von D. Campbell und T. J. Boag. Toronto: Univ. of Toronto Press, 1973.

**Mander,** Jerry, *Four Arguments for the Elimination of Television.* New York: William Morrow, 1977; dt.: *Schafft das Fernsehen ab! Eine Streitschrift gegen das Leben aus 2. Hand.* Reinbek bei Hamburg: Rowohlt, 1979.

**Manning,** Matthew, *The Link.* London: Van Duren Press, 1973; dt.: *Der Psychokinet. Unter dem Einfluß einer anderen Dimension.* Freiburg i. Br.: Bauer, 1973.

**Martin,** Hugh, *Relativity – The Real Story* (in Vorbereitung).

**Massie,** Henry, „The Early Natural History of Childhood Psychosis". Mt. Zion Hospital, San Francisco, Calif. (Typoskript), 1977; vgl. in: *Journal of the American Academy of Child Psychiatry*, 14, 1975, S. 683–707.

**Mitchell,** Gary, „What Monkeys Can Tell Us About Human Violence", in: *The Futurist*, 9 (2), April 1975

**Monroe,** Robert A., *Journeys Out of the Body*. Garden City, N.Y.: Doubleday, 1971; dt.: *Der zweite Körper. Expeditionen jenseits der Schwelle*. Interlaken: Ansata, 2002.

**Montagu,** Ashley, *Prenatal Influences*. Springfield, Ill.: Charles C. Thomas, 1962.

—, *Life Before Birth*. New York: New American Library, 1964.

—, *Touching. The Human Significance of Skin*. New York: Columbia Univ. Press, 1971; dt.: *Körperkontakt. Die Bedeutung der Haut für die Entwicklung des Menschen*. Stuttgart: Klett-Cotta, 1974, [10]2000.

**Morwat,** Farley, *Never Cry Wolf*. New York: Bantam, 1984; dt.: *Ein Sommer mit Wölfen*. Reinbek bei Hamburg: Rowohlt Taschenbuch Verlag, 2004 (Neuausg.).

**Muktananda,** Swami, *The Perfect Relationship. The Guru and the Disciple*. South Fallsburg, N.Y.: Siddha Foundation, 1980.

—, *Mystery of the Mind*. South Fallsburg, N.Y.: Siddha Foundation, 1981; dt.: *Das Mysterium des menschlichen Geistes*. Telgte: Siddha Yoga, 1998.

—, *Where Are You Going?* South Fallsburg, N.Y.: Siddha Foundation, 1982; dt.: *Der Weg und sein Ziel. Ein Handbuch für die spirituelle Reise*. München: Droemer Knaur, 1987.

—, *Play of Consciousness*. South Fallsburg, N.Y.: Siddha Foundation, 2000 (Neuausg.); dt.: *Spiel des Bewusstseins. Eine spirituelle Autobiographie*. Telgte: Siddha Yoga Verlag, 2000.

**Nambiar,** O. K., *Mahayogi Walt Whitman: New Light on Yoga*. Bangalore, India: Jeevan Publications, 1978.

**Odent,** Michael, „The Evolution of Obstetrics at Pithiviers", in: *Birth and the Family Journal*, 8 (1), 1981, S. 7–15.

**Pagels,** Elaine, *The Gnostic Gospels*. New York: Random House, 1979; dt.: *Versuchung durch Erkenntnis. Die gnostischen Evangelien*. Frankfurt am Main: Insel, 1981; Suhrkamp, [4]1995 (Tb.).

**Payne-Ayers,** Larry, und Robin **Leslie**, *On Underwater Birthing: A Birth Story* (Privatdruck, erhältlich bei den Autoren: 150, Calle del Monte, Sonoma, Calif. 95476, USA).

**Pearce**, Joseph Chilton, *The Crack in the Cosmic Egg*. New York: Julian Press, 1971.
—, *Exploring the Crack in the Cosmic Egg*. New York: Simon & Schuster, 1973.
—, *Magical Child*. New York: E. P. Dutton, 1977; dt.: *Die magische Welt des Kindes*. Düsseldorf: Diederichs, 1978; Reinbek bei Hamburg: Rowohlt Taschenbuch Verlag, 1980.
—, *The Bond of Power*. New York: E. P. Dutton, 1981; dt.: *Die heilende Kraft. Östliche Meditation in westlicher Deutung*. Tübingen: Wunderlich, 1983.
—, „Nurturing Intelligence: The Other Side of Nutrition". Address to the Oxford University, World Health Organisation and McCarrison Medical Society Conference on Nutrition and Childbirth, Oxford University, Oxford, England, 1982. Siehe: *Nutrition and Health*, 1, 1983, S. 143–152.
—, *Evolution's End*. San Fransciso: HarperSanFrancisco, 1992; dt.: *Der nächste Schritt der Menschheit. Die Entfaltung des menschlichen Potentials aus neurobiologischer Sicht*. Freiamt: Arbor, $^2$1997.
**Penfield**, Wilder, *The Mystery of the Mind: A Critical Study of Consciousness and the Human Brain*. Princeton: Princeton Univ. Press, 1975.
**Peterson**, James, *Some Profiles of Non-Ordinary Perception of Children*. Unveröffentlichte Seminarstudie. University of California, Berkeley, 1974.
**Piaget**, Jean, *Das Weltbild des Kindes*. Stuttgart: Klett-Cotta, 1978; München: dtv, $^3$1992.
—, *Nachahmung, Spiel und Traum. Die Entwicklung der Symbolfunktion beim Kinde* (*Gesammelte Werke*, Bd. 5). Stuttgart: Klett-Cotta, 31993.
—, *Psychologie der Intelligenz*. Stuttgart: Klett-Cotta, $^{10}$2000.
—, und Bärbel **Inhelder**, *Von der Logik des Kindes zur Logik des Heranwachsenden. Essay über die Ausformung der formalen operativen Strukturen* [1955]. Olten/Freiburg i. Br.: Walter, 1977.
**Pines**, Maya, *The Brain Changers. Scientists and the New Mind-Control*. New York: Harcourt Brace Jovanovich, 1973.
**Polansky**, Norman, *Profile of Neglect: A Survey of the State of Knowledge of Child Neglect*. U. S. Dept. of Health, Education and Welfare, Community Services Administration, 1975.
**Prem**, Krishna, *The Yoga of the Kathopanishad*. London: John M. Watkins, 1955.
—, *The Yoga of the Bhagavad Gita*. Baltimore: Penguin Books, 1973.
—, *Initiation into Yoga: An Introduction to the Spiritual Life*. Bombay: P. I. Publications, 1976.
**Prescott**, James W., „Body Pleasure and the Origins of Violence", in: *The Futurist*, 9 (2), April 1975, S. 64–74.

**Propp**, Vladimir, *Morphology of the Folktale* [1927]. Austin: Univ. of Texas Press, 1968; dt.: *Morphologie des Märchens*. München: Hanser, 1972.

**Reymond**, Lizelle, *La vie dans la vie*. Genf: Éd. Mont-Blanc, 1969; engl.: *To Live Within. The Story of Five Years with a Himalayan Guru*. Baltimore: Penguin Books, 1973.

**Rimland**, Bernard, *Infantile Autism*. New York: Appleton-Century-Crofts, 1964.

**Ringler**, Norma, et al., „The Effects of Extra Post-Partum Contact and Maternal Speech Patterns on Children's IQs, Speech, and Language Comprehension at Five", in: *Child Development*, 49, 1978, S. 862–865.

**Robinson**, James M. (Hrsg.), *The Nag Hammid Library (The Gnostic Gospels)*. New York: Harper & Row, 1977.

**Rochlin**, Gregory, „The Dread of Abandonment: A Contribution to the Etiology of the Loss Complex and to Depression", in: *The Psychoanalytic Study of the Child*, Bd. 16. New York: International Univ. Press, 1961.

**Russell**, Peter, *The Global Brain*. Los Angeles: J. P. Tarcher, 1983.

**Salley**, R., „REM Sleep Phenomena During Out-of-the-Body Experiences", in: *Journal of the American Society for Psychical Research*, April 1982.

**Sannella**, Lee, *Kundalini – Psychosis or Transcendence*. San Francisco: Dakin, 1983; dt.: *Kundalini. Erfahrung und die neuen Wissenschaften*. Essen: Synthesis, ²1994.

**Scott**, Mary, *Kundalini in the Physical World*. London: Routledge & Kegan Paul, 1975.

—, *Science and the Subtle Bodies: Towards a Clarification of Issues*. London: College of Psychic Studies, 1975.

**Serrano**, Miguel, *C. G. Jung and Hermann Hesse: A Story of Two Friendships*. London: Routledge & Kegan Paul, 1966; dt.: *Meine Begegnungen mit C. G. Jung und Hermann Hesse in visionärer Schau*. Zürich/Stuttgart: Rascher, 1968; ern. Einsiedel: Daimon, 1997

—, *Serpent of Paradise: The Story of an Indian Pilgrimage*. London: Routledge & Kegan Paul, 1983.

**Shah**, Idries, *The Way of the Sufi*. Middlesex, England: Penguin, 1974; dt.: *Die Sufis. Botschaften der Derwische, Weisheit der Magier*. München: Diederichs, ¹⁰1996.

**Sheldrake**, Rupert, *A New Science of Life. The Hypothesis of Formative Causation*. Los Angeles: J. P. Tarcher, 1981; dt.: *Das schöpferische Universum. Die Theorie des morphogenetischen Feldes*. München: Meyster, 1983; Frankfurt am Main/Berlin: Ullstein, ⁶2001 (Tb.).

**Simeon**, Saint, „Practical and Theological Precepts", in: *The Philokalia, The Complete*

*Text.* London: Faber and Faber, 1983; vgl. dt.: *Philokalie.* Vorw. von Patriarch Bartholomaios. 5 Bde. Würzburg: Der Christliche Osten, 2004.

**Singh,** Jaideva, *Siva Sutras – The Yoga of Supreme Identity.* Delhi: Motilal Banarsidass, 1979.

**Sperry,** Roger W., „Conscious Phenomena as Direct Emergent Properties of the Brain", in: *Psychological Review,* 77 (6), 1970.

**Spitz,** René, *The First Year of Life.* New York: International Univ. Press, 1965; dt.: *Vom Säugling zum Kleinkind. Naturgeschichte der Mutter-Kind-Beziehungen im ersten Lebensjahr.* Stuttgart: Klett, 1967; Klett-Cotta, [11]1996.

**Stallibrass,** Alison, *The Self-Respecting Child. A Study of Children's Play and Development.* London: Thames & Hudson, 1974.

—, „Child Development and Education: The Contribution of the Peckham Experiment", in: *Nutrition and Health,* 1, 1983, S. 45–52.

**Strauch,** Ralph, *The Reality Illusion. How We Create the World We Experience.* Wheaton, Ill.: Theosophical Publishing House, 1983; dt.: *Das Gleichgewicht des Zentauren oder The Reality Illusion. Wie wir die Welt wahrnehmen.* Paderborn: Junfermann, 1994.

**Tart,** Charles, „Psychedelic Experiences Associated with a Novel Hypnotic Procedure: Mutual Hypnosis", in: *American Journal of Clinical Hypnosis,* 10, 1967, S. 65–78.

— (Hrsg.), *Altered States of Consciousness.* New York: John Wiley, 1969; San Francisco: HarperCollins, [3]1990 (rev. und aktualis. Ausg.)

—, *Scientific Studies of the Psychic Realm.* New York: E. P. Dutton, 1977.

—, Harold **Puthof** und Russell **Targ** (Hrsg.), *Mind at Large.* New York: Praeger, 1980.

**Tinbergen,** Nikos, „Ethology and Stress Disease", in: *Science,* 5. Juli 1974.

**Towbin,** Abraham, „Birth Spinal Injury and Sudden Infant Death". o. O. (Besprechung in: *The Spartanburg South Carolina Journal,* 2. März 1968)

**Turnbull,** Colin M., *The Forest People.* New York: Simon & Schuster, 1961; dt.: *Molimo. Drei Jahre bei den Pygmäen.* Köln/Berlin: Kiepenheuer & Witsch, 1963.

**Tweedie,** Irina, *The Chasm of Fire.* Dorset, England: Element Books, 1979; später *Daughter of Fire.* Nevada City, Calif.: Blue Dolphin, 1986; dt.: *Wie Phönix aus der Asche. Mein Abenteuer der Selbstfindung auf dem Weg der Sufis.* Reinbek bei Hamburg: Rowohlt Taschenbuch Verlag, 1986.

**Verny,** Thomas, und John **Kelley,** *The Secret Life of the Unborn Child.* New York:

Summit Books, 1981; dt.: *Das Seelenleben des Ungeborenen*. Frankfurt am Main u. a.: Ullstein, [12]1995 (Tb.).

**Vygotsky,** Lev S., *Mind in Society. The Development of Higher Psychological Processes*. Cambridge: Harvard Univ. Press, 1978; dt.: *Geschichte der höheren psychischen Funktionen*. Münster/Hamburg: Lit, 1992.

**Werntz,** Deborah, et al., „Selective Cortical Activation by Altering Autonomic Function". Paper presented at the Western EEG Society Meeting, Reno, Nevada, February 1981.

**West,** John Anthony, *Serpent in the Sky. The High Wisdom of Ancient Egypt*. New York: Harper & Row, 1979; dt.: *Die Schlange am Firmament. Die Weisheit des alten Ägypten*. Frankfurt am Main: Zweitausendeins, 2000.

**White,** Burton L., *The First Three Years of Life*. Englewood Cliffs, N. J.: Prentice-Hall, 1975. Vollständig überarb. und aktualis. Ausg.: *The New First Three Years of Life*. New York/London: Fireside, 1996.

**White,** Leslie A., *A Science of Culture. A Study of Man and Civilization*. New York: Noonday Press, 1969.

**Whittlestone,** W. G., „The Physiology of Early Attachment in Mammals: Implications for Human Obstetric Care", in: *The Medical Journal of Australia*, 1, 14. Januar 1978, S. 50–53.

**Wickes,** Frances G., *The Inner World of Childhood*. New York: Appleton-Century-Crofts, rev. Ausg. 1966; dt.: *Analyse der Kinderseele*. Zürich: Rascher, 2., rev. und erw. Aufl. 1969.

**Wilber,** Ken (Hrsg.), *The Holographic Paradigm – And Other Paradoxes*. Boulder, Colo.: Shambhala, 1982; dt.: *Das holographische Weltbild*. Bern/München: O. W. Barth, 1986.

**Williamson,** Scott G., und Innes H. **Pearse,** *Science, Synthesis and Sanity, an Enquiry into the Nature of Living*. Edinburgh: Scottish Academic Press, 1980.

**Wilson,** Sheryl C., und Theodore S. **Barber,** „Vivid Fantasy and Hallucinatory Abilities in the Life Histories of Excellent Hypnotic Subjects: Preliminary Report with Female Subjects". Paper presented at the Annual Meeting of the American Association for the Study of Mental Imagery, Minneapolis, June 1980.

**Windle,** W. F., „Brain Damage by Asphyxia at Birth", in: *Scientific American*, 221 (4), Oktober 1969, S. 76–84.

**Woodroffe,** John [Arthur Avalon], *The Serpent Power*. [1919]. Madras: Ganesh, [10]1980; dt.: *Die Schlangenkraft. Die Entfaltung der schöpferischen Kräfte im Menschen*. Bern/München: O. W. Barth, [6]1994.

**Yogananda**, Paramahansa, *Autobiography of a Yogi*. Los Angeles: Self-Realization Fellowship, 1946; dt.: *Autobiographie eines Yogi*. München: Droemer Knaur, 1996.

**Yu**, Hu Mon, „Teaching and Learning Elementary Mathematics", in: *Education Network* News, 2 (6), 1983.

**Zaslow**, R. W., *Resistance to Human Attachment and Growth: Autism to Retardation*. Los Gatos, Calif.: Nova Press, 1970.

**Verschiedene Artikel aus dem *Brain/Mind Bulletin***

1  „Adrenaline Stimulates ‚Unconscious Learning' – Brain Integrates Sophisticated Information Without Cognitive Activity", 9 (7), 26.3.1984.
2  „Bilateral ‚Synch' Key to Intuition?" Themenheft Nr. 15, Bd. V.
3  „Blindsight Ability Raises Questions About Awareness", Themenheft Nr. 15, Bd. I und II.
4  „Body Clocks: Bonding, Sexuality, Hospitalization", 7 (15), 3.9.1982.
5  „Canadian Study Frames New Right-Left Paradigm," 8 (7), 28.3.1983.
6  „Cognitive Complexity and Emotional Range", 7 (6), 8.3.1982.
7  „Congenitally Blind Use Own Version of Imagery", 8 (9), 9.5.1983.
8  „Conversations between Heart and Brain", Themenheft Nr. 15, Bd. III.
9  „500,000 Papers Published Yearly on Brain/Mind Researchx", Themenheft Nr. 5, Bd. I und II.
10  „French Research Links Hearing to Body Dynamics", 8 (4), 24.1.1983.
11  „Holophonic Sound Broadcasts Directly to Brain", 8 (10), 30.5.1982.
12  „Lucid Dream Sharing", 7 (15), 13.9.1982.
13  „Melanin as Key Organizing Molecule", 8 (12), 11.7.1983; 8 (13), 1.8.1983.
14  „Multiple Personalities Proof of Brain's Versatility", 8 (16), 3.10.1983.
15  „Out-of-Body Incidents Calming", Themenheft Nr. 5, Bd. III.
16  „Quizzing the Hidden Observer", Themenheft Nr. 5, Bd. III.
17  „Recent Studies Show Strong Role for Unconscious in Everyday Life", 9 (6), 5.3.1984.
18  „Stressed Female Rats Produce Deviant Males", Themenheft Nr. 15, Bd. V.
19  „Triune Theory Describes Brain Hierarchy", Themenheft Nr. 15, Bd. I und II.
20  „Universal Forms of Hallucination Aid Brain Research", Themenheft Nr. 15, Bd. V.

Weitere Informationen können Sie unter folgender Adresse anfordern:

*Brain/Mind Bulletin*, PO Box 42211, Los Angeles, Calif. 90042, USA

# Literatur

**Artikel zur Unterwassergeburt**

„Nonviolent Birth Underwater", in: *Los Angeles Times*, 11.12.1981.
„Underwater Birthing Reduces ‚Primal Trauma'", in: *Los Angeles Herald Examiner*, 31.3.1982.
„Underwater Delivery", in: *San Diego Tribune*, 5.1.1982.
„Giving Birth Unterwater", in: *Newsweek*, 16.1.1984.

Für weitere Informationen schreiben Sie an:
Rainbow Dolphin Centre
Esthelle Myers
Wharau Road,
Kerikeri, New Zealand

Weitere Literatur aus dem Arbor Verlag

Pearce, Joseph Ch.
**Biologie der Transzendenz**
Neurobiologische Grundlagen für die harmonische Entfaltung des Menschen

Neueste Forschungsergebnisse lokalisieren im menschlichen Körper fünf neuronale Zentren – oder „Hirne". Unser viertes und gegenwärtig weitest entwickelte Hirn findet sich im Kopf, das fünfte im Herzen. Es ist das dynamische Wechselspiel zwischen unserem Kopfhirn (Intellekt) und dem Herzhirn (Intelligenz), das die Überwindung unserer heutigen evolutionären Stufe möglich macht. Diese Überschreitung des jeweiligen Bewusstseinsstandes, auch „Transzendenz" genannt, ist ein evolutionärer Imperativ, eine eingebaute genetische Funktion, die zu Gewalt in all ihren Ausprägungen führt, wenn sie nicht genährt und entwickelt wird. „Biologie der Transzendenz" erinnert uns daran, dass wir nicht zu einem endlosen Kreislauf von Hass und Verwüstung verdammt sind.

*„Pearce legt uns hier eine der überraschendsten, alarmierendsten und machtvollsten Visionen unserer Zukunft vor. Wenn Sie einmal angefangen haben darin zu lesen, werden Sie dieses Buch nicht fortlegen können. Und wenn Sie es gelesen haben, werden Sie nicht aufhören können, mit jedem Menschen den Sie kennen darüber zu sprechen."*
    Thom Hartmann, Autor von „Unser ausgebrannter Planet"

Joseph Chilton Pearce forscht und lehrt seit mehr als 30 Jahren über die sich wandelnden Bedürfnisse unserer Kinder und die Entwicklung einer menschlichen Gesellschaft. Im Kontext der Transpersonalen Psychologie ist er ebenso aktiv wie an mehr als fünf amerikanischen Universitäten – u.a. Harvard, Stanford und Columbia. Joseph Chilton Pearce lebt in den USA.

400 Seiten, ISBN 3-936855-21-8

Weitere Literatur aus dem Arbor Verlag

Michael Mendizza & Joseph Ch. Pearce
**Neue Kinder, neue Eltern**

Die von Joseph Ch. Pearce vorgelegten bahnbrechenden Erkenntnisse über den aktuellen Forschungsstand zur kindlichen Entwicklung, zum Potential des menschlichen Gehirns und die neuronalen Grundlagen menschlichen Lernens werden in diesem Buch speziell für Eltern, Erzieher und Lehrer in mitreißender und leicht verständlicher Form zusammengestellt. 20 Jahre nach *Die magische Welt des Kindes* das neue Standardwerk zur Kunst spielerischer Elternschaft.

ISBN 3-936855-20-X

**Gerne informieren wir Sie** über unsere weiteren Veröffentlichungen. Schreiben Sie uns oder besuchen Sie uns im Internet unter:

**www.arbor-verlag.de**

Hier finden Sie Leseproben, aktuelle Informationen, Links und unseren Buchshop.

Arbor Verlag • D-79348 Freiamt
Tel: 0761. 40 140 930 • info@arbor-verlag.de